KB260466

근대 중국사상사 약론

近代中國思想史略論

Copyright ⓒ 1999 by Chen Shaoming, Shan Shilian, Zhang Yongyi
Tranlation rights arranged by Guangdong People's Publishing House Ltd.
through Shinwon Agency Co. in Korea
Korean edition ⓒ 2008 by GreenBee Publishing Co.

근대 중국사상사 약론 : 경학, 불학, 서학으로 본 중국인의 사유 실험

초판 1쇄 인쇄 _ 2008년 6월 25일
초판 1쇄 발행 _ 2008년 6월 30일

지은이 · 천샤오밍, 단스롄, 장융이 | 옮긴이 · 김영진

펴낸이 · 유재건 | 주간 · 김현경 | 책임편집 · 박재은
편 집 · 주승일, 박순기, 강혜진, 임유진, 진승우, 김신회
마케팅 · 이경훈, 이은정, 정승연, 서현아
영업관리 · 노수준 | 경영지원 · 양수연 | 유통지원 · 고균석

펴낸곳 · 도서출판 그린비 | 등록번호 · 제10-425호
주소 · 서울시 마포구 동교동 201-18 달리빌딩 2층 | 전화 · 702-2717 | 팩스 · 703-0272

ISBN 978-89-7682-314-4 04150
     978-89-7682-972-6 (세트)
이 도서의 국립중앙도서관 출판시 도서목록(CIP)은 e-CIP홈페이지(http://www.nl.go.kr/ecip)에서
이용하실 수 있습니다.(CIP제어번호: 2008001976)

그린비 출판사 **나를 바꾸는 책, 세상을 바꾸는 책**
홈페이지 · www.greenbee.co.kr | 전자우편 · editor@greenbee.co.kr

아이아 총서 002

근대 중국사상사 약론

경학, 불학, 서학으로 본 중국인의 사유 실험

천샤오밍, 단스롄, 장융이 지음 | 김영진 옮김

그린비

| 일러두기 |

1 본문의 중국 인명은 1840년(아편전쟁) 전에 출생한 인물은 우리말 한자음에 따라, 1840년 이후 태어난 인물은 중국어음에 따라 표기했다. 그 밖의 외국어 고유명사는 〈국립국어원〉에서 2002년에 펴낸 '외래어 표기법'을 따라 적었다.

2 중국 근·현대 사상과 관련한 주요 인물 정보는 권말의 '인명 해설'에 가나다순으로 정리해 두었다.

3 이 책의 주는 지은이주와 옮긴이주로 구분되어 있다. 지은이주는 일련 번호(1, 2, 3 ……)로 표시되며, 후주로 정리되어 있다. 옮긴이주는 별표(*)로 표시되며, 각주로 정리되어 있다.

4 본문의 대괄호(〔〕) 속 내용은 옮긴이가 첨가한 것이다.

5 전집·단행본·정기간행물의 제목은 겹낫표(『』) 안에 두었으며, 논문·단편·시·희곡·영화·기사·그림 등의 제목은 낫표(「」) 안에 두어 표시했다.

옮긴이 서문

이 책은 천샤오밍·단스렌·장융이 공저 『근대중국사상사약론』(廣東人民出版社, 1999)의 번역이다. 원서의 초판은 1995년 『해석되는 전통』(被解釋的傳統)이라는 제목으로 출판됐다. 전통은 모래폭풍 속에서도 굳건히 버티고 선 피라미드가 아니다. 그것은 잦은 바람에 심하게 흔들리는 돛단배다. 전통은 끊임없이 해석되기에 늘 떠다닌다. 그렇다고 우리가 전통을 다루면서 불가지론에 빠질 필요는 없다. 우리는 그것을 집요하게 따라다니면서 그것의 위치를 파악하고 무게를 달아야 한다. 그렇게 하면 비록 제한적이지만 저것의 모습을 추상할 수 있다. 세 명의 저자는 거칠지만 이 작업을 충실히 수행한다.

　근대 중국인들이 시도한 사유의 실험과 좌절. 이것이 이 책의 전부다. 저자는 저 실험을 경학·불학·서학의 세 갈래로 추적한다. 이 책의 가장 큰 장점은 아마 이런 갈래치기일 것이다. 국내에선 이런 분류가 일반인들뿐 아니라 연구자들에게도 낯설다. 왜냐하면 중국의 전통 사상 및 학술을 늘 유학의 역사로만 배웠기 때문이다. 여전히 중국 사상을 '유학과 나머지' 정도로 파악하려는 경향이 존재한다. 이것은 게

으름이 빚은 결과다. 근대 중국의 혼란은 새로운 사상 깃발을 원했다. 지식인들은 전 방위로 사상 자원을 탐사했다. 정통이면 어떻고 이단이면 어떤가. 중국의 것이면 어떻고 오랑캐의 것이면 어떤가. 사유는 생·주·이·멸한다. 또한 끊임없이 되돌아온다. 하지만 되돌아온 저 모습은 어쩐지 낯설다. 근대 중국에서 활약한 경학·불학·서학이 그렇다. 이 책은 전체 3부로 나뉘고 13개의 장으로 구성됐다.

1부 고대 경서를 새롭게 해석하다

경학은 고대 경서에 대한 연구를 가리킨다. 물론 단순한 연구만은 아니다. 학자들은 그것을 통해서 자신의 철학을 구축하고, 이데올로기를 생산하기도 했다. 1장에서는 '정치와 문화로서의 경학'을 말한다. 전(前)근대 시기 경서는 권위의 출처이고 합법성(legitimacy)의 근거였다. 경학의 발전은 새로운 해석의 출현이자 새로운 정치 권력의 출현이기도 했다. 하지만 청말 전통 자체의 위기와 함께 경학은 생사의 기로에 선다. 저자는 이것을 '경학의 세기말'이라고 했다. 캉유웨이나 량치차오 등이 치켜 든 횃불은 경학의 마지막 불꽃이었다.

　　2장 '유신 경학과 유토피아'는 근대 시기 경학이 보인 정치적 역할을 소개한다. 여기서 유신경학은 변법유신의 사상적 자원으로 동원된 경학을 일컫는다. 변법파의 대표인 캉유웨이는 새로운 경서 해석을 통해서 합법성의 중건을 시도했다. 하지만 신해혁명을 거치고 더욱이 5·4신문화운동을 거치면서 경학은 더 이상 합법성의 원천일 수 없었다. 캉유웨이는 『대동서』에서 금문경학에 입각한 역사의 발전 단계를 제시한다. 이것은 일종의 역사이성이다. 그는 이런 역사이성을 통해서 대동세계라는 유토피아를 상상한다.

　　3장 '역사, 이성 그리고 국수'에서는 고문경학자인 장타이옌(章太炎)이 등장한다. 그는 고대 문헌을 역사 기록으로 간주함으로써 캉유웨이가 경서를 종교화한 것에 반대했다. 엄밀한 고증과 이성적 분석을 통해서 역사적 사실을 추구했다. 장타이옌은 반청(反淸) 혁명의 선봉장으로서 열렬하게 민족주의를 선전했다. 이런 과정에서 그는 국수(國粹) 의식을 강조함으로써 한족과 만주족을 구분하려 했다. 국수를 지키는 것이 민족을 지키는 것이고, 그것의 방법은 결국 학술 전통의 보존과 연구를 통해서 가능하다고 생각했다.

　　4장 '포스트경학 시대를 향하여'는 경학 시대 이후 경학의 영향을 말한다. 5·4신문화운동 이후 전통적인 의미의 경학이 종결하자 등장한 세력은 고사변운동과 현대 신유가이다. 고사변운동은 청대 경학 전통의 의심하고 고증하는 능력을 계승하여 중국 고대 역사를 전면적으로 다시 기술했다. 청대 경학은 고사변운동을 거쳐서 역사학이라는 현대 학술로 탈바꿈했다. 아울러 현대 신유가는 송명유학 등이 보인 의리학으로서 경학 전통을 순수 철학으로 바꿔 놓았다.

2부 불법이 세상 속으로 뛰어들다

중국에서 불학은 2000년의 역사다. 인도에서 발생한 불학은 중국 사유와 전면적으로 충돌하면서 새로운 무엇이 되었다. 5장 '전통 틀 속의 불학'에서는 저 충돌과 결합의 양상을 보인다. 불학은 유학과 끊임없이 대립하고 조화하면서 자신을 바꿨다. 유학도 내부에서 많은 변화가 일어났다. 송명유학이 전형적 예라고 할 수 있다. 명대 일어난 양명학은 선종과 밀접한 관련을 맺었고, 점점 사회 윤리를 부정하는 이단의 길로 접어들었다. 청말 사유의 혼란 속에서 이단의 불학은 새로운 역할을 찾았다. 그것은 정통의 지위를 상실한 유학을 대신해서 서학에 반발하기도 하고, 때론 서학의 길잡이 노릇을 했다.

6장 '『인학』과 응용불학'에서는 탄쓰퉁의 불학을 소개한다. 여기서 응용불학은 입세의 불학을 말한다. 불학은 더 이상 인생 황혼녘에 찾는 안식처가 아니었다. 탄쓰퉁에게 불학은 칠흑 같은 어둠을 깨고 밤하늘에 꽂힌 조명탄이었다. 탄쓰퉁은 바로 여기서 전투를 시작했다. 『인학』에서 탄쓰퉁은 세계와 인간의 본질을 탐구했고, 중국의 수천 년 된 참상을 고발했다. 그리고 저런 것들을 쳐부술 늠름한 주체와 불굴의 신념을 불러냈다. 탄쓰퉁의 혁명 의식은 자신의 특별한 생명 체험에 바탕한다. 그 위에서 자신의 숙명과 사명을 통일시켰다.

7장 '무신교의 건립'은 장타이옌이 불교 유식학을 근거로 해서 시도한 혁명종교의 건립을 다룬다. 장타이옌은 무아도덕을 제기하여 혁명가의 사상을 개조하려 했다. 그가 건립한 무신교는 단지 유신교에 대한 반대가 아니라 현실에서 우리의 사고를 옥죄는 온갖 관념에 대한 철학적 도전이었다. 장타이옌은 불교에서 말하는 부정의 정신을 극한까지 밀고 간다. 그 결과 무정부, 무취락, 무인류, 무중생, 무세계라는 '오무론'(五無論)을 제기한다. 이것은 그가 말하는 유토피아론이다.

8장 '불학에서 유학으로'는 불학에서 유학으로 귀향한 사상가들을 소개한다. 이것을 통해서 현대 신유학의 형성을 추적할 수 있다. 근대 시기 전통 사유에 기반한 사상가들은 본체론 건립에 골몰했다. 이후 현대 신유학의 개산조가 된 슝스리 같은 인물도 그러했다. 그는 불교 유식학에서 본체론의 실마리를 찾았다. 그는 다시 불교의 공(空) 사상의 논리를 수용하여 부정의 방식으로 본체를 드러냈다. 불학에서 벗어난 그는 결국 『주역』에 복귀함으로써 작용 속에서 본체의 드러남을 깨달았다.

3부 서쪽의 파도가 동쪽을 뒤덮다

서학이 비록 외부에서 진입한 것이지만 그것도 일정한 시간이 지나 전통의 내부가 됐다. 9장 '서학: 가치의 전환'에서는 외부에 있던 서학이 내부로 침투하는 과정을 묘사한다. 서학과 중국의 문화 전통은 분명 달랐다. 옹정제 때 발생한 '예의' 논쟁에서 이런 차이는 극명하게 드러났다. 이후 서학에서 서교(서양 종교)는 분리됐고 종교가 아닌 지식으로만 존재하게 됐다. 근대 시기 서학은 점차 과거 유학 전통이 보인 이데올로기로서 역할을 담당하기에 이른다.

　10장 '세계관으로서 과학'은 근대 중국에서 서양 과학이 보여 준 놀라운 능력을 다룬다. 그것은 단순한 지식 차원을 넘어서 중국인의 관념을 지배하는 세계관이 되었다. 근대 과학은 중국의 전통적인 자연관을 단번에 부수었고, 심지어 사회 변혁 이론이 되었다. 옌푸가 소개한 진화론은 청년 지식인들에게 하나의 복음이었다. 지식인들은 너나 할 것 없이 과학만이 중국을 구할 것이라고 소리 높였다. 그야말로 과학 만능론이 등장했다.

　11장 '정치와 도덕의 계몽'은 지식인들이 서구 이론을 통해서 시도한 계몽 활동을 다룬다. 량치차오는 무술변법 이후 근대적 국민을 호명하여 국민국가 건설을 기도했다. 이에 반해 사회주의자가 되기 이전의 천두슈는 어떤 권위에도 굴하지 않는 개인의 권리와 가치를 스스로 인식하길 요구했다. 루쉰은 량치차오나 천두슈가 말하는 근대적 계몽 자체를 초월했다. 그는 전통의 비루함도 알았지만 근대적 계몽의 기만성도 잘 알고 있었다. 그는 오히려 인류 정신의 보편적 인성을 탐사했다.

12장 '신념 체계의 분열'은 어지러울 정도로 쏟아져 들어온 다양한 가치와 관념 속에서 지식인들이 느낀 곤혹을 소개한다. 순수 철학과 진리를 추구한 왕궈웨이는 루쉰하고는 다른 맥락에서 근대를 초월한 자라고 할 수 있다. 그는 정치가 학술이나 철학을 압도하여 그것들을 왜곡하는 것에 반대했다. 1920년대에 벌어진 과현논쟁(과학과 인생관 논쟁)은 인생의 궁극적인 이상이나 가치의 문제를 과학이 해결할 수 있는가에 대한 물음에서 시작했다. 수많은 지식인들이 뒤엉켜 싸웠지만 이 논쟁을 실제 가격한 것은 맑스주의였다. 천두슈 등은 진정한 과학은 바로 유물사관이라고 선언하고 과학파와 현학파 양쪽 모두를 공격했다.

13장 '출구는 어디인가'는 근대 지식이 초래한 혼란의 해결책은 무엇이었나 하는 질문이다. 1930년대 전통 본위의 보수주의는 현대 신유학이라는 옷을 입고 한쪽 구석으로 물러났다. 후스가 대표한 자유주의는 보수주의자와 맑스주의자의 협공을 받아서 거의 사망 직전에 이르렀다. 5·4신문화운동 끝 무렵 한 줌의 귀의자로 출발한 맑스주의는 1920년대 말이 되자 중국 사상계를 주도했다. 맑스주의는 빈곤과 독재 속에서 허우적대던 중국 인민에게 해방의 무기를 선물했다. 맑스주의가 근대 중국 사상사의 최종 답안은 결코 아니다. 그저 마지막 주인공이었을 뿐이다.

오랫동안 붙잡고 있던 책을 이제 놓았다. 과한 욕심을 부려 번역을 시작했고 어김없이 비틀댔다. 경학 부분이 특히 힘에 부쳤다. 이 분야에 무지한 내가 책 전체를 번역할 수 있었던 것은 순전히 친구의 도움 때문이다. 이 자리를 빌려서 연세대 중문과에서 학위 중인 이영섭 학형에게 감사한다. 그는 '청대 학술사'라는 영역을 내게 선물했다. 학위 논문 심사 와중에도 경학 부분 번역 원고를 꼼꼼하게 읽어 주었고, 많은 오류를 바로잡아 주었다. 나의 무지가 여지없이 발각됐지만 내겐 큰 기쁨이었다. 그리고 그린비 출판사에 감사한다. 이런 책을 선뜻 출판한다는 게 나는 아직도 놀랍다. 남산의 연구실 식구들에게도 감사를 전한다. 빈둥거리는 내게 보내는 눈빛은 늘 따뜻하다. 그래서 고맙고 미안하다.

2008년 초여름

옮긴이 김영진

차 례

서론_ 해석되는 전통

'전통'이란 죽을 고생을 하고도 별로 좋은 소리를 못 듣는 연구 주제다. 더욱이 1980년대 문화 비판 과정에서 전통과 관련된 논의는 차고 넘쳤지만 정말 돋보인 견해는 드물었다. 그래서 대단히 자극적인 논점도 어디선가 본 듯한 느낌을 주었다. 이런 상황을 초래한 까닭은 논의가 대부분 전통 일반과 특정한 전통을 뒤섞어서 이야기했기 때문이다. 그 결과 전통 일반을 구체화한 게 아니라 특정한 전통을 추상화해 버렸다. 이 때문에 '비판과 반(反)비판'이 사상 층위에서 명료하게 전개될 수 없었다. 하늘을 찌를 듯한 열기가 한 차례 지나가자 모든 것은 연기처럼 사라졌다.

지금 전통을 논하는 게 의미 없다거나 전통에 대한 확실하고 단일한 해답을 찾을 수 없다고 말하려는 게 아니다. 건강한 토론은 아무런 논리도 없이 계속 부정만 해서도, 옆에서 지켜보는 사람이 곤혹스러워하거나 혐오감을 일으키게 해서도 안 된다. 그것은 반드시 서로 자극을 통해서 논쟁을 새로운 층위로 끌어가는 것이어야 한다고 생각한다. 열기가 식어 버린 후 전통은 아마 곧바로 냉담한 문제가 될 것이다. 이

책에서 지난 이야기를 다시 꺼낸 것은 필자가 생각하기에 이 문제는
우리가 감각하든 못 하든 간에 오랜 시간 사람들을 괴롭힐 것이고 그
가치는 그리 쉽게 과거가 되지 않을 것이기 때문이다. 동시에 우리도
전통에 대한 토론이 즉각 가시적인 효과를 일으키리라고 기대하지 않
는다. 학술 그 자체는 완전히 시대 유행만을 따라 움직이지는 않는다.
다시 말해 과거의 분쟁을 볼 때도 앞선 이들의 경험을 흡수해야 중복
이나 엉뚱한 소리를 줄일 수 있다.

전통 일반과 특정한 전통의 구분은 이 책을 기술하는 전제이다.
근대는 오히려 전통에 대한 구체적 연구의 특정한 대상이다.

실체인가, 과정인가?

전통에는 구체와 추상 양면이 있다. 대다수 사람들은 구체에 관심이
있다. 하지만 특정한 전통을 연구할 때도 어쩔 수 없이 일반적 전통,
즉 추상적 전통 관념의 지배를 받는다. 사람들이 이런 사실을 모를 뿐
이다. 하지만 그것은 대단히 중요하다. 우리가 연구를 시작하는 사상
적 전제다.

개괄적으로 말해 전통에 대해서는 상이한 두 가지 이해가 있다.
하나는 그것을 실체로 보는 경우고, 다른 하나는 과정으로 이해하는
경우다. 실체론자, 그것도 자각하지 못하는 실체론자가 대부분이다.

전통을 실체로 이해하는 경우, 인식상 반드시 시간이나 공간 같은
특정한 측량 좌표가 있다. 매 시대는 자기 시대를 좌표로 삼을 수 있
다. 그래서 이전의 역사와 문화를 한꺼번에 전통이라고 부른다. 역사
학자는 오히려 임의로 어떤 연대를 취해 좌표로 삼고서 단절된 한 시

대의 전통을 연구한다. 근대에 이르러 상이한 유형의 문화가 서로 접촉하고 교류하는 기회가 많아짐에 따라 사람들도 이런 구분을 상이한 전통으로 생각한다. 근대에 중국인, 특히 5·4신문화운동 시기 인물은 전통을 이렇게 규정했다. 고·금(古今) 대립, 중·서(中西) 대립은 모두 전통을 실체로 보는 관점의 예증이다. 재미있는 점은 두 좌표가 상이하면서도, 중국 전통에 대한 구체적 견해는 오히려 다르지 않다는 사실이다. 전통에 대한 성찰은 서학(西學)이라는 충격의 산물이다. 그래서 과거와 중국, 현재와 서방은 각각 연결됐다. 천두슈(陳獨秀, 1879~1942) 같은 반전통주의자뿐 아니라 전통에 공감했던 인사인 량수밍(梁漱溟, 1893~1988)이 주장한 '문화의 세 가지 방향'*설도 일종의 전통 실체론이다. 1980년대까지 지속된 중국 대륙의 문화 비판도 이런 내용이 주류였다. 사실 특별히 근대 가치가 확립되기 이전의 전체 역사와 문화를 가리킬 때 사용되는 '전통'은 서방 계몽운동 사상의 유산이다.

반전통의 입장에 서면 실체론은 특정한 정신 현상이나 사상이 발생한 배경을 강조하거나 역사 역량에 제약된 일면에 집중하는 데 유용하다. 이렇게 문제를 보면 전통은 염색 항아리다. 이 문화 배경 아래서 생산되거나 출현한 사물은 염색품이다. 미래를 창조하려면 염색 항아리를 부숴야 한다. 염색 항아리 방식의 전통관은 그 역할이 해석이 아니라 실천에 있다. 급히 바꿔야 할 것은 사실 전통이 아니라 현실이다. '전통'은 어떤 경우 배척해야 할 여러 가지 부정적 가치의 상징에 불과하다. 이런 관념은 변혁의 시대에 확실히 작용하고, 장래에도 계속해

---

* 량수밍은 5·4신문화운동 시기 저술한 『동·서문화 및 그 철학』(1921)에서 세계의 문화는 인도 문화, 중국 문화, 서방 문화가 각기 다른 특징을 갖고 발전한다고 하면서 당시 만연한, 서방 문화가 우위라는 생각에 반대했다.

서 작용할 것이다. 하지만 이론상 난점이 있다. 과거의 사물이 전통을 형성하는 과정에서 나타낸 작용을 해석할 길이 없다. 곧 전통의 유래를 해석할 수 없음이다. 그것의 유래를 해석할 수 없다면 미래를 파악하기도 매우 힘들다.

　　과거에 발생한 사물은 수적으로 무한하다. 하지만 역사책에 실리거나 우리가 영향을 감각할 수 있는 사물은 매우 제한적이다. 전통을 형성하는 과정에서 각종 요소나 역량이 동등하게 작용했다고는 볼 수 없음을 알 수 있다. 당시에는 한참 기세가 좋다가도 나중에는 그것이 단지 한 번 피었다가 금방 져 버린 현상임이 증명되는 경우가 아주 많다. 사람들이 전통을 이야기할 때 실제로는 그것을 영향이 매우 광범한 역사 현상의 특징으로 요약했다. 전통은 추상적 특징이 되었다. 하지만 선택한 시간 좌표가 다르다면 동일한 사건의 작용에 대한 평가는 달라진다. 분서갱유가 진·한(秦漢) 시대 지식계에 엄청난 영향을 주었지만 오늘날 반우파 투쟁이나 문화혁명의 강렬한 작용에 비할 바가 아니다. 우리에게 전통의 상징으로 보이는 중대한 사건이 역사적으로는 전통 혁신의 표현이었던 경우도 있다. 진나라의 중국 통일, 한나라 때 경학*의 관학화, 수·당(隋唐) 시기 과거제 실시 등이 그런 예다. 앞뒤를

---

* 경학(經學). 경(經)은 중국 고대의 『시』·『서』·『예』·『악』·『역』·『춘추』(『악』은 사라졌다) 같은 권위 있는 문헌을 가리킨다. 한대에 이것이 확대되어 13경이 유교의 정전으로 확정됐다. 경학은 이런 경과 주변 전적에 대한 연구를 가리킨다. 진시황의 분서갱유를 거친 후 경전을 복구하는 과정에서 저런 전적의 상이한 판본이 나타났다. 그래서 따르는 판본에 따라 크게 금문경학과 고문경학으로 분화했다. 금문(今文)은 전한 시기 통행된 문자인 예서(隷書)로, 고문(古文)은 분서갱유 이전에 통행된 문자인 고문대전(古文大篆)으로 쓰인 것이다. 『서』나 『춘추』 같은 경우 고문과 금문의 차이가 심각했다. 『춘추』에 관한 기술[傳]이 셋 있는데, 『춘추공양전』(春秋公羊傳), 『춘추곡량전』(春秋穀梁傳)은 금문이고 『춘추좌씨전』(春秋左氏傳)은 고문이다. 금문경학자들은 금문으로 된 『공양전』을 근거로 삼았기 때문에 흔히 공양가라 불리기도 한다.

잘 살펴보면 수많은 중대한 사건은 신·구 사물의 연쇄 가운데 한 고리였다. 이렇게 보면 전통은 실체가 아니라 하나의 과정이다.

전통을 실체로 보는 경우 착안점은 안정과 불변의 요소이고 전통을 과정으로 보는 경우에는 그 멈추지 않고 변동하는 특징에 주의하게 된다. 하지만 과거 사물에 대한 경중과 완급을 구분하지 않고 단순히 배열하기만 한다면 역사는 의미 없이 말라빠진 기록일 뿐이다. 전통을 이해하는 것도 뭐 특별한 의미가 없다. 현명한 방법은 전통을 한 줄기 강물로 보는 것이다. 상대적으로 안정된 것은 강바닥이고 자빠질 듯 달려가는 것은 강물이다. 하지만 강바닥과 강물의 관계는 술병과 술의 그것과 다르다. 술병과 술은 각각 바꿀 수 있지만 강바닥과 강물은 완전히 분리할 수 없다. 한편에서 강바닥은 전체적으로 강의 형태(방향과 유량)를 만든다. 다른 한편에서는 강물이 실어 나르는 흙이 쌓여서 강바닥이 된다. 이때 강바닥이 상승할 뿐 아니라, 심지어 강바닥을 채워서 물길을 바꾸기도 한다. 바로 이와 같은 이유 때문에 역사라는 큰 강은 변화의 기회를 갖고, 범람 현상도 일어난다. 심지어 높은 언덕이 골짜기가 되고 깊은 골짜기가 언덕이 되는 기적을 일으키기도 한다. 문화 전통도 이와 같고 사상 전통도 이와 같다.

개념적으로 표현하자면 강바닥과 강물은 사상 전통에서 형식과 내용이다. 둘은 상호 작용하는 과정이다. 사상은 여러 층위로 나뉜다. 심층의 것일수록 평온하고 형식을 갖춘다. 표면에 가까울수록 표류하고 쉽게 흘러가 버린다. 간단하게 분석하면 다음과 같다.

우주관 혹은 사유의 기본 규율을 언급하는 것은 가장 심층의 것이다. 누구도 하늘에서 떨어진 게 아니라 부모에게서 났다거나 1+1=2라든지, 아니면 추리식은 반드시 삼단논법에 근거해야 한다는 등. 모두 인류의 뿌리 깊은 관념이다. 이것들은 복잡하게 얽혀 하나의 시스템을 이루고 사람들의 사상과 행동의 출발점이나 본원적 근거가 된다. 그것의 내용은 매우 광범하고, 응용 또한 극히 보편적이다. 만약 그것 가운데 맞지 않은 것이 있으면 우리는 그것을 예외로 볼 뿐, 결코 저런 관념을 쉽게 고치지 않는다.

특정 문화에서 종교적 색채를 띠거나 이데올로기 모델이 되는 부분을 다루는 것은 그 다음 단계다. 이런 내용은 사회 질서가 아직 급격히 변동하지 않은 상황에서 오랫동안 인간의 관념과 행동을 조절할 수 있다. 이단이 출현해도 여러 가지 상황에서 저항을 받거나 사라진다. 하지만 그것이 한번 완성되었다고 영원히 변치 않는 것은 아니다. 외래 문화와 접촉하거나 교류하고, 심지어 충돌하는 상황에서 그것은 적절하게 조정되거나 극단적으로 완전히 탈바꿈할 수도 있다.

구체적 역사를 언급하는 각종 방법, 상이한 사회집단의 이익 및 개인 감정의 표현은 당연히 표층적이다. 그것들은 시간, 지점, 조건에 의지해서 추리를 통해 출현하고 사라지는 것이다. 이것은 바로 흐르는 물과 같다. 심지어는 물거품에 지나지 않는 경우도 있다. 인류의 사상은 대부분 실제 과정에서 무게를 따질 수 없고 얼른 지나가 버리는 것이다.

이런 층위의 구분은 사실 상대적이고 불확정적이다. 그것은 깊은 층위의 사상일수록 더욱 보편성을 띠고, 보편적 사상은 규범성, 즉 형식을 가진다는 사실을 알려 준다. 그래서 사상사의 심층을 그것의 표층에 상대해서 말하자면, 전자는 형식이고 후자는 내용이다. 매 층위의 역할은 상대적으로 확정된다. 사상사에서 어떤 공통된 신념이나 자명한 전제가 질문을 받을 때, 사상의 내용은 필사적으로 형식을 벗어

버리려고 노력할 것이고 급류에 부딪힐 시간도 곧 임박할 것이다. 형식 탈출의 성공은 전통 혁신의 실현이다. 벗어난 형식이 심층의 것일수록 혁명의 효과는 더욱 강렬하다.

사상에 여러 가지 층위가 있다는 관점은 철저한 반전통이란 불가능함을 표명한다. 전통 가운데 가장 심층의 것, 예를 들면 우리의 자연적 요구와 관련되는 수많은 상식과 논리 등은 가치 판단의 전제이자 사상 변혁의 거점이고 암층이다. 강바닥을 뒤엎을 수는 없다. 그랬다가는 강물이 범람해서 결국 재앙이 닥칠 것이다. 실제 이런 실험을 하는 사람은 대단히 드물다. 그래서 기세등등하고 과장된 구호는 그렇게 진실해 보이지 않는다. 이렇게 우리가 부수거나, 아니면 보호하고 혹은 창조할 수 있다고 말하는 저 전통, 즉 객관적 존재로 취급하고 설계를 시도하는 저 대상은 사실 전통 가운데 어떤 층위일 뿐이다. 그것이 가장 표층인 것은 아니지만 그렇다고 가장 심층인 것도 아니다. 당연히 그것은 상하가 다른 사상 층위의 상호 작용 가운데 있을 것이다.

강물〔長河〕 도식은 전통 일반에 대한 인식이자 이 책이 구체적 전통을 처리하는 개념틀이기도 하다.

근대 사상의 기원과 전개

본서의 주제는 근대 사상 전통이다. '근대'라는 단어는 현재 학계에서 일반적으로 1840~1949년〔아편전쟁~중화인민공화국 건국〕을 가리킬 때 사용하는 표현법이다. 과정의 관점에서 보면 우리는 전통의 구체적 형식을 연구한다. 이 때문에 사상사에서는 변천의 원류를 탐색하고 묘사하는 방식을 취했다. 하지만 우리의 연구는 상세하고 완전한 사상사 저술이 아니라 단지 후대 사상에 영향을 미친 사상사의 인물이나 현상을 주목한다. 그래서 사조를 중심으로 했지, 인물을 중심으로 하지 않았다. 또한 완전히 시간 순서로 서술한 것도 아니다. 새로운 전통은 하늘에서 뚝 떨어진 것이 아니다. 그것은 구(舊)전통의 몰락이나 와해를 전제로 하고 있다. 이 때문에 반드시 압축적으로 구전통을 분석해야 한다. 즉 특정한 분석과 개괄을 통해서 배경으로서 구전통을 보여 줄 것이다. 이렇게 구전통의 모습은 실체적일 수밖에 없다. 주체는 흐름〔流〕인데 배경은 오히려 기원〔源〕이다.

경학(經學), 불학(佛學)* 그리고 서학(西學)은 근대에 각각 독립된 원류를 가진 사조다. 이 셋을 각각 흐름으로 하고 현대 철학이나 정치학 모델을 채용하지 않았다. 어떤 학문이든 기존의 사상·학술 방식이 있다. 근대 인물은 급진적이든 보수적이든 모두 이런 방식 탓에 규범의 혼란을 경험한다. 이것을 놓아두고 사상의 변천이나 그 가치를 이해할 수는 없다. 내용 면에서 보면 셋은 상대적으로 독립된 주제를 가진다. 경학은 고금 혹은 전통과 현실의 관계를 해석한다. 불학은 기존의 출세와 입세의 문제를 신앙과 행동〔知行〕의 문제로 전환했다. 서학은 중·외 문화의 대화와 교류 문제를 다루고 있다.

경학과 불학 그리고 서학의 서열은 이미 사상의 논리에 부합할 뿐 아니라 역사의 표상에도 접근한다. 아편전쟁에서 무술변법(1898)까지 신사조는 경학(특히 캉유웨이의 금문경학)의 틀 가운데서 출현했다. 무술년에서 신해혁명(1911) 전후까지(탄쓰퉁에서 장타이옌까지) 불학은 평소

---

* 이 책에서 지은이가 말하는 불학은 종교보다는 학술이나 사상 같은 인문 지식의 성격이 강하다. 불교나 불교학이라고 하지 않고 그대로 불학이라고 옮긴다.

와 달리 정치 변혁 중에 질풍을 부르는 역할을 했다. 무술변법 이전 "오랑캐의 장기(長技)를 배운다"는 구호가 나왔을 때 근대 무대에 오른 서학은 위세가 날로 굳세졌다. 신해 시기에 이르러서, 특히 5·4신문화운동 때는 그야말로 주류가 되었고 맹주의 지위를 확보했다. 서학은 신(新)전통을 구성하는 데 가장 유력한 역량이었다.

실제 사상사에서 인물과 사조가 반드시 일대일로 대응되는 것은 아니다. 사조와 사조도 확연하게 구분되지 않았다. 무술변법에서 신해혁명까지 경학, 불학 그리고 서학은 교차하면서 진행됐다. 탄쓰퉁(譚嗣同, 1866~1898), 량치차오(梁啓超, 1873~1929), 장타이옌(章太炎, 1868~1936) 같은 인물도 동시에 여러 가지 사조에 속했다. 하지만 각각의 사조가 가진 상대적으로 독립된 논리적 맥락을 방해하지 않았다. 그들은 각자 자신의 전통 배경에 뿌리를 두고 있다. 뒤에 따르는 서술은 이 책의 사유 맥락을 이해하는 데 하나의 윤곽을 제공할 것이다.

경학의 역사는 대단히 길다. 경학은 전통 이데올로기를 전달하는 전도체다. 경의 원형(역사 문헌)과 나중에 획득한 성질(합법성 근거) 사이에 존재하는 모순 때문에, '정명'(正名)을 본질로 하는 경학은 고문, 금문 및 송학(宋學)이 각각 대표로 하는 정치(경세), 고증(역사), 철학(의리)의 세 가지 해석 방식으로 논리적으로 연장됐다. 청대에 시작한 복고운동**은 경학이 전통 사회와 마찬가지로 그것의 끝자락으로 접어들었음을 보여 준다. 복고운동의 끝자락쯤 금문을 기치로 내건 캉유웨이(康有爲, 1853~1927)는 고전 경전을 새로 해석하고, 서구 사상을 수입함

** 청대 고증학은 송·명대의 유학 전통을 계승한 것이 아니라 한대의 학술 전통으로 복귀한 것이다. 이런 의미에서 청대 학술 전체를 복고운동이라고 표현했다.

으로써 사회 위기를 구하기 위한 합법성의 재건을 시도했다. 하지만 역사의 급격한 변동 가운데 캉유웨이의 노력은 전통의 부흥을 촉진한 게 아니라 오히려 경학의 종결을 가속화했다. 유신 경학*과 동시에 잉태된 대동(大同)이라는 이상은 현실을 초월하려는 사상적 시도였다. 그 가치는 허구적 미래의 긍정이 아니라 전통과 현실에 대한 구체적 부정에 있었다. 장타이옌과 캉유웨이는 고문과 금문 방면에서 쌍벽을 이루는 학자였다.

장타이옌은 탁고개제(托古改制), 즉 "옛날에 의탁해서 제도를 개혁한다"는 주장을 비판함으로써 자신의 역사 의식을 보였다. 그는 경을 역사로 간주했고, 소학[小學: 중국의 전통적 문자학]과 사학(史學)부터 제자학**까지 다방면에서 업적을 이뤘다. 장타이옌은 자신의 경세 정신을 가지고 있었다. 즉 이하론[夷夏論; 중국夏과 오랑캐夷를 문화적으로 구분하려는 사고]의 입장에서 만주족 반대와 한족의 광복을 제창했고 동시에 유럽화 사조에 반대했다. 그는 역사이성을 이야기하지 않고 역사 영역에서 경험이성을 이야기했다. 그래서 그의 경전 해석은 현대 철학이 아니라 현대 사학으로 발전했다. 청말 민초 과거제와 독경[경전 학습]을 폐지하자 포스트경학 시대가 시작했다. 하지만 경세 기능을 상실한 경학은 고증과 의리 두 측면에서 여전히 전통 학술·사상의 중대한 문화 유산이었다. 고사변운동***은 여기에서 확장된 현대 학술 유파이다. 고거****방면에서는 한학의 변위[辨僞; 고전 문헌의 진위를 변별하는

---

* 유신 경학(維新經學). 무술년 변법유신을 이끈 인물들은 개혁의 이론 근거를 전통 경학에서 빌려 왔다. 경학은 정치 개혁의 이론 토대였던 셈이다.
** 제자학(諸子學). 제자백가 가운데 이후 정통 학술로 자리 잡은 유교 경전 이외의 여러 사상, 예컨대 『관자』(管子), 『노자』(老子), 『한비자』(韓非子) 등을 연구하는 학문이다.

것)를 과제로 받아들였고, 의리 방면에서는 송학의 의리를 기치로 다시 내걸었다. 둘은 전통에 대해 상반된 태도를 취했지만 모두 나름의 성과를 통해서 학술 혹은 사상사에서 한 자리를 얻었다. 제자학이나 경학과 비교해서 말하면 포스트경학 시대는 형식상으로는 서학의 시대이고 정신상으로는 이성의 시대였다.

불학은 본래 외래 문화다. 하지만 근대와 상대해서 말하자면 그것은 이미 전통의 구성 부분이다. 그렇지만 그것은 정통이 아니라 이단이자 주변이었다. 철학적인 면에서 이야기하자면 송명 유학의 흡수를 통해서 유교와 불교는 가치와 본체, 즉 심성론 방면에서 유사한 형식을 지녔다. 윤리 정신을 보자면 불학의 반세속 관념은 정통 유학의 이데올로기 공격 아래 상대가 되지 못할 정도로 무력했다. 의리의 면에서 둘은 여전히 긴장 관계를 유지했다. 특히 명나라 말기 선종(禪宗)과 심학(心學)의 조우는 정통 유학을 부식했다. 근대에 접어들어 기존의 틀이 동요하자 유교와 불교의 긴장 관계는 곧 파열했다. 잠복하고 있던 이단은 정통을 공격할 기회를 포착했다. 근대는 변혁의 시대이고, 또한 재난의 시대다. 불학 부흥의 지향은 출세간(出世間)이 아니라 입세간(入世間)이었다. 그것은 시작하자마자 유학 내부의 이단인 심학과 연계했고 또다시 서학과 호응했다.

*** 고사변(古史辨)운동. 5·4신문화운동 이후 출현한 학술 경향으로 중국 고대사에 대한 강한 회의와 역사적 사건의 진위 검증을 특징으로 하는 경학과 사학 분야의 학술 활동이다. 첸쉬안퉁(錢玄同, 1887~1939)과 구제강(顧頡剛, 1893~1981)이 대표 인물이다.

**** 고거(考據). '고증'이라고도 하는데 역사나 언어를 연구하는 한 가지 방법이다. 사실의 고증과 증거의 제시를 통해서 하나의 결론에 도달한다. 주로 훈고, 교감, 자료의 수집과 정리를 통해서 이런 일을 수행하는데, 청조 건륭제와 가경제 연간에 성행했기 때문에 고거학을 건가학이라고도 부른다.

탄쓰퉁의 '응용불학'이 그 대표다. 그는 중생평등을 인류평등에 결합시켰고 심력(心力)으로 위기를 벗어나려 했다. 출세의 숙명론을 입세의 사명감으로 바꿔 놓았고 반(反)명교의 윤리를 부각했다. 탄쓰퉁을 이어서 등장한 인물이 장타이옌이다. 학술 이론 면에서 말하자면 장타이옌은 서학 인식론의 영향을 받았다. 그는 불교 유식학*을 부각시켰고, 탄쓰퉁에 비하면 훨씬 완성된 (무신론) 체계를 구성했다. 그의 의도는 "종교를 이용해서 신심을 일으키는 것"[1]으로서 처음부터 탄쓰퉁과 별로 다르지 않았다. 하지만 그는 불학을 철저하게 수용했기 때문에 '오무론'**을 제시하고서 철저한 허무주의로 향하게 됐다. 불학의 입세 지향도 곧 소멸하고 말았다. 슝스리(熊十力, 1884~1968)도 일찍이 유교에서 불교로 들어섰지만 불학이 현실세계를 개조할 만한 가치 근거를 제공할 수 없다고 생각했기 때문에 다시 유교로 돌아왔다. 그는 불교에서 흡수한 부정의 방법론을 통해서 현대 신유학***의 본체론****에 기초를 놓았다. 불학은 처음엔 유학에 반대하면서 서학과 연대했고, 결국에는 유학에 흡수되어 서학과 대립했다. 중국 문화는 줄곧 세속의 문화였고 그것의 현대 지향 또한 예외는 아니다.

---

* 유식학(唯識學). 대승불교의 학설 가운데 하나로 우리가 일상적으로 인식하는 세계는 어떻게 현상하는가를 설명하는 이론 체계다. 우리가 인식하는 인식 대상은 오직〔唯〕우리의 의식〔識〕의 소산임을 주장하고 그것의 실체성을 부정하여 일체의 집착을 타파할 것을 주장한다.

** 장타이옌은 「오무론」(五無論)에서 정부, 취락, 인류, 중생, 세계가 없는 상황을 상상한다. 캉유웨이가 『대동서』에서 보인 대동세계 같은 일종의 유토피아론이다.

*** 신유학(新儒學). 북송의 정명도, 정이천에서 출발한 새로운 유학의 흐름은 남송의 주회를 거치면서 이학(理學)의 체계를 확립한다. 이것은 유학 내부에서 일어난, 거의 단절에 가까운 변화이다. 그래서 이후 학자들은 새로운 유학이라는 의미에서 신유학 혹은 신유가라고 부른다. 20세기 초 5·4신문화운동을 거치면서 량수밍, 슝스리 등은 유학에 대한 새로운 해석을 내놓았다. 송대의 신유학과 구분하여 현대 신유학이라고 부른다.

서학은 중국에서 이질적 문화다. 17세기 중국 문화는 서방 문화와 교류했지만 그 결과는 그리 성공적이지 못했다. 근대 시기 서학이 다시 중국에 들어왔을 때, 그 모습은 여전히 낯설었고 사람들을 불안하게 만들었다. 서방 전통에서 종교 신념을 원류로 해서 생긴 일련의 이원론적 문화 유형, 예를 들어 천국과 인간, 본체와 현상, 이성과 신앙, 지식과 가치 등등은 인륜 질서를 중심으로 고도로 정합적이고 이데올로기화한 중국 문화와 완전히 딴판이었다. 이런 차이는 현실 생활에서 서학의 우세를 초래했다. 또한 그것은 서학에 대한 근대 중국인의 특수한 태도와 처리 방식을 규범화했다. 캉유웨이는 서학을 중국에 끌어들인 대표 인물이었다. 하지만 무술변법에서 5·4신문화운동 시기까지 그는 줄곧 두 가지 경향을 가지고 서학을 이해하고 취사선택했다.

옌푸(嚴復, 1851~1921)와 후스(胡適, 1891~1962)는 과학적 의식과 방법을 선전해서 광범하게 유행시켰다. 량치차오, 천두슈 그리고 루쉰(魯迅) 등은 오히려 민주, 개성 등의 구호로 사람들의 마음을 파고들었다. 옌푸와 후스는 주로 영미 경험론의 전통을 계승했고 량치차오와 천두슈, 루쉰은 유럽 대륙의 낭만주의 기질을 받아들였다. 반전통이라는 측면에서 말하자면 과학주의자는 신도덕의 옹호자와 동맹을 맺었지만, 전통이 이론적인 면에서 파괴되고 새로운 정신 신념이 건립될 때, 느슨한 연맹은 와해됐다. 왕궈웨이(王國維, 1877~1927)는 상당히 일찍 경험론과 낭만주의, 지식과 가치 그리고 학술과 정치의 모순과 곤혹을

**** 본체론(本體論). 일반적으로 존재론(存在論)으로 번역되는 서양 철학의 술어 'ontology'를 중국에서는 본체론으로 번역했다. 존재론은 '존재자에 대한 탐구'라는 말이다. 그것은 존재자나 존재자의 존재 원리 혹은 존재의 본질을 탐구한다. 중국에서는 존재자의 근원적 본질에 대한 탐구를 중시하여 '본체'라는 어휘를 선택한 듯하다. 이(理), 기(氣)에 대한 논의가 여기에 해당한다.

감각했다. '과현논쟁'(과학과 인생관 논쟁)은 이런 모순이 공개된 결과다. 이것과 관련해서 이데올로기의 주도권을 둘러싼 투쟁은 자유주의, 맑스주의 그리고 신전통주의(주요하게는 현대 신유가) 세 유파를 낳았다. 이 세 가지 세력의 흥망성쇠는 급격하게 변동하는 중국 사회의 특징을 반영했고 또한 이후 여러 대 중국인의 운명을 결정했다.

파란만장한 근대 사상운동을 생각하면 이상의 얼개는 사실 너무도 거칠다. 이 점은 의심의 여지가 없다. 이 책에서 강조하는 점은 묘사가 아니라 해석에 있다. 그래서 여기서 보여 주고 싶은 것은 근대 전통의 형성이다. 이 '전통'은 바로 현대 중국 문화에 영향을 끼칠 수 있는 사상의 특징이다. 묘사는 본래 희망을 달성하기 어렵다. 그래서 체제상 이 책은 편년사 혹은 사상가 평전이라기보다는 사론(史論)에 훨씬 가깝다. 독자들은 이 책에서 수많은 독립된 역사 또는 사상 평론이 끼어 있음을 볼 수 있을 것이다. 하지만 이것은 사상사 연구의 유일한 방법은 아니다. 그것과 묘사 혹은 고증이란 방법은 상호 보충적이다.

파도에서 강바닥까지

캉유웨이는 전통을 구하기 위해서 서학을 중국에 끌어들였다. 정신 전통을 지키려는 방어선 위에서 그는 변명을 늘어놓았다. 무술변법 그리고 신해혁명에서 5·4신문화운동까지 이어진 격랑 속에서 변명은 하면 할수록 커졌고, 최후에는 제방이 무너지고 서방의 파도가 범람했다. 사상의 거대한 강물은 물길을 바꾸고 구전통은 신전통에 자리를 양보했다. 1949년은 사상사의 경계선이자 새로운 단계의 출발점이다. 또한 근대 사상의 격랑과 변천 결과였다. 형태나 어휘를 바꾸어서 계속적인 논쟁의 여지를 남기는 문제로서든지 아니면 확정을 짓고서 사상의 전제가 되어 작용을 발휘하든지 모두 사상사의 출발점이라고 볼수 있다. 특히 후자, 즉 신·구의 질적 변환은 왕왕 매우 조용히 진행되지만 그것은 대단히 깊은 층위에서 일어난다. 필자가 진행한 전문적 연구에 근거해서 여기서는 먼저 무작위로 열거하겠다.

대단히 놀라운 사실은 서방화는 누구도 막지 못할 정도로 진행됐다는 점이다. 이것은 단지 '개혁개방' 이후에야 일어난 특별한 현상이 아니다. 집권 공산당이 내세운 네 가지 기본 원칙, 즉 공산당 영도, 사회주의 실현, 맑스주의 지도, 프롤레타리아 독재 등은 사상의 출처나 이론 형식, 또는 조직 형식 혹은 발전 방향을 막론하고 서방의 것이 아니라 전통이라고 말하기는 무척 힘들다. 하지만 그것이 일단 준전통의 요소가 되자 그것을 선전하는 자든, 아니면 그것에 이의를 제기한 자든 관계없이 역사·문화에 대한 근시안적 시각을 가진 사람들은 모두 그것을 본능적으로 서방화와 대립시켰다. 사실 형식 면에서 보면 개방과 쇄국은 서학과 중학의 논쟁이라고 보기보다는 서방화라는 목표를 찾을 때 존재한 초점의 망설임으로 보아야 한다. 영·미의 경험을 본받을 것인가 아니면 프랑스나 러시아의 경험을 본받을 것인가 하는 문제처럼.

앞에서 이야기한 문제에 대해 여전히 꺼림칙한 부분이 있다면 전혀 논쟁할 수 없는 사실을 예로 들어 보겠다. 과학 숭배의 보편화는 과거부터 현재에 이르기까지, 지도자들에서 민중까지 가장 훌륭하게 공통된 가치가 되었다. 이 가치에 대한 공헌자로는 먼저 옌푸를 들어야하고 다음은 후스 일파이다. 과학이 서방에서 왔지만 중국인들이 그것을 숭배한 까닭은 과학이 가진 유용함이 부국강병의 가장 유효한 도구라고 직관적으로 파악했기 때문이다. 빈곤 속에 있던 중국인은 그것을 얼싸안았고, 심지어 그 사회적 효용을 과장하기까지 했다. 하지만 대부분의 경우, 중국인들이 마음속에 간직한 과학은 기술이었다. 과학이 생산력이라지만 사실은 응당 기술이 생산력이라고 말해야 한다. 그것은 사람들의 마음속까지 다룬다. 적어도 과학은 인류 이성의 최고 성취라 말할 때 이와 같았다. 이렇게 말해도 틀리지 않는다. 문제는 만약 과학이나 교육 발전에 결정권을 가진 인물과 과학계 및 교육계 인사들조차도 단지 유용성으로 과학을 평가한다면 과학의 건전한 발전이나 사회과학의 발전은 소극적인 결과만 초래할 것이다.

전통을 일률적으로 폐기하지 않았다면 어떤 문제는 여전히 기존 논쟁의 연속일 테고 그것은 언젠가 비슷하지만 다른 형태로 출현한다. 하지만 단어를 바꾸었지만 문장 구조가 바뀌지는 않았다. 중·서가 처음 교류할 때 전통적인 사상가들은 도기, 체용, 본말* 같은 상대적 범주로 중학과 서학의 관계를 평가하고 조합했다. 그 가운데 중체서용(中體西用)의 구호가 가장 유명한데, 그것은 1949년 이후에도 여전히 공격받았다. 하지만 공개적으로 중체서용을 반대한 새로운 이데올로기 체계 내에서도 공산당 독재라는 대립적인 새로운 논쟁을 창조했다. 본질이 작용을 가지는 것처럼 공산당이 독재해야 한다고 요구했다. 공산당 독재가 아니면 자본주의 독재고 자본주의 독재는 부르주아지(서방)의 것이다. 공산당이 체고 독재는 용이다. 공산당은 도고 독재는 기다. 이

---

* 도기(道器), 체용(體用), 본말(本末). 도기는 무형의 원리인 도와 형상을 가진 구체적 사물과 제도를 가리키는 기를 함께 이르는 말이다. 체용에서 체는 본체나 본원이고 용은 작용이나 현상을 가리킨다. 본말은 본질적인 부분을 뜻하는 본과 비본질적인 부분을 지시하는 말이 조합된 단어이다.

렇게 해서 역사는 동일한 울타리 안으로 떨어지고 말았다.

일종의 형식 역량으로서 전통이 일으킨 작용을 가장 잘 보여 준 것으로는 경학 전통의 부활만 한 게 없다. 이 책은 정치 문화로서 경학의 실질 및 그 변화의 내재 논리를 연구하면서 아울러 5·4신문화운동 이후 포스트경학 시대의 도래는 필연적 추세였고, 또한 그 길이 대단히 힘들었음을 묘사한다. 현대 사상사에 익숙한 독자라면 누구라도 일단 경학이 발전하는 과정에서 자주 제기된 통경치용, 찬개성헌, 미언대의, 발난반정, 정본청원, 실사구시, 이경반도, 이단사설, 방지사해이개준지** 같은 술어가 현대 정치 투쟁 가운데 사용된 정도를 의식하기만 한다면 우리들이 구시대의 망령을 완전히 매장하지 못했음을 인정할 수밖에 없다. 또한 이럴 경우에라야 모든 주의(主義)의 부정과 진리의 표준에 대한 토론이 왜 사상 해방의 출발점이 되는지 진정으로 깨달을 수 있다. 또한 오늘날 여전히 '부쟁론'(不爭論)을 제시하는 것은 그 자체가 전통을 통찰하는 데 적지 않은 예지와 곡절을 함축하고 있음을 깨달을 수 있다.

또한 모든 정론이 고정불변의 것은 아니다. 1920년대 불붙은 과학과 현학 논쟁은 학술이나 이론 면에서 이야기하자면 문화 영역에서 이성과 신앙의 분열을 표현하지만, 사회적 영향력으로 보자면 기존 이데올로기가 해체된 이후 그 빈자리를 차지하기 위해 전개된 사상 투쟁

** 각 술어의 뜻을 풀이하면 다음과 같다. 통경치용(通經致用): 경전에 통달하여 현실적 쓰임을 추구한다. 찬개성헌(簒改聖憲): 성현의 준칙을 고친다. 미언대의(微言大義): 미묘한 말 속에 커다란 의미가 있다. 발난반정(拔亂反正): 혼란을 일소하고 바름으로 돌아간다. 정본청원(正本淸源): 근본을 바르게 하고 원천을 분명히 한다. 실사구시(實事求是): 구체적 사실에서 바름을 추구한다. 이경반도(離經叛徒): 경전을 벗어나고 도리에 어긋난다. 이단사설(異端邪說): 이단의 사악한 주장. 방지사해이개준지(放之四海而皆准之): 세상 어디에 갖다 놔도 늘 잣대가 된다.

이었다. 과학파는 기본적으로 자유주의자였고 현학파는 나중에 나타난 현대 신유가와 정신 지향 면에서 잘 맞았다. 하지만 투쟁이 고조됐을 때 제3자가 개입했다. 바로 맑스주의를 신봉하는 유물사관파였다. 이론적 측면에서 볼 때 그들은 사회 발전의 법칙을 강조했고 과학적이라는 특징을 지녔다. 동시에 이로부터 정치 사상이나 인생 태도 등 가치 문제를 끄집어냈다. 특정한 역사 조건 아래서 그들은 신속하게 발전했고 결국 현대 이데올로기의 주도권을 잡았다.

현학파는 가치이성을 옹호했고 과학파는 도구이성을 중시했다. 유물사관파는 오히려 역사이성을 중시했다. 역사이성은 역사를 사상의 대상으로 삼았고 역사 발전의 법칙성과 해석 가능성 그리고 합목적성을 강조했다. 그들은 전통적 심성론의 자리를 대신하면서도 자유주의를 배척하고 새로운 신앙의 형이상학적 기초가 되었다. 하지만 사정은 변하고 있었다. 역사이성은 역사 진화의 형태로 출현하고 진화의 척도는 거대한 시간을 단위로 하기 때문에 추상화를 피할 수 없었다. 이에 반해 건설은 구체적이고 경험적이다. 근대화가 일단 일체를 압도하는 목표가 되자 역사이성은 전지전능한 역할을 맡을 수 없었다. 적어도 부분적으로나마 도구이성에 자리를 양보하게 되었다. 그래서 우리는 과학은 생산력이라고 해야 한다. 후자는 이데올로기 체계에서의 지위가 날로 강화되었다. 동시에 역사이성의 총체적 특징과 특정한 계급의식은 혁명 이후 윤리학 방면에서 이론적 약점을 노출했다. 인도주의와 기독교 철학 그리고 현대 신유가 모두 그것에 이의를 제기했다.

사실 전자는 사회·정치 철학이고 후자는 인생 철학이다. 후자는 전자가 자신의 문제를 해결하는 과정에서 실수를 저지를 때야 비로소 대항할 기회를 가진다. 5·4신문화운동 이후 출현했지만 오랫동안 잠복했던 신유가의 심성론이 마침내 부상할 기회를 잡았다. 하지만 다른 의견도 가능하다. 정말 상호 대체가 커다란 문제가 되었을까? 왜냐하면 둘은 어차피 역할이 달랐기 때문이다. 하물며 제3자인 자유주의, 즉 일반 근대화 운동과 매우 친밀한 사조가 다시 자신의 지위를 가지는 것에서랴.

이런 것은 모두 다음과 같은 사실을 말해 주고 있다. 사상은 확실히 전통이 제공한 무대에서 활동한다. 하지만 전통을 완전히 실체화하여 숙명적 태도를 취할 필요는 없다. 근대 사상에 대해서 규범이나 방향을 제시한 전통에는 물론 수천 년 동안 쌓인 요소가 있다. 하지만 훨씬 많은 부분은 근대 사상운동에 의해 조정되었거나 그것이 직접 창조된 것이다. 또한 그렇다 할지라도 현대로 진입한 이후, 더구나 눈앞에서도 여전히 급격한 변동 중에 있다.

강바닥이 조수를 규정하기도 하지만 조수가 강바닥 자체를 만들기도 한다.

1

고대 경서를 새롭게 해석하다

1장 _ 정치 문화로서의 경학

근대 사상계와 학술계를 석권한 3대 사조 가운데 갑자기 끼어든 것이 서학이었고 홍망성쇠가 도드라진 것이 불학이라면 그 원류가 가장 심원한 것은 경학이었다. 역사의 측면에서 보든, 아니면 논리 면에서 보든 간에 아무튼 경학은 근대 사조 가운데서 맨 먼저 공격을 받았다. 그렇다고 경학이 결함뿐인 구학문은 아니었다. 그것의 정교한 부분은 이미 신사조의 구성 요소가 되었다. 이렇게 옛것에서 새것으로 나아가, 마침내 새로운 사조로 해소돼 버리는 과정은 현대에 중국 전통 문화가 보인 운명의 축소판이다. 이런 역사의 실상을 탐구하려면 그것의 대단히 넓은 문화 배경을 살펴야 한다. 그러나 여기서 편년체로 상세하게 기술할 생각은 없다. 그보다는 핵심을 파악하고 전체 윤곽을 그림으로써 그것의 특징을 추출하고자 한다. 이렇게 해서 경학 변천의 내재 논리를 이해하는 하나의 개념틀을 세우고자 한다. 적절한 말로 하자면 근대를 해석하는 데 유용할 뿐 아니라 현대를 투시하는 데도 도움이 된다. 이것이 사상사를 크게, 그리고 자세히 보는 입장이다.

합법성의 근거

경 혹은 경전은 요즘 말로 하면 권위를 가진 문헌이다. 이런 측면에서 말하자면 각 분야나 집단 또는 각종 문화 전통은 각자의 경이 있다. 예를 들면 묵가는 『묵경』, 법가는 『법경』, 도가는 『도덕경』이 있고, 불교에는 엄청나게 많은 불경이 있다. 경은 옷감의 날줄과 씨줄을 말하는 것으로 권위를 가진 문헌을 가리키는데 대체로 인간의 처세를 위해 조리가 있고 실제 유용하고 반드시 따라야만 하는 강령을 표현한다.

유가 경전은 당연히 유학의 권위 있는 문헌이다. 하지만 그것들이 모두 유가 성인의 손에서 나온 것은 아니다. 나중에 그것의 지위는 점점 유가 학통을 넘어섰고 다른 제자와 학파를 능가했다. 일찌감치 인정된 육경으로 보자면 『시』, 『서』, 『예』, 『악』, 『역』 및 『춘추』는 각각 문예, 정치, 전장(典章), 종교(철학) 및 역사 자료를 포함한 선진 시대 문헌(제자 이외)의 중대한 집성이다. 『장자』(莊子) 「천하」(天下)에서는 "『시』로써 뜻〔志〕을 계도하고, 『서』로써 사(事)를 계도하고, 『예』로써 행실〔行〕을 계도하고, 『악』으로써 화합을 계도하고, 『역』으로써 음양을 계도하고, 『춘추』로써 명분을 계도한다"고 말했다. 이는 미화된 주장이다. 공자는 여러 경전에서 어느 정도 자양분을 섭취했는데 금문가와 고문가의 주장이 달라 그것을 확인할 길이 없다. 그러나 육경을 경전으로 간주했으니 이를 일반적인 역사 문헌으로 본 것은 아니다.

『한서』(漢書) 「유림전」(儒林傳)에서 "옛 유자들은 육예*를 넓게 배웠다. '육예에 대한 학문'〔六學〕은 제왕이 백성들을 교화하는 데 이용하는 전적이며 과거 성왕께서 천도를 밝히고 인륜을 바로잡아 태평성세〔至治〕를 이루는 완전한 법도였다"고 적고 있다. 그러나 한나라 무제

이전까지만 해도 이런 관점은 유가의 견해였을 뿐, 다른 제자백가는 인정하지 않았다. 진나라 때 분서갱유의 비극을 겪었지만 한무제는 동중서(董仲舒, B.C. 170?~B.C. 120?)의 건의를 받아들여 백가를 물리치고 유술(儒術)을 독존하고 오경박사[五經博士; 5경으로 대표되는 유학 경전을 전문으로 가르치던 관직]를 관학으로 세웠다. 이후 유교 경전이 가진 "태평성세를 이루는 완전한 법도"라는 성격은 전제 군주의 '법정'(法定)을 획득했고 이때부터 전통 정치에서 합법성의 근거라는 지위까지 비약했다. '합법성'(legitimacy)**은 정치 사회학의 술어로서, 막스 베버(Max Weber)는 어떠한 효과적인 통치라도 반드시 통치의 합법성이라는 신념 위에 건립돼야 한다고 말했다. 통치는 신념 체계의 확립 혹은 수용을 통해서 완성된다. 이런 신념 체계는 단지 통치자와 피통치자의 복종 관계를 확정할 뿐 아니라 통치 방식을 규정하기도 한다. 바로 조치나 행위가 합법적인지를 결정한다. 합법적 통치는 법률, 전통 그리고 카리스마, 이 세 가지로 구분된다. 유가 경전, 즉 역사 문헌을 합법성의 근거로 삼는 것은 이런 통치가 주로 전통을 따르는 형식임을 보여준다.

경전이 통치 계급의 도구임에는 틀림없지만, 그것이 전통 정치의 합법적 근거가 되는 점을 명확히 밝혀야 핵심을 파악할 수 있다. 경전의 지위는 권력자가 근거할 '법정'을 필요로 하기 때문에 성립한다. 그런데 그것이 일단 신념 체계의 원본(text)이라 보편적으로 인정되고 나

면 어느 정도는 권력자의 의지를 초월하는 신성함을 획득하여 독특한 통제력을 형성한다. 경전을 이해하는 것은 법도를 밝히는 데 목적이 있고, 정치를 베풀 때는 반드시 선왕(先王)의 법도에 의지해야 한다. 신하와 백성만 이러해야 하는 게 아니라 군왕도 경전이나 법도를 위배할 수 없다. 그렇지 않다면 반대와 저항에 부닥칠 수도 있다. 심지어 권력기반이 견고하지 않을 경우 제거되거나 타도될 위험도 있다. 이 때문에 경전 해석은 단지 일반적인 학술 활동이 아니다. 어떤 경우에는 권력을 다루는 행위이기까지 하다. 경학의 발달도 일반 문화의 번영이 아니라 이데올로기의 팽창이다.

경학가 피시루이(皮錫瑞, 1850~1908)는 경술은 학술과 다르다는 사실을 깊이 깨닫고 있다. 그는 말한다.

학술은 보통 새로운 것에 대한 추구를 중시하는데 경학만이 옛것을 열심히 지키려고 한다. 경은 성인이 지었고 전(傳)은 고래의 현자로부터 나왔다. 앞선 선비들이 그 글을 구술해서 전하면 후학들은 그 뜻을 마음으로 잘 읽었다. 제도는 일정함이 있기에 개인이 함부로 고칠 수 없고, 의리는 한 가지 옳은 바에 절충되어 있기에 억지를 부릴 수 있는 것이 아니다. 대대로 전해지고 스승과 제자 간에 계승되어 글귀에 대한 훈고를 삼가 지키고, 고치는 일이 없어야 한다. 이렇게 되면 경의 의미는 어렵지 않고 성현의 가르침은 쉽게 드러날 것이다. 만약 각자가 나름대로 창작하고 성취하는 데 힘쓰면 진실로 앞선 선비와 달라질 것이다. 괴이한 재주를 빌려 명예만 좇고 방자하게 차이만을 드러내는 데 천착하는 것은 과거 합격자를 결정하거나 시험 문제나 제출하는 짓이며 성인의 말씀을 모욕하고 경의 뜻을 훼손하는 짓이다.[1]

이른바 "제도에 일정함이 있다"거나 "의리는 하나의 옳은 바에 절충된다" 등등은 모두 경전이 사상이나 행동을 통일하는 규범임을 보여준다. 관념이 순정할 때만이 행위가 궤도를 벗어나지 않는 법이다. 정치 질서도 그제야 안정된다. '옛것을 고수하는 것'〔守舊〕은 바로 순수한 경학 태도이다. 만약 '새롭게 창조하는 것'〔創新〕을 추구하고 해석의 자유나 다원화를 인정한다면 도술(道術)은 천하에 흩어지고 대도(大道)는 여러 갈래로 찢어지면서 실종되어, 제대로 따를 바가 없어지면서 신앙 위기를 초래하여 결국 합법성의 위기를 불러올 것이다.

하지만 경을 통해서 구체적인 활용을 도모한다는 경학의 역할로 보자면 맹목적인 수구도 문제가 된다. "조술(祖述)만 하지 짓지 않았고, 옛것을 믿고 좋아했다"〔述而不作, 信而好古〕고 하지만 이 '조술' 자체는 나름의 이해와 해석을 포함한다. 경전을 끌어다가 국가 경영의 근거로 삼는 경우 그것은 일종의 응용이다. 현대 해석학의 관점에서 보자면 법전의 운용은 시종 일종의 창신이다. 법을 시행할 때 가장 이상적 조건 아래서 법률 조항의 의미는 명확하다. 하지만 그것을 통해서 판단해야 하는 숱한 사건이 완전히 같을 리가 없다. 이 때문에 동일한 법률 조항을 사용해서 상이한 사안을 판단하는 것은 법률의 의미를 끊임없이 확장(해석)하는 과정이다. 경전을 법전으로 삼는 경우, 문제는 더 복잡해진다. 경은 본래 원시 문헌에 속하지, 입법 과정에 의지하고 사법적 실천을 고려해 제정되거나 수정된 법률이 아니다. 동시에 그것이 말하는 정치적 사건도 상고 시대의 경험이다. 이런 경험은 반드시 그것에 추상적 원칙이나 의리를 부여해야 새로운 정치 실천으로 운용할 수 있다. 이것은 창조적인 해석에 의지해야 가능하다. 창신의 부정은 곧 경학의 세상을 경륜하는〔經世〕 기능을 포기하는 것이다.

경학사를 주의해서 보면 이런 수구와 창신의 긴장은 단지 논리적 추론이 아님을 알 수 있다. 상당히 이른 시기에 성립된 걸로 확인된 유교 경전 가운데 제도와 정치에 대해서 언급한 것은 주로 『서』, 『예』, 『춘추』이다. 『예기』는 의례 규범인데 의미가 비교적 정해져 있다. 『서』, 『춘추』는 선왕의 정치와 역사가 변화한 사례를 기록했는데 『춘추』가 가장 중시됐다. 유가의 관점에 따르면 선왕의 도는 이런 선택된 기록과 한마디 글귀 속에 포함되어 있다. 맹자는 이렇게 말한다. "세도(世道)가 쇠미해지면서 사설과 난폭함이 일어났다. 신하가 임금을 죽이고, 자식이 부모를 죽이자, 공자께서 그것을 걱정하여 『춘추』를 지으셨다."[2] 또 말한다. "공자께서 『춘추』를 완성하자 난신적자가 벌벌 떨었다."[3] 동중서는 오히려 "『춘추』는 옳고 그름을 단정하는 것이므로 인민을 다스리는 데 뛰어나다"[4]고 말한다. "『춘추』로써 명분을 계도한다"는 것은 대다수 유학자들의 신념이었다. 그들은 춘추대의(春秋大義)를 강론함으로써 명분을 바르게 할 수 있고 정명(正名)을 통해서 다시 예악이 붕괴된 현실 질서를 정돈할 수 있다고 믿었다.

경전 해석의 문제는 실제 '정명'의 문제다. 공자는 다음과 같이 말한다. "이름이 바르지 못하면 말이 순조롭지 않고 말이 순조롭지 않으면 일이 이루어지지 않는다. 일이 이루어지지 않으면 예악이 흥성하지 않는다. 예악이 흥성하지 않으면 형벌이 들어맞지 않고 형벌이 도리에 들어맞지 않으면 백성들은 처신할 바가 없게 된다. 그래서 군자는 명분을 세우면 반드시 말할 수 있으며, 말하면 반드시 행해지나니, 군자는 자신의 말에 대하여 구차함이 없을 뿐이다."[5] 이른바 '정명'은 바로 정치 행위를 합법성에 호소하는 표현이고, 『춘추』로써 명분을 말하는 것 역시 그것을 전통 정치의 합법적 근거로 삼는 경우다.

경전 해석이 정명에 예속되자 경학은 학술에서 정치로 향했다. 학술의 층위에서 경전 해석은 단지 경에서 명분과 실질(혹은 의리와 예)을 분명히 하기만 하면 된다. 즉 규범과 역사적 사실의 함의와 관계를 평가하기만 하면 족하다. 하지만 정치 실천으로서는 부족하다. 정명은 명분으로써 사실을 바로잡는 것이다. 비단 옛날의 사실을 바로잡을 뿐 아니라 현재의 사실도 바로잡아야 한다. 어쩌면 이것이 더 필요하다. 이것은 명(名)을 현실 정치의 규범화와 평가에 응용하는 것이다. 고전 경전 가운데 수많은 '명'(의리 혹은 도)은 이론으로 발전하지 못했다. (만약 있더라도) 그것은 해석자의 추출과 제시가 필요하다. 그래서 사실 정명은 오래 전 정치 경험을 현실 행위와 관련시키는 활동이다. 만약 이 점을 해내지 못하면 『춘추』는 『춘추』로 귀결하고, 한(漢) · 당(唐)은 한 · 당에서 온 것이고, 경은 단지 무의미한 글귀에 지나지 않는다. 왕안석(王安石, 1021~1086)이 『춘추』를 비난했던 말을 빌리면 "누더기처럼 여러 조각난 조정의 기록"일 뿐이다. 이것은 경전 해석이 반드시 창신해야 하는 까닭이며 경학이 발전하기 위한 내재적 계기이다.

정치적 편의라는 면에서 보면 진정 두려워해야 할 것은 창신이 아니라 창신이 초래할 해석의 다양성이다. 해석은 한 가지 권위에 고정되어야 하지만 여러 가지 어려운 점이 있다. 우선 여러 종류의 문헌은 그 자체가 엄밀한 사상 체계가 아니기 때문에 그 주장은 어쩔 수 없이 혼재되고 모순된다. 당연히 해석을 통해서 논리에 부합하는 결론을 도출하기가 대단히 어렵다. 그리고 고대의 사례와 현재의 실천 사이에 엄청난 거리가 있어서 옛 제도나 경전을 따르기는 불가능하고 변법창신(變法創新)을 요구하게 된다. 더불어 상이한 정치 집단이 권력 투쟁의 요구 아래 출현하고 온갖 모순이 출현하는 경전 가운데서 각자 현실적인 이익에 부합하는 증거를 끄집어낸다. 그래서 혼란은 더욱 피할 수 없다. 창신과 다양성의 모순을 해결하는 유일한 길은 일종의 창신을 행하는 것인데, 그것은 일반 학술 문화에는 없고 경학 문화만이 생산하는 생산물로서 바로 해석권이다. 오경박사를 설립하거나 모종의 주석본을 정부에서 확정하는 것 등은 모두 '법정' 해석권의 귀속을 표현한다. 해석권은 이미 정치적 실천이 필요로 하는 것이고, 실제 정치 권력자에 속한다. 경학의 발전도 태생적으로 정치 권력의 지배나 간섭을 피할 수 없었다.

간단하게 말하면 경전이 전통 정치의 합법성 근거이기 때문에 경학사에서 파생된 고대와 현재, 옛것과 새것, 이름과 실제, 도덕과 정치 그리고 학술과 통치 등 여러 가지 모순을 파생시키고 아울러 그것을 한데 얽히게 했다. 경학의 흥기와 쇠락, 통일과 분화, 번영과 혼란은 빠짐없이 그것의 성질과 밀접하게 관계를 맺고 있다.

세 가지 해석 형태

학술사의 관점에서 보면 경학이 꼭 엉망진창의 장부인 것은 아니다. 그것의 변천과 발전은 내재 논리를 갖고 있다. 저우위퉁(周予同, 1898~1981)은 역사적 맥락에 근거해서 경학을 세 가지 유파로 분류했다. '서한(西漢) 금문학', '동한(東漢) 고문학' 그리고 '송학'이다. 이런 분류법은 상당히 유용하다. 역사 발전과 학파의 형성을 통일했을 뿐 아니라, 더욱이 그것을 중국 학술 사상사 가운데서 주요한 학술 분과의 탄생과 연결시켰다.

이 세 유파의 차이를 간단히 말하면 다음과 같다. 금문학은 공자를 정치가로 간주하고 육경을 공자의 정치 학설이라고 본다. 그래서 '미언대의'〔微言大義: 경전에 담긴 숨은 뜻〕에 집중한다. 그것의 특색은 공리(功利)이고 그것의 폐단은 광망(狂妄)이다. 고문학은 공자를 역사가로 간주해서 육경을 공자가 정리한 고대 사료 정도로 여긴다. 그래서 '명물훈고'*에 집중하는데 이것은 고증을 특징으로 하고 번쇄함에 빠지는 폐단이 있다. 송학은 공자를 철학가로 여기고 육경을 공자가 진리를 담은 도구로 간주한다. 그래서 심(心)·성(性)·이(理)·기(氣)에 집중한다. 철학적 사유를 특징으로 하고 공허함이 폐단이다. 전체적으로 보면 세 유파는 각각 결점도 있고 장점도 있다. 금문경학이 발생하고 나서야 중국의 사회 철학이나 정치 철학이 분명해졌고, 고문경학이 발생하고서 중국의 문자학이나 고증학이 성립했고, 송학이 발생하고 나서야 중국의 형이상학이나 윤리학이 완성됐다고 말해도 결코 근거 없거나 견강부회는 아닐 것이다.[6]

저우위퉁의 단언은 일리가 있다. 왜냐하면 선진(先秦) 제자학 및 수·당 불학에도 위에서 기술한 내용이 존재한다. 제자학은 한학에 앞서고 불학은 송학에 앞선다. 하지만 경학은 전통 이데올로기의 모체이자 기둥이다. 아울러 학문 분과로 진행된 분화 발전은 문제가 되지 않는다. 3대 유파는 각각 경학의 세 가지 해석 형태를 대표한다. 그것은 해석의 목표, 층위 및 방법의 차이에 의해 조성됐다. 사상 발전의 논리

---

*명물훈고(名物訓詁). '명물'은 명칭과 사물이다. '훈고'는 옛말을 설명하고 가르친다는 말이다. 붙여서 말하면 고대 문헌에 등장하는 명칭과 사물을 해석한다는 이야기다. 주대박, 정명수·장동우 옮김, 『훈고학의 이해』, 동과서, 1997 참조.

로 보자면 셋은 상대적으로 독립된 존재 이유를 갖는다. 다음은 이것에 대해 사상사 맥락에서 시도한 간단한 분석이다.

정치-사회학으로서의 경전 해석학

유가는 도를 지키고 세상을 구하는 걸로 사명을 삼았고 경학을 관학으로 옹립했다. 이것은 사회와 정치를 위해서 합법성의 근거를 확립한 것이고, 그래서 경전을 경세치용(經世致用)의 진리로 삼았다. 제목에서 응당 알 수 있는 내용이다. 서한 금문경학은 사회의 변화에 따라 발생한 관방 경학이다. 이것이야말로 가장 먼저, 그리고 가장 직접적으로 관방 경학의 역할을 체현했다. 처음에는 법률로 규정한 경이 그렇게 많지 않았다. 경은 스승과 제자 사이에 이루어지는 구전에 근거해서 이해했고 아직은 내용에 관련한 논쟁을 일으키지 않았다. 경전 해석의 초점은 역사에 있지 않고 현실에 있었다. 응용에 집중한 셈이다.

『춘추공양전』이 가장 크게 위력을 떨쳤다. 경학 시대를 개척한 동중서는 공양학으로 정치를 논의한 인물이다. 그는 『춘추』의 갖가지 사례에서 보편성을 띤 사회·정치적 규범을 추출하고자 했다. 아울러 초보적인 전제주의 이론을 수립했다. 동중서는 그의 저작 『춘추번로』*에서 공자를 소왕(素王)으로 여겼고 춘추 시대를 삼세(三世)로 나누었다. 삼세란 공자가 직접 경험한 시대, 공자가 들어서 아는 시대, 공자가 전해 들은 시대다. 동중서는 공자가 『춘추』를 지을 때 특정한 필법을 채용했기 때문에 그것을 연구함으로써 성왕(聖王)의 미언대의를 파

---

* 『춘추번로』(春秋繁露). 한나라 때 동중서가 지은 정치 철학서로 『춘추』를 풍부〔繁〕하고 윤택〔露〕하게 한다는 말이다.

악할 수 있다고 단정했다. 동중서는 다시 흑·백·적 삼통의 역사 순환 모델을 사용해서 한나라가 진나라를 대체해서 일어난 합법성을 논증했다. 이외에 철학에서는 천인감응설을, 윤리학에서는 강상론을 제출했다. 주된 요지는 다름 아니라 "백성의 바람을 억제시키고 군주의 의지를 신장시키고, 또 군주의 의지를 억제시키고 하늘의 뜻을 신장시키는 것이 『춘추』의 대의"[7]임을 표명하는 것이다. 더욱이 신기한 점은 공양학이 어려운 사건을 재판하는 데 사용됐다는 사실이다. 그래서 『공양치옥』[**]이라는 책도 있었다. 동중서 이후 『춘추』 계열의 위서(緯書)가 출현해서 『춘추』에 대한 훨씬 더 기괴한 주장을 펼쳤다. 공자는 곧바로 신성이 세상에 강림하여 한나라를 위해서 법령을 세운 인물이 되었다.

왕망(王莽, B.C.45~A.D.25)이 한나라를 찬탈하여 고문경학을 관학으로 승격시켰고, 또한 자신이 권력을 탈취하고 제도를 바꾼 것에 대해 합법적인 근거를 마련했다. 예를 들어서 주공의 섭정을 신하가 권력을 찬탈한 것에 비유하고 『주례』[***]에 기재된 사실에 근거해서 정전제의 개혁을 추진한 것 등이다. 하지만 눈앞의 이익에만 급급해서 경전을 해석한 쪽은 여전히 금문학이었다. 권술이 도술이 되는 사상 방식이 극단에 도달했을 때에도 새로운 난제를 대동하고 있었다. 역사의 변이 때문에 미언대의를 빌려서 옛날과 지금이 동일한 진리를 가짐을 논증했다. 그리고 진리가 내재함은 현실의 이익을 보고서 결정한다.

** 『공양치옥』(公羊治獄). 동중서가 지었다고 알려진 책으로 공양학의 입장에서 감옥을 관리하는 법을 설명하고 있다.
*** 『주례』(周禮). 주공(周公)이 정리했다고 알려져 있고, 주나라의 관직 제도와 정치 제도를 설명한다. 한나라 때 유흠(劉歆)은 『주관』(周官)이라고 명명했다.

경전 해석은 곧 '사슴을 가리켜 말'〔指鹿爲馬〕이라고 하는 방식을 면할 수 없었다. 결과적으로 자연히 괴상하기 이를 데 없는 수많은 견해를 내놓았다. 경전 해석을 입에서 나오는 대로 마구 할 수 있다면 경전의 권위는 손상을 입을 수밖에 없다. 신앙의 위기는 필연적으로 합법성의 위기를 초래한다. 양한(兩漢) 참위(讖緯)와 금문학은 서로 표리 관계다. 하지만 위기에는 갖가지 정치적 유언비어 역시 곧잘 참위에 기대어 전파된다. 경학이 출구가 있으려면 다른 형태의 해석에 의지해서 편향을 바로잡아야 한다.

언어-역사학으로서의 경전 해석학

본래 경전은 고대부터 전해진 역사 문헌으로서 편집상의 잘못이나 자구의 모호함, 내용의 누락, 연대의 착오 같은 점들을 피할 수 없다. 합리적인 경전 해석은 반드시 먼저 이런 층위의 문제를 처리해야 한다. 서한 이전 경전 해석가의 훈고 전통도 어느 정도 이런 임무를 담당했었다. 하지만 관학이 되고 나서 춘추공양학의 성행과 원전의 곡해, 현실의 반영은 사상과 학술의 혼란을 초래했다. 계속해서 경전을 중심으로 하고자 한다면 혼란을 척결하고 정도로 복귀하는 것이 필수였다. 고문으로 된 전적의 계속된 발견은 새로운 경전 해석의 발전에 계기를 제공했다.

금문경학과 고문경학의 차이는 사용된 글자체나 수량에서만이 아니라 경문의 내용에서도 드러난다. 이런 차이는 경전의 배열 순서에 대한 금문경학가와 고문경학가의 상이함에서도 볼 수 있다. 금문경학가가 제시한 경전의 순서는 『시』, 『서』, 『예』, 『악』, 『역』, 『춘추』다. 고문경학가는 『역』, 『서』, 『시』, 『예』, 『악』, 『춘추』 순이다. 금문경학의 순서는 육경 내용의 깊이에 근거한 반면, 고문경학은 육경이 나온 시대에 근거했다. 따라서 금문경학과 고문경학이 그리는 공자의 모습도 다르다. 금문경학에서 공자는 '탁고개제'의 소왕이다. 육경은 사람들을 교화하기 위해서 창작된 것이다. 고문경학의 공자는 오히려 "조술했지만 짓지는 않았고, 옛것을 믿고 좋아하는" 역사가이며 역사나 문화에서 "과거를 잇고 미래를 연" 성인이다.[8]

사상사에서는 새로운 자료의 발견으로 역사를 고쳐 쓴다. 그래서 한 인물에 대한 상이한 이미지 때문에 곧잘 대립이 발생하기도 한다. 이런 대립이 역사적인 사건이 되기 위해서는 그가 이미 이데올로기의 전통적 상징이어야 하고 이런 이데올로기가 쇠락하고 있거나 혹은 정통파가 도전을 받고 있는 조건 아래 있어야 한다. 제2의 공자를 발견한 경우가 이와 유사하다. 경전이 합법성의 근거이기 때문에, 금문과 고문 정통 논쟁은 실질적으로 상이한 정치 세력의 각축을 보여 주기도 했다. 고문경학이 관학으로 성립될 수 있었던 배경에는 확실히 왕망의 마음에 들었다는 요인이 있었다. 하지만 고문경학의 발흥은 학술 방면의 원인도 있었다. 원래 있던 '미언대의'는 근거할 만하지 못했고 신구 문헌의 병행 또한 신구 문헌 간의 비교 연구를 가능하게 했다. 고문학파의 경전 해석의 초점은 문장 이해에 있었지, 응용에 있었던 게 아니다. 이것은 일종의 "근본을 바로잡는" 작업이었다.

우선 경문 글자 하나하나의 의미를 연구하는 데서 시작했다. 그래서 글자 해석 능력을 장악할 필요가 있었다. 허신의 『설문해자』*는

---

* 『설문해자』(說文解字). 후한의 허신(許愼, 58?~147?)이 한자의 자형과 의미에 대해 밝힌 문자학 서적이다.

동한(東漢) 고문경학의 기본 저작이다. 서한(西漢) 초기 『이아』*와 비교하면 『이아』는 단지 경전에서 보이는 문자의 전통적 함의를 간략하게 설명했을 뿐이다. 『설문해자』는 비교 연구를 통해서 형성된 하나의 이론이었다. 글자를 구성하는 육서법**은 고대 언어학 내지 문자학의 형성을 가리킨다. 청대 고증학 대가들은 대부분 고문경학의 전통을 계승해서 경전 해석은 언어와 문자에서 시작해야 하고 그래야 발전이 있다고 강조했다. 고염무〔顧炎武, 1613~1682; 명말 청초의 사상가로 사학과 언어학에 뛰어났던 청대 고증학의 시조〕는 "경전 연구는 글자를 고증하는 데서 시작하고 글자 고증은 소리를 아는 데서 시작한다. 제자백가서도 그렇지 않은 게 하나도 없다"[9]고 말했다. 대진〔戴震, 1723~1777; 실증적인 연구를 중시한 청대의 고증학자〕도 "경의 궁극적인 지점은 도리이고, 도리를 분명히 밝히는 것은 사(詞)이고, 사를 완성하는 것은 글자이다. 글자에서부터 사에 통달하고, 사에서부터 도리에 통달한다. 반드시 단계가 있어야 한다"[10]고 말했다.

경전은 역사적 문헌이다. 경문의 원래 의도나 본래 의미를 추구하기 위해서 발전한 언어학은 물론 역사-언어학이다. 글자의 의미와 단어의 의미를 통달하려는 목적은 경전의 정신, 즉 도를 연구하는 것이다. 하지만 고인의 도는 결코 후인이 상상하는 것처럼 그렇게 오묘하거나 공허하지 않고, 기록된 전장 제도와 인물 사건 가운데 체현되어 있다. 그래서 그 연구는 곧 역사적 명물(名物)의 고증으로 발전한다. 동

---

*『이아』(爾雅). 중국에서 가장 먼저 나온 사전이다. '이아'란 사람들로 하여금 '표준적인 말'〔雅言〕에 가까이 가도록〔爾〕 한다는 의미다.
**육서법(六書法).『설문해자』에서 말한, 한자를 구성하는 여섯 가지 원리: 상형(象形), 지사(指事), 회의(會意), 형성(形聲), 전주(轉注), 가차(假借).

시에 이런 언어학이나 문자학은 경학에만 적용되지 않고 제자학 및 기타 고전 문헌과 관련된 학과에까지 적용됐다. 또한 일반 역사학의 기본 방법으로 확장된다. 그것은 고립된 언어학이 아니라 언어-역사학이다. 이것은 전통 경학 가운데 비교적 순수한 학술 형태였다.

훈고와 고증은 경의 본래 의미를 회복하는 작업이다. 그 때문에 그것의 초점은 역사에 있었고, 그것의 정신은 실용의 추구가 아니라 사실의 추구였다. 하지만 역사적 사실은 대단히 복잡한데, 역사 기록은 오히려 대단히 소략하다. 이 때문에 사실 추구는 극히 곤란한 문제가 되었다. 완벽한 의미에서 사실을 추구한다면 분명 의리에 대한 추구를 포기해야 한다. 심지어 역사 현상에 대한 완전한 파악도 포기해야 한다. 결국 보잘것없는 조각들만을 다루게 되고 자질구레한 일에 주석을 다는 데 만족하고 의미 없는 일에 죽기 살기로 매달리는 걸로 학문을 삼을 것이다. 『한서』「예문지」에서 이런 폐단을 폭로했다.

고대에 배우는 자들은 농사를 짓고 부모를 봉양하면서도 3년마다 육예(六藝) 가운데 하나에 통달할 수 있었다. 육예의 주요한 내용을 장악하고 경문을 연구할 뿐이었다. 그래서 소비한 시간은 짧았지만 쌓은 덕은 점점 많아졌다. 35세가 되면 경에 대해 달통했다. 후대의 경(經)과 전(傳)은 서로 모순되어 대단히 박식한 학자라고 하더라도 빠지고 의심스러운 함의를 포괄적으로 연구할 생각은 않고, 지루하고 번쇄하고 후미진 의미만을 사용하여 다른 사람의 비난을 피할 생각만 했다. 견강부회하고 교묘하게 학설을 세우고 문자의 형태를 파괴하여 다섯 글자의 문장을 해석하는 데도 2~3만 자에 달했다. 후진들이 더욱 그 뒤를 쫓으니 아이 때부터 일예(一藝)를 붙들어도 백발이 되어서야 그것에 대해 이야기할 수 있었다. 자기가 익힌 것은 편안히 여기고 자기가 보지 못한 것은 비난하여 결국 자신을 가리고 말았다. 이것은 학자의 큰 우환거리이다.[11]

소극적인 연구의 결과는 바로 방법이 점점 번쇄해지고 사상은 점점 정체되는 것이다. 본말이 전도된 격으로 도는 생각 없는 학문에 의해 유실되고 경학은 경세의 의의를 잃고서 조야한 학문이 되고 말았다. 경학사에서 또 한 번의 반동은 새로운 층위의 해석 형식을 발전시켰다. 그것은 사실에서 상상으로, 부분에서 전체로 향하는 지향이었다.

종교-철학으로서의 경전 해석학

금문경학은 경세를 지나치게 강조했고 눈앞의 이익에만 급급했다. 그 결과 경전을 마음대로 이용했고 경전의 권위는 땅에 떨어졌다. 고문경학은 훈고학을 중요시했기 때문에 심하게 번쇄했고 의미는 지리멸렬하게 조각나고 말았다. 굳이 출구를 찾으려 한다면 도를 밝히는 부분과 경전을 설명하는 부분을 조화시켜야 했다. 이는 합법성과 합리성의 통일을 추구하는 것이다.

왕필(王弼, 226~249; 삼국 시대 위나라의 철학자로 『노자주』와 『주역주』로 유명했고 무를 근본으로 하는 이론 체계를 수립했다)을 대표로 하는 위진 현학은 언의지변*을 통해 처음으로 언어에 근거해서 의미를 제기하는 철학

---

*언의지변(言意之辨). 중국 위·진 시대에 있었던 철학 논쟁으로 기호로서의 언어와 그것이 담고 있는 의미의 관계에 대해 논변했다.

적인 경전 해석학을 창안했다. 『주역약례』(周易略例) 「명상」(名象)에서
왕필은 경전 해석의 강령을 제시했다. "의미를 극진히 하는 데 형상만
한 게 없고 형상을 극진히 하는 데 언어만 한 게 없다." 하지만 "언어는
형상을 밝히는 방법이라서 형상을 얻으면 언어를 잊는다. 형상은 의미
를 보존하는 방법이라서 의미를 획득하면 형상을 잊는다". "그래서 언
어를 보존하는 것은 형상을 획득하는 게 아니며 형상을 보존하는 것은
의미를 획득하는 게 아니다."[12] 그리고 "형상을 잊는 것은 곧 의미를
획득하는 게 되고 언어를 잊는 것은 형상을 획득하는 게 된다". 중요한
것은 명언에 막히지 않는 것이다. 언어를 잊고 형상을 잊어야 비로소
성인의 뜻을 체득할 수 있다. 이로써 왕필은 한대의 상수역**을 일소하
고 새로운 사상 영역을 개척했다.

　　금문경학은 '미언대의'를 중시하고 현학은 '의미를 획득하면 언
어라는 형식을 잊는 것'〔得意忘言〕을 강조했다. 둘은 모두 경전의 표현
〔言〕을 중시하지 않고 경전이 머금은〔喩〕 의미를 탐구했다. 하지만 금문
경학은 실용을 중시하기 때문에 의미가 지나치게 저급하여 사슴을 가
리켜 말이라 하는 일이 잦았다. 현학은 너무 오묘하고 그 의도가 본체
에 있고 은유의 해석 방식을 따랐기 때문에 훨씬 더 합리성을 갖는다.
이렇다면 경전의 이해는 실용의 추구가 아니라 도의 추구이다. 하지만
시간·장소·명물·사상을 규명하는 것이 아니라 구체적 경험을 벗어
나 "세상 어디서도 준거가 될 만한" 보편 진리를 추구했다.

** 상수역(象數易). 중국 역학(易學)에는 상수역과 의리역이라는 두 가지 유파가 있다. 상수
　　역은 괘효(卦爻)가 상징하는 형상〔象〕과 음양기우의 질서〔數〕를 중심으로 『주역』을 해석하
　　고, 이에 반해 의리역은 괘명(卦名)의 의의와 괘의 성질로 해석하여 『주역』의 의리를 드러
　　내는 데 중점을 둔다. 주백곤(朱伯崑) 외, 김학권 옮김, 『주역산책』, 예문서원, 2004, 4장 1
　　절 참조.

현학은 노자나 장자가 뒤섞여 있어서 정통 경학은 아니었다. 하지만 이학(理學)은 현학의 유풍을 계승하여 경학을 의리학, 즉 종교이자 철학으로 바꿔 놓았다. 이학의 '이'(理)는 본래 문장에서 연원한 게 아니라 이학가들 자신이 체득한 것이다. 체득과 격물[格物; 사물에 대한 탐구]을 절충하는 방식을 통해서 이학가들 또한 경전에서 발휘된 현실적인 윤리 질서를 긍정하는 종교-철학 이론을 수립했다. 그런데 정주학파는 태도상 모순되었다. 그들은 체험을 요구하면서도 합리적이기를 희망했다. 그래서 여전히 주석이나 고증 방면에 노력을 기울였고 '이'가 가진 근본에 주의했다. 합리성을 발휘하기 위해서 그들이 중시한 경서는 '오경'(五經)이 아니라 사서(四書)였다. 왜냐하면 후자는 모두 개인의 저작이라서 상대적으로 체계적이었기 때문이다.

사서 가운데 『대학』과 『중용』은 추상 수준이 상대적으로 높았기 때문에 보다 쉽게 보편성을 띤 주석을 달 수 있다. 육왕파*는 오히려 이치[理]의 체득에서 격물보다는 체험이 더 중요하다고 했다. 그들이 보기에 이치는 마음 바깥에 있는 게 아니라 마음이 곧 이치였다. 그들은 "육경은 모두 나의 각주"라는 구호를 외쳤다. 내가 육경을 주석하지 않고 육경이 나를 주석한다는 말이다. 사상 면에서 말하자면 훨씬 깊고 자유로워졌지만, 경학 면에서 논하자면 고정된 형식을 부숨과 동시에 규범을 상실할 수도 있었다. 사물은 극한에 도달하면 되돌아온다. 정주파의 견강부회나 억지스러움에서 육왕파의 마음과 주관에 대한 강조, 육경에 대한 경시에 이르기까지 경전은 다시 꼭두각시 역할로

---

* 육왕파(陸王派). 북송의 육구연(陸九淵, 1139~1192; 호는 상산象山)에서 시작하여 명의 왕양명(王陽明, 1472~1528?; 본명은 수인守仁)이 완성한 심학 체계를 따르는 사상 유파.

타락하고 말았다. 그 모습은 금문학이 맡았던 역할과 함께 길은 달랐지만 결국 동일한 곳으로 귀결했다.

이상은 단지 저우위퉁의 계시를 받아 경학의 세 가지 형태 및 그것의 관계를 분석한 것이지, 경학사 자체를 서술한 것은 아니다. 특별히 경학의 발전 각 단계를 이야기하자면 『사고전서총목제요』(四庫全書總目提要) 「경부총서」(經部總敍)의 주장을 참고할 만하다.

한대 이후 2000년 동안 유학은 사회적 분위기를 따라서 그 학풍이 모두 여섯 번 바뀌었다. 처음에는 오로지 한 문파만을 배우며 스승·제자 관계를 지속했다. 훈고가 아니면 전수하지 않았고, 감히 동조하지도 거부하지도 않았다. 편장이나 장구에 대해서도 보고 배운 것만을 단단히 지킬 뿐이었다. 저들의 학문하는 자세는 독실하고 엄밀했지만 한쪽에 속박(拘)당하는 폐단이 있었다. 왕필이나 왕숙(王肅, 195~256; 삼국 시대 위나라의 경학자)이 조금씩 다른 주장을 견지하자 새로운 기풍이 마련됐는데 믿는 이도 있고 의심하는 이도 있었다. 공영달(孔穎達, 574~684)·가공언(賈公彦, 7세기 중엽)·염조(啖助, 724~770)·조광(趙匡, 8세기 말) 등을 거쳐 북송의 손복(孫復, 992~1057), 유창(劉敞, 1019~1068) 등에 이르러서는 각기 자신의 주장을 펼쳤고 서로 수용하거나 타협하지 않았으니 그 폐단은 잡다함(雜)에 있었다. 이정(정호와 정이)과 주희가 연이어 일어나 도학(道學)이 크게 흥성하자 한·당의 학풍을 버리고 의리(義理)만 공부했다. 경학자들의 기존 학설을 믿을 수 없다고 배척했다. 그 학풍은 시비를 가리는 데 힘을 쏟아 그 폐단은 사나움(悍)에 있다. 이곳저곳에서 학파를 이루고 날이 갈수록 많아졌고 다른 학파를 배척하고 일존(一尊)을 확정하는 데 힘썼다. 송말 이래 명초까지 그 학문은 다른 견해를 보고서도 바꿀 생각을 하지 않으니 그 폐단은 무리 짓는 데 있었다. 주장이 지나치니 세력에 편중됨이 있고, 재주나 언변이 뛰어나니 제방을 허물고 세상으로 횡행하게 되었다. 명나라 정덕(正德)·가정(嘉靖) 이후 그 학풍은 각각 마음에서 획득하는 바를 중시하니 그 폐단은 방자함[肆]에 있다. 알맹이 없이 허황한 이야기나 하고 억지 주장이나 펼침에 규명하고 증명하는 일에 당연 소홀했다. 그래서 해박하고 방정한 선비들이 고대의 의미를 끌고 와서 그들의 잘못을 꾸짖었다. 청대 초기 학자들은 그 학문을 허투루 하지 않고 실제 내용을 검증하는 쪽이었지만 그 폐단은 번쇄함[瑣]에 있었다.[13]

이 글은 수백 자밖에 되지 않지만 경학사의 변화 발전과 장단득실을 논리정연하게 분석했다. 이런 분석은 특정한 주장이나 의견에서 벗어나 객관적 기준을 가지고 공평하게 평가한 점에서는 긍정적인 측면을 보이지만, 여전히 경학 시대라는 커다란 문지방을 넘어서지 못했다는 점에서는 약점이 있다. 그래서 저우위퉁의 삼분법처럼 명확하게 정곡을 찌르느니만 못하다.

경학의 세 가지 해석 방식은 전통적 술어를 가지고 말하자면 경세학·고증학·의리학이라고 할 수 있다. 그것이 각각 금문경학과 고문경학 그리고 송학을 대표로 한 것은 단지 자신의 주요 특징과 성취에 관련한 이야기다. 이것은 일종의 '이상형'(Ideal type) 개념이다. 학리 면에서 셋은 상이한 해석 층위에 놓여 있다. 논리 면에서 굳이 서로 부정할 필요가 없다. 이들은 경학 발전의 삼두마차다. 수많은 경학 대가들은 세 가지 가운데 한 방면에 집중할 때도 다른 층위의 문제를 언급하는 데까지 주의를 기울였다. 유흠(劉歆, B.C. 53~A.D. 25)은 고문경학을 창도했지만 일찍이 경전의 의리에 대해 다음과 같이 판단한 적이 있다.

> 육예의 문장 가운데 『악』은 정신을 화평하게 하기 때문에 인(仁)의 표현이고, 『시』는 말을 바로잡기 때문에 의(意)의 쓰임이다. 『예』는 기준을 명시하기 때문에 분명하여 쉽게 알 수 있다. 그래서 주석이 없다. 『서』는 식견을 넓혀 주기 때문에 지(智)의 방법이다. 『춘추』는 일의 시비를 판단하는 것으로 믿음(信)의 부절이다. 이 다섯은 곧 인·의·예·지·신이라는 '다섯 가지 떳떳함'〔五常〕의 도로서 서로 보충하고 완비되며, 『역』은 이것들의 근본이 된다.[14]

주희는 의리를 이야기하지만 고증도 중시한다. 그는 이전 사람들을 다음과 같이 평가했다. "한나라 때나 위나라 때 학자들은 음독에 정확했고, 훈고에 뛰어났고, 제도를 고증하고, 명물을 분석했는데, 그들의 공적은 박학함에 있었다."[15] 캉유웨이는 금문경학의 마지막 대가에 해당한다. 그도 문장을 고증해야 했다. 그의 주요한 저작은 바로 '두 가지 고증', 즉 『신학위경고』(新學僞經考)와 『공자개제고』(孔子改制考)다.

하지만 전체로 보자면 경학사의 발전은 사실 세 대의 마차가 나란히 달린 게 아니라 돌아가면서 분위기를 선도했다. 상이한 형태의 발전은 아무런 문제 없이 병행한 게 아니다. 한 가지 형태가 최고조로 발전했을 때 그것의 폐단은 점점 폭로되고 그것과 대립하거나 그것을 보충하던 다른 형태가 조금씩 일어나서는 그것을 대신해 버린다. 하지만 우리들이 여전히 기억해야 할 것은 이런 대체는 순수하게 학문적인 이유 때문만은 아니라는 점이다. 왜냐하면 경은 일반적인 고대 문헌이 아니라 전통 정치에서 합법성의 근거였다. 그것의 중대한 변화와 사회·정치의 변화는 밀접하게 관련이 있었다. 양한의 금문경학과 고문경학의 교체는 말할 필요도 없고, 이학의 흥기도 북송과 남송의 정치 투쟁과 서로 얽혀 있다. 명·청 시기 이학의 쇠퇴는 청이 명을 대체하는 격변을 배경으로 한다. 경학의 총체적 몰락에 이르면 단지 전체 전통 이데올로기가 쇠망한 것이라 볼 수 있다.

경학 시대의 끝자락

명말에서 청말에 이르는 기간은 경학 시대의 끝자락이다. 학문적으로는 송학까지 발전했을 때 경학의 세 가지 형태는 빠짐없이 완비됐다. 송학이 용솟음칠 때도 경학이라는 부처님 손바닥을 벗어나지 못했다. 기능 면에서 전통 사회의 정치 질서라는 (건륭과 가경 연간에 한 번 부흥한 것을 제외하고는) 거대한 건물은 기울어지고 있었다. 합법성의 근거를 끌어들였지만 허약한 고질병을 치유할 수 없었다. 하지만 뿌리 깊은 전통으로서 경학의 쇠망은 여전히 하나의 과정이었다. 그리고 위에서 이야기한 경전 해석의 세 가지 틀에서 보자면 이런 과정은 여전히 이해할 만한 내재적 이유가 있다.

위기의 징후는 명말부터 포착됐다. 당시 실제의 효용을 경시하는 공허한 이학이나 책을 읽지 않는 교만한 심학의 사조는 선풍(禪風)의 번성을 이끌었고 거리에 성인이 가득 차게 했다. 동림당* 인사들이 실학을 제창하고 당시의 폐단을 비판하는 등 노력을 했지만 이미 세상을 되돌리기엔 역부족이었다. 명 왕조는 허약하기 짝이 없었기에 만주족은 너무도 쉽게 중원에 들어와서 주인이 되었고 나라 잃은 지식인들의 비통함은 이를 데 없었다. 청초 학풍이 공허함에서 실질로 전환한 것은 이런 역사적 상황이 초래한 결과다.

사상 전환기의 핵심 인물은 청대 학술의 시조 격인 고염무였다. 그는 혼란을 일소하고 이름을 바로잡아야 할 사명을 스스로 짊어지고 양명학(陽明學)의 반(反)주지적 행태와 청담(淸談)이 나라를 혼란케 한다고 비난했다.

한 사람이 세상을 바꿔서 그 유풍이 백수십 년 동안 지속된 경우가 있다. 옛날 같으면 왕필의 청담과 왕안석의 신학(新學)이고, 요즘으로 치자면 왕양명의 양지설**이 그것이다. 맹자는 "세상이 생긴 지 오래지만 한 번 다스려지면 한 번 어지럽다"고 했다. 혼란을 없애고 세상을 되돌리는 책임이 어찌 후현(後賢)에게 있지 않겠는가![16]

같은 시기 황종희〔黃宗羲, 1610~1695; 명말 청초의 저명한 학자로서 사학 연구에 뛰어났으며 구체적인 정치 개혁안을 내놓기도 했다〕는 비록 양명학을 중심으로 했지만 양명학 말류의 잘못을 시정했다. "일찍이 명나라 사

---

* 동림당(東林黨). 명말 장쑤(江蘇) 우시(武錫)의 동림서원(東林書院)을 중심으로 형성된 사대부 지식인 집단을 가리킨다. 당시 전횡을 일삼던 환관 위충현(魏忠賢)의 탄핵과 정치 개혁을 요구하다가 위충현 세력에 의해 몰살당했다.

** 양지설(良知說). 왕양명은 주희의 격물설은 자신의 마음으로 사물의 이치를 찾아다니는 형국이라고 비판하고, 내 마음속의 양지를 사물까지 확충하는 치지격물설을 제시했다. 여기서 '양지'는『맹자』가 말한 "배우지 않고도, 생각하지 않고도" 알 수 있는 것으로 의식적인 배움이나 사색 없이도 마음속에서 자연스럽게 솟아나는 도덕적 본성이다. 미조구치 유조, 최진석 옮김,『중국사상명강의』, 소나무, 2004, 159쪽 참조.

람들은 학문을 이야기할 때 조잡한 어록체*를 따르고, 육경을 근거로 하지 않고 책은 처박아 두고 읽지도 않고 단지 돌아다니며 떠드는 데만 열중했다. 학자는 반드시 먼저 육경을 탐구해야 한다. 경술이 세상을 경영하는 방법이 되어야 우활한 선비가 되지 않는다.”[17]

공소함은 아무 쓸모가 없기에 반드시 실질을 추구해야 한다. 유학 체계 내에서 실질의 추구는 두 가지 길이 가능하다. 첫째, 구체적인 일의 효용을 경시하는 것과 관련해선 경세치용(經世致用)의 중시다. 둘째, 독서하지 않는 것과 관련해선 경전을 읽고 묻고 배우는 풍조를 회복하는 것이다. 둘은 모두 실학(實學)이라고 할 수 있다. 하지만 실제는 경학의 앞선 두 가지 형태, 즉 경세와 고거(고증)로 회귀한 셈이다. 청초의 여러 대가 사이에서 둘은 병행되기 시작했다. 계속 고염무를 예로 들어보면 그는 자신의 생각을 다음과 같이 적고 있다.

군자가 학문하는 까닭은 도를 밝히고 세상을 구하는 데 있다. 단지 시문이나 끄적이고 자구에만 매달리는 하찮은 재주가 무슨 이익이 있겠는가? 나는 오십 이후 오로지 경사(經史)에만 뜻을 두었는데 음운학에 대해 터득한 바가 있었다. 지금 『음학오서』**를 지어 『시』 300편 이후 오랫동안 끊어진 진전(眞傳)을 이으려 한다. 또 『일지록』***을 지었는데 상편은 경술(經術), 중편은 치도(治道), 하편은 박문(博聞)으로

---

*어록체. 문어체가 아니라 일상의 언어로 강의를 하듯 하는 구어체 글이다. 당대 이후 발전한 선종에서 활발했고, 주희의 『주자어류』나 왕양명의 『전습록』이 바로 어록체로 되어 있다. 이것은 저들의 강학 중시와 관련이 있다.

**『음학오서』(音學五書). 고염무가 1643년경 완성한 중국어의 고음(古音)에 관한 연구서로 「음론」(音論), 「시본음」(詩本音), 「역음」(易音), 「당운정」(唐韻正), 「고음표」(古音表) 다섯 부분으로 구성됐다.

모두 30여 권이다. 왕자(王者)가 일어나면 이로써 실제 일에 드러내 보이고, 또 이로써 지금 세상을 흥성한 옛 치세로 이끌 것이다. 그러나 요즘 사람들에게 이런 얘기를 감히 하지 않았다.[18]

경세를 이야기하는 사람은 공부가 왕왕 경학에서 사학으로 옮겨 가는 경우가 있다. 역사를 거울 삼아 천리와 인도의 관계를 탐구하고 옛날과 지금의 변화를 통달하여 세상을 다스리는 데 하나의 청사진을 제공할 수 있기 때문이다. 그래서 황종희의 학술사 연구에서 장학성(章學誠, 1738~1801)의 "육경은 모두 역사"라는 주장까지 사학은 끊이지 않고 이어졌다. 사학은 경학과 서로 표리가 되는 실학이다. 장학성은 다음과 같이 말한다.

학문에 뜻이 없으면 모를까, 군자가 진정 학문에 뜻을 두었다면 반드시 당대 법령과 규범[典章制度]을 탐구하여 인륜, 일용을 절실히 해야 하고, 반드시 관직이나 제도와 관련된 고사[掌故]를 탐구하여 경술의 정미한 부분에 통달해야 한다. 그렇게 하면 학문은 실질적인 일이 되고 글이 빈말이 되지 않는다. 이른바 본질이 있으면 반드시 작용이 있기 마련이다. 당대를 모른 채 옛것만을 좋아한다고 말하면, 장고(掌故)를 모르고 경술을 말하는 격이니, 이는 표현만 화려하고 놀이 삼아 하는 학문일 뿐이기에 비록 극히 정밀하지만 실질적 작용이 없게 되니

*** 『일지록』(日知錄). 고염무의 대표작으로 "하루하루 터득한 지식의 기록"이라고 풀 수 있다. 이 저술은 자신의 연구 성과를 정확하고 자세하게 매일매일 기록하는 일종의 차기체(箚記體) 저작으로 경의, 사학, 지리 등 다양한 방면의 지식을 망라했다. 치밀한 기록과 자료 수집은 청대 학술에 큰 영향을 주었다.

잘 살펴봐야 한다. …… 학자가 현재에 어둡고 옛것에만 뛰어나고, 장고에는 흐릿하면서 경술에 통달한 경우 주관(周官) 경사[卿士; 천자를 직접 보좌하는 최고 관직]가 어려워하는 바는 능히 해낼 수는 있으면서, 부사[府史; 고대에 창고와 서책을 관리하던 말단 관리]조차 손쉬워하는 점은 오히려 알지 못하는 격이다. 그래서 구체적 사물을 버리고 도를 말하고, 지금을 버리고 옛날을 찾고, 현 사회의 윤리와 일상의 쓰임을 버리고 학문의 정치함을 추구하는 자는, 모두 '부사'의 사(史)가 오사[*] 의 사와 상통함을 알지 못하는 격이다.[19]

이런 경세학과 금문경학의 차이는 다음에 있다. 금문학에 신비적이고 신학의 분위기가 있다면 새로운 경세학은 오히려 역사에 대해서 경험이성의 태도를 취한다. 경학에서 사학에 도달했다고 해서 그것이 단순한 호고(好古)는 아니었다. 과거를 폭넓게 이해하는 것은 현재를 파악하기 위해서다. 그래서 경학은 단지 경전학이 아니라 경세학이기도 했다. 경세치용은 경전에서 현실적인 의미를 발굴하는 데 한정되지 않고 사회 질서와 일상의 작용을 포괄하는 학문이기도 했다.

경세학이 그저 경학에 불과한 것이 아니라면 경을 읽고 배우길 구하는 것 또한 현실의 효용만을 좇을 필요가 없다. 실학이라 불리는 두 길은 꼭 머리를 나란히 달릴 필요는 없다. 사실상 청대 초 경세의 길은 매우 빨리 좁아졌다. 여기에는 두 가지 원인이 있다. 첫째, 청초 경세

를 말하던 저명한 인물들은 대부분 반청(反淸) 입장에 서서 통치자와 대립했다. 고염무는 "천하의 흥망은 필부에게도 책임이 있다"고 했다. 건륭 황제는 재상까지도 이런 책임을 지지 못하게 했다. 그는 "재상된 자가 뜻밖에도 천하의 혼란을 다스리는 걸 자신의 임무로 생각하고 임금이 안중에 없다면 이런 일은 절대 있을 수 없다"[20]고 말했다. 만주인은 소수 민족으로서 중원을 통치했기 때문에 한인들이 이러쿵저러쿵 정치를 논하거나 문제를 제기하는 것을 가장 두려워했다. 잘 알려진 일련의 문자옥(文字獄)은 사상 탄압의 산물이다. 황종희의 『명이대방록』(明夷待訪錄)은 세상에 모습을 드러낼 수 없었다. 군주가 나타날 것이라는 고염무의 희망도 한낱 물거품이었다.

두번째, 경학(혹은 사학)은 경세를 말했지만 경전을 합법성의 근거로 삼는 태도를 여전히 탈피하지 못했다. 그래서 전통이 전면적으로 몰락한 상황에서 이것은 약방에서 오래도록 팔고 있는 단약일 뿐, 결코 죽음의 고비에서 생명을 구하는 그런 묘약은 아니었다. 『사고전서총목제요』는 이렇게 논평했다. "고염무는 명말에 태어나서 경세의 임무를 즐겨 이야기했다. 세상사에 격분하여 탄식하며 복고에 뜻을 두었다. 그의 학설은 세상일에 어두워 실행하기 어렵고 더러는 괴팍하고 쓸데없이 예민했다. 그가 지은 「음악오서후서」(音學五書後序)를 살펴보니 '성인이 다시 살아나시면 반드시 요즘 음을 옛날의 순정함으로 되돌리실 것'이라고 하는데 이것이 어찌 가능한 일이겠는가?"[21] 경전에 대한 존경의 가장 철저한 논리는 복고다. 『사고전서』의 편찬자는 복고를 비난했지만 경전의 권위를 존중하는 데 반대하지 않았으니 꼭 고명하다고 할 수만은 없다.

청초에도 안원[顏元, 1635~1733; 청초 사상가이자 교육자로 정주이학이 유교의 본령에서 벗어났다고 비판하고, 유교 본래의 실학과 실용을 제창했다]이나 이공[李塨, 1659~1733; 안원의 제자로 두 사람을 함께 일러 안이학파라 한다. 정주이학에 반대하고, 경세치용의 학문을 주장했다] 등 구체적인 실천을 주장한 일파가 있었다. 하지만 그들의 소멸은 경세가 복고의 길을 대체할 수 없음을 보여 주었다. 량치차오는 일찍이 다음과 같이 지적했다. "그들이 말한 실용적인 예(藝)는 사회의 변화에 따라 쓰임이 보편적이지 못하게 되었다. 또한 그들이 가장 중시한 것이 '예'였는데 예란 2000년 전의 한 형식으로, 오늘날에는 일일이 실천할 수는 없다. 이미 실천할 수 없이 된 것을 실용이라 함은 오히려 허황된 일이 된다."[22]

경세의 길이 끊어지자 거꾸로 전문적 학문의 길이 촉진되었다. 량치차오, 장타이옌 등은 모두 청대 고증학의 발달과 만청의 정치 압제의 관련에 주의했다.

나는 앞에서 당시 '경세학파'가 창성한 것은 여러 대학자들이 나라를 위태로움에서 구하려는 뜻을 가졌기 때문이라 말하였다. 대학자들은 청조를 위하여 시종일관 일하지 않았기에 매우 큰 의심과 미움을 샀다. 그 후 문자옥이 빈번하게 일어나니 학자들은 점차 자신을 보호하지 못할까 두려워하여 정부에서 꺼리는 학술은 감히 깊이 연구하려 하지 않았다. 그러나 재능이 출중한 사람들의 총명한 재주와 능력은 결국 쓰일 수밖에 없다. 그들이 고훈을 해석하고 명물을 탐구하니, "세상일에는 아무 근심 않고, 남들과는 다투지 않는다"라는 말 그대로여서 학자들은 자신을 보존할 수 있었다.[23]

아무 희망 없는 시대에 자신의 재주를 팔아서 출사하면 청조를 도와 학정을 일삼게 되고, 거꾸로 저 청조의 학정에 맞서 싸우려면 감시자들은 삼엄한 단속으로 옥죈다. 평화롭게 문무(文舞)에 사용하는 꿩 깃털과 피리를 가지고서 저 폭력에 대항하기란 끝내 불가능할 것이다. 이러지도 저러지도 못하는 상황에서 마음대로 할 수 있는 것이 하나 없으니 고서나 해석(訓詁)할밖에 달리 무엇을 하겠는가?[24]

청대 이학(理學)은 기력을 다해 더 이상 이렇다 할 논의가 없었고, 시문 등 문학은 꺼리는 게 많아서 조악했고, 정부의 우민화 정책 때문에 선대 군왕의 업적이나 기록을 연구하는 경세학은 쇠락했다. 나름대로 식견을 갖춘 학파가 있더라도 한데 모여 경에 대한 학설들을 모으는 일이나 하면서 죽음을 피하려 했다. 그들의 학술만큼은 대부분 훌륭하고 뛰어났다.[25]

위잉스(余英時, 1930~)는 위의 해석이 단지 외연에서의 문제만을 고려한 것이라고 생각한다. 정치적 억압은 사람들이 정치에 대해 논의하지 못하게 했을 뿐이다. 그렇다고 반드시 경학이나 고증학을 해야 하는 것은 아니다. 청학(淸學)은 단순히 이학에 대한 반동이 아니라 학술상 내재하는 생명의 연속이다. 내재 논리의 관점에서 보면 청학은 이학의 발전이다. 그것은 유학 내부의 '도문학'과 '존덕성' * 논쟁의 연장이다. 주희와 육상산에서 나흠순(羅欽順, 1465~1547; 명대 사상가로 이理가 기氣 가운데 있다는 견해를 제시해서 주희의 이일분수설을 수정했다), 왕양명

---

* 존덕성(尊德性)과 도문학(道問學). 『중용』 27장, "故君子尊德性而道問學, 致廣大而盡精微, 極高明而道中庸, 溫故而知新, 敦厚以崇禮"에서 나온 말이다. 군자는 덕성을 높이고 학문(問學)을 말미암아야(道=由) 한다는 이야기다. 주희는 『중용집주』(中庸集注)에서 이 부분을 "존덕성은 마음을 보존하여 도체의 큼을 다하는 것이고, 도문학은 지식을 지극히 하여 도체의 세세함을 다하는 것"이라고 풀었다. 본문에서는 존덕성은 심성 수양의 문제로, 도문학은 지식 확장의 문제로 보아 각각 송학과 한학에 대비시킨다.

논쟁까지 모두 두 파의 대립이다. 청초 고염무는 "경학이 곧 이학"이라고 주장함으로써 심성론이나 철학적 논의에 반대했다. 이런 주장은 '존덕성'이 '도문학'으로 진입했음을 보여 준다. 유가 전통에서 반(反)주지주의가 주지주의에 자리를 양보하는 전환점이었다. 이것은 또한 일반 사상사에서 말하는 원전 회귀(return to sources)라는 보편적 현상의 한 예증이다.[26]

내인(內因)과 외연을 결합시킨 해석이야말로 비교적 완전하다고 할 만하다. 하지만 문제는 원전 회귀, 즉 원의(原意) 추구에 있다. 동한 고문경학도 한 번 전환했다. 하지만 그때는 훈고를 이야기했고, 청대는 고거를 말할 뿐이다. 건가학〔乾嘉學; 건륭과 가경 연간 대진, 전대흔, 장학성 등에 의해 완성된 고증학 전통〕이 간혹 한학(漢學)이라고도 불리는데 그 가운데 혜동〔惠棟, 1697~1758; 18세기에 주로 쑤저우에서 활동한 고증학자〕이 전수한 일파는 오직 한학만을 따르는 분위기가 농후했다. 실질의 추구가 옛것의 추구로 전환되고 번쇄한 한대 유학의 전철을 다시 밟았다. 결국 경전에는 통달했지만 세상의 도리는 밝히지 못했다. 번쇄한 고증학은 구체적 일에는 전혀 도움이 되지 않고 공허한 이야기일 뿐이다. 경전에 대해서는 진실하지만 세상에 대해서는 공허한 것이다. 진리를 밝히고 세상을 구제해야 한다는 고염무나 대진의 외침은 그저 고서 더미에서 사라질 수밖에 없었다.

그래서 건가학을 반주지주의에서 주지주의로 발전한 것이라기보다는, 후기 경학이 세 가지 형태 가운데서 순환하는 하나의 마디로 보는 게 낫다. 왜냐하면 시대가 당면한 문제들을 다루지 않는 고거학은 전성기가 지난 이후 다시 우여곡절을 겪으면서 퇴락했기 때문이다. 그것을 대신해서 일어난 것이 새로운 금문경학, 즉 상주학파*의 흥기다.

경세의 열정을 가장 잘 표현한 인물은 그들의 후계자였다. 바로 아편 전쟁 전후로 활동한 공자진〔龔自珍, 1792~1841; 청말의 금문학자〕과 위원〔魏源, 1794~1856; 청말 사상가. 유봉록에게 사사하여 금문학파의 대표자가 되었다〕이다. 공자진과 위원은 모두 "경전을 통달하여 실용을 철저히 한다"고 주장했고 춘추공양학을 빌려서 '미언대의'를 이야기하고 당시의 정치를 평가했고 변법을 요구했다. 위원은 금문경학이 다시 고문경학을 대체한 역사적 논리를 개괄적으로 묘사했다.

전한의 미언대의의 학은 후한에서 끊어졌고, 후한의 전장 제도의 학은 수와 당에서 끊어졌다. 양한 훈고·성음의 학은 위·진에서 사라졌다. 그 도를 과연 누가 융성하게 대체할 것인가? 문질(文質)은 세상이 거듭하면서 반드시 반복되고, 천도는 하·은·주 삼대(三代)를 거쳐 온전히 드러났다. 오늘날 복고의 요체는 다음과 같다. 훈고·성음으로 후한 전장 제도의 학문에 진입하는 것은 제나라가 일변하여 노나라에 이름이다. 전장 제도로부터 전한의 미언대의의 학문에 진입하는 것은 경술·정사·문장을 하나로 꿰뚫게 되는 것으로, "노나라가 일변하여 도(道)에 이름"**이다.[27]

위원의 복고론은 순환론을 특징으로 한다. 량치차오도 청대 학술을 복고로 개괄했다. 위원은 그 가운데 위치했지만 량치차오는 이미

---

* 상주학파(常州學派). 건륭제와 가경제 연간에 출현한 금문경학 일파로서, 창저우(常州) 출신인 장존여(莊存與, 1719~1788)와 그의 외손자 유봉록(劉逢祿, 1776~1829)이 대표 인물이다.
** 『論語』, 「雍也」, "子曰: 齊一變, 至於魯; 魯一變, 至於道."

여기서 벗어났다. 량치차오는 이런 복고에 진화론의 색채를 입혔다. 그는 "복고로써 해방한다"고 말했다.

> 첫째 단계는 송의 옛 모습을 회복해서 왕학(양명학)에서 해방된다. 둘째 단계는 한·당의 옛 모습을 회복해서 정주학에서 해방된다. 셋째 단계는 서한의 옛 모습을 회복해서 허신이나 정현(鄭玄, 127~200)에서 해방된다. 넷째 단계는 선진(先秦)의 옛 모습을 회복해서 일체 전(傳)과 주(注)에서 해방된다. 이미 선진의 옛 모습을 회복했다면 공자와 맹자에게서 해방되지 않으면 안 될 것이다.[28]

"복고로써 해방한다"는 이 괴상한 논리는 이데올로기상의 논리다. 고대의 문헌을 원본으로 하는 경(經)이 사회·정치의 합법성 근거가 되는 사회에서, 현실적인 위기 타개의 방법은 고대 경전에서 찾아야 한다. 경학의 변천 과정은 상이한 층위 혹은 상이한 형태의 경전 해석학을 낳았다. 모든 형태가 각각 경학이 갖는 기능의 한 방면을 체현했다. 청학이 보여 준 복고의 각 층위는 모두 경학 고유의 기능에 대한 한 차례의 조정이었다. 복고가 철저해질수록 경의 공용은 더욱더 문제가 되었다. 최후에 경전의 원시 형태로 돌아갔지만 아무런 쓸모가 없을 때, 곧바로 신앙의 위기가 임박한다. 그래서 일단 선진(先秦)을 회복하면 논리상 곧 "공자와 맹자에 대해서 해방되지 않으면 안 된다". 이것은 합법성의 자원으로 경학이 이러지도 저러지도 못하는 상태가 되었고 전통 이데올로기가 와해되기 시작한 것이다.

량치차오는 복고 가운데 "해방의 효과를 두드러지게 나타낼 수 있었던 까닭은 과학적 연구 정신으로 그것을 일깨웠기 때문"이라고 말한다. 량치차오는 너무 과학적이었다. 상황은 정확히 반대였다. 복고의 논리는 가치이성을 몰아낸 결과다. 공자진과 위원은 공양삼세설*을 이 야기했고 마지막으로 경학을 자극했다. 하지만 조금도 과학적 근거는 없었다. 장타이옌은 "위원은 경세를 과장해서 이야기했고 간악한 술수 로 귀인에게 유세했다"[29]고 말했다. 중국 정치 문화 전통에서 실용주 의는 경학을 빌려서 도를 밝히고 권력에 의지해야 실용을 추구할 수 있었다. 경은 형식상의 권위이지만 경이 포함한 내용, 즉 경의 의미는 오히려 왕왕 사람들이나 권력에 의해서 바뀐다. 관건은 그것이 어떤 문제와 대면하고 있는지 그리고 누가 해석권을 쥐고 있는지에 있다. 사실 이것은 또한 이데올로기에서 하나의 공공연한 비밀이다. 그래서 청대 금문경학이 다시 곤경에 빠지고 나서 결코 곧바로 경학을 포기하 지는 않았던 것이다. 오히려 변통을 강조했다. 심지어 경전을 벗어나 고 진리를 배반했다는 혐의도 두려워하지 않고 과감하게 전통적인 이 데올로기 이외에 새로운 요소를 수용했다. 이것은 마지막 숨을 몰아쉰 경학이 일대 거장 캉유웨이의 손안에서 기적적으로 회광반조(回光返照) 하도록 했다.

---

* 공양삼세설(公羊三世說). 『춘추공양전』에서는 공자가 『춘추』를 쓸 때 직접 경험한 시대와 이야기만 들은 시대, 전해 들은 시대로 나누었다고 했다. 동중서는 『춘추번로』에서 이것을 발전시켜 춘추 12세(世)를 세 부분으로 나누었다. 후한의 하휴(何休)는 이 삼세를 혼란한 시대(衰亂), 발전하는 시대(升平), 태평한 시대(太平)로 확정했다. 청대 공자진(龔自珍)은 삼 세설에 다시 『예기』 「예운」의 학설을 결합시켰는데, 사실은 진화 관념을 주입한 것이다. 청 말 캉유웨이는 이 삼세설과 『예기』 「예운」의 소강(小康)·대동(大同) 개념 그리고 서구 진화 론을 결합하여 독특한 역사 발전론을 수립했다.

2장 _ 유신 경학과 유토피아

합법화의 근거를 탐구하던 전통 경학은 2000년이 넘는 기간 동안 여러 차례 흥망성쇠를 겪었고 여러 차례 위기를 극복했다. 기존의 위기는 왕조의 교체나 학술 형태의 전환으로 극복했지만 청말에 맞은 위기는 쉽게 해결할 수 없었다. 그것은 특정 집단의 권력 상실이나 권력 찬탈의 문제가 아니라 전체 전통 사회의 위기였다. 겉으로 보면 경학도 번영했다고 할 수 있다. 조정에서는 의리를 말하는 송학을 제창했고, 또한 학자들은 한학을 특히 열심히 공부했다. 한학 가운데 단지 고문파만 흥성한 게 아니라 금문파도 흥성할 수 있었다. 하지만 바로 이런 주마등 같은 형태의 변환은 이데올로기의 자원으로서 경학의 잠재력이 이미 고갈됐음을 나타낸다. 왜냐하면 경학사에서 출현한 몇 가지 형태는 모두 중복된 것들이다.

위원은 이런 복고의 논리를 "문질(文質)은 세상이 거듭하면서 반드시 반복되고, 천도(天道)는 하·은·주 삼대를 거쳐 온전히 드러났다"[1]는 말로 개괄했다. 서한의 미언대의를 회복하고 경술과 정사, 문장을 하나로 관통하는 금문학을 요구했다. 량치차오는 이 과정을 "복고로써 해방한다"고 말했다. 하지만 실제 공자진과 위원에 이르러서도 해방의 길은 아직 열리지 않았다. "해가 저물어 저녁이 되려니, 서글픈 바람이 몰려온다"[日之將夕, 悲風驟至; 공자진의 말], 경학의 위기가 학술 자체의 위기는 아니다. 단순히 전통적인 경술 가운데서 방향을 틀었다고 해서 진정한 출구가 있는 건 아니다. 전통이 외연을 확대한 주요한 계기는 캉유웨이였다.

합법성: 최후의 중건

캉유웨이는 경학자가 아니라 사상가로 역사에 출현했다. 이는 그가 경학 연구를 시작할 때부터 어떤 특정한 가법을 인정하지 않았음을 보여준다. 비교적 초창기 저작인 『교학통의』(教學通議)에서는 주공을 높이고 『주례』를 존숭했으며, 결코 고문을 의심하지 않았다. 그는 주공 같은 인물이 출현해서 군주를 보좌하고 세상을 구제하길 바랐다. 상서를 해도 도달하지 않고, 세상은 아무런 반응도 없는 답답한 상황에서 그는 문득 랴오핑(寥平, 1852~1932)에게 자극을 받아서, 늠름하게 금문경학의 막차를 탔다. 그리고 금문경학의 종점에서 계속 전진했다. 그는 손도 쓸 수 없을 정도로 곪아 터진 중국 사회를 근본적으로 구출할 수 있는 출로를 찾고 싶었다. 하지만 그가 이미 찾아낸 길은 정확한 처방이 아니었다. 곧바로 이야기하면 "이름이 바르지 않아서"[名不正]다. 하지만 합법적 자격을 갖춘 모든 수단은 아무런 소용이 없었고 역사의 막바지에 처했다. 캉유웨이의 깊이와 패기는 합법성 중건이라는 사명을 자발적으로 짊어졌다는 데 있다.

중건은 파괴와 건립이라는 두 항목을 서로 연결하는 작업을 포함한다. 그것의 성과는 잘 알려진 『신학위경고』의 내용에 집중적으로 체현됐다. 량치차오는 상당히 개괄적으로 표현한다.

캉유웨이가 최초로 저술한 책은 『신학위경고』이다. '위경'은 『주례』(周禮), 『일례』,* 『좌전』(左傳) 및 『모시』(毛詩)를 말한다. 모두 전한 말 유흠이 박사를 두고 힘썼던 텍스트다. '신학'(新學)이란 신나라** 왕망 시기의 학문을 말한다. 청대 지식인 가운데 허신(許愼, 58~147), 정현(鄭玄, 127~200)의 학문을 모범으로 삼은 사람들은 자신들의 학문을 한학이라고 칭했는데 캉유웨이는 그것이 신대(新代)의 학문일 뿐, 한대(漢代)의 학문은 아니라고 생각했기 때문에 그 이름을 고친 것이다. 『신학위경고』의 핵심은 다음과 같다. 첫째, 전한의 경학엔 이른바 '고문'이란 것이 전혀 없었다. 고문은 모두 유흠의 위작이다. 둘째, 진나라의 분서는 육경에는 피해를 끼치지 않았다. 한나라의 14박사가 전한 것은 모두 공자 학파의 완전한 경전이며, 결코 훼손되거나 잔결된 것이 아니다. 셋째, 공자 시대에 사용한 문자는 진·한대의 전서(篆書)니, '문자'의 측면에서 본다면 절대로 금문과 고문으로 분류되지 않는다. 넷째, 유흠은 위작의 흔적을 감추기 위하여 교중비서[校中秘書: 한대 문헌 정리를 담당하던 관직]로 있을 때 모든 옛 문헌들을 마구 뒤섞어

---

* 『일례』(逸禮). 『예기』, 『주례』, 『의례』를 삼례라고 한다. 한대까지 전한 『의례』는 17편이었는데, 나중에 고문으로 된 『의례』가 발견됐다. 이 가운데 17편은 금문 『의례』와 거의 동일하고 나머지 39편은 전혀 새로운 내용이었다. 이 39편만을 빠졌던[逸] 부분이라고 해서 『일례』라고 부른다.

** 신나라는 전한의 왕망이 왕위를 찬탈하여 기원후 9년에 수립한 나라로 25년에 망하였다. 이후 다시 한(漢) 왕조가 수복되었기 때문에 이 기간을 기준으로 한나라를 전한과 후한으로 구분한다.

놓았다. 다섯째 유흠이 위경을 만든 것은 왕망을 도와 한나라를 찬탈하기 위해서였는데, 먼저 공자의 미언대의를 흔적도 없이 모조리 없애려고 하였다.[2]

포스트경학 시대의 일반 독자는 경서 변위의 사상적 의미에 대해서는 아마도 그렇게 잘 알지 못할 것이다. 하지만 캉유웨이가 쓴 이 책의 서문을 보면 이런 곤혹을 푸는 데 도움이 된다.

처음 위서(僞書)를 지어서 성인의 제도를 어지럽힌 자는 유흠이었으며, 위경(僞經)을 유포하여 공자의 정통을 찬탈하는 일은 정현에게서 완성됐다. 2000년 세월의 흐름을 살펴보고, 백, 천, 만, 억 숱한 학자의 학문을 취합하여, 20왕조의 예악 제도의 존엄을 다 살펴보니, 모두 위경을 성법(聖法)으로 받들고, 그것을 독송하며 존숭하여 믿었고, 섬겨 행하며, 어기는 자는 성인을 비방하고 법도를 지키지 않은 죄로 다루었다. 또한 한 사람도 꺼리는 이 없었고, 아무도 의심하는 이 없었다. 공자의 경을 훔쳐다가 주공에게 부여하고, 공자의 말씀을 경이 아니라 전(傳)의 수준으로 격하했다. 그리고 공자의 의리와 제도의 성법(聖法)을 없애고, 그것을 조각나고 허접한 관보(官報)로 간주했다. 육경이 뒤죽박죽이 된 것은 나쁜 무리에 의해 어지럽혀진 것이며, 성인의 제도가 묻혀 버린 것은 미몽의 분위기에 허물어진 것이니, 천지의 항상됨이 뒤집히고 일월의 빛이 바뀌었다. 공자 같은 천명을 받은 성인이 400년 만에 중하[중국]에서 이같이 재난을 당함이 극에 달하다니 어찌 기이하지 아니한가![3]

　　듣기에는 마치 악정을 성토하는 격문 같다. 그의 주장에 의하면 2000년 동안 합법성의 근거로 받든 경서는 가짜다. 그 자체가 비합법이다. 그렇다면 그것과 관계된 경학은 황당무계한 이야기고 나쁜 일을 위한 앞잡이 노릇을 한 것이다. 그래서 위경을 가져다가 정사를 베푼 합법성도 마땅히 박탈해야 한다. 세상의 혼돈이나 사회 위기의 문제점도 여기에 있다. 캉유웨이의 이런 주장은 확실히 사상사의 태풍이자 회의론의 돌풍이었다. 본래 경학은 복고 가운데서 출로를 찾았지만 금문경학의 단계에 이르면 이미 의심이 잇따라 일어났다. 캉유웨이 스스로 말했다. "나도 전에는 고문경학을 받아들였는데 유봉록, 위원, 공자진 이후 (고문경학이) 유흠의 위작이라는 의심이나 비판이 많아졌다. 나는 이런 의심을 심중에 쌓은 지가 오래됐다."[4] 여기에 랴오핑의 자극(캉유웨이는 이 점을 부인한다)을 더하여 담력과 기백이 남다른 캉유웨이는 결국 회의 사상을 대성하여 사람들을 놀라게 했다.

　　학술 면에서 보자면 캉유웨이 주장의 신빙성에 대해선 학자마다 평가가 엇갈린다. 량치차오는 "사실 이 책은 대체로 엄밀하고 타당성이 있지만 소소한 항목에 대해서는 논의가 필요하다"고 말했다. 첸쉬안퉁은 "『신학위경고』는 극히 중요하고 극히 정밀한 변위에 관한 전문 저작"이라고 확신했다. 하지만 주이신(朱一新, 1846~1894)은 하나하나 반박했고 첸무(錢穆, 1895~1990)는 캉유웨이에 대해 "이른바 국사공〔유흠〕이 공공연하게 성인의 정통을 찬탈하여 경전을 위조했다고 한 말은 바로 캉유웨이 스스로 자신의 잘못을 인정한 진술서나 다름 없었다"[5]고 비난했다. 고문 경전을 모두 유흠이 위조했다는 주장이 설득력이 약하다는 사실을 부인할 필요는 없겠지만 문제는 캉유웨이가 경전을 의심했다는 점에 있다.

핵심은 경의 위조가 아니라 이미 형성된 경학 전통이 이제 쓸모가 없으며 심지어 해롭기까지 하다는 사실이다. 진짜 이유는 경에 의지해서 통치하는 정치 체제가 몰락했다는 데 있다. 유흠은 캉유웨이가 전통에 잘못을 덮어씌우는 과정에서 발생한 희생양에 불과했다. 유흠에게서 쉽게 구실을 찾을 수 있었고, 게다가 왕망의 찬탈도 분명 합법성을 갖지 못했기 때문에 경을 위조했다는 공격은 가장 좋은 이유가 됐다. 옛것에 대한 의심은 현재에 대한 의심 때문이다. 경전에 대한 의심은 정치 체제에 대한 의심에서 출발했다. 하지만 캉유웨이는 전통의 합법성을 철저하게 전복한 게 아니라 재건했다. 재건의 바탕은 바로 금문경학이었다.

캉유웨이가 금문경학으로 귀의한 것은 단지 고문 경전이 위조됐기 때문이 아니라 유흠 이후 펼쳐진 경학 형식을 배척하기 위해서였다. 즉 고거학과 의리학에 대한 배제다. 그가 보기에 고거학(고증학)은 아무런 근본이 없었고 의리학은 공허했다. 캉유웨이는 어지러운 세상을 바로잡고자 했기에 경학의 경세 전통을 회복했다. 일찍이 창싱(長興; 캉유웨이가 제자를 기른 만목초당이 있던 곳)에서 학생을 가르칠 때 그는 대진이나 요영(姚鶯, 1785~1853) 등이 분류한 학과인 의리, 고거, 사장에 '경세'를 추가했다. 캉유웨이는 다음과 말했다.

공자의 학문에는 의리와 경세가 있다. 송학은 『논어』를 근본으로 세우고 『소대례기』(小戴禮記)*의 「대학」, 「중용」 및 『맹자』로 그것을 보조

---

*『예기』는 전한의 대덕(戴德)이 편집한 85편 본과 그의 조카 대성(戴聖)이 편집한 49편 본이 있는데, 삼촌이 한 것을 『대대례기』(大戴禮記), 조카가 한 것을 『소대례기』(小戴禮記)로 구분해서 부른다.

했다. 주자가 송학의 합법적 계승자가 되었고 송·명 이래 모든 학문은 그것에 의해 포괄된다. 송·원·명 그리고 청조의 학문은 그들의 자손인 셈이다. 대부분 의리에 치중했다. 한학은 오히려 『춘추』의 『공양전』, 『곡량전』을 근본으로 하고 『소대례기』의 「왕제」(王制) 및 『순자』로 그것을 보충한다. 그리고 동중서를 『공양전』의 합법적 계승자로 보았고 유향을 『곡량전』의 계승자로 보았다. 모든 한학자는 모두 그것에 포괄된다. 『사기』나 양한 시대 군신 간에 벌어진 정치 논의는 그것의 지파이다. 이는 경세에 가까운 것이다. 의리는 덕행이고 경세는 정치다.[6]

캉유웨이는 고거학을 경멸했을 뿐 아니라 주희의 의리학도 중시하지 않았다. 그가 보기에 주희는 "의(義)를 주로 말했지, 인(仁)은 말하지 않았고, 자신을 살펴서 잘못을 고칠 줄 알았지만 백성의 근심이나 문제를 구제하려 들지 않았다. 혼란한 시대를 다스리는 방법〔据亂之說〕에만 몰두하여 태평세나 대동세의 뜻을 알지 못했다. 불교와 노장 사상에 오염되어 그 주장이 윤기가 없었다."[7] 그래서 주희의 주장으로도 세상을 구제할 수 없었다.

그렇다면 경세는 어디로부터 말미암는가?

『신학위경고』가 초래한 정신적 폐허 위에서 『공자개제고』는 다시 건설하는 공정이었다. 그는 전통에서 합법성의 자원을 새롭게 발굴하고자 했다. 그렇기 때문에 반드시 전통이나 경전을 다시 해석해야 했다. 고대 경전을 새롭게 해석할 때 핵심은 '옛것에 의탁해서 제도를 개혁하는 것'〔托古改制〕이다. 탁고개제는 공자에 대한 개조나 공자 신격화를 통해서 진행됐다. 캉유웨이는 인간의 심성과 사회 현실을 통찰했다. 그리고 옛것, 전통, 합법 …… 이런 관념이 서로 호환될 수 있음을 깊이 깨달았다. "옛날을 영예롭게 여기고 현재에 대해선 전혀 애정이 없고, 가까운 것을 멸시하고 멀리 있는 것을 귀히 여기는 것이 사람들의 일반 심성이런가! 눈과 귀로 보고 들은 것을 소홀히 흘려 버리고 듣도 보도 못한 것을 기이하게 여겨 받드는 것이 사람들의 일반 심성이런가!"[8]

캉유웨이는 이렇게 사람들이 옛날을 그리워하고, 믿고 숭상하는 심리를 이용해서 춘추·전국 시대 제자백가는 모두 옛날의 명분과 의리를 내세워서 자신들의 정치 견해나 이상을 표현했음을 폭로했다. 『회남자』「수무훈」에서 "세속의 사람들은 대부분 옛날을 숭상하고 현재를 멸시한다. 그래서 도를 말하는 사람은 반드시 신농씨나 황제(黃帝)에 기대어 자신의 이야기를 시작한다"[9]고 말한 것과 같다. 유가 성인으로서 공자도 예외는 아니다. 그는 무슨 "조술만 하지 짓지 않고, 옛것을 믿고 좋아한" 인물이 아니라 탁고개제의 교주였다.

성인은 천하 구제를 추구할 뿐이다. 그 말이 (말 그대로) 믿을 수 있는 것이 아니라 오직 뜻이 담겨 있을 뿐이다. 하지만 증거가 없으면 믿지 않고, 믿지 않으면 백성들은 따르지 않는다. 그래서 모든 제도는 하·은·주 삼대의 선왕에 기대어서 시행한다. 만약 성인의 일처리가 의탁할 수 없다고 말한다면 이것은 비천한 소인이 신비한 공자를 심판하는 격이다.[10]

이렇게 공자 이전의 전통은 진실하지 않았고, 한나라 이후에는 공자의 학문이 찬탈과 위조를 겪었다. 전통을 이용하려는 자가 이용할 만한 게 남아 있지 않았다. 신비화한 공자는 기본 수단으로 바뀌었다. "상고 시대에는 용기를 숭상하여 힘을 다투다 혼란 속에서 비참했기에 하늘이 불쌍히 여겨 이를 돕고자 했다. 일세의 고통을 구제하려고 한 것이 아니라 백세의 고통을 구제했기 때문에 뛰어난 성왕을 내셨다. 그는 사람으로 통치하는 임금이 아니라 제도와 규범을 창제하는 임금 이다. 세상은 그를 따랐고 백성들은 그에게 귀의했다. 전국 시대부터 한나라까지 800년간 세상의 학자 가운데 공자를 왕으로 여기지 않는 사람은 하나도 없었다. 이 점에 대해서는 이론(異論)이 없다."[11]

여기서 왕은 권력을 쥔 군주가 아니라 제도를 창제하는 왕이다. 그래서 소왕(素王)이라고 한다. 소왕은 세상을 구제할 때 행정력이나 무력에 의지하지 않았고 육경을 지었다. 특히 『춘추』가 중요하다. "『춘 추』는 문왕에서 시작해서 요 임금과 순 임금에서 끝난다. 대체로 문왕 은 혼란을 수습해야 하는 시대를 다스렸고 요 임금과 순 임금은 태평 한 시대를 다스렸다. 공자의 성스러운 뜻과 한나라 제도의 대의가 『공 양전』이 전한 미언대의의 가장 중요한 내용이다."[12] 캉유웨이가 특별 히 존경하고 따랐던 사람은 공양학을 전한 동중서다. "동(董) 선생은 여러 유자 가운데서 가장 뛰어난 분이다. 한나라는 공자의 시대와 멀 지 않았다. 『춘추』의 대의를 사용해서 혼란을 다스리고 제도를 개혁한 것은 동중서 선생이 시작했다."[13]

춘추공양학은 청대 금문학이 부활할 수 있었던 최후 근거지였다. 또한 캉유웨이는 이곳을 교두보로 삼아 자신의 사상 원정을 시작했다. 금문학 부활의 배경에 대한 주이신의 평가는 핵심을 장악하고 있기에 간추려 인용할 만하다.

한학가는 번쇄하기만 했지, 실제 깨달은 점은 적었다. 뛰어난 사람은 그것의 잘못을 깨달았지만 당시 유행에 휩쓸린 자에게 송명 유학의 의리지학은 대단히 꺼리는 말이었다. 그래서 한대 유학에서 그것을 찾았는데 동중서의 견해가 가장 정밀했고, 육경에서 그것을 찾으니 『춘추』의 개제설이 가장 잘 부합했다. 서한의 금문학은 그 전통이 끊어진 지 오래됐으나, …… 오직 온전한 『춘추공양전』이 다행히 보존 됐다. …… 그 학파는 대단히 오래됐고, 그것이 표명하는 의의도 대단히 고명했기에 동한 이후의 학자를 충분히 압도할 수 있었다. 결국 생각을 바꾸어 공양학을 하게 되었다.[14]

여기서 가장 쉽게 부합할 수 있다고 말한 『춘추』 개제의 학설은 삼통설(三統說)과 삼세설(三世說)이다. '삼세' 는 인류의 역사가 거란세, 승평세, 태평세 세 단계로 발전한다는 지적이다. '삼통' 은 정치 체제의 세 가지 유형을 말하는데, 홍색·백색·흑색으로 상징된다. 각각의 색은 상이한 원칙에 근거해서 상이한 연대를 운용한다. 새로운 왕조는 매번 새로운 정치 체제를 채용해서 기존 정치 체제를 대체한다. 그래서 하나의 정치 체제가 영원불변하는 일은 없다. 이것이 금문가가 '세상에는 영원불변하는 법도가 존재하는 않는다' 고 강조하는 역사 철학의 근거이다.

만약 학술의 층위에 한정해 보면, 캉유웨이는 금문학의 정통성을 획득하기 위해서 가장 노력한 사람일 뿐, 학문적 성취에서는 랴오핑이나 피시루이를 결코 뛰어넘지 못했다. 하지만 그가 경전을 다시 해석한 목적은 정치 변혁, 즉 변법유신에 합법성의 근거를 마련하고자 해서였다. '탁고개제' 와 '공양삼세' 는 직접 행동을 고취하는 학설이다.

캉유웨이는 『공자개제고』에서 이른바 공자가 "제왕도 아니면서 제도를 개혁했다는 주장은 엄청난 사건이라 사람들을 놀라게 할 수 있다. 그래서 그것을 선왕에게 돌려서 사람들을 놀라게 하지도 않고, 스스로 화를 면하는 쪽이 더 낫다"[15]는 이론을 거론했다. 이것은 실은 그가 올린 공거상서(公車上書)가 제대로 전달되지도 못하는 상황에서 주공이 성왕을 돕고 아무 지위도 없는 공자가 사회 발전을 도모했다는 이야기를 보충한 것이다. 그리고 '삼세'의 변혁은 구전통 전복과 서구 수용의 구실이 되었다. 캉유웨이는 발을 넓혀서 여러 경서에서 민권, 선거, 의원, 민주 그리고 독립, 자유 등등의 '미언대의'를 발굴할 수 있었다.

대대로 세습되는 관직은 제자(諸子)의 제도였으니, 선거가 실제 공자가 창안한 제도임을 알 수 있다.[16]

이도*는 주(周)와 진(秦) 이래 임관의 전통인데 학교에서 배우는 사람을 임명했다. 유자는 가르치는 것으로 자신의 직분을 삼았다. 외국에서 교사가 의회에 들어가는 것과 유사하다.[17]

일통의 군주의 전제는 백세 동안 전통이 상실되지 않았다. 난세로부터 승평세에 이르면 군주는 더러 민주가 된다. …… "정치는 대부에게 있다"는 것은 대개 군주입헌이다. …… 군주가 책임을 지지 않기 때문에 대부가 그 정치를 책임진다. 대동세계에서 천하를 공(公)으로 삼으면 정치는 국민의 공적인 논의로 말미암게 된다. 이는 태평세의 제도이고 가장 완성된 형태이다.[18]

---

* 이도(吏道). 크게 두 가지 의미가 있는데, 첫째는 고대 중국의 관리 선발 방식이고, 둘째는 관리의 종합적인 업무 처리 능력이다.

자공(子貢)은 다른 사람이 자기에게 뭐라고 하는 걸 꺼렸는데 그야말로 자립자유였다. 다른 사람에게 간섭하지 않는 것은 다른 사람의 자립자유를 침범하지 않는 것이다. 사람은 하늘이 낳았으니 사람들 각각은 하늘에 속할 뿐이다. 각각 자립자유이다. …… 사람은 각각 자신의 영역이 있는데 만약 다른 사람의 영역을 침범하면 이는 다른 사람의 자립자유를 억누르는 것이고, 하늘이 정한 공리를 해치는 것이니 결코 옳지 않다.[19]

여기서 분명히 알 수 있듯이, 고대에 의탁하는 것은 수구나 전통 옹호가 아니며, 제도 개혁은 변법유신을 위해서였다. 캉유웨이와 그의 제자들의 선전과 고취를 통해서 낡고 침체되어 있던 학술의 전당엔 태풍이 휘몰아쳤고 조정과 재야를 뒤흔들었다. 1898년 6월 변법이 고조된 상황에서 캉유웨이는 「성인 공자를 국가의 종교로 삼고 교부(敎部)와 교회(敎會)를 건립하며, 공자 기년(紀年)을 사용하여 음란한 민간의 종교 행사를 척폐하시길 청하옵니다」(請尊孔圣爲國敎立敎部敎會以孔紀年而廢淫祀折)**를 황제에게 상소했고, 아울러 광서제에게 『공자개제고』, 『신학위경고』 그리고 『동자춘추학』(董子春秋學) 등의 서적을 바치고 이렇게 기대 어린 말을 했다. "황상께서 공무를 끝내신 깊은 밤 살펴보시면서 공자께서 실행한 제도 개혁을 간파하시고 변화를 통달함으로써 백성을 편안히 함을 잘 살펴신다면 나라 사람을 인도하고 교주를 존숭

** 이 상소에서 캉유웨이는 종교로서의 공교(孔敎) 건립을 주장한다. 담당 관청인 교부를 설립하고, 각 지역에 교회를 설립하며, 서양의 기독교 교회처럼 누구나 이용할 수 있게 해야 한다고 주장한다. 특히 전통적으로 공자 사당에 아녀자들이 출입하지 못하도록 한 것을 통렬하게 비판한다.

하는 방도가 반드시 여기에 있을 것입니다."[20] 물론 캉유웨이가 원하는 대로 되지는 않았지만 경학을 개조해서 변법유신에 대해 합법성을 제공하려는 그의 노력은 목숨이 끊어질 듯한 정신 전통이 19세기 말 한 차례 회생을 감행할 수 있게 했고, 동시에 중국 역사를 신세기의 전환점 위에 올려놓았다.

경학의 종결

경학은 전통과 운명 공동체다. 특히 전통적 정치와 그렇다. 경은 합법성의 근거다. 논리적으로 말하자면 당연히 경이 먼저 폐기돼야 그것을 근거로 하고 있는 정치 제도가 끝장날 수 있다. 하지만 역사에서는 오히려 구정치가 와해되고 나서야 경이 폐기됐다. 좀더 나가서 이야기하자면 경은 선험적으로 존재하는 지고한 모범이 아니다. 그것은 역사의 맥박을 장악한 위정자들의 손아귀에 있는 공구다. 역사의 궤변은 바로 다음과 같은 사실에 있다. 경학의 종결은 논리적으로 그것의 한 차례 부흥에 기인한다. 합법성 중건의 노력은 성공했든 실패했든 간에 최후에는 모두 전통이 합법성을 상실하는 결과를 초래했다. 객관적으로 그것은 캉유웨이가 사상계에 등장하고 나서 경험한 두 단계의 조우 때문에 상반된 두 세력의 협공을 받은 결과다.

캉유웨이는 "혼란을 해결하고 정도를 회복한다"〔拔亂反正〕와 "근본을 바로잡고 근원을 맑게 한다"〔正本淸源〕는 기치를 들고서 합법성을 중건했다. 중건 과정에서 그것에 포함된 두 층위를 개조했다. 그 둘은 의리(義理)와 정치 체제다. 의리는 철학의 층위다. 공양삼세설이나 『주역』의 변역 사관 같은 역사 철학 말고도 윤리학을 기초로 하는 인학(仁

學)이 있다. '인'(仁)의 새로운 해석은 고통의 제거와 쾌락의 추구라는 자연인성론을 강조한다. 그리고 그것을 서방의 공리주의 및 독립 의식 등의 관념과 관련시켰다. 정치 체제는 변법의 구체적인 대상이다. 초점은 누가 권력을 쥐는지의 문제다. 즉 군주가 권력을 쥐느냐 아니면 인민이 권력을 쥐느냐의 문제다. 국가의 보위와 인민의 보호라는 목표에서 출발한 캉유웨이는 민권이 군권을 점차로 대체하길 요구했다. 이 점이 전통적 이데올로기의 핵심인 권력 분배와 정치 질서를 동요시켰다. 캉유웨이는 여러 경서에 주석을 달았고 체계적이고 완정하게 텍스트의 보편 진리를 파악하고자 했다. 하지만 적어도 의리의 층위와 비교해 볼 때 정치 체제 층위에서는 경에 대한 이해가 전혀 합리성을 갖추지 못했다. 이는 명실상부하게 "경전을 벗어나 도리를 위반"한 것이다. 그의 입론은 궤변이고 근거가 박약했다. 구세력이 와해되기 전에 이와 같이 전통을 원용하는 것은 그 자체로 합법성의 근거가 없었다.

보수파의 비판을 보자.

> (캉유웨이는) 궤변이나 일삼는 재주로 마음대로 미친 소리나 지껄이고 육경을 왕망이 통치한 신나라 때 유흠의 위작이라고 주장하면서 『신학위경고』를 지어 중국에 유포했다. 피리 불고 북 치면서 젊은이들을 꾀어서 제자로 불러 모았다. 결국 경박한 선비들이 우르르 휩쓸려 버렸기에 따르는 자들이 자못 많았다.[21]
> 사설이 횡행하고 인심이 동요하고 있는데 이런 재난은 실로 남해(南海) 캉유웨이에게서 출발한다. 캉유웨이의 사람 됨됨이는 말할 바가 못 되고, 그의 학문은 족히 혹세무민할 만하다. 문도를 모으면서 암암리에 선도하고 꼬드겼다. …… 그 말은 캉유웨이의 『신학위경고』,

『공자개제고』를 중심으로 평등, 민권, 공자 기년 등 여러 요설로 그것을 보충했다. 여섯 전적을 위조하여 성인과 경을 훼멸하고, 탁고개제로 기존의 법령을 어지럽혔다. 만민평등을 제창하여 강상윤리를 부수고, 민권을 주장하여 군주를 무시했다. 공자 기년을 가지고서 사람들이 본조(청조)를 알지 못하게 하고자 했다.[22]

전통 입장에서 보면 반대파의 주장에 논리가 있다. 변법을 지지한 개명 관료까지도 캉유웨이의 이런 견강부회에 적잖게 불안해했다. 이 때문에 광서제도 출판을 금지할 수밖에 없었다. 그는 감히 캉유웨이에게 이런 해석권을 부여할 수 없었다. 변법유신의 분위기가 고조됐을 때 캉유웨이의 합법성 중건이 실패했음이 드러났다. 그렇다면 '이름을 바로잡기'(正名)를 기다린 변법 역시 그 운명이 어찌되었을지 가히 짐작할 수 있을 것이다.

하지만 캉유웨이의 노력은 결코 무술년에서 멈추지 않았다. 신해혁명으로 중화민국이 건립된 이후 나랏일로 분주하면서도 그는 여전히 존공독경(尊孔讀經)을 외쳤고 저런 가르침으로 세상을 바꾸길 바랐다. 하지만 그는 새로운 좌절을 맞보았는데 그의 상대는 이제 완고파가 아니라 급진적 사상의 혁명파였다. 반전통의 사상 자원은 전통 내부의 이단이 아니라 서학에서 출현했다. 사실 이것은 캉유웨이가 전통을 중건하는 과정에서 서양의 것을 중국에 끌어들인 결과였다. 서방을 모방해서 전통을 비방한 이상, 합법성 중건은 다시는 탁고개제의 신화에 호소할 수 없었다. 새로운 합법성은 천리(天理)가 아니라 공리(公理)였다. 독경은 불필요했을 뿐 아니라 유해하기까지 했다.

실천이라는 면에서 보자면 복벽제제(復辟帝制)와 존공독경은 대단히 밀접했다. 위안스카이가 정권을 잡은 후 캉유웨이는 공교회를 조직했을 뿐 아니라 전보로 공교를 고수할 것을 여러 차례 청원했다. 그는 이렇게 말했다. "성인을 존중하고 도를 지키는 것은 공(公)께서도 같은 마음일 것이라 사료됩니다. 바라건대 공께서 도우시면 성도(공자교 신도)들에겐 심히 다행한 일이겠습니다."[23] 위안스카이도 결국 그 요구를 시행했다. 더 특이한 점은 캉유웨이가 '장쉰의 복벽'*에 참여하여 공화정에 대항했다는 사실이다. 그의 의도가 무엇이든 간에 이미 악명 높던 제제(帝制)와 계속 연관되면서 공교에 대한 사람들의 반발만 불러일으켰을 뿐이다. 신해혁명 이후 존공독경에 대한 캉유웨이의 노력은 실제로 경학의 종결을 가속했다.

일찍이 스승의 학설을 선전하던 자랑스런 제자들까지도 결코 그렇게 생각하지 않았다. 량치차오는 서른 이후 '위경'에 대해 거론하지 않았고 '개제'에 대해서도 거의 언급하지 않았다. "스승 캉유웨이는 공교회를 설립하여 국교로 정하고 하늘에 제사 지내고 공자를 배향하는 등 여러 논의를 강력하게 주장하였는데, 나라 안에 적지 않은 사람들이 부화뇌동하여 동조하였다. 그렇지만 나는 이와 같은 것을 옳지 않다고 여겨 여러 차례에 걸쳐 반박하였다."[24] 량치차오는 말한다.

한나라 이래 공교(孔敎)를 행하도록 선언하고 지금까지 2000여 년 동안, 어떤 것은 드러내서 밝히고, 어떤 것은 배척하자는 정신을 모두

---

* 장쉰의 복벽. 1917년 6월 14일 여전히 변발을 고집하고 있던 안후이(安徽) 독군(督軍) 장쉰(張勳, 1854~1923)은 휘하 부대를 이끌고 베이징 성에 침입하여 무력으로 정권을 잡고, 국회를 해산한다. 7월 1일에는 신해혁명으로 폐위된 12세의 푸이를 다시 황제로 복위시켰지만, 7월 12일 토벌군에 의해 진압되고 장쉰은 네덜란드 대사관으로 도피한다.

일관되게 견지하였다. 그러므로 정통파와 이단 간에 다툼이 있었고, 금문학과 고문학 간에 싸움이 있었다. 고증학에서는 사법(師法)을 다투었고, 성리학에서는 도통을 다투었다. 각자 자신만이 공교라고 생각하고 다른 사람은 공교가 아니라고 여겨 배척했다.[25]

오늘날 공교 보존을 말하는 사람은 최근의 새로운 학문과 새로운 이론을 아전인수로 해석하여 "이러이러한 것은 공자가 일찍이 알았던 것이고, 이러한 것은 공자가 일찍이 말했던 것이다"라고 한다. ……그렇다면 이러한 새로운 학문과 이론을 확실히 내 마음속에서 옳다고 여겨서 따르는 것이 아니라, 내 마음속의 공자에게 일치시킨 것에 불과하다. 이 말은 "좋아하는 것은 여전히 공자일 뿐, 진리는 아니다"라는 뜻이다. 만일 사서육경을 두루 탐색하여도 끝내 갖다 붙일 수 없다면 새로운 학문과 이론이 진리인 줄 분명히 알지만 감히 따르려고 하지 않은 것이다. 만일 자신이 덧붙인 것을 누군가 빼 버리기 위해 "공자는 이와 같지 않았다"라고 말한다면, 이것 역시 버릴 수밖에 없을 것이다. 만약 이렇게 된다면 중국인들에게 진리를 설파하기는 끝내 불가능할 터이다. 그러므로 나는 글장난이나 하는 천박한 학자들을 싫어한다. 서양 학문을 중국 학문에 억지로 덧붙이는 일은 명목상으로 진보지만 실제는 보수일 따름이니 사상계의 노예 근성을 부추겨 더욱 심화할 뿐이다.[26]

량치차오의 공교운동에 대한 대항에서 주요한 부분은 여전히 사상 해방의 입장에서 출발한다. 급진주의자 천두슈(陳獨秀)가 발표한 「공교와 헌법」은 훨씬 적나라하게 신구 합법성은 결코 서로 용납할 수 없음을 지적했다.

'공교'는 본래 영혼을 상실한 우상이자 과거의 화석일 뿐이다. 민주국가의 헌법을 따른다면 당연히 아무 문제도 발생하지 않는다. 단지 위안(袁) 황제가 헌법에 간섭해 나온 나쁜 결과로 '천단헌법초안' 제19조에 이르러 존공(尊孔)의 조문을 부기하여, 백성의 적(위안스카이와 황제제)이 억지로나마 버틸 수 있게 만들었고, 오늘날까지 아무 의미 없는 분쟁거리를 남겼다.

서양에서 말하는 법치국가의 최대 정신은 법 앞에 모든 사람이 아무런 존비귀천 없이 평등하다는 점이다. 비록 군주국이라도 이 정신으로 입헌의 원칙을 삼는다. 민주공화정을 실시하는 나라는 말할 것도 없다. 그래서 공화정을 실시하는 국가에서 백성들의 교육은 인권평등의 정신을 발휘하는 것으로 아무런 이의도 있을 수 없다.

헌법에다가 존공(尊孔) 조문을 두면 그 나머지 조문은 폐지되지 않을 수 없다. 오늘날의 헌법은 대부분 유럽의 제도를 채용했지만 유럽의 법률 제도 정신은 인권평등을 기초로 삼고 있다. 내 생각에 100여 조의 민국 헌법 초안 가운데 공자의 도와 부딪히지 않는 것이 거의 없다. 어떻게 그것을 병존시킬 수 있겠는가?[27]

당연히 그 세력은 양립할 수 없었다. 결국 경학은 현대 정치 영역에서 축출되는 운명을 피할 수 없었다.

캉유웨이는 중국 역사상 개인의 임무를 경학의 흥망과 연계한 최후의 인물이었다. 하지만 그는 비극으로 종결을 고한 문화 영웅이었다. 비록 첸무(錢穆)가 말한, 그가 "청조에서는 유신에 힘써서 모든 사람들이 그를 미치광이로 여기고, 수구에 힘쓸 때는 사람들이 그를 괴상하다고 여긴"[28] 진퇴양난의 상황은 그야말로 캉유웨이 본인의 입장이나 역사에 대한 판단력과 관련 있었지만, 이는 19~20세기라는 전환점에서 중국 역사의 급박함을 반영한 것이기도 했다. 전에 없던 변화의 국면으로 어떤 사람도 시종 역사의 미친 파도 꼭대기에서 시대의 정세를 조절할 수 없었다.

황제제의 소멸과 합법성 근거의 교체로 경학은 신성한 지위를 상실했다. 그렇지만 그것은 단지 경세학으로서 경학의 종결이었다. 중국 경학은 단지 이데올로기의 운반체가 아니라 전통 문화의 중대한 총체였다. 적어도 표현 형태에서 말하자면 의리나 고증 등 사상이나 학술 층위의 존재였다. 그것은 여전히 전체 20세기가 처리하거나 혹은 소화해야 할 정신 유산이었다. 1927년 량치차오는 「학교독경문제」라는 글을 지었는데 문화 계승이라는 차원에서 논의를 제기했다. "경전의 훈고는 국성(國性)이 의지하는 바다. 전체 국가의 사상 원천은 여기서 출발했다. 그것을 폐지하고 공부하지 않는다면 우리와 우리 조상의 정신은 그 연속성을 상실하고 말거나 국성이 분열하고 소멸하는 병폐를 초래할 것이다."[29] 동시에 다음을 반드시 주의해야 한다. 합법성의 근거로서 옛 경전은 폐지됐지만 경학의 정치 역할은 결코 특정한 경전 훈고나 성현의 말씀에만이 아니라 모종의 사상 방식이나 가치 지향 가운데 있다. 이데올로기의 전통이 강화되기만 한다면 경학이 없는 경학 전통은 곧 모습을 바꾸어 환생할 것이다.

해석의 합리성

캉유웨이가 전통의 틀에서 변법을 위해서 시도한 합법성의 증건은 고경신해(古經新解)라는 과정을 거쳐서 진행됐다. 그 노력의 득실은 말할 것도 없이 역사의 특정한 정세에 제약을 받는다. 하지만 학술사의 입장에서 보면 그가 사용한 경전 해석 방식의 합리성도 논의해 볼 수 있다. 이것은 캉유웨이 개인의 학술 수준의 문제가 아니다. 사회 변혁기에 문화 전통이 어떻게 연속되느냐 하는 내재적인 학리 문제다.

'경'은 일종의 역사 문헌이다. 그것은 명〔名; 개념, 어휘〕, 언〔言; 명제, 진술〕, 장〔章; 문장〕이 규칙에 의거해서 결합되어 완성됐다. 그 내용은 구체적 역사 지식을 언급할 뿐 아니라 수백 세가 지나도 미혹되지 않는 진리를 표현한다고 간주된다. 그래서 학리 차원에서 말하면 경전 해석은 '해석과 주석'이라는 두 층위로 나뉜다. 주석은 본문의 구체적 지식이 지닌 정확한 의미를 추적하는 데 목표가 있다. 그것은 본문이 다루는 인물·사건·전장·제도를 포괄하고 작자·텍스트 성립 연대·판본 등 내용 외적인 요소를 언급하기도 한다. 전석〔詮釋; 해석〕과 주석 모두 지칭과 관련된 역사 경험의 내용이다. 문장의 내용 중 어떤 중요한 사상 범주의 경우 이 단어가 동시대 아니면 이전 문헌에서 일반적 함의를 주석한다. 특히 원래 시대에 훨씬 더 가까운 구체적 의미에 대해 주석한다. 주석은 경전 해석의 주요한 절차이자 방법이다. 그 내용은 진위를 판별하는 것이다. 하지만 그것은 단지 공구(도구적) 방법이다. 그래서 여기에 멈추면(머물러 있다면) 경은 그것이 경인 이유나 의미를 드러내기 어렵다.

사상은 자구에 구속되지 않는다. 해석은 반드시 주석에서 전석으로 발전해야 한다. 지식의 확인에서 의리(보편적 진리), 즉 도를 드러내는 데까지 상승해야 한다. 후자는 전자를 기초로 한다. 하지만 간단한 유비나 귀납은 아니다. 의리를 드러내는 것은 사유의 창조적인 추상이다. 그것은 표면에 드러난 공통 특징을 지적하는 게 아니다. 그것의 배후, 즉 논리적으로 함축하고 있는 보다 근본적인 가치 신념이나 사상 원칙을 드러내는 것이다. 이를 통해서 경전 해석의 시야를 부분에서 전체로 확장하고, 자구나 단락에서 장절, 나아가 전체 문장까지 확장한다. 전체 문장은 한 편의 문장, 한 권의 책에 한정되지 않고 시야가 확대될수록 수준은 보다 높아질 것이다. 한학으로 대표되는 고증학과 송학으로 대표되는 의리학은 각각 다른 주석과 전석이라는 두 층위의 학술 특징을 체현한다.[30]

　　이른바 경학의 경세 형태는 경의의 해석을 직접 국가를 통치하는 데 근거가 될 만한 정치 이론으로 발휘했다. 그래서 경 역시 주석 혹은 해석의 문제를 언급하지 않을 수 없다. 단지 그 합리성의 정도는 상세하게 분별해야 한다. 이렇게 보면 캉유웨이 유신 경학의 학술 성취도 긍정과 부정 두 측면에서 논의할 수 있다. 량치차오, 추이스(崔適, 1852~1924), 첸쉬안퉁 같은 사람이 캉유웨이의 변위 작업을 찬양한 것은 주석 층위의 성취에 대함이다. 하지만 사상 방법의 합리성은 결론의 완전함과 정확성을 의미하지 않는다. 질문을 하거나 주장을 세울 때 정당한 이유를 갖는지, 언술이 이치에 맞는지, 사유가 규칙에 부합하는지를 가리킨다. 하지만 캉유웨이의 경전 해석에서 비교적 창조적인 부분은 그래도 여전히 의리의 차원에서 발휘됐다. 역사 철학 방면에서는 춘추공양설에서 출발해서 여러 경을 꿰뚫고 드러낸 점이 자못 많았다. "공자의 도에는 삼통과 삼세가 있다. 그 통(通)이 다르고 그 세(世)가 다르면 그 도(道) 또한 달라진다. 그래서 군자는 그가 처한 곳에서 그것의 회통을 관철하여 그것의 전례를 실천해야 한다. 아래위가 고정되지 않았으니 오직 변화만이 적용할 뿐이다. 그래서 그때에 적용하면 지금의 중용이 되는 것이다. 그래서 시중(時中)이라고 한다."[31]

또 윤리 면에서, 『논어』 「공야장」의 "자공이 말하였다. 저는 남이 저에게 하길 바라지 않는 일을 저도 남에게 하지 않으려 합니다"라는 구절에 대해 캉유웨이는 다음과 같이 주석을 달았다. "자공은 다른 사람이 자기에게 뭐라고 하는 걸 꺼렸는데 그야말로 자립자유였다. 다른 사람에게 간섭하지 않는 것은 다른 사람의 자립자유를 침범하지 않는 것이다. 사람은 하늘이 낳았으니 사람들 각각은 하늘에 속할 뿐이다. 각각 자립자유이다. …… 사람은 각각 자신의 영역이 있는데 만약 다른 사람의 영역을 침범하면 이는 다른 사람의 자립자유를 억누르는 것이고, 하늘이 정한 공리를 해치는 것이니 결코 옳지 않다."[32] 독립자유는 당연히 유교의 원래 의미는 아니지만 이런 의미 확장도 오히려 가치가 있고 합리적이다. 적어도 현학가가 유학 가운데서 자연주의를 발견하고, 이학가가 유교 경전 가운데서 천리를 체현한 것과 비교해 보면 캉유웨이의 발휘는 결코 억지로 보이지 않는다. 하지만 이런 발휘가 서학의 암시를 배경으로 하기 때문에 유학은 곧 현대 형태로 탈바꿈하는 계기를 획득했다.

하지만 우리는 이 점을 지적해야 한다. 전체로 보면 캉유웨이가 행한 경전 해석에서 내용의 적극성이 형식상의 합리성보다 뛰어나다. 그의 경전 해석이 세상에 알려지자마자 곧바로 비난을 받았는데, 그것은 단지 그의 사상이 갖는 전통에 대한 도전성 때문만은 아니다. 그의 학술 관점이 대담함을 넘어 규칙에 부합하지 않는 면을 가졌다는 데 연유한 것이다. 이 점은 정적에게 비난의 구실을 제공했을뿐더러 일반 지식인들에게까지도 분명 신임을 잃게 했다. 그의 이론 기둥 가운데 하나인 탁고개제설은 역사를 우언〔寓言; 우화〕으로 삼아서 상이한 문헌의 체제를 뒤섞어 놓은 산물이다. 캉유웨이는 자신 있게 외쳤다. "『장자』에서 말하는 황제·요·순·공자·노자는 모두 우언이다. 이미 스스로 언급했기 때문에 사람들 모두 그것을 안다. 하지만 이것은 전국 시대 제자의 풍조이지 단지 『장자』만 그런 게 아니다. 모든 제자가 그랬다."[33] 이것에 대해 당시 주이신은 이미 캉유웨이의 잘못을 날카롭게 꿰뚫었다.

제자서를 끌어다가 자신의 견해를 드러내고 왕왕 고사를 빌려서 자신의 학설을 펼치면서 연대를 잘못 인용하거나 사실을 왜곡한 것이 셀 수 없을 정도다. 또 거짓으로 고사를 짓기도 했다. …… 장자가 말한 우언은 열아홉이다. 후세 사장(詞章)을 하는 사람도 대부분 이런 식이었다. 유향(劉向)이 『신서』〔新序; 초나라에 유행한 노래의 가사집〕와 『설원』〔說苑; 선진 시대부터 전한까지 역사 고사나 전설을 기록〕을 지어 당시 군주를 깨우치고 의미를 깨닫게 하도록 하고자 의도했지만, 또한 사실을 왜곡한 일도 셀 수 없을 정도다. 대개 의론이란 오래된 것으로 제자백가에서 기원했다. (제자백가로써) 스스로 일가(一家)를 이루는 데에는 (우언과 같은 희구가 있어도) 무방하다. …… 육경과 제자의 체제는 완전히 다르다. …… 근인(近人)은 제자의 해괴함에 미혹되어 성인의 말씀도 이와 같다고 여겼다. 그 잘못은 변론할 필요가 없을 정도다.[34]

주이신은 이런 문장과 사실의 불일치가 바로 공양가들이 경전을 말할 때 공통으로 보이는 병폐라 생각했다. "근래 지식인들은 이런 의미를 미루어서 경전을 말한다. 전장 제도와 지리 인물 등 확연한 근거가 있는 사실까지도 『장자』와 『열자』의 우언으로 간주하여 마음대로 바꾸고 희극과 동일시한다. 옛부터 이런 경전 연구 방법은 없었다."[35]

우언은 문학 장르에 속한다. 경은 『시』, 『역』을 제외하곤 기본적으로 역사에 속한다. 『춘추』는 역사서고, 『서』, 『예』 등도 사료로 직접 사용할 수 있는 역사 문헌에 속한다. 문체로 말하자면, 문학은 은유와 상징으로 의미를 표현하고, 역사는 사실의 진술을 통해 건립된다. 은유와 진술의 차이는 전자의 자구와 그것이 비유하는 내용에 차이가 있다는 데 있다. 예를 들어 『도덕경』에서는 도로의 도를 사용해서 도리의 도를 비유한다. 상징은 심지어 거짓으로 이야기를 구성하기도 한다. 그래서 문장을 읽을 때 자구에 얽매이지 말기를 요구한다. 오히려 깊이 체득하고 적극적으로 상상해야 한다. 하지만 역사적 진술은 객관적 기록이다. 이런 기록은 비록 소재는 선택을 하지만 진술 내용은 고정 불변의 지식을 포함한다. 그것이 표현한 보편적 의리도 반드시 이런 기초 위에서 논리적 연역을 통해서 획득된다. 그래서 그 해석에 대해서 주석의 층위를 벗어나 억측할 수는 없다. 캉유웨이의 경전 해석은 문학과 역사의 구별을 뒤섞어 버렸다. 확실히 규칙을 어긴 행위다. 게다가 캉유웨이가 통례를 위반한 것은 기본 학식이 부족해서가 아니라 심사숙고한 결과였다. 왜냐하면 그는 단지 경의(經義)를 곡해했을 뿐 아니라 경문(經文)을 개작하기까지 했기 때문이다. 언제나 "거짓 문장이 잘못 들어갔다"거나 "잘못된 글자"라고 하면서 자신의 생각에 부합하지 않는 증거를 배제하고 자기 사상을 표현하려는 자신의 요구에 경문을 맞췄다. 고인이 아니라 캉유웨이 본인이 탁고개제하는 가운데 신화를 창조했다. 현대의 역사가는 다음과 같이 평가한다.

캉유웨이가 보인 경전 해석의 성과는 상당하다. 경서에 대한 그의 분석은 맞고 그르고를 떠나서 자신의 사상을 생산했다. 가장 중요한 몇 가지 점은 다음과 같다. 첫째, 진보는 인류사회의 철칙이다. 둘째, 인(仁)은 여전히 생활의 법칙이다. 셋째, 사람들의 일체 욕망은 정당하다. 그래서 억압해서는 안 된다. 넷째, 사람들끼리 평등하고 자유가 부여됐다. 다섯째, 민주는 정치 발전의 최후 형식이다. 군주입헌은 전제정과 공화정 사이의 과도기다. 여섯째, 진정한 공자의 학설은 사실 유가(儒家) 체제 바깥에 있다. 이런 점들은 캉유웨이 사회 철학의 요소이고 또한 그가 『공자개제고』와 『대동서』 가운데서 제기한 개혁 철학의 요점이다.[36]

이처럼 급진적이고 도전성이 풍부한 사상은 전통 경학의 보호에 기대어야 했고, 대단히 견디기 힘든 무거운 임무였다. 입심 좋고 늘 확신이 넘치는 캉유웨이도 예외는 아니었다. 경전 해석의 영역에서 보면 합리적인 길은 단지 두 갈래다. 하나는 원전에 충실하여 고증에 근거하는 것이니 이른바 실사구시(實事求是)에 해당한다. 하지만 '구시' 의 결과는 뒤돌아보기이다. 근본적으로 사회의 나아갈 길일 수 없다. 다른 한 길은 형이상학의 의리를 천명하는 것이다. 하지만 그것은 단지 추상적인 심성론만 생산할 뿐, 급박한 사회 위기에 별로 도움이 되지 않는다. 이 때문에 캉유웨이는 고증이나 의리 외에 다시 경세 학설을 제시해야 했다. 하지만 경을 국가 통치의 강령으로 삼거나 공자 사상을 통치 사상으로 삼는 데 발생하는 복잡한 문제는 고대의 경세와 현재의 경세는 통용할 수 없다는 점이다. 경은 헌법 수정 절차처럼 공개적으로 수정할 수 없다. 그래서 역사가 발전하자 경전과 현실은 반드시 어긋나고 보편 의리와 구체적 상황의 관계는 곧 어색해진다. 목적을 위해 수단 방법을 가리지 않을 수밖에 없었다. 거꾸로 치용(治用),

즉 '시대의 한계를 벗어나는 방법을 찾는다'는 점에서 보면 캉유웨이는 너무도 분명하게 서방을 본보기로 했다. 하지만 그것은 결코 사회에서 공인되지 않았다. 변법의 합법성을 획득하기 위해서 캉유웨이는 반드시 정명(正名)을 주장해야 했지만, 이로 인해 형식상 선왕(先王)의 도와 합치될 필요가 있었다. 이것이 바로 경전 해석의 합리성과 정치 실용성이 빚은, 해결할 수 없는 모순의 소재다.

캉유웨이의 속임수나 사슴을 가리켜 말이라고 하는 식의 억지스런 학풍은 강제된 것이라고 할 수도 있다. 하지만 그것은 캉유웨이 개인의 학술 곤경이 아니라 전통 이데올로기의 몰락을 보여 준다. 또한 경학이 그 고유의 의미를 완전히 상실했고 신사상의 자원이 아직 주류가 되지 않은, 생사가 엎치락뒤치락하는 역사 상황의 형상이다. 캉유웨이를 벗어나서 경학과 합법성을 분리해야 현대 정치와 전통 학술 문화는 각각 자신의 합리적 영역과 미래를 가질 수 있다.

역사이성과 유토피아

문제는 아직 완전히 끝나지 않았다. 캉유웨이는 자신의 유신 경학을 성숙시키고 선전하면서도 보다 광범위한 규모의 사상을 구상하고 있었다. 이것은 바로 최후에 『대동서』로 명명된 유토피아론이다. 이 유토피아 사상은 결코 더 이상 전통에서 합법성의 근거를 찾지 않았다. 하지만 그가 내놓은 사상틀은 오히려 모종의 경전 의리와 관련이 있다. 우선 역사이성의 깊은 전통이다. 그것의 분석은 미래를 향한 중국 문화 전통의 정신적 잠재력을 보여 준다.

역사이성은 춘추공양학 외에 『역』, 순자, 한비, 사마천, 유종원(柳

宗元, 773~819)에서 왕부지(王夫之, 1619~1692) 등에 이르는 사상 전통에서 연원한다. 이러한 역사이성은 역사적이다. 단지 그들이 역사를 사변의 대상으로 삼았기 때문만이 아니라, 역사가 잘 '변한다'는 특징을 파악했다는 데 그 이유가 있다. 『역』「계사하」8장에서는 "도의 양상은 자주 옮겨 다님이다. 가만히 있지 않고 변동하여 '여섯 빈자리'〔六虛: 괘卦의 여섯 자리〕에 두루 흐른다"[37]고 말한다. 한비자는 "시대가 다르면 일도 다르다", "일이 다르면 대비도 다르다. 상고에는 도덕을 다루고, 중세에는 지모를 겨루었으니 오늘날에는 기력을 다툰다"[38]고 말한다. 상앙은 『상군서』에서 이렇게 말한다. "상고 시대에는 친족을 가까이 여기고 개인의 이익을 중시한다. 중세 시대에는 현자를 존중하고 인애의 도덕 준칙을 기꺼이 따르고, 근고 시대에는 귀인을 귀하게 여겨 관리를 섬긴다."[39] 모두 삼세지변에 가까운 상투적인 방식이다.

다른 방면에서 역사이성은 이성적이다. 그것은 역사를 이해 가능한 것으로 보고, 파악할 수 있는 보편 규율이 있다고 보았다. 공자는 삼대의 손익을 알 수 있다고 생각했고, 순자는 "옛날이나 지금이나 하나의 원칙이 작동한다"(『순자』「비상」非相)고 했다. 『역전』「계사상」(繫辭上)에서는 "성인은 세상의 움직임을 봄으로써 회통을 파악한다"고 말한다. 『사기』는 '고금의 변화에 대한 통달'을 말한다(『한서』「사마천전」). 유종원에 이르면 봉건은 "성인의 뜻이 아니고 세력에 의한 것임"(「봉건론」封建論)을 밝혔다. 왕부지는 한 걸음 나아가 "도리와 추세는 하나"라는 관점을 제기했다. "추세에 따르는 것은 이치의 당연한 바이다." "추세가 이미 그러하여 어쩔 수 없이 그러했다면 이것이 바로 이치인 것이다."[40] 역사에 우리가 이해할 만한 이치가 있는 까닭은 역사 현상이 전개되는 과정에서 개인 의지를 초월하는 객관적인 추세를 표출하기 때문이다. 동시에 이런 역사이성은 여전히 일종의 가치이성이다. 그것이 온축하고 있는, 잘 변할 뿐 아니라 이해할 수도 있는 역사는 가치와 완전히 무관한 자연 과정이 아니다. 합목적성을 가지고 인류에 의해 파악되는 운동이다. 그래서 시대에 따라 변화해야 하고, 오래되었으면서 늘 새롭고 현재가 과거보다 낫다고 말한다. 이 때문에 변법유신을 선양하든 아니면 대동 이상을 꿈꾸든 역사 철학 방면에서 캉유웨이의 전·후기 사상은 일맥상통한다. 바로 역사이성을 통해 유토피아를 불러낸 것이다.

『대동서』 사상의 탄생과 형성은 하나의 과정이지만, 변법유신 시기 캉유웨이는 이 사상을 외부로 발표하길 거부했다. 원고가 확정된 것은 20세기 초반이었다. 즉 무술변법이 실패하고 해외로 떠돌 때였다. 『대동서』에서 공양삼세설이 제공한 우주관과 역사관 등의 틀은 『예기』 「예운」에 대한 해석과 결합했다. 『예기』 가운데 보이는 소강(小康), 대동(大同)의 두 역사 단계는 각각 공양삼세설의 승평세, 태평세와 동일시됐다. 무술변법 시기(『공자개제고』)의 삼세설과 대략 다른 것은 자신이 처한 사회의 발전 단계에 대한 견해의 차이다. 이전에는 중국 전통 사회가 승평세(즉 소강)라고 생각했는데 이제는 거란세(아직 소강에 도달하지 못한 사회)라고 수정했다. 그래서 대동(태평세)과 현실의 거리는 더욱 멀어졌다.

역사이성은 필연성을 제공했고 인성론은 그것의 합목적성을 증명했다. 모든 이상은 고통을 없애고 행복을 추구하는 인성의 선입견 위에 건립된다. 캉유웨이는 이렇게 공언했다. 현실의 고통은 말할 수도 없을 정도다. "나는 난세에 나서 온갖 괴로움을 목격했다. 그것을 구제하려고 깊이 생각해 보니 오로지 대동태평의 도를 실천하는 길뿐이었다."[41] 인류가 고통을 당하는 근원은 차별과 차등 때문이다. 미래의 이상사회는 대동이라고 하는데 일체 경계, 즉 이른바 구계(九界: 국가, 계급, 종족, 육신, 가계, 재산, 전쟁, 분류, 고통)를 제거하여 남녀노소가 평등하고 독립하여 사람들 모두 필요한 것이나 얻고자 하는 것을 마음대로 가지는 극락세계에 들 것이다.

고통을 없애고 극락을 추구하는 관념은 불학의 계시에서 출발한다. 하지만 『대동서』는 출세의 인생 관념을 출세가 필요 없는 사회 이상으로 바꿔 놓았다. 량치차오는 일찍이 대동세계를 이렇게 분석했다. "핵심은 가족 제도를 없애는 데 있다. 캉유웨이는 불법에서 출가라는 것은 속세의 번뇌와 속박에서 벗어남을 말하는 것이므로, 차라리 그 나갈 집을 없애는 편이 낫다고 하였으며, 사유재산이 싸움의 근원이 되므로, 가족이 없다면 누가 사유재산의 소유를 좋아하겠느냐고 하였다. 또 국가와 같은 것은 가족과 함께 소멸하는 것이라고 하였다."[42] 현대 학자의 분석은 이렇다. "캉유웨이는 결코 불교에서처럼 고통의 원인을 인욕(人欲)에 돌리지 않았고, 인욕을 제거해서 해탈을 구하는 길을 찾지 않았다. 그는 오히려 고통의 원인을 잘못된 제도에 돌렸다. 그래서 제도 개혁으로 인류의 해방을 추구했고 인욕을 만족시키려 했다. 이 때문에 캉유웨이는 세속을 거부하지 않았고 혁신을 추구했다. 그는 사람들이 편안히 살 수 있는 곳을 만들고자 했다. 그래서 그는 이 세상에 법계(法界: 진리의 세계)를 건설하고자 힘썼다."[43]

기존의 유신 경학과 마찬가지로 대동의 이상은 계속해서 서양의 요소를 흡수했고 주로 사회관과 윤리관에서 체현됐다. 대동세계의 사회 도덕은 서구 정치 제도를 모범으로 하고 있다. "국가와 국경을 제거하고 각각 주권을 건립하고 세계정부에 통합되고, 공민이 의원과 행정

관을 선출하여 통치하게 하고, 각 지역에는 소정부를 설치하니 미국이
나 스위스와 유사하다." 캉유웨이는 "남녀가 평등하고 각각 가진 독립
된 권리는 천부인권임"을 강조했고 동시에 그것은 "가족 제도의 잘못"
및 "사유재산 제도의 잘못"을 없애고 "대동의 세계와 태평한 세계에
도달"하는 윤리적 출발점임을 강조했다.

대동세계에 대한 캉유웨이의 원대한 구상 가운데 이 밖에도 사람
을 놀라게 하는 상상이 아주 많았다. 그것은 분명 세기 전환기에 중국
인이 공헌한 가장 거대한 유토피아였다. 캉유웨이 유토피아 사상의 가
치에 관해 논자들은 공상적 사회주의였다거나 미화된 자본주의였다고
말했고, 아니면 혁명을 지지했다거나 혁명을 반대했다는 등 두 영역에
서 논쟁을 진행했다. 하지만 두 가지 문제 설정은 핵심을 장악하지 못
했다. 비록 각각의 주장이 어렵지 않게 모종의 증거를 제시할 수 있었
지만 상대를 분명하게 설복하지는 못했다. 이렇게 사상사에 대한 평가
가 현재 통용되는 이데올로기의 틀에 갇혀 버렸다. 샤오공취안(蕭公權)
의 다음 지적은 이러한 상황의 정곡을 찌른다.

캉유웨이의 사회 사상에는 두 가지 층위가 있다. 하나는 실제 구체적
인 일에 대한 관심이다. 청나라 말기에는 제국의 위기를 구하려 했고,
중화민국 시기에는 동요하는 정치 상황을 공격했다. 다른 하나는 이
론과 상상의 영역에 쏠려서 현실을 초월해 버린 것이다. 캉유웨이는
늘 두 층위 사이를 오갔다. 어떤 경우 두 층위에 동시에 서 있기도 했
다. 그는 두 가지 배역을 연기했다고 할 수 있었다. 그는 현실 개혁가
이자 유토피아를 꿈꾼 사상가였다.[44]

이것으로 량치차오의 경이를 해석할 수 있다. 캉유웨이는 초기에 아름다운 이상을 발명했지만 "다른 사람에게 보이지 않고 숨겼다". 또한 『대동서』의 급진성과 『불인』〔不忍; 캉유웨이가 1913년 창간한, 존공복벽을 주장한 잡지〕의 보수성은 상호 모순이라는 첸무의 비난에도 대답할 수 있다. 이상은 현실을 초월해야 하고 정치는 오히려 실질을 강구해야 하기 때문이다. 사상가의 원칙은 당위〔마땅히 해야 할 것〕이지만 정치가의 원칙은 가능성〔할 수 있을까〕이다. 이것은 사상가와 정치가라는 두 가지 임무를 한몸에 가질 때 발생하는 모순이다.

대동 이상을 실천하려고 하지 않는 것은 소심해서가 아니라 지혜로웠기 때문이다. 유토피아가 유토피아일 수 있는 까닭은 현실의 존재 기반이 없기 때문이다. 가장 두려운 것은 현실 조건을 전제하지 않고 주관에 의지해서 구성한 사회 강령이 일단 사람들이 실험하고자 하는 노력을 유발하기만 하면 결국 인간의 천국이 아니라 지금보다 훨씬 큰 재난과 정신 신념의 파산을 초래한다는 점이다. 그렇다면 유토피아의 의의는 어디에 있는가. 그것은 긍정이 아니라 부정적 역할, 바로 비판성에 있다.

고통의 소멸과 행복의 추구라는 인성론도 대동의 도덕 원칙이다. "고통의 소멸"이라고 묘사된 현상의 의미는 전통과 현재 상황에 대한 부정이다. 이것에 관해 말하자면 『대동서』와 가장 비판성이 강한 『인학』은 동일한 논조이다. 첸무는 이 점에 대해서 자못 식견을 가지고 있었다. "『인학』은 사실 『대동서』와 다르지 않다. 대동은 인(仁)의 경계이고, '봉건 강상윤리의 그물을 찢어 버림', 즉 충결망라(衝決網羅)는 『대동서』에서 말한 구계의 파괴다. 국가나 계급의 제거는 군주와 신하의 부정이고, 육신의 소멸은 부부에 대한 부정이다. '가족'〔家〕의 부정은 부모와 형제에 대한 부정이다. '구계'가 부정되면 인간과 금수의 차별이 사라지는데 어떻게 삼강오륜을 논하겠는가. 그래서 충결망라가 아니면 대동세계를 기도할 수 없다. 캉유웨이의 『대동서』는 그것을 철학적으로 말했고, 탄쓰퉁의 『인학』은 그것을 독실히 믿고 있는데 기실 하나이다."[45]

솔직히 전통 예교에 대한 반항과 결별에 대해 말하면 5·4신문화운동을 일으킨 자들은 사실 『대동서』보다 더 나가지 못했다. 카를 만하임(Karl Mannheim)의 논리에 따르면 이데올로기의 역할은 보수이고 유토피아는 급진이다. 후자는 전자의 대립물로서 출현한다. 그래서 이데올로기가 불합리하기만 하면 유토피아는 비판이라는 현실적인 의의를 획득한다. 당연히 유토피아 이상을 실행에 옮기면 아마도 훨씬 불합리한 이데올로기가 출현할 것이다.

『대동서』의 다른 사상사적 가치는 여전히 전 인류를 보듬겠다는 대동의식에 있다. 자료의 연원으로 보자면, 단지 그것은 전통적인 역사이성을 틀로 삼은 게 아니라 불학 사상을 뒤섞었고 대담하게 서학을 끌고 와서 미래 사회의 윤리 및 체제의 모범으로 삼았다. 동시에 그 관심 대상도 단지 중화민족의 명운이 아니라 전 인류의 공통된 미래다. 이것은 장타이옌의 민족 의식과 선명하게 대비된다. 여기서 소홀히 할 수 없는 문제가 있다. 문화 정신으로 말하자면 중국 전통은 외세 배척이 아니다. 20세기 초 중국 사회의 급격한 서방화는 캉유웨이 사상 방향의 보편적 의미를 실증해 준다.

총괄하면, 역사이성은 변혁을 긍정했고, 대동의식은 서방화(세계 조류)에 호응했다. 그리고 유토피아는 전통에 반발했다. 셋은 『대동서』의 기조를 형성했다. 추상(형이상학)의 입장에서 보면 그것과 전통 경학이 함축한 철학 관점은 밀접한 연관이 있다. 뒤집어 말하자면 전통 경학이 그 합법성의 기능을 상실한 이후, 그것이 가진 심층의 정신은 중국 근·현대 문화의 변형에서 여전히 중요한 역할을 했다. 그것의 내용은 포스트경학 시대에 두 가지 노선으로 전개될 것이다. 바로 역사이성에서 맑스주의로의 전향이고, 가치 형이상학에서 현대 신유학으로의 변화다.

3장 _ 역사, 이성 그리고 국수

유신 사조 중에서 경세를 자신의 임무로 삼은 금문경학은 캉유웨이 그룹의 선전을 거치면서 널리 유행했다. 하지만 변법운동이 실패함에 따라 그 사상은 날로 윤기를 잃었다. 그 역사적인 계기는, 캉유웨이가 전통의 위기를 극복하기 위한 합법성 중건의 노력으로 서방을 중국으로 끌어들임으로써 경학 자체가 최후엔 합법성을 상실하는 데 이르게 했고, 이 때문에 이데올로기의 지위를 잃었다는 데 있다. 하지만 이런 과정에 속도를 더한 것은 나날이 위세를 떨치는 서학만이 아니었다. 일찍이 시대에 무감하고 쓸데없이 번쇄하기만 해 보인 고문경학도 있었다. 자세히 음미해 볼 점은 이때 언어학과 역사학을 주요 이론으로 한 고문경학은 금문경학과의 투쟁에서 학풍상 급진이 아니라 보수로 그 모습을 드러냈다는 사실이다. 캉유웨이와 견줄 만한 인물은 경학 대사이자 반청운동의 선봉장으로 활동한 장타이옌이었다. 장타이옌의 학문은 깊고 넓었고 고아했으며 사상은 엄정했고 심오했다. 그의 학문과 사상의 핵심을 이해하고 사상사의 우여곡절을 파악하려면 캉유웨이 사상을 배경으로 해서 그 반대편에서 관찰하는 게 가장 좋다.

역사로 신화와 다투다

캉유웨이가 학술 연구를 시작할 때부터 금문경학에 열중한 것은 아니 듯, 장타이옌도 젊어서 비록 박학* 대사 유월(俞樾, 1821~1906) 등으로부 터 경학을 배웠지만, 처음부터 고문경학을 완고하게 따른 것은 아니 다. 무술 시기 그는 변법을 동정하여 삼세설을 견강부회해서 말한 적 도 있다. 하지만 20세기 초 캉유웨이가 『대동서』를 완성해서 금문학 사상을 위해서 마지막으로 전력을 쏟아 부을 때, 장타이옌은 이미 『구 서』**를 출판해서 변법유신에서 반청혁명으로 입장을 전환했다. 학술 의 분열은 정치적 입장의 대립에 따라서 공공연히 드러났다. 장타이옌 은 우선 비판의 창끝을 캉유웨이의 탁고개제설에 겨누었다.

탁고개제는 캉유웨이가 경전을 통해서 현실 작용을 도모한 이론 근거였다. 방법은 역사를 신화화해서 기술했고, '공자를 모범으로 삼 자'는 명분으로 변법을 변호했다. 장타이옌은 여기에 반대했다. 그는 역사를 이용해서 신화를 반박했고 성인을 역사가로 취급했다. "근래 학자들은 공자가 법도를 제정한 것이 백세까지 미친다고 말한다. 법도 는 백성과 함께 변혁되고 고금이 마땅한 바를 달리한다. 비록 성인이 라도 어찌 그것을 미리 제정할 수 있겠는가?" "공자가 『춘추』를 유포

---

* 박학(樸學). 청대 들어 한학이 흥기하고 사실을 추구하여 도리를 드러내고 증거가 없으면 믿지 않는다는 사고가 주를 이루었다. 청대 학술은 엄밀한 고증으로 문헌의 의미를 파악 했으며 글을 쓸 때도 소박(樸)하고 실질을 숭상하여 함부로 꾸미지 않았다. 그래서 박학이 라 불렸고, 고증을 통해서 증거를 찾았기 때문에 고거학(考據學)이라고도 불렸다.
** 『구서』(訄書). 장타이옌의 초기 저작으로 1900년 목판본으로 처음 출간했다. '구'(訄)는 '핍박하다'는 의미다. 서른을 갓 넘은 장타이옌은 세상에 대한 걱정이 넘쳤다. '구서'는 결국 혼란한 시대가 그를 핍박하여 글을 쓰게 했다는 의미이다. 전통 지식과 근대 지식을 함께 운용하여 유학과 제자학의 여러 주제를 다루었다.

하지 않았다면 전인은 지나갔기에 후인에게 말할 수 없고, 후인 또한 전대의 일들을 알 길이 없다. 갑자기 침략을 당하면 재상이 노예의 역할을 편안히 여긴다. …… 어찌 괴이한 이야기와 근거도 없는 말을 취해서 백세의 제도라고 하는가. 또 거짓된 자들은 혹 공자 이전은 세상이 흘러가지만 문교가 없었으니 육경 모두 공자가 마음대로 지었다고 하는데 결코 그런 일은 없었다."[1]

장타이옌이 보기에 캉유웨이는 방술가들이 위서를 이용하는 수법을 모방해서 근본적으로 신이(神異)나 괴력을 말한 적이 없는 공자를 무한한 법력을 발휘하는 종교 교주로 분장시켰다. 동시에 그것은 "신교(神敎)의 공허한 이야기를 믿고 다섯 가지 실제 역사 기록을 의심하며, 확정되지 않은 기이한 언사를 귀히 여기고 증명할 수 있는 문헌을 경시했는데"[2] 완전히 흑백을 전도한 행위다. 이른바 '미언대의'에 대해서 장타이옌은 이렇게 평가한다. "미언은 만물을 자세히 관찰하고서 논의하는 것으로, 담긴 뜻과 풀어내는 방식이 일반적인 경우와 다르다. 그 문장을 망치질해서 문장의 법도에 맞지 않게 하고 그 어휘를 은미하게 만들어서 해석할 수 없게 하니 도사들이 부적을 만드는 일과 같을 것이다."[3] 그래서 이른바 삼통, 삼세설은 당연히 조리에 맞지도 않고 증거도 없는 이야기로 보인다.

공자에 대해서 장타이옌은 이렇게 평가한다. "나는 어려서부터 박학을 배웠고, 오직 고문 경전만을 신임했다. 그래서 캉유웨이 무리들과 길이 전혀 달랐다. 나중에 캉유웨이의 공교 학설에 대해 심히 불만이 커서 공자를 공격하기에 이르렀다. 중년 후 고문 경전에 대한 굳건한 믿음은 여전했지만 결코 공자를 비판하지는 않았다. 또한 객관적으로 공자의 도를 평가하고 깊이 이해했기 때문에 캉유웨이 무리가 견강부회할 수 있는 게 아니었다."[4] 장타이옌이 존숭한 공자는 교주가 아니라 뛰어난 역사가였다.

공씨(孔氏)의 가르침은 본래 역사를 핵심으로 삼는다. 공씨를 섬기는 자 가운데 마땅히 벼슬이나 쓸모만을 따지는 태도를 버리고 이전 임금이 이룬 업적을 취해서 마음속에 새길 수 있는 자만이 계속할 수 있다. 『춘추』 이상으로는 육경이 있고, 『춘추』 이하로는 『사기』, 『한서』가 있다. 역대 서(書)·지(志)·기(記)·전(傳)도 공씨의 역사학이다. 만약 공양가의 학설에 국한되어 단지 삼세삼통설이나 미언대의설로써 일체 역사를 추구(芻狗)로 여긴다면 공씨와 너무도 어긋나는 것이다.[5] 중니가 이름을 크게 날린 일이 '여섯 문헌'〔六籍〕에 담겨 있다. 여섯 문헌은 도가나 묵가도 들어 본 바였다. 여섯 문헌을 드러내서 사람들로 하여금 각각 전세의 성쇠에도 화하(華夏)민족이 국가를 건설하고 기율(紀律)을 드리웠음을 알게 한 이가 바로 공씨였다.[6]

이렇듯 단지 공자, 좌구명(左丘明), 사마씨 부자뿐 아니라 유흠, 반고(班固) 등도 모두 훌륭한 역사가였다. 그들은 모두 공자의 사업을 전승했고 중화 문명의 계승과 발양에 공헌했다. 반대로 자사(子思)나 맹자에서 동중서까지 이르는 사상은 신비성을 가지고 있었다. 금문학자는 그것을 존숭했지만 장타이옌은 배척했다.

본래 고문 경전은 사라진 고대 문헌이었다. 그래서 그것이 세상에 나왔을 때부터 그것의 편목장구(篇目章句)는 고증과 해석이 필요했다. 원전을 굳게 믿는 경학자들은 경전을 연구할 때 반드시 경문의 자의에서 출발한다. 경전 내용의 훈고는 또한 경문이 지시하는 명물과 제도,

즉 관련된 고대의 역사적 사실까지 미친다. 그래서 고문경학은 논리
상 반드시 언어학과 역사학을 주요한 형태로 삼는다. 청학〔淸學; 청대 학
술〕은 고염무에서 대진에 이르기까지 이것으로써 이름을 얻었다. 장타
이옌도 이 길을 걸어서 성과를 거둔 대학자다. 그의 제자는 이렇게 평
가한다.

경전 연구는 반드시 문자학으로 그것의 기초를 놓아야 한다. 그래서
선생께선 어려서부터 『설문』(說文)을 매우 엄밀하게 연구하셨고 중년
이 되어서까지 70여 회 완독하셨다. 그러고 나서 언어 문자의 근본을
간파하셨다. "소학은 국고(國故)의 뿌리고 왕교의 단서다. 위로는 선
대의 정전을 교감하고 아래로는 백성을 바르게 하고 풍속을 개량한
다. 그것의 신묘한 의미를 통달하면 오곡을 잘 재배하고 백성을 배불
리 먹일 수 있다." 이 때문에 『문시』(文始)를 지어서 언어의 근본을 밝
혔고, 다음은 『소학답문』(小學答問)으로써 문자의 근본을 보이셨다.
『신방언』(新方言)을 저술해서 고금의 차이를 소통시키셨다. 『국고논
형』(國故論衡) 상권 11편은 모두 소학을 말한다. 언어는 타고난 신체
기관〔天官〕에서 연원하고 전주(轉注)는 조자(造字)에서 출발한다는 주
장들은 모두 이전 사람들이 말하지 못한 바를 말한 것이다. 스스로
"선배들과 비교해 보면 토론하고 표현하는 능력이 있었다"고 말씀하
셨다. 논자들은 그가 '일대 소학의 집대성자' 라고 꼽는다.[7]

하지만 장타이옌은 경전을 역사로 취급했고, 경전 연구의 본래
방식을 따르지 않았을 뿐 아니라 훨씬 더 자각적인 입장이었는데 그
것은 장학성의 육경개사설〔六經皆史說; 육경이 모두 역사라는 주장〕에서 연

원했다. 그는 "회계 장학성은 『문사통의』,* 『교수통의』**로써 유흠, 반고의 학설을 회복했는데 그 탁월함은 『사통』***에 가깝다"[8]고 말한다. 장학성의 논점은 다음과 같다. "후세의 문자는 반드시 육예[六藝: 육경]에서 연원한다. 육예는 공자의 글이 아니라 주나라 관청(周官)의 옛 정전이다. 『역』은 태복(太卜)이 담당했고 『서』는 외사(外史)가 관장했고, 『예』는 종백(宗伯)이 다뤘고, 『악』은 사악(司樂)에 속했고, 『시』는 태사(太師)가 관할했고 『춘추』는 국사(國史)가 다루었다. 공자께서 스스로 '술이부작'(述而不作)이라고 하셨는데 관리가 저런 것들을 제대로 관리하지 못하는 것을 깨닫고 제자들에게 그것을 계승하도록 가르쳤다. 여기서부터 (전후가) 확연히 갈리게 되었다."[9] 그래서 "육경은 모두 역사다. 고인이 따로 책을 지은 적이 없다. 고인은 구체적 사실에서 벗어나서 도리를 이야기하는 적이 없다. 육경은 모두 선왕이 정치를 행할 때 사용한 정전이다".[10]

"육경이 모두 역사"라는 명제는 경은 도를 싣고, 역사는 사실을 기록했다는 전통적인 관념을 겨냥해서 제기됐다. 그것의 목적은 경문의 훈고를 통해서 도리를 밝히는 고립된 박학 전통을 부정하는 데 있었다. "고인이 말하는 경은 삼대가 번성할 때 통용된 전장법도(典章法度)로써 정치를 펴고 사업을 할 때 드러난 구체적 사실이다. 성인이 의도적으로 문장을 지어서 후세에 전한 게 아니다."[11] 동시에 장학성은 "세

상을 가득 메운 저작의 숲은 모두 사학"이라고 여긴다. 그래서 사학은 또한 경에 국한되지 않는다. 사람들의 행위와 정치 제도를 연구하는 모든 저술까지 확장된다. 진리를 원하지 않는 게 아니라 성인의 말씀을 진리로 간주할 수가 없어서다. 진리는 마땅히 경(經)과 사서(史書)가 기록한 역사의 변천 속에서 찾아야 한다. 구체적 사실에서 진리를 밝히는 것이다. 구체적 사실을 탐구하여 구체적 사실만 말하거나(한학) 구체적 사실을 떠나서 진리만 이야기하는 경우(송학)는 진리를 획득할 수 없다. 진리 추구는 옛것에 대한 애호가 아니라 현재와 소통하는 것이다.

장타이옌의 경사관(經史觀)은 대부분 장학성을 계승했다. 그도 『역』, 『시』, 『서』, 『예』, 『악』, 『춘추』는 본래 관청의 서적으로 경의 명칭을 획득했다. 공자는 조술할 뿐 창작하지는 않았고 옛것을 믿고 좋아하여 소멸과 변화를 밝혔다. 그 다음 『춘추』는 노나라의 역사를 근본으로 한다. 좌구명(『춘추좌씨전』)에 의지해야 한다."[12] 장타이옌은 계속해서 경과 사서를 나눌 수 없음을 강조했다.

금문가가 중시하는 점은 가법이다. 박사(博士)는 진실로 경·사의 구분이 있음을 알지 못했다. 경사를 나누는 자와 가법은 상응할 수 없다. 동중서는 『춘추』의 역사서로서의 성격에 대해 말했다. "위로는 삼왕의 도를 밝혔고, 아래로는 사람들 일의 기록을 판별했다. 만물의 취산(聚散)은 모두 『춘추』에 있다." 하지만 태사공은 『사기』에 대한 자서에서 말했다. "육경에 대한 상이한 전주(傳注)를 모으고 백가의 다양한 주장을 정리하고 후세의 성인군자를 기다린다." 반고도 『한서』는 "인간의 도리를 탐구하고 만방을 포용하고, 육경을 엮고, 도리의 벼리를 매고, 온갖 사람들을 총괄하고 편장을 인도한다"고 말했다. 그

들의 자찬이 『춘추』와 무엇이 다를까? 『춘추』는 의례가 있고 그 문
장은 미묘하고 은근한 점이 있다. 사마천이나 반고도 의례가 없을
수 없다.[13]

　　장타이옌은 두 갈래 길을 따라 경에서 역사에 도달했다. 첫째, 고
염무에서 출발해서 대진으로 이어지는, 언어학에서 역사학에 이르는
고증학 방법이다. 또 하나는 장학성의 "육경이 모두 역사"라는 주장의
영향이다. 둘 모두 방법에서 입장까지 장타이옌의 사학 의식을 강화했
다. 단지 금문경학을 공격하고 탁고개제의 신화를 폭로하도록 진지를
제공했을 뿐 아니라 또한 시야 자체를 확대하도록 했다. 경전 연구와
기타 고전 학술 영역에서 훨씬 큰 성취를 이뤘다. 이런 성취는 경을 역
사로 환원하고 선진 제자학을 체계적으로 연구하는 두 방면에서 주로
체현됐다.

　　경을 역사로 보기 때문에, 역대 경사(經師)들이 경이나 선왕의 정
전을 신성시하는 입장을 타파했다. 장타이옌은 훈고와 고거의 수단을
빌려서 삼대 문명의 초기에 나타난 비교적 질박한 사회 모습을 보여
줄 수 있었다. 「관제색은」(官制索隱)*은 전형적인 예다. 장타이옌은 그
것의 요지를 자신이 직접 쓴 서문에서 밝혔다. "구복**이 붕괴되고 천
지가 이미 닫혀 버렸으니 나는 선왕이 완성한 자취에 감응하여 「관제
색은」 네 편을 짓는다. 예부터 지금까지 이것을 말한 사람은 꽤 많았

---

* '관제'(官制)는 관직 제도를 가리키며, 크게는 전장 제도를 말한다. 고대 전장 제도 가운데
은미하여 그 의미가 잘 드러나지 않은 것을 들추어 낸다는 말이다.
** 구복(九服). 주나라 때 왕이 있는 땅을 사방 천리로 정하고, 그 바깥의 땅을 다시 사방 주
위 500리마다 구획하여 아홉 개 지역으로 나누었다. 그것을 구복이라고 하는데, 여기서
복(服)은 복종하는 것으로 자신의 직분을 삼는다는 뜻이다.

다. 뛰어난 자는 전장 제도를 파악했지만 이미 본 것으로 은미한 데 이르를 수는 없었다. 다음 수준의 사람은 치용을 기대할 뿐, 일체 잘못된 점을 깨달을 수가 없었다. 비록 알았다고 하더라도 말하려고 하지 않았다. 내가 지금 이 글을 지었는데 이 기이한 책이 보통 사람들과 다른 점은 그것의 의도가 실사구시에 있다는 점이다. …… 은미한 뜻은 사람들이 모두 감흥과 흠모를 일으키는 고대의 연원을 알게 하여, 갖옷을 걸치고 활을 당기는 〔오랑캐의〕 습속이 우리 한족(漢族)이 아님을 분명히 알게 하는 데 있다."[14] 이 글에서 장타이옌은 고대 천자가 거주한 명당은 산간이고 후세 사람들이 말하는 각종 관직 제도는 고대에는 사실 천자의 노복이었음을 고증을 통해서 밝혔다. 이것은 삼대가 번성할 적에 대한 미신을 타파하고 상고의 실제 상황에 더욱 접근한 것이다.

장타이옌이 제자학을 중시하고 심지어 치켜세우기까지 한 것도 연유가 있다. 첫째, 경전〔육경〕 해석을 위해서 고대 문헌을 보존해야 한다. 그의 스승 유월의 이야기에 따르면 "서한(西漢)의 경학자들이 제시한 논의가 이미 대단한 가치가 있는데 하물며 그 이전의 제자(諸子)에서랴!"[15] 제자서의 재료는 경의 의미를 확인하고 증명하는 데 중요한 가치가 있다. 더욱 중요한 것은 경전을 전한 성인은 단지 교주가 아니라 한 명의 역사가이고 그 때문에 진리를 농단할 어떤 권리도 갖지 않는다는 사실이다. 장타이옌의 입장에서 보자면 "지금 경전이라고 하는 것은 고대에는 정부 기관의 문서이다. 그것의 용도는 선왕의 정치에 대한 기록의 같고 다름을 고증하는 데 있었지, 의리를 탐구하는 데 있지 않았다. 만약 제자라면 그렇지 않다. 그들이 연구한 것은 주관적인 학문이었기에 의리를 탐구하려 했지, 선왕의 정치에 대한 기록을 따지려는 게 아니었다."[16]

장타이옌은 「제자학약설」(諸子學略說)에서 제자를 평가하면서 명가(名家)의 논리학 연구 성과를 가장 높게 평가했다. 나중에는 제자학에서 철학을 발휘하기도 했다. "단정히 앉아 깊이 관찰하고 「제물론」을 해석했는데『유가사지론』,*『화엄경』과 서로 부합했다. '마니보주가 광채를 내니 비치는 곳마다 색을 달리하며 인드라망은 서로 아무런 장애 없이 받아들인다'는 뜻은 오직 장자만이 분명히 알았다. 지금 비로소 그것의 미묘한 의미를 탐색하게 되면서 천년의 비밀에 한줄기 서광이 비추게 됨을 목도하였다. 그 다음으로 순경(荀卿), 묵적(墨翟)에 미쳐서 그것의 은미한 뜻을 추출하지 못할 것이 없었다. 공자의 공헌이요 임금이나 순 임금보다 뛰어나다고 하지만 그 깊이는 결국 감히 노자나 장자에 견줄 수는 없다."[17] 이것도 근대 선진(先秦)의 학술 연구에서 새로운 영역을 개척했다고 할 수 있다.

근대 경학사에서 장타이옌과 캉유웨이는 양대 산맥이다. 그들은 각자 자신의 학식과 풍격으로 자신이 속한 학술 사상 전통 속에서 기치를 내걸었다. 하지만 둘의 공헌은 성격이 다르다. 각자 속한 학파에 대한 견해는 접어 두고 학술 형태에 관해서 말하자면 캉유웨이는 사회학이나 정치학에 속하고, 장타이옌은 오히려 언어학이나 역사학에 해당한다. 비록 두 사람의 노력이 최종에는 경세학으로서 경학의 쇠락이라는 동일한 결과를 초래했지만 각기 다른 각도에서 전통을 가격했다. 캉유웨이는 정치적으로 서양 사상을 중국으로 끌어들였으면서도 옛

---

*『유가사지론』(瑜伽師地論). 대승불교 철학의 한 유파인 유식학의 가장 중요한 텍스트다. 유식학의 개조인 미륵(彌勒)의 저작으로 알려져 있다. '유가사'는 요가 수행을 하는 사람을 가리키고,『유가사지론』은 저들이 선정 수행을 통해서 획득한 17단계의 경지〔地〕를 자세하게 묘사한다.

이데올로기를 가지고 평계를 댔고 결국 서구 사조의 범람이라는 결과를 초래했다. 장타이옌은 학술상 옛것을 보존하여 진리를 추구하는 형식이었다. 중국 학술 전통 가운데서 실사구시의 이성 정신을 계승하여 도통상의 환상을 몰아냈고 전통 가운데 보다 실제적인 면모를 회복했다. 장타이옌은 이성주의자였다. 하지만 캉유웨이 같은 역사이성이 아닌 경험이성이었다. 역사이성은 역사 철학인 데 반해 경험이성은 구체적인 분석과 검증 방법을 체현한다. 사학에 응용될 때도 예외는 아니다. 그래서 사상사에서 보면 의심할 바 없이 캉유웨이의 지위가 장타이옌보다 훨씬 높지만 학술사에서 보자면 둘의 관계는 응당 뒤바뀌게 된다.

이하지변과 국수 의식

엄격하게 말해 경세를 이야기하지 않으면 온전한 경학이 아니다. 순수한 학술로서 경학은 본래 경세의 도구일 뿐이다. 장타이옌도 경세를 이야기했다. 하지만 그 경세의 내포는 캉유웨이와 전혀 달랐다. 캉유웨이의 경세 사상은 유신 이론의 기초였고 그 변법도 청 황제의 지지를 빌려서 진행했기 때문에, 무술유신 이후 반청을 결심한 장타이옌은 그와 숙적이 되었다. 장타이옌은 '경세'라는 단어를 해석하면서 "경(經)은 기(紀)와 같고 30년이 일세(一世)다. 경세(經世)는 기년(紀年)과 같을 뿐"[18]이라고 말했다. 캉유웨이의 경세치용을 사리사욕만을 좇는 것이라 공격했고 만주족 귀족의 주구이자 졸개로 취급했다. 경학으로 캉유웨이에 반대하는 이런 방법은 실은 장타이옌 '경세'의 독특한 수단이다. 그의 치용은 반청이었지만 그는 경학이라는 오래된 전쟁터에서 상대를 제압하려 했다.

　　장타이옌의 반청 의식 형성은 경학과 사학의 영향이었다. 이것은 소년 시절 뿌려진 씨앗이었다. 그가 어릴 때부터 그의 외조부는 춘추 대의를 인용하여 "이하지변(夷夏之辨)은 군신 관계를 엄격히 하는 데 있다"고 말했다. 그도 스스로 말했다. "열여섯, 열일곱 즈음 『장씨동화록』*과 『명계비사』**를 읽고서 양저우 사건, 자딩 사건, 대명세 사건, 증정 사건을*** 알게 됐다. 만주인들에게 복수해야 한다는 마음이 가슴속에서 치밀었다."[19] 그래서 나중에 만주족을 몰아내겠다는 뜻을 밝혀서 스승 유월에게 꾸지람을 받았을 때 그는 곧 「사본사」(謝本師)를 지어서 반박했다. "선생님께선 평생 수많은 문헌을 보셨는데 늑대 같은 저 오랑캐에 관한 이야기를 어찌 그토록 모르시고, 교묘한 언변으로 그들을 옹호하려 하십니까?"[20] 이를 봐도 장타이옌이 경서를 통해서 획득한 게 단지 역사만이 아니라 의리도 있었음을 알 수 있다. 단지 이런 사상을 공개적으로 표출한 것은 주로 캉유웨이, 량치차오와 완전히 결별한 후였다.

　　장타이옌의 사상은 청초에 상실한 전통에 대한 자각적 계승이다.

---

　*『장씨동화록』(蔣氏東華錄). 청나라 건륭 30년(1765) 장양기(蔣良騏)가 편찬한 청대의 역사 자료집이다. 청초의 중요한 사건들을 망라하고 있다.

　**『명계비사』(明季稗史). 명말의 야사(野史)로 명말 청군의 잔악상을 고발한 「양주십일기」(揚州十日記)나 「가정도성기략」(嘉定屠城紀略) 등이 실려 있다.

　***네 사건 모두 17~18세기에 한족이 청나라 조정과 군대에 의해 탄압받은 사건이다. 양저우(揚州) 사건과 자딩(嘉定) 사건은 1645년에 청군이 양저우와 상하이 자딩의 주민들을 살해한 사건이다. 대명세 사건은 강희제 때 문인인 대명세(戴名世, 1653~1713)가 명 왕조의 연호를 사용하여 처형당하고, 관련자 수백 명이 처벌받은 문자옥(文字獄)이다. 증정 사건은 옹정제 때 증정(曾靜, 1679~1735)이 여유량(呂留良, 1629~1683)의 글을 읽고 한인 장군 악종기(岳種琪, 1676~1754)를 찾아가 반역을 권유한 사건이다. 이에 옹정제는 여유량을 부관참시하고 유족은 노비로 삼아 변방으로 추방했으나, 증정에 대해서는 관용을 베풀어 반청 사상을 달래었다.

우리들은 청학이 명학을 대체한 것이 실학으로 허학을 대체하겠다는 표방임을 알고 있다. 허학이 배척된 까닭은 청초 학자로 보자면 학풍이 쇠퇴한 세상 풍속을 제대로 이끌지 못했고 최후에는 명나라의 멸망에 이르러 만주족이 중원의 주인이 되게 했기 때문이다. 허학이 공허한 까닭은 주요하게는 두 가지 이유가 있다. 첫째는 실질적인 성과를 경시한 것이고, 둘째는 책을 읽지 않은 것이다. 이런 말장난이나 치고 의리만을 내뱉는 병폐를 해결하기 위해서라도 경세를 이야기하고 경서를 읽는 두 가지 방면에서 시작해야 했다. 고염무는 둘의 결합을 시도한 인물이다. 고염무는 친구에게 보내는 편지에서 이렇게 말했다.

> 사람이 진정 오경을 독파하고 『사기』와 『통감』을 대략이나마 관통하면 천하의 일들은 자연 분명히 알 수 있습니다. 근심은 성색(聲色)에 미혹되고서도 깨닫지 못하는 것뿐입니다. 일전에 『일지록』을 출판했을 때, 송구스럽게도 [선생의] 인정을 받았습니다. 요즘 학업이 다소 진보하니 또한 빼야 할 주장이 많이 보입니다. 의도는 혼란함을 다스리고 잘못을 척결하며, 고인을 모범 삼아 이 땅에 펼치는 것입니다. 학문을 구하는 이가 많이 듣게 하고, 후대 임금이 나와 천하를 통치하길 기대합니다. 내 자신 그 책이 반드시 전해져야 한다고 믿지만 감히 다른 사람에게 보여 주지는 않았습니다.[21]

하지만 경세와 독경의 결합은 결코 청대 학술의 주류가 되지 못했다. 관건은 경세 방면에서 좌절을 맛보았다는 데 있다. 고염무가 말한 "고인을 모범 삼아 이 땅에 펼치"면서 "후대 임금이 나와 천하를 통치하길 희망"했지만 이는 분명 청조에 대한 항거가 미수에 그치고 정세는 이미 확정된 이후의 이뤄질 수 없는 기대였다. 동시에 반(反)만주족의 각도에서 이야기하지 않더라도 경전을 통달하여 옛날을 회복한다는 것은 시대 분위기와 부합하지 않는 방책이었다. 청 정부가 회유와 협박 두 방면으로 압박을 하는 상황에서 고염무의 후계자들은 그저 경세의 담론을 포기하고 경에 통달하고 옛것을 존숭하는 고증학의 길을 걸을 수밖에 없었다. 가경(嘉慶) 연간에 박학이 완성의 단계에 도달했고 그 가운데 대진 같은 대학자가 경세 의식을 품고 있었음에도 불구하고 전체 국면에는 별 영향이 없었다.

대진과 동시대 인물인 장존여 등이 개창한 상주학파가 비록 새롭게 경세를 지향했지만 복고로써 경세를 한다는 방법은 여전히 갈림길에 있었다. 공자진과 위원 시대에 이르러 이미 힘을 쓸 수도 없었다. 캉유웨이가 금문학의 여운을 접하고서야 비로소 경세의 학은 새로운 국면을 열었다. 하지만 그와 청초 고염무의 경세는 이미 크게 달랐다. 고염무의 목표는 청에 대한 항거였고, 그 방법이 공자 가르침의 회복이었다. 캉유웨이의 목표는 오히려 유신이었고 방법은 서방의 모방이었다. 캉유웨이의 시선은 왕조의 앞길에 있었다. 하지만 캉유웨이도 곤경에 빠졌다. 그의 논리를 따라가다 보면 경세는 서구 제도를 끌어와야지, 고대 경전을 수용할 필요는 없었다. 그 자신이 모순이었다. 그리고 청의 귀족들은 기득권을 보호하려 했기 때문에 변법 또한 요절할 수밖에 없었다. 그래서 사상사는 또 한 번 그 주제를 바꾸게 된다. 청 조정은 한 몸에 전제 정치와 이민족이라는 내용을 결합하고 있었다. 서학의 입장에서 보자면 전제이고 경학의 입장에서 보자면 이민족이었다. 이는 비합법성이 중첩되어 있는 꼴이었다. 장타이옌은 당연히 고염무의 경세 의식을 기치로 내걸고 만주족 배척에서 혁명으로 향했다. 장타이옌은 고염무를 이렇게 찬탄했다.

> 육경을 고증하는 학술은 명말 유자에게서 시작했다. 그들은 두메산
> 골에 묻혀 입신출세를 추구하지 않았고 그들이 공부한 것도 강희 연
> 간의 여러 관료들과는 전혀 달랐다. 고염무의 경우 고대의 음운(音韻)
> 에 대해서 대단히 해박했고 정밀하게 탐구했다. 금석문이나 제왕 능
> 침 또한 전심전력으로 연구하지 않은 게 없었고 오직 규명하지 못할
> 것을 두려워했다. 그것의 작용은 깊이 박힌 감정을 불러일으키고 선
> 덕을 감회하는 데 있었다. 우리같이 민족주의를 말하는 자는 오히려
> 그의 은덕을 입고 있는 것이다.[22]
> 고염무는 화음(華陰, 산시 지방의 한 지역)에 거주했는데 관중을 천연의
> 요새라고 여겼고 그 험난한 지형지세로 (적을) 방어할 수 있다고 생각
> 했다. 비록 책을 썼지만 군사를 일으켜 거사를 도모할 것을 잊지 않았
> 다. 그 뜻을 성취하지 못하자 백왕의 제도를 추적하여 후대의 성현을
> 기다렸으니 그의 재능이 참으로 뛰어났다.[23]

장타이옌의 경세가 비록 경사학에서 시작했지만 고염무가 말하는
복고와는 달랐다는 점을 주의해야 한다. "오제(五帝)는 서로 예를 달리
했고, 삼왕(三王)은 서로 악을 따라하지 않았다. 육경을 전파한 사람은
과거의 일을 정확히 알려고 했지, 옛 문장을 영원히 따라야 한다고 말
하지 않았다."[24] 장타이옌의 뜻은 "국수를 사용해서 민족성(種姓)을 격
발하는" 데 있었고 "내 생각에 민족주의는 마치 곡식과 같아서 역사 기
록에 실린 인물·제도·지리·풍속 등으로 관개를 하면 울창하게 자라
난다. 그렇지 않으면 단지 주의(主義)가 귀한 줄만 알지, 민족을 사랑할

줄은 모른다. 나는 민족주의가 점점 누렇게 말라 버릴까 두렵다."[25]

다른 방면에서 신해혁명 이후 장타이옌이 이야기한 '혁명'의 실제 함의는 광복이다. 「만주족에게 원수를 갚는다」(正仇滿論)에서 「캉유웨이를 반박하고 혁명을 논한다」(駁康有爲論革命書)에 이르기까지 모두 이런 민족 의식을 체현했다. 후자는 종족·언어·정교(政敎)에서 풍속에 이르기까지 만주족과 한족의 차이를 엄격하게 논변했다. 그리고 청나라 군대가 중원 땅에 들어온 이후 양저우(揚州)에서 모든 주민을 살해한 사건을 들어 민족 도살이라고 비난했다. "한족이 만주족을 원수로 삼으면 마땅히 그 전부를 원수로 삼아야 된다"는 결론을 내렸고 반만주족을 혁명의 기본 내용으로 삼았다. 이런 의식을 또한 학술 연구 가운데 관철시켰다. 「민족성의 서열을 매김」(序種姓) 같은 경우 고대 성씨의 변화를 고찰함으로써 고대 화하족의 형성사와 오랑캐와 한족 성씨의 동화사를 기술했다. 그리고 이것을 빌려서 민족 의식을 환기했다.

장타이옌은 쩌우룽(鄒容, 1885~1905)의 『혁명군』에 서문을 쓰면서 소리 높여 외쳤다.

내가 듣건대 동족끼리 서로 대체되는 것을 혁명이라고 하고 이족에게 빼앗기는 것을 멸망이라고 한다. 동족의 제도를 뜯어 고치는 것을 혁명이라고 하고 이족을 쫓아내는 것을 광복이라고 한다. 지금 중국은 오랑캐에 의해 멸망했다. 마땅히 도모해야 할 것은 광복이지, 혁명이 아니다. 쩌우룽이 『혁명군』이라고 서명을 붙인 것은 무엇 때문인가? 생각건대 그의 의도는 단지 이족을 몰아내는 것뿐 아니라, 모름지기 정치와 교육, 학술 그리고 예속이나 재성(材性)도 오히려 마땅히 혁신해야 하기 때문에 크게 말해서 혁명이라고 한 것이다.[26]

장타이옌의 관심은 광복이었다. "우리의 지향은 중국 광복일 뿐이다. 광복은 의리의 소재이자 감정이 쏠리는 곳이다. 광복 이후 공화 정부를 설치한다면 부득이해서 그렇게 하는 것이지, 그것은 의리의 소재도 아니고 감정이 쏠리는 곳도 아니다."[27] 그는 혁명에 대해서 다소 미심쩍어했다.

장타이옌은 또한 신해혁명 전후 국수(國粹) 사조의 추동자였다. 그가 말하는 국수는 단지 광복을 제창하는 것만은 아니다. 반(反)서구화의 일면도 있었다. 그는 분명하게 이야기한다.

왜 국수를 제창하는가? 사람들이 공교를 섬기도록 하려는 게 아니다. 사람들이 우리 한족의 역사를 아끼고 사랑하도록 하려는 거다. 이 역사는 광의의 역사다. 여기에 세 가지 항목이 있다. 첫째는 언어문자, 둘째는 전장 제도, 셋째는 인물 사적이다. 근래 어떤 서화주의자는 언제나 중국인이 서양인에 비해 한참 모자란다고 말한다. 그래서 스스로 기꺼이 포기하고, 중국은 반드시 멸망할 것이고, 중국 민족은 반드시 소멸할 것이라고 말한다. 그는 중국의 장점을 전혀 알지 못하기 때문에 아끼고 사랑할 만한 것을 하나도 발견할 수 없었다. 결국 애국애족의 마음은 날로 박약해질 것이다. 만약 그가 중국의 장점을 알았다면 내 생각엔 용기가 아예 없더라도 저런 애국애족의 마음은 반드시 용솟음쳐서 도저히 억누를 수 없을 것이다.[28]

장타이옌의 광복이나 국수의 논조는 객관적으로 확실히 혁명과 서로 부합하여 거대한 영향을 조성했다. 그래서 루쉰은 말했다. "내가 중국에 타이옌 선생이 계신 줄 안 것은 그분의 경학과 소학 때문이 아니다. 그가 캉유웨이를 반박하고 쩌우룽의 『혁명군』에 서문을 써서 상하이 감옥에 갇혔기 때문이다."[29] 루쉰은 장타이옌을 "학문이 있는 혁명가"라고 찬탄했다. 사실 장타이옌의 혁명은 주요하게는 캉유웨이의 보황당(保皇黨)에 대립해서 이야기된다. '중국과 오랑캐'에 관한 담론이나 '임금과 신하'에 관한 담론 모두 춘추대의이고 본래 통일될 수 있다. 하지만 중국 전제 통치의 역사에서 최후 왕조는 공교롭게도 질박하고 문화가 발달하지 않은 만주족이 건립했고, 그 시기의 역사 주제는 혁명, 즉 군주 전제에서 민치(民治)를 향한 지향이었다. 그래서 이하 지변으로 만주족 척결을 이야기하는 것이 때마침 혁명과 통일될 수 있었다. 동맹회*의 강령은 "만주족 척결, 중화 회복, 평균 지권, 민국 건립"이었는데 바로 이 두 가지가 결합한 산물이었다. 하지만 장타이옌이 분투한 지점은 전자에 있었다. 그래서 장타이옌의 정신은 혁명으로 개괄하느니 문화혁명 기간 유행한 적이 있는 일칙(一則) '어록'을 사용해서 그 풍골을 묘사하는 게 낫다. 그것은 바로 이런 거다.

우리 중화민족은 우리의 적들과 끝까지 투쟁할 기개를 가지고 있고, 자력갱생의 기초 위에 옛것을 광복할 결심을 갖고 있고, 세계 민족의 숲 속에서 자립할 능력을 갖고 있다.

캉유웨이와 장타이옌 두 사람의 경학관 대립은 정치와 학술 두 층위는 접어두더라도 고경신해〔古經新解; 고대 경전에 대한 새로운 해석〕만 봐

---

* 동맹회(同盟會). 1905년 쑨원 등의 지도로 일본 도쿄에서 성립한 중국 혁명 단체이다. 신해혁명 이후인 1912년 국민당으로 확대되기까지 반청혁명운동을 선도했다.

도 여전히 각자 다른 긍정적 문화 가치를 드러낼 수 있었다. 캉유웨이는 대동 정신을 발양했다. 중화민족은 반드시 기회를 얻어서 자기를 개혁하고 세계로 나아가, 인류 세계와 하나로 될 것임을 강조했다. 장타이옌이 중시한 점은 민족 의식이다. 그는 국수 선전을 통해서 현재 중국인의 자존심과 자강 의식을 격발했고 민족 경시와 민족 압박에 반대했다. 중화민족이 현재 세계의 각 민족과 같은 출발선에 서도록 했다.

건가(乾嘉) 전통과 현대 학술

장타이옌은 최후의 일대 국학 대사다. 그의 학술 성취는 학술 연구에서 박학을 계승했지만 박학의 성과를 초월했다. 박학은 고거학이며, 건륭과 가경〔乾嘉〕 연간에 완성 단계에 들었다. 장타이옌의 평가에 따르면 건가 학풍의 탐구는 전통 학술과 현대 과학, 특히 사회과학과 인문과학의 관계를 분석하는 데 중요한 의미가 있다.

장타이옌은 청학(淸學)을 실사구시의 학문이라고 간주했다. 그리고 그것의 방법론을 여섯 가지로 개괄했다. 명실〔名實; 이름과 실질〕을 심사하고, 증거를 중시하고, 견강부회를 경계하고, 범례를 지키고, 감정을 차단하고, 화려한 수식을 삼가는 것이다. 그것은 『설문해자』에서 시작해서 장구(章句)를 훈고하고 나아가 전장·명물(典章名物)의 함의를 고증하고 해석한다. 경전에서 말하는 역사적 사실, 즉 확정적 지식을 다루는 연구에서 전 시대보다 훨씬 큰 성취를 이뤘다. 학술상 확실성과 신빙성 때문에 과학을 신봉하는 수많은 현대 학자들도 청학이 운용하는 것은 '과학방법'이라고 강조했다. 량치차오는 이런 과학적 방법론에 대해서 매우 구체적으로 분석했다.

첫째는 주의를 기울이는 것이다. 보통 사람들이 흐릿하여 간과해 버리기 쉬운 것을 그들은 주의 깊게 잘 관찰하여 특별히 연구해야 할 부분을 찾아내니, 이른바 글을 읽으며 행간을 파악하는 것이다. ……둘째는 자신을 비우는 것이다. 주의 깊게 관찰한 후에 의문이 생겼을 때 일시적이고 주관적인 감상으로 가볍게 판단을 내리면 터득한 '행간의 뜻'을 잃어버리기 십상이다. 고증학자는 결코 그러지 말아야 한다. 먼저 그 마음을 비우고 밝혀 털끝만큼의 선입견이 남는 것도 허용하지 않고 오직 객관적인 자료만을 수집하여 매우 충실하게 연구했다. 셋째는 가설을 세우는 것이다. 연구는 산만하고 규칙이 없는 것이 아니며 먼저 하나의 가정을 세워 기준으로 삼는 것이다. 넷째는 증거를 찾는 것이다. 이미 하나의 가설을 세웠다 하더라도 절대로 섣불리 정론이라 믿어서는 안 된다. 널리 증거를 모아 여러 가지 같은 종류의 사실을 참조하여 모두 합치되는지 확인하는 데 힘써야 하는 것이니, 이는 동·식물학자들이 매일 표본을 수집하는 것과 같고, 물리·화학자들이 매일 실험하는 것과 같다. 다섯째는 결론을 내리는 것이다. 여섯째는 추론하는 것이다. 여러 번 귀납적 연구를 거친 후에야 정확한 결론을 얻을 수 있는 것이다. 이미 결론을 얻으면 같은 종류의 사항에서 추론이 가능하고 막힘이 없다.[30]

후스도 유사한 생각을 했다. 그는 고염무 이후의 경학을 이렇게 평가했다. "사실을 수집할 때 아무리 광범위하더라도 싫어하지 않고, 비교·확인할 때 그 사례가 아무리 많더라도 싫어하지 않고, 증거를 살필 때 엄밀함을 싫어하지 않고, 귀납할 때 대담함을 싫어하지 않는다. 이런 방법을 사용하여 고서를 연구하면 진정 증기선이나 비행기를 얻은 것처럼 기존에는 전혀 도달하지 못한 새로운 경지까지 깊이 진입한다. 매일 얻는 바가 있고 매년 성취하는 바가 있을 것이다. 재주가 크면 창조적인 발견을 이룰 수 있고 재주가 작은 자도 작은 결함 정도는 보충할 수 있을 것이다."[31] 후스는 심지어 17세기 인류 역사는 새로운 학술 시대로 진입했다고 보았다. 그는 이 시기에 중국과 서방의 지식 지도자가 과학 정신과 과학적 방법론 면에서 대단히 닮았고, 다른 점이 있다면 서방 과학자가 운용한 것은 자연 재료인 데 비해 중국 학자가 운용한 것은 서본·문자·문헌 증거였다고 보았다. 그래서 중국인은 300년의 과학적 문헌학을 낳았고, 유럽인은 신과학과 신세계를 생산했다.[32] 후스의 이 말은 만약 중국 학자가 고증학 방법을 자연계까지 확장해서 운용했다면 유럽에 필적할 만한 자연과학 시대를 열 수 있었다는 것이다.

역사의 가정은 검증할 도리가 없다. 하지만 분석하려 들면 문제는 그리 간단하지 않다. 고증 방법이 획득한 성과가 믿을 만하다는 것과 그것이 특정한 영역을 벗어나서 보편적인 방법이 될 수 있는가는 다른 문제다. 고증학은 사학의 한 지파다. 그것의 임무는 사학의 기초적인 문제를 해결하는 데 있다. 즉 사료와 역사적 사실을 정리·확인하거나 주석 층위의 문제를 이야기한다. 하지만 그것은 단지 문을 들어서는 계단이지, 사학의 전당은 아니다. 사마천이 개창한 중국 사학 전통에 근거하더라도 천인의 관계에 대한 탐구나 고금의 변화에 대한 관통은 주석 차원을 넘어서 해석의 차원으로 진입한다. 그렇지 않으면 역사적 사건 사이에 존재하는 인과 관계가 저절로 드러날 수 없다. 역사 현상의 완정성은 파악할 도리가 없고, 경전이나 역사의 규명을 통해서 진리를 밝히는 것도 불가능하다. 장타이옌은 청대의 고증학 전통을 계승하고 발양한 뛰어난 학자다. 그는 한학의 득실에 대해 대단히 예리한 평가를 내렸다.

근세 말하는 한학은 문헌을 따지고 검증하기 때문에 엉뚱하게 잠꼬대 같은 이야기를 하는 경우는 없다. 하지만 그 병폐는 단순하고 졸렬한 데 있다. 고인의 일들 외에는 전혀 이야기하려 들지 않았다. 한학 가운데서 다시 금문 일파가 출현해 문장으로 사실을 가려 버리니, 그들의 잘못은 일을 날조하는 데 있었다. 다시 이학을 살펴보면 이것은 도덕을 훈계하는 말로서 윤리학이다. 진리의 귀결처라 할 수 없다.[33]

금문학과 이학의 문제는 일단 넘어가자. 이른바 "병폐는 단순하고 졸렬한 데 있다", "고인의 일들 외에는 전혀 이야기하려 들지 않았다"는 것은, 박학 학풍의 시선이 단지 경험지식 차원에 박혀 있어서 학리적 사고를 하지 않았음을 지적한 것이다. 대진의 비유를 빌리자면 단지 가마만 볼 뿐, 가마 안에 누가 탔는지 보지 못하는 격이다. 박학 대사 중에서도 대진 같은 이는 경전을 통해서 도를 밝히는 데 조예가 있었다. 하지만 청학에 대한 그의 영향은 여기에 있지 않았다. 고거학은 온전한 사학이 아니기 때문이다.

한 걸음 물러나 말하면 설령 온전한 사학이라고 하더라도 그것의 방법은 또한 일반 이론과학의 방법과는 다르다. 장타이옌의 견해에 의하면 사학의 모든 입론은 반드시 역사적 사실에 귀속된다.

『전』에서 "성인은 계책과 공훈이 있으니 나라를 안정시키고 집안을 편안케 할 일을 분명히 지적하셨다"고 말한다. 그러므로 일을 가늠할 때만 그런 게 아니라 학문이 모두 그러하다. 사학의 경우 더욱 중요하다. 왜일까? 일반적인 학문은 증거를 찾고 근원을 추적하는 데서 출발하지 않은 게 없다. 일상적인 감각으로 도달할 수 없는 점은 개념이나 논리를 통해서 그것을 확인한다. 유독 역사서를 연구하는 경우는 그것과 다르다. 처음부터 끝까지 증거를 찾는 데서 벗어나지 않는다. 개념이나 논리를 사용하지 못한다.[34]

이것은 적절한 대비이다. 사학도 평론이 있을 수 있다. 하지만 그것의 목표는 하나의 추상적 이론을 구성하는 게 아니다. 그렇지 않다면 사학은 곧바로 역사 철학이나 일반적인 사회학이 되고 만다. 공양 삼세설처럼 역사를 재단하는 것은 "모양새를 만드는 데 마음을 뺏겨서 사람의 일을 왜곡해서 보는 것"이다. 하지만 다른 방면에서는, 일반 이론과학의 방법은 사학의 방법을 추수할 필요가 없다고 말하고 있다. 그것도 진정 경험한 사실에서 출발해야 하지만, 추상 연역을 경유해서 최종적으로는 구체 경험을 초월한 개념 체계를 형성해야 한다.

후스, 량치차오 등은 과학적 방법론으로서 고거학의 보편적 의의를 강조하면서 모두 과감한 의심, 증거 추구 및 귀납법 등을 강조했다. 후스는 이런 것을 통해서 중국 전통 가운데서 과학 정신의 연원이 오래됐다고 단정했다. 사실 의심하고 증명하는 것은 엄격히 말하면 이지적 태도이다. 이지는 미신의 대립면이다. 단지 이지도 사실을 존중하고 상식을 존중한다. 그것은 과학과 모순되지 않는다. 하지만 반드시 과학인 것은 아니다. 귀납법의 경우도 보편적으로 유효한 방법은 아니다. 사학 연구 중에 문헌의 기재가 완정하지 못해서, 많은 문제의 귀납이 불완전하다. 설령 어떤 가설이 아직 반대되는 사례를 통해 거짓으로 증명되지 않았더라도 그것이 철칙임을 증명할 수는 없다. 일반 사회학에 들어가면 대상의 범위가 거대하기 때문에 각종 원리 혹은 전제의 가설이 대부분 귀납의 산물이 아니다. 막스 베버의 '이상형' 같은 경우 사회학에서는 영향이 매우 광범위하지만 귀납법으로는 개괄할 수 없다. 고거학 방법은 절대 사회과학과 인문과학을 통합한 학문이 아니다. 그것을 준칙으로 삼는다면 기본 소재가 비교적 명확한 학과에서는 열쇠가 아니라 아마도 수갑이 될 것이다.

이 때문에 건가 전통의 영향에 대해서는 마땅히 변증법적인 태도를 취해야 한다. 공소하고 허망한 학풍에 대해서, 특히 이데올로기화한 학술에 대해서 말하면, 건가 전통은 실사구시를 강조하는 교정 능력을 가졌다. 하지만 그것은 이론을 경시하기 때문에, 또한 학술, 특히 사회과학 및 인문과학 영역의 창조 욕구까지 질식시켰다. 그래서 수구와 안일의 수식어가 되었다. 오늘날 보기에 특히 경학 방법이 당대 학술에 끼친 좋지 못한 영향을 제대로 살펴야 한다. 금문·고문 할 것 없이 마찬가지다. 한 방면으로는 공양삼세설과 마찬가지로 일체 영역에 사용할 수 있는 보편 진리를 찾고, 한 방면으로는 일체 이론을 무의미하다고 여기고 해석이 아니라 단지 묘사만 하는 학술을 제창했다. 이 둘은 모두가 현대 학술 발전의 사상적 장애였다.

장타이옌의 학술 연구 성과가 전대 사람을 초월할 수 있었던 까닭은 단지 고거 전통의 훈련을 받아서가 아니라 순수한 이론에 대한 흥미가 있었기 때문이다. 그는 다른 사람에게 보내는 편지에서 다음과 같이 말한다. "아우〔장타이옌〕가 최근 학자들과 토론한 것은 음운훈고를 기초로 하고 주(周)나라와 진(秦)나라 제자학을 궁극으로 삼았습니다. 그 밖에 불교 텍스트까지 다루었습니다. 대개 학문은 언어를 본질로

하기 때문에 음운훈고는 그 열쇠가 되고, 진리를 귀결로 삼기 때문에 주나라와 진나라 제자학은 그것의 심오한 핵심이 됩니다. …… 제가 발휘한 것은 한학의 전문 분야가 아닙니다. 만약 위(魏)나라와 진(晉)나라의 여러 철학자들이 여태 살아 계시다면 함께 논의할 수 있을 겁니다."[35] 이런 이론에 대한 흥미는 개인적인 성격 때문만은 아니다. 그는 칸트 및 서양 사회학 방법론 같은 서학의 영향도 받았다. 그래서 장타이옌은 경사학뿐 아니라 제자학, 오조학*에 대해서도 깊이 연구했고 심지어 논리학, 법학, 종교 및 철학 분야에서도 탁월한 성과를 거두면서 거대한 학술 유산을 남겼다.

캉유웨이, 장타이옌 두 사람의 고경신해는 모두 민족 위기 중에 민족 문화를 계승해야 한다는 사명감을 갖고 행한 것이었다. 그것의 계승 방법은 정도나 분야에서는 달랐지만 상이한 정도 혹은 상이한 방면에서 모두 서학의 역량을 빌렸다. 캉유웨이는 주로 사회·정치 이상 방면이었고 장타이옌은 주로 사상 방법론 면에서 서학을 수용했다. 그 결과 전통적인 가치이성의 외연은 서방 도구이성의 충격 아래서 끊임없이 위축되고 쇠퇴했다. 금문경학의 신비한 논의는 물론 장타이옌 등 이성주의의 공격 아래 활동 공간을 상실했지만, 장타이옌의 국수 의식도 신해혁명 이후 문화 변혁 속에서 한쪽 귀퉁이로 물러났다. 결국 현대 사학이 최종적으로 경학을 대신했다.

---

* 오조학(五朝學). 오조는 중국사에서 서진(西晉)이 망하고 중국 남부에 들어선 다섯 왕조를 가리킨다. 진(晉)·송(宋)·제(齊)·양(梁)·진(陳)이다. 중국 강남 지역을 중심으로 한 순수한 한족 왕조이다. 장타이옌은 이 시기에 대한 연구를 오조학이라는 이름으로 하나의 학문을 구성했다.

4장 _ 포스트경학 시대를 향하여

경학 시대에 경은 단순히 권위 있는 문헌이 아니라 정치적 합법성의 근거였다. 그래서 경학은 일반적인 고전 학술 문화일 뿐 아니라 전통 이데올로기의 전도체였다. 경의 성질 때문에 경학은 역사 발전 과정에서 세 가지 형태의 경전 해석학을 내놓았다. 이것은 논리적 귀결이었는데 바로 금문학, 고문학, 송학이 각각 대표하는 경세학, 고거학, 의리학이다. 그 가운데 경세학이 합법성의 근거로서 경의 성질을 가장 잘 체현했다. 경학 형태의 변천과 전통 사회의 정치 변화는 밀접하게 관련된다. 경학의 위기는 단지 전통 문화의 위기일 뿐 아니라 전통 사회의 위기였다.

세기 전환기에 캉유웨이의 고경신해는 전통 사회의 위기를 구하기 위해 시도된 합법성 중건의 노력이었다. 또한 그것은 경세로서 경학의 역할이 최후로 체현된 것이기도 했다. 하지만 캉유웨이의 변법 실패가 초래한 회의론과 서구 사상을 중국에 끌어들이는 사조의 충격은 (설령 개량된 것이라 하더라도) 경학 자체가 합법성의 근거를 상실하게 했다. 그 결과가 청말 민초에 연이어 단행된 과거제와 경전 교육의 폐지였다. 하지만 경세 기능을 상실한 경학은 고거와 의리 두 층위에서 여전히 전통 학술 사상의 중대한 문화 유산이었다. 20세기 초 서학의 충격과 계발 아래서 경학은 전통 형태를 고수하지 못하고, 단지 현대 학술의 의미를 가진 사학과 철학으로 변화했을 뿐이다.

고사변운동과 현대 신유가*는 포스트경학 시대에 다다랐을 때 전통 문화 영역의 중요한 성취였다.

한학에서 고사변운동까지

청대 한학은 크게는 전한과 후한의 학술 전통을 부흥한 경학을 가리킨다. 하지만 청대 학술 사상에 대해 금문경학과 고문경학이 끼친 영향의 방향은 서로 다르다. "복고로써 해방한다"(량치차오)는 논리에 근거해서 고문경학이 먼저 부흥했다. 대체로 고문경학은 의리를 이야기하거나 경세를 이야기하는 경우는 드물었고, 고거를 특색으로 경전의 권위를 절대적으로 인정하는 전제 아래 진실 추구에 제한되었기 때문에 그 성취는 학술에 있다. 금문경학은 뒤이어 나타났는데, 경세치용을 중시해서 번쇄한 학풍을 파기하고 대담한 주장을 내놓았다. 경전에 대한 의심에서 역사에 대한 의심에 이르렀기에 그 공헌은 사상 방면에 있다. 캉유웨이와 장타이옌의 경우 전자는 의고(疑古)의 우두머리였고

---

* 현대 신유가. 중국에선 신해혁명 이후 전통에 대한 전반적인 반성과 비판이 진행됐다. 5·4 신문화운동 시기는 비판이 더욱 격렬했다. 이런 와중에서 중국의 유가 전통을 새롭게 이해하고, 그것의 가치를 강조하는 흐름이 발생했다. 량수밍과 슝스리가 대표한 이 사상운동을 이후 학계에선 현대 신유가라 부른다. 현대 신유가는 단순히 유가 전통의 복원이 아니라 대승불교 철학과 서방 철학의 개념들을 적극적으로 사용하여 종래에 없던 새로운 사상 체계를 수립했다.

후자는 고거의 거인이었다. 각각 금문·고문의 최후 대가였다. 하지만 경학에 대한 그들의 발휘 및 상호 대항은 전통 경학을 급속하게 와해시켰다. 그뿐 아니라 그 정신과 방법도 현대 학술을 위해서, 구체적으로는 사학을 위해서 씨를 뿌렸다.

전통 경학이 현대 사학으로 전환하게 된 핵심 고리는 5·4신문화운동 이후 전개된 고사변운동이었다. 강력하게 의고를 표방한 구제강(顧頡剛)은 이렇게 논평했다.

> 청대 학풍과 다른 시대의 차이점은 이전에는 학문을 정치적으로 응용했는데 청대 학자는 과감하게 응용의 속박에서 벗어났다는 데 있다. 이전에는 일존(一尊)을 규정하고 숭배하는 것을 좋아했다면 청대 학자는 고대의 각종 학파를 회복하고 거리낌 없이 일존의 속박도 해체했다. 청말에, 고문가는 기존의 절차를 따라서 진행한 반면, 금문가는 시대의 격랑을 따라서 새로운 의미를 독자적으로 표방했다. 아울러 금문가는 공자가 고대에 의탁해서 제도를 개혁했다고 문제를 제기하면서 자신이 주장한 탁고개제의 호신부(護身符)로 삼았다. 고문가와 금문가가 충돌했을 때 각각 상대방의 약점을 공격하려고 힘썼다. 그 결과 관전하는 사람들로 하여금 한 학파에 맹신하거나 추종하는 잘못을 해소하게 했다.[1]

하지만 구제강에게 보다 매력적인 것은 캉유웨이의 의고 정신이었다. 의고 정신은 옛날부터 있었다. 하지만 "캉유웨이 선생은 서양 역사가의 상고사 고증의 영향을 받아서 중국 고대사가 신빙성이 없음을 알았다. 그래서 선생은 전국(戰國) 제자와 신대(新代) 경사들이 문헌을 위조한 원인을 밝혔다. 그렇게 함으로써 사람들이 고대 역사가 믿을 수 없음을 알게 했을 뿐 아니라 역사를 위조한 배경을 알아차리게 하고자 했다. 위조된 역사에서부터 시작한 연구는 사실 이전 텍스트의 진위를 변별하는 것보다 한층 더 깊이 천착한 것이다.”[2]

고문경학의 전통은 “옳음을 추구하고 진실을 보존하는 것”〔求是存眞〕이다. 옳음은 옛것으로 표준을 삼기 때문에 최후의 구시(求是)는 곧 믿을 만한 옛것을 구성하는 것이다. 그것의 고증도 경전의 원의(고의)를 찾는 것을 목표로 삼아서 전개된다. 금문학은 과감하게 경전을 의심했고 이 때문에 고대를 의심했다. 전면적인 위기와 사상의 침체 속에서 훨씬 쉽게 한 시대의 풍조를 불러일으킬 수 있었다. 후스의 말을 빌리자면 전자는 엄밀한 증명이고 후자는 대담한 가설이다. 둘은 본래 하나의 학문으로 배합될 수 있다. 하지만 경학 전통의 뿌리가 깊고 견고한 상황에서 대담한 회의는 사상 면에서 훨씬 자극적이었다. 그래서 캉유웨이는 정치 면에서는 날로 보수화했지만, 그의 초기 급진적인 학풍은 급진적인 고사변운동에 길을 터 주었다.

캉유웨이는 담력과 식견을 갖추고 있었다. 이전에도 사람들은 텍스트의 진위(眞僞)를 변별했지만 주로 위서(僞書)를 변별했을 뿐이었다. 좀더 진취적인 사람은 제자(諸子)의 서적을 변위했고 심지어 개별적인 위경(僞經)까지도 변별했다. 하지만 대부분 공인하는 경전을 위경이라고 판정하려면 웅변뿐 아니라 담력까지 필요했다. 비록 금문경학의 성취가 사학에 있는 것은 아니지만 전해지는 고사(古史)의 실질은 경전에 근거해서 전해지고 구성됐다. 그래서 경전에 대한 의심은 바로 역사〔古〕에 대한 의심을 초래했고 결국은 사학 혁명의 도화선이 되었다.

의고의 길을 걸은 또 다른 인물인 첸쉬안퉁(錢玄同)은 금문학파와 고문학파에 몸담은 적이 있었다. 또한 캉유웨이의 『신학위경고』를 읽고서 유흠이 경전을 조작했다고 믿었고, 『공자개제고』를 읽고서 유가의 '탁고'를 믿었다. 그는 한 걸음 더 전진하길 원했고, 거짓된 사건을 판별하는 것이 위서를 판별하는 것보다 더 중요하다고 천명했다. "최술〔崔述, 1740~1816; 중국 고대사에 밝았던 고증학자〕, 캉유웨이, 추이스 등이 보인 위서 고증에 대한 식견이 정밀하지 않은 것은 아닌데 거짓 사건에 가려져서 그들이 위서를 반박하기 위해서 사용한 재료가 위서보다 더 황당하고 믿을 수 없었다."[3] 이른바 위사(僞事)를 판별하는 것은 바로 위사(僞史)를 판별하는 일이다. 그래서 고사변학파에게 경전 연구는 역사 연구였다. 하지만 고문경학의 역사가 아니라 현대 사학의 사료 정리였다. 전자의 역사는 경에 보이는 주장에 근거해서 완성되고, 후자는 비판(회의)적 시각을 가진 독해에 의해 판별된다.

의고파의 중요 논점인 '누층적 고대사 조성설'은 구제강이 첸쉬안퉁에게 보낸 편지에서 보인다. 그는 이렇게 개괄했다.

나는 누층적으로 조성된 중국 고대사를 한 편 지어서 전설 속의 고대 역사 경력을 상세하게 한번 써 보고자 했다. 여기에 세 가지 의의가 있다. 첫째, 시대가 뒤떨어질수록 전설 속 고사의 시기는 더욱 길어진다는 사실을 설명할 수 있다. 이 편지에서 말한 주대 사람의 마음속에 가장 오랜 인물은 우 임금이다. 공자 시대가 되어야 요, 순이 있고, 전국 시대에 되면 황제, 신농이 있고, 진에 이르러 삼황이 있고 한나라 이후에야 반고 등이 있다. 둘째, 시대가 나중일수록 전설 속 중심 인물은 더욱 방대해진다. 순 임금은 공자 시대에는 그저 무위(無爲)로 다스릴 수 있는 한 명의 성군이었을 뿐인데 「요전」〔堯典: 『상서』의 한 편명으로 요순의 언행을 기록했다)에 이르면 '집안을 가지런히 한 이후에 국가를 다스린' 성인이 되고, 맹자 시대에 이르면 효자의 모범이 된다. 셋째, 우리는 여기서 어떤 사건의 정확한 정황을 알 수 없다. 하지만 어떤 사건의 전설 속 최초 상황을 알 수는 있다. 우리들은 동주 시대의 동주 역사를 알 수 없다. 또한 적어도 전국 시대의 동주 역사를 알 수는 있다. 우리들은 하·상 시대의 하·상의 역사는 알 수 없지만 적어도 동주 시대의 하·상의 역사를 알 수 있다.[4]

줍혀서 말하면 '누층적 고대사 조성설'과 구제강이 나중에 제기한 「오덕종시설(五德終始說) 아래서 정치와 역사」*는 유흠의 조작에 대한 추단이다. 이것은 캉유웨이가 『신학위경고』에서 보인 틀을 정치화한 걸로 볼 수도 있다. 하지만 전체적으로 보면 둘은 중요한 차이가 있다. 첸무는 그 해 두 사람의 주요한 차이에 대해 비교한 적이 있다. 그는 캉유웨이의 요점은 '위조'에 있고 구제강이 강조하는 부분은 '전설'이다. "전설은 성장 발전한다. 전설은 순간에 성립하고 한 사람의 손에 의해 창조된다. 전설은 사회에서 공통적으로 의식하든 의식하지 않든(의식하지 않는 쪽이 더 많다) 성장 변화한다. 위조는 오로지 한 사람 혹은 한 집단이 특별한 의도로 제작한 것이다. 전설은 자연적이고 위조는 인위적이다. 전설은 연속적이고 위조는 개변적이다. 전설은 점진적으로 변했고 위조는 갑자기 변한다."[5] 후스는 이 방법을 "역사 발전의 견해를 가지고 역사상의 전설을 관찰하는 것"이라고 개괄했다.

---

* 중국의 전국 시대 음양가인 추연(鄒衍)은 토·목·금·화·수 오행이 서로 상생상극하는 순서로써 왕조의 교체를 설명했다. 그에 따르면 각 왕조는 오행 가운데 하나에 해당하고, 그것에 따라 왕조의 특징이 결정된다.

캉유웨이는 『신학위경고』를 공자와 경서의 권위를 다시 세우기 위해서 지었지만, 『고사변』은 반대로 권위를 타파하기 위해서 쓰였다. 구제강이 제출한 고대사 정리 표준은 각종 고유 관념을 타파하는 것이다. 그것은 "민족은 하나의 근원에서 출발했다는 관념", 지역은 "지속적으로 통일을 지향한다는 관념", "고대 역사 속의 신화를 인간화하는 관념", "고대를 황금 시대로 여기는 관념"을 포괄한다.[6] 의고파의 관점이 반드시 옳아서 착오가 없다고 말하는 게 아니다.[7] 경학과 사학의 차별에서 핵심은 후자가 '경전 숭상'의 입장을 파기했다는 데 있다. 그래서 가법을 시비 삼지 않고 정통을 다투지 않는다. 첸쉬안퉁은 그의 스승 추이스와 장타이옌을 평가할 때 맹목적으로 믿지 않는 자신의 태도를 드러냈다. "두 분은 경사(經師)이다. 추이 선생은 순수한 금문가이기에 일체 고문경설을 믿지 않고 『춘추공양전』을 절대적으로 믿는다. 장 선생은 순수한 고문가라서 일체 금문경설을 믿지 않고 『주례』를 절대적으로 신임했다. 나는 두 분의 저런 '믿지 않는' 태도에 대해서는 대체로 옳다고 생각한다(당연히 부당한 의심이라고 여겨지는 부분도 있다). 하지만 그들의 저런 '믿음'의 태도에 대해서는 전혀 동의할 수가 없다."[8]

경전의 권위를 숭상하지 않는 것은 동시에 경전을 통달하여 현실의 작용을 초래한다는 방식을 믿지 않음을 의미한다. 금문가에 대한 구제강의 가장 큰 불만은 학술 연구와 정치 관심을 한데 섞어 버렸다는 점이다. 그는 말했다. "내 생각에 그들이 위서의 변별을 수단으로 삼고 제도 개혁을 목적으로 삼은 것은 정책을 운용하기 위한 것이지, 학문을 연구하기 위한 것이 아니었다. …… 그들의 목적이 정책을 운용하는 데 필요한 자신들의 방편을 만드는 데에만 있기 때문에, 아무리 비천하고 고루한 참위라 하더라도 이를 빌려 자기의 무기로 삼고 이를 버리려고 하지 않았다. 그들은 정책과 학문을 뒤섞었기 때문에 학문적으로 괴이하고 황당한 이야기에 자기의 이성을 가볍게 굴복시켰다."[9] 현실적 이용을 위해서 진실을 잃는다면 학문은 더 이상 학문일 수 없다. 캉유웨이가 진행한 변법만 이랬던 것이 아니라 장타이옌이 중화와 오랑캐를 변별할 때도 마찬가지였다. 학술과 정치가 서로 얽혔을 때 전자는 왕왕 후자를 위해서 희생되기도 한다.

진정한 학술은 학문을 위해 학문을 하는 태도를 요구한다. 막스 베버의 관점을 빌리자면 가치 중립의 태도다. 아무리 중요한 학술 사조라도 그것의 흥기는 늘 특정한 문화 혹은 이데올로기와 관련된다. 즉 참여자는 모두 특정한 가치나 신념의 지배를 받는다. 이 점을 부인할 필요는 없다. 캉유웨이의 '탁고개제'도 마찬가지다. 고사변학파의 의고도 예외는 아니다. 구제강도 5·4신문화운동 이후 사람들이 과거의 모든 것에 대해서 회의했고 비판적으로 받아들일 것을 요구한 탓에 고대 문헌을 의심하고 그것의 진위를 가리는 데 열정을 일으켰음을 인정했다.[10] 하지만 이것이 훌륭한 동기와 충만한 열정이 곧바로 학문의 우수성을 결정할 수 있다는 말은 아니다. 학문의 가치는 최종적으로는 이성을 통해서 결판난다. 학술 연구 과정에서 공리를 도모하는 게 아니라 진리를 탐구하는 것이야말로 진정한 이지적인 태도이다.

고사변운동은 현대 사학의 초창기에 해당한다. 응당 그것은 갖가지 결점을 가질 수밖에 없다. 그 가운데 가장 큰 병폐는 고대를 의심할 때 너무도 용감하다는 점이다. 지나친 회의론은 곧 허무주의다. 허무주의는 사학을 중건하는 데 필요한 토대를 박탈한다. 이것에 대해서 장타이옌은 공자가 육경을 지었다는 금문가의 주장을 비판하면서 그 논리의 결과를 지적했다. "공자가 직접 육경을 지었다는 주장을 살펴보니 자기네가 소왕으로 받들어 모시는 공자조차 그런 말을 한 적 없고, 그런 주장을 추종하는 이가 누군지도 알 수 없다. 게다가 공자와 관련된 일 역시 후세 사람들이 조작한 것이라고도 말할 수 있다. 오호라! 이미 죽어 해골이 된 사람은 되살아날 수 없기 때문에 세상에 출현하여 지금 사람들과 논쟁하여 스스로 그런 사람이 실제 있고 그런 일이 실제 있었다고 말하려 해도 이는 진실로 불가능한 일이다. 그런즉 랴오핑의 주장대로라면, 공자의 말과 일이 맹자·순자 그리고 한대 유학자가 날조한 것이 아님을 어찌 알며, 맹자·순자·한대 유학자 역시 유흠이 날조해 내지 않았음을 어찌 알 수 있단 말인가?"[11]

여기서 역사를 증명하는 표준 문제가 제기된다. 역사는 복제할 수 없기 때문에 일반 경험론이 요구하는 증거는 존재하지 않는다. 하지만 그런 공인된 역사 자료 가운데 자체 모순되는 기록이 출현했을 때 반드시 배중률(排中律)에 의지해서 관련된 문헌이 진짜인지 가짜인지 판단할 수 있을까? 참으로 곤란한 문제이다. 더욱이 저런 진짜와 가짜가 혼재하고 신화와 역사 기록이 병존하는 문헌의 경우, 믿을 수 있는 엄격한 표준에 근거해서 그것을 도태시킨다면, 그것이 지닌 진귀한 역사 정보는 무시될 것이다. 왕궈웨이는 문제의 복잡성을 인식했다. "상고 시대의 사건은 전설과 역사적 사실이 혼재하여 구분되지 않는다. 역사적 사실 가운데 가탁된 것이 있어서 전설과 차이가 없는 경우도 있고, 전설 가운데 왕왕 역사적 사실의 소지가 있는 경우도 있다. 이 둘을 쉽게 구분하지 못하는데 이것은 어느 나라나 마찬가지다."[12] 이것은 의고에 대한 교정이다.

고사변운동은 현대 사학이 출발한 하나의 고리이지, 전부는 아니다.[13] 문헌 사료 고증의 층위에서 보면 왕궈웨이로 대표되는 고증파도 있다. 천인커(陳寅恪, 1890~1969)가 개술한 왕궈웨이의 학술 연구 내용과 방법 가운데 이런 평가가 있다. "지하에서 출토된 실물과 문헌으로 남은 기록을 서로 비교하여 해석하고 고증했다. 「은허에서 출토된 갑골문 복사 가운데 보이는 선공과 선왕에 관한 연구」(殷卜辭中所見先公先王考) 및 「귀방·곤오·험윤*에 관한 연구」(鬼方·昆吾·獫狁考)같이 고고학과 상고사 저작에 속한 모든 문헌이 이런 경우다."[14]

왕궈웨이의 동생 왕궈화(王國華)는 형의 학문을 다음과 같이 평가한다. "세상의 훌륭한 선비들과 금문가들이 쉽게 고서를 의심했고, 고문가는 고인의 말씀을 비판 없이 고수했다. 모두 경전으로 경전을 연구하는 데서 벗어나지 못했다. 하지만 선형(先兄)께서는 역사로써 경전을 연구했고, 가볍게 상고 시대를 의심하지 않으면서도 비판 없이 고수하여 스스로 갇히는 일도 없다. 반드시 진실을 밝히려고 했다. 그래서 육경을 모두 역사로 보는 견해가 비록 전인에서 출현했지만 그것과 지하에서 출토된 역사 사료를 비교해서 확인하여 금후 신사학의 뼈대를 세운 사람은 선형이 처음이라고 할 수 있다."[15] 의고와 고고는 모두 사료의 고증이다. 하지만 의고는 거짓을 밝히는 데 중심이 있고, 고고는 사실을 밝히는 데 중심이 있다. 경학의 전통을 부순다는 점에서 보면 위조에 대한 검증은 시각의 전환이다. 역사 연구라는 점에서 보면 사실의 탐구야말로 출발점이다. 둘은 적절하게 서로 보충한다. 그래서 구제강은 왕궈웨이의 학식과 성취에 대해서 줄곧 찬탄해 마지않았다.

구제강은 훗날 지난날의 성취를 회고하면서 이런 이야기를 했다.

---

* 귀방, 곤오, 험윤은 모두 중국 고대의 부족명이다.

이전에 어떤 사람은 이렇게 말했다. "현재 고대사 연구를 세 파로 나눌 수 있다. 한 파는 고대를 믿고[信古派], 한 파는 고대를 의심하고[疑古派], 한 파는 고대를 해석한다[釋古派]. 바로 변증법의 정반합 3단계에 합치된다." 내 생각에 의고는 결코 한 파별로 성립할 수 없다. 왜냐하면 그들이 의심하는 까닭은 믿음을 갖기 위해서다. 먼저 믿는 바가 없으면서 믿음의 표준을 건립하면 이 표준에 부합하지 않는 모든 것을 의심한다. 신고파가 믿는 것은 '위고'[僞古; 위조된 고대]이고 석고파가 해석하는 것은 '진고'[眞古; 진실한 고대]이다. 각자 자신의 표준이 있다. 석고파가 믿는 '진고'는 어디서부터 나올까? 이것은 단지 의고자의 정리·채택에 의해 획득된다.[16]

구제강은 절대 허튼소릴 한 것이 아니다. 중국 고대 연구의 대가인 궈모뤄(郭沫若, 1892~1978)는 그의 『중국고대사회연구』에서 (후스, 첸쉬안퉁을 포함한) 고사변파의 성과에 대해 이렇게 평가했다. "구제강의 누층적 고대사 조성설은 확실히 탁견이다. …… 현재 새로운 사료로 그것을 보충하기 전에 그의 주장은 자연 정론이 될 수 없었지만, 구사료 가운데 조작된 것은 대체로 그에 의해 논파됐다."[17]

혹 이렇게 이야기할 수도 있다. 건가학파에서 고사변운동에 이르면서 중국 전통의 경사학이 다룬 고거학 방면의 중요한 문제는 대부분 폐기됐다. 문헌 방면에서 확실하게 단언할 수 없는 문제를 만나면 어쩔 수 없이 새로운 자료의 발굴을 기다려서 해결할 수밖에 없었다. 자료의 발굴은 우연한 기회에 의존한다. 하지만 학술의 심화는 그 우연성에 기댈 수 없다. 이 때문에 현대 사학의 진일보한 발전은 자연 해석의 층위에서 전개될 수밖에 없다. 1930년대 중국 사회사에 관련한 논

전이 바로 현대 사학사(史學史)에서 고대 해석의 서막을 열었음을 보여
준다.

송학과 현대 신유가

이 문제는 역시 캉유웨이에게서 시작해야 한다. 송학(송명 유학)은 경학
의 의리파다. 하지만 공허하고 실질적이지 않다는 비판을 받고서 청대
에는 사상과 학술의 주류가 되지 못했다. 청초 송학을 대신해서 일어
난 한학은 우선 고문경학이었다. 하지만 고거[고증]에 편향되어 번쇄함
에 빠졌기 때문에 마찬가지로 실천의 의의가 없었다. 그래서 금문경학
에 밀려났다. 청대 금문학파가 보인 경학의 경세치용을 회복하려는 노
력은 캉유웨이에 이르러서야 비로소 명성을 획득했다. 캉유웨이는 경
학을 재해석해서 정치의 합법성을 다시 건립했다. 이 중건은 서방의
정치 관념 및 제도를 끌어들임으로써 진행됐다. 합법성은 전통 경전을
가지고 와서 근거로 삼았다. 이런 고문·금문 혹은 중국·서방의 모순
은 체용(體用)의 관계를 통해서 평가되었다.

　　량치차오는 「만목초당*에 대한 기억」(萬木草堂回憶)에서 "캉 선생
의 강학 내용은 공학(孔學), 불학, 송학을 체로 하고 사학, 서학을 용으
로 했다"고 말한다. 체는 추상적이고 심층적이며 형이상학적이고 용은
구체적이고 표층적이며 형이하학적이다. 혹자는 말한다. 전자는 의리
적·철학적이고 후자는 경세적·정치적이라고. 캉유웨이의 방법은 내

---

* 만목초당(萬木草堂). 캉유웨이가 1891년 광저우에 설립한 교육기관. 처음에는 장흥학사(長
興學舍)라 했고, 1893년 만목초당으로 개명했다.

포를 추출하여 전통 범주의 외연을 확대하는 것이었다. 그래서 전통 가치는 보편성을 가지며 서방의 가치를 포용하고 받아들일 수 있다고 주장했다. 하지만 캉유웨이의 입각점은 용〔경세〕에 있었지, 체〔의리〕에 있지 않았다. 정치 실천의 실패가 겹쳐서 유학의 경세 작용, 즉 전통 이데올로기의 공능은 완전히 퇴화했고 이 체계는 유산되고 말았다.

5·4신문화운동 이후 출현한 현대 신유가는 비록 캉유웨이의 '탁고개제' 설을 믿지 않았고, 또한 공교를 제창하고 입헌군주제를 시도하는 활동도 지지하지 않았지만, 고증으로 학술 연구의 중심으로 삼는 건가 학풍의 잔재에 반대하고 의리를 제창했다는 점에서는 캉유웨이와 의견이 일치했다. 슝스리는 이렇게 말했다. "주나라 말기 여러 선비들 가운데 다양한 흐름이 있었고 사상도 각각 독특한 점이 있었다. 제도를 새로 마련하고 새로운 사유를 시도한 자들은 서로 어깨를 나란히했다. 한나라에 이르러 유학자의 경전 연구는 오직 번쇄한 고증으로써임무를 삼았다. 명물(名物)에 대한 훈고 등 주석의 능력이 평생의 대업이 되었다. 천도(天道)를 궁구하지 않고, 사회의 변화를 살피지도 않았고, 물리를 관찰하지도 않았다. 성학(聖學)의 전체 대용(大用)에 대해 조금도 깨닫는 바가 없었다. 오직 책벌레 생활만 했다."[18]

사상의 발전이라는 면에서 보면 캉유웨이로부터 현대 신유가에 이르는 데 두 갈래 길이 있다. 첫째, 캉유웨이·량치차오에서 5·4신문화운동 시기 동·서문화논쟁 전후의 량수밍, 장쥔마이(張君勱, 1887~1968)에 이르는 길이다. 이 길은 서방 사상을 중국에 끌어들여 전통에 충격을 가하는 방식에서 중국의 문화를 가지고서 서구 문화에 대항하여 전통을 지키는 사상 노선으로 발전했다. 이론상 보자면 특히 사회·정치·역사·문화의 묘사와 비평이 비교적 많고, 그 가운데 비록 독특한 견해가 없는 것은 아니지만 보다 사변적이고 엄밀한 이론 구조는 결핍되었다. 대체로 첫번째 노선과 평행하게 (때론 서로 교차해서) 탄쓰 퉁, 장타이옌(장타이옌도 의리를 이야기했지만 유학에 근거하지는 않았다)에서 슝스리에 이르는 다른 한 갈래 길이 있었다. 그것도 캉유웨이에서 연원을 찾을 수 있고 중·서 문화 관계와 얽혀 있지만 전통 문화 가운데 유학과 불교의 관계를 어떻게 처리할 것인지에 집중했다. 심성(心性)과 유식(唯識)을 혼합한 수준(탄쓰퉁)에서 '식'을 심이라고 간주하는 단계(장타이옌)에 도달하고, 다시 심을 발양하고 식을 제한하는 상황(슝스리)에 도달했다. 이들은 최종적으로 유학에 귀결했다. 이것은 이론적 색채가 훨씬 풍부한 형이상학의 노선이다.[19]

바로 이 두 갈래 길이 공통으로 현대 신유가로 지향되었다. 현대 신유가는 송명 유학을 향한 복귀다. 두 쪽 모두 의를 논해서만이 아니라 모종의 공통 신념을 가지고 있었기 때문이다. 인성은 선을 선양하고 악을 없애고, 자연은 끊임없이 생성 변화하고, 인도와 천도는 상통한다는 것은 동일한 본체론에 기초한다. 그래서 인성의 수용과 도덕의 교화는 사회 존재와 발전의 기초이고 사회 위기는 이 사회 도덕 위기의 체현이다. 도덕의 침체는 사욕이 범람한 결과이다. 그래서 사욕 억제, 도덕 구출, 인성 제고가 사회 위기를 구하고 민족 정신을 진흥시키는 기본 이론이 된다. 도덕 구제 및 정신 신앙의 강조는 근현대 유자가 사회나 문화의 위기에 직면했을 때 제기한 공통 강령이었다.

하지만 현대 신유가의 학술은 경학이 아니라 철학이다. 그것이 경학이 아니라고 말하는 이유는 그들이 결코 경전의 권위를 전적으로 숭배하지 않았기 때문이다. 즉 유교 경전을 사회·정치의 합법성 근거로 간주하지도, 경전만을 추종하지도 않았다는 말이다. 전통 유학은 인생관, 이데올로기 및 우주 신념을 하나의 사상 체계로 뒤섞어 놓았다. 그것이 근대에 진입한 이후 전통 사회와 정치 체제에 복무한 이데올로기의 기능은 점차 조정될 수밖에 없었다. 캉유웨이와 량치차오가 고대 경전을 새롭게 해석하고 서방의 학술을 중국 학술로 끌어들이면서 유학이 원래 의지하고 복무한 구정치 의식은 계몽의 의의를 가진 사회·정치 신념에 의해 대체됐다. 민권·자유·평등 같은 범주는 유학에 본래 있던(혹은 내포된) 것인데 오랫동안 은폐된 사상이라고 해석됐다.

5·4신문화운동 이후의 현대 신유가에 이르면 경전의 의미와 민주를 연결하는 주장은 극히 드물었다. 량수밍은 비록 공학을 제창하고 향촌 건설의 실험 가운데 유학이 가진 향토 사회의 질서를 이루는 능력을 부활시키고자 했지만 서방의 민주와 과학을 수용해야 함을 인정했다. 슝스리는 유학을 자유와 진취 정신이 풍부한 인생 철학으로 창조적으로 해석했다. 인생 철학은 사회·정치 철학과 다르다. 그것은 절실한 경세 기능이 없다. 설령 나중에 사람들이 근본으로 돌아가서 새로움을 연다고 강조하고 유학에서 민주 정치를 꺼낸다고 하더라도, 그 입론은 유학이 민주를 이야기하기 때문에 민주를 요구한 게 아니라 민주가 이미 일반적인 상황이 되었기 때문에 유학을 사용해서 그것에 올라타는 것이다.

신유가의 학문은 단지 철학이 아니라 현대 철학이다. 왜냐하면 그것은 단지 현대 사회·문화 문제에 대면한 게 아니라 내용에서 형식까지 모두 기타 현대 철학 유파와 교류하고 대화하는 것을 조건으로 하고 있기 때문이다.

현대 신유가는 인륜과 정치를 강조한다는 점에서 전통 유학과 동일했지만 저들이 자연의 물리 지식을 홀시한 것과는 달랐다. 현대 신유가는 과학의 가치에 대해 일정한 반성을 했다. 서학이 중학과 다르고 중학에 타격을 가할 수 있었던 까닭은 기술 역량으로 전환될 수 있는 과학을 갖고 있었다는 데 있다. 이것은 근대 역사가 중국 인민에게 남긴 기본적인 인상 가운데 하나다. 현대 신유가는 우선 유학을 과학과 충돌하지 않는 가치 체계로 해석해야 했다. 유학은 정신적 믿음이지, 종교적 미신이 아니라고 해석하는 것은 별로 어렵지 않았다. 왜냐하면 유학은 서방의 신학처럼 역사와 자연에 대해 신의 계시 같은 무단적인 판단을 내리지 않기 때문이다. 그래서 과학의 발전은 유학의 기본 의리를 근본적으로 동요시키지 않았다. 이뿐 아니라 유학의 무신론적 특징 때문에 과학을 빌려 와서 (장타이옌과 량치차오가 불학을 이야기할 때와 마찬가지로) 자신의 가치를 높였고 인생과 사회에 대한 유학의 이지적 태도를 강조할 수도 있었다. 하지만 현대 신유가는 경험주의나 실증주의처럼 과학을 추종한 것은 아니었다. 그들은 한 걸음 더 나가 도덕이 지식보다 우수하고 신앙이 이지보다 중요함을 강조했다. 신유가의 각 체계는 기본적으로 과학에 대한 반성의 여지를 남겼다.

서방 철학의 흡수도 현대 신유가 철학의 새로운 면모를 드러내게 했다. 캉유웨이, 량치차오 및 옌푸의 소개에서 시작해, 서방 철학은 중국 학계에서 점차 유행했다. 서방 철학은 상이한 사상 유파에 대해 빠짐없이 영향을 미쳤다. 하지만 어떤 유파는 단지 그것을 해석하거나 운용만 했다. 진정으로 그것의 요소를 흡수해서 자신의 체계를 보완할 수 있었던 유파는 아무래도 현대 신유가였다. 옌푸, 후스, 진웨린(金岳霖, 1896~1984) 등이 서방의 경험주의를 중시한 것과 달리 현대 신유가(펑유란을 제외한)의 주요한 관심은 (독일 관념론을 포함한) 낭만주의에 있었다. 이외에 서방 철학에 대한 중요한 참조는 방법론에서 일어났다.

슝스리가 가장 창조적이었다. 그가 말한 차전*과 증회〔證會; 깨달음〕가 비록 불학에서 연원했지만, 그것을 그의 마음속에 있는 서방 철학의 잘못을 극복하기 위해서 의도적으로 사용했다. 또한 『신유식론』을 구성한 체계 자체는 서방 철학을 참고한 결과였다. 펑유란, 허린(賀麟, 1902~1992) 등은 서방 철학 방법론에 대해 보다 전문적인 연구를 진행했다. 펑유란의 경우, 형이상학을 이야기할 때 긍정〔正面〕과 부정〔負面〕 두 가지 표현법을 사용했고 비엔나(빈) 학파**의 이론을 빌려서 자신의 진지를 공고히 하려 했다. 허린은 비교 철학의 방법을 사용하여 송대 유학에 존재한 직각적 방법***을 운용하기도 했다. 바로 이 때문에 신유가는 단지 문제와 가치에서만이 아니라 표현 형태에서도 현대 철학에 진입할 자격을 갖추었다.

송명 유학은 이학과 심학 양파로 나뉜다. 현대 신유가 가운데도 이런 대립이 투영됐다. 펑유란의 '신리학'(新里學)은 정주파의 대표였고, 심학 계열은 끊이질 않았다. 캉유웨이, 량치차오에서 현대 신유가 량수밍, 장쥔마이, 슝스리, 허린 등에 이르기까지 모두가 육상산과 왕양명을 따랐다. 청초 고문경학이 일어났을 때, 주로 육상산과 왕양명에 반대했을 뿐, 정자와 주자를 반대하지는 않았다. 고염무가 그러했다. 금문경학은 대부분 육상산과 왕양명을 추종했으며, 근대 이래로는 더욱 그랬다. 육상산과 왕양명의 학문이 유독 흥성한 원인을 허린은 다음과 같이 분석했다.

---

* 차전(遮詮). 불교에서는 연기법에 기반하여 사물의 실체성을 인정하지 않기 때문에 긍정이 아니라 부정〔遮〕의 방식으로 사물의 실상을 지시〔詮〕한다.
** 비엔나 학파(Vienna Circle). 20세기 초 유럽에서 형성된 논리실증주의 흐름을 말한다.
*** 직각적(直覺的) 방법. 어떤 사태를 인식하거나 판단할 때 추리 등의 논증을 거치지 않고 직접적으로 확실성에 도달하는 방법이다. '직관적 방법'이라고도 할 수 있다.

대략 다음과 같은 이유가 있다. 첫째, 육상산과 왕양명은 자아 의식을 중시했는데 개인의 자각이나 민족의 자각을 말하는 신시대에 비교적 잘 맞았다. 과거 50년은 전통 권위에 반대하는 시대였기 때문에 자아 의식과 내심의 직각을 제기하는 것은, 권위에 저항하고 속박에서 벗어나는 데 비교적 도움이 되었다. 둘째, 과도기의 사상 공백 상태에 처해서 믿고 따를 만한 구전통도 없고, 모범으로 삼을 만한 외래의 표준도 없었다. 단지 스스로 양지(良知)를 묻고, 내심의 안식처를 추구하며 자신의 정신과 계합하여 순식간에 변하는 환경에 부응할 수밖에 없었다. 우리의 새로운 인생관, 새로운 우주관, 심지어 건국 사업까지 모두 심성의 기초나 혹은 정신의 기초 위에 구축되었다.[20]

전통 철학에서 현대 정신을 드러내 보이려면 반드시 창조적인 해석을 해야 한다. 경전 해석의 실질은 '정명'(正名)이다. '명'은 평가 규범이다. '정명'의 목적은 관념을 사용해서 실제를 규범화하는 것이다. 즉 '명'으로써 '실'을 바로잡는 것이다. 하지만 인류의 가치 판단에는 결코 엄격하고 분명한 논리의 출발점이 없다. 미(美)나 선(善) 등 꽤 기본적인 가치 범주 모두 확실한 경계를 부여할 수 없다. 그래서 이로부터 모종의 구체적 평가 규범을 연역하기가 쉽지 않았기에 대부분 한 가지 일로 여러 가지를 미루어 아는 방식으로 생활에 적용했다.

유가 경전인 『논어』는 '인'(仁)에 대해서 외연에 속하는 모든 경우를 포괄하는 정의를 제공하지 않고 여러 상황에서 이른바 '인'이라고 할 수 있는 범례를 열거했을 뿐이다. 그래서 보통 사람은 '선'(善)의 정의에 대해 답할 수 없었다. 『논어』의 독자도 '인'의 전체 내포를 묘사하기 대단히 어렵다. 하지만 나름의 깨달음과 유비(類比)에 의거해서 사람들은 수많은 새로운 상황 속에서 행위의 정당성을 판단할 수 있다. '인'의 이해도 역사 실천 가운데 변화되고 확장된다. 생활의 변동이 '명'과 '실'의 동요나 탈선을 이끌어 낸다. 최후에는 '명'이 새로운 함의를 획득하게 한다. 이런 명실 관계의 변동은 사상 변천의 과정이다. 개방의 각도에서 보면 그것은 유비에 의지해서 개념의 외연을 확장했고, 그것을 추상화하여 훨씬 광범한 포괄면을 가지고 세상 어디에서나 준칙이 되는 진리가 된다. 이것은 전통을 선양하는 사람이라면 누구나 가진 가장 기본적인 사유 방법이다. 송유에서 캉유웨이에 이르기까지, 다시 현대 신유가에 도달해서도 마찬가지였다.

펑유란은 그와 후스의 철학사 연구의 차이 가운데 하나가 방법상 송학을 계승했느냐 아니면 한학을 계승했느냐의 차이라고 인식했다. 그는 후스를 다음과 같이 평가했다. "그〔후스〕의 책은 한학의 장점을 가졌을 뿐 아니라 한학의 단점도 가졌다. 장점은 문자의 고증이나 훈고가 비교적 정밀한 것이고, 단점은 문자가 드러낸 의리에 대한 이해와 체득이 상당히 부실한 점이다. 송학은 이와 정반대다. 그것은 문자의 고증이나 훈고에 주의하지 않고 문자가 드러낸 의리의 이해와 체득을 중시한다. …… 후스의 『중국철학사대강』은 자료의 진위와 문자의 고증에 대해서는 많은 지면을 할애했지만 철학가의 사상에 대해서는 투철하지도 상세하지도 않다."[21]

펑유란의 평가는 대체로 정확하다. 하지만 이런 두 가지 방법은 동시에 현대 신유가와 의고파의 구분으로 볼 수도 있다. 근대 시기 둘은 각각 전통에 대한 수호와 반항이라는 두 가지 상이한 태도에 해당했다. 고증을 통한 진실 추구는 구체적 지식을 지향하기 때문에 쉽게 경전 가운데 불합리한 원형을 드러내서 그것의 신성성을 파괴하고 결국 전통과 결렬한다. 의리를 통해서 진리를 추구하는 경우 추상의 관념 층위를 지향하기 때문에 경전이 간직한 의의를 천명하고 그것의 보편성을 확장하여 전통이 현실과 결합하도록 한다. 그래서 후스가 전통에 반대하지 않았다면 그런 방법을 운용해서 연구한 전통은 그리 음미할 만한 게 없었을 것이다. 현대 신유가는 전통이 이미 사회 정치의 층위에서는 필요 없는 상황에도 불구하고 무형 가운데 전통을 꾸며 대는 자들로 간주되었다.

만약 학리가 아니라 객관적인 영향이라는 측면에서 고찰하면 현대 신유가는 별로 운이 좋지 않았다. 량수밍이 비록 5·4신문화운동 가운데 유학을 위해 깃발을 치켜들었지만 그의 논조는 비판을 받았고, 슝스리의 영향은 학술계의 작은 울타리에 갇혀 있었다. 그들은 세상에 나오자마자 맹렬한 기세로 달려드는 자유주의와 맑스주의 사이에 끼어 버렸다. 이것은 역사적 상황과 이론 형태가 결정했다. 역사 상황에서 보면 근대 이후 서방화는 날로 심해졌고 5·4신문화운동 시기 천두슈가 '최후의 각오'를 부르짖을 때 량수밍의 말을 따르면 이미 전통의 뿌리는 끊어졌다.

현대 신유가가 비록 정치 윤리상에서 수구를 지향한 자들은 아니지만 그들의 주요한 경향은 당시 사회 조류와 잘 맞지 않아서 새로운 사조의 인물들에게는 쉽게 낙오한 걸로 보였다. 같이 베이징대에 있으면서도 량수밍과 슝스리는 적막했고, 대조적으로 천두슈와 후스는 명성을 날렸다는 사실에서도 어느 정도 짐작할 수 있다. 이론상으로 보자면 유학은 이미 이데올로기의 상석을 상실했다. 그것은 사회·정치 철학이 아니라 단지 인생 철학이었다. 인생 철학은 철학적 심오함이 합리성을 가짐에도 불구하고 직접 사회 현실을 구제하는 신비한 효능은 없다. 하지만 당시 초점은 역사의 갈림길에서 곤경에 빠진 사회를 어떻게 구제할 것인가에 있었다. 그래서 점진적 개량을 말하는 자유주의자든 혁명을 외치는 맑스주의자든 인생을 논하는 것에 비해서 훨씬 호소력이 있었다. 우리는 현대 신유가가 이런 새로운 사상 무대에서 비켜나 있었음은 쉽게 알 수 있다.

20세기 말엽 그것이 보인 새로운 부흥의 노력은 다른 이야기다.

포스트경학 시대

평유란은 일찍이 중국 학술 전통을 두 시기로 구분했다. "한나라 무제가 '육예의 범주와 공자의 학술에 해당하지 않는 학문은 모두 그것의 길을 끊어 유통해서는 안 된다'는 동중서의 정책을 수용한 이래 중국의 사상 전통은 대부분 유학으로 통일됐다. 유가의 학문은 다시 경학으로 확정됐다. 이때부터 동중서에서 캉유웨이에 이르기까지 책을 쓰고 이론을 제시한 사람은 대부분 그 학설이 얼마나 신기한지 상관없이 반드시 경학 가운데서 근거를 찾고 나서야 비로소 일반인들에게 신임을 얻을 수 있었다. 경학이 늘 시대에 따라 변하지만 각 시대의 정신은 반드시 경학 가운데서 그것을 표현했다. 그래서 중국 학술 사상의 변천을 개괄해서 이야기하자면 공자부터 회남왕까지는 자학 시대이고 동중서에서 캉유웨이까지는 경학 시대가 된다."[22]

만약 평유란의 이런 개괄이 가능하다면 캉유웨이 이후 사상이나 문화 면에서 보자면 중국은 포스트경학 시대로 진입했다. 전체적으로는 5·4신문화운동이 발단이 되었다. 하지만 경학이 치명타를 입은 것은 5·4신문화운동에서 시작된 것도, 문화 영역에서 일어난 것도 아니다. 그것은 신해혁명에서 시작했고 정치 영역에서 일어났다. 전제 정치가 폐지되고 중화민국이 성립하고 나서 합법성의 근거였던 경학은 그것의 효력을 상실했다. 『중화민국임시약법』*과 유가 경전은 아무런 상관이 없었다. 하지만 경학과 공교는 사상·문화 영역에서 아직도 완전히 퇴장하지 않았다. 구왕조에 참여한 지식인들은 여전히 그것을 연민했고 심지어 복벽을 욕망하는 군벌이나 정객들이 그것을 선양하기도 했다. 캉유웨이에서 위안스카이, 장쉰(張勳, 1854~1923)에 이르기까지 모두 이를 선동했다. 5·4신문화운동 시기가 되어서야 사상·문화 영역에서 경학을 철저하게 타격했다.

천두슈는 이 문화 혁명의 대표 장수였고, 공자 반대와 경학 비판의 투사였다. 그는 캉유웨이가 존공독경을 다시 제창하면서 길을 거슬러 간다고 비판했다. 아울러 "『춘추』로써 판결하고, 『시』 300편으로써 상소를 짓고, 『역』으로써 음양을 소통하고, 『중용』으로써 마음은 전달하고, 『효경』으로써 적을 물리치고, 『대학』으로써 귀신을 다스리고, 반부(半部) 『논어』로써 천하를 다스린다"[23]는 둥 옛사람의 극히 비상식적인 말을 인습적으로 사용하는 것을 비난했다. 그는 다시 헌법으로 공자 숭배를 규정하는 것을 반박하고 법리야말로 민치의 합법성 근거임을 강조했다. "헌법으로 공자 숭배의 조문을 둔다면 그 나머지 조문은 폐지하지 못할 게 없다. 대개 지금 헌법은 유럽의 제도를 채용한 것이다. 유럽에서 법률을 제정한 정신은 인권·평등을 기초로 했다. 내가 보기에 민국 헌법의 초안 100여 조는 공자의 도와 서로 저촉되지 않는

---

* 『중화민국임시약법』. 신해혁명 이후 난징에 수립된 중화민국 임시정부가 제정한 헌법 성질의 법령이다. 1912년 3월 11일 공포됐다.

게 거의 없다. 장차 어떻게 그것을 병존하겠는가?"[24] 천두슈 및 『신청년』지에서 벌어진 격렬한 언론은 포스트경학 시대가 임박했음을 알리는 선언이었다.

'포스트경학 시대'는 적어도 두 가지 층위의 의의를 가진다. 첫째, 사회·정치 층위에서 경학은 그것의 합법적 근거의 지위를 상실하여 중국 사회는 형식상으로는 법리화의 시대로 나아갔다. 두번째, 학술 문화의 층위에서 경전 연구는 경전의 권위를 전적으로 인정하는 입장에 설 필요가 없었다. 동시에 어떤 학술 문화의 견해도 정치 수단을 통해서 일존(一尊)을 정할 수 없었다. 즉 사상의 다원화 시대로 나아갔다. 자유주의, 맑스주의는 이 시대의 사상 동력이었고 고사변운동, 현대 신유가 등은 이 시대의 사상 산물이었다. 하지만 전자는 외부로부터 들어온 충격이었고 후자는 전통 내부에서 탈바꿈한 결과였다. 만약 자학(子學), 경학의 방식에 근거해서 문화의 단계를 구분한다면 포스트경학 시대는 서학 시대라고 해도 무방하다.

하지만 포스트경학 시대는 시작하자마자 앞길이 험난했다. 이것은 민국 시기에도 끊임없이 존공독경을 고취하고 공맹의 도리로써 양민을 훈육하는 도구로 삼으려는 사람들이 나타난 것만 봐도 알 수 있다. 보다 더 심각한 것은 여러 구실을 통한 경학 전통의 부활이었다. 사학 문제를 예로 들면, 1920년대 구제강이 고사변의 견해에 근거해서 편집한 『중학용 국사 교과서』가 세상에 나왔을 때 "성인을 비난하고 법도가 없다"는 이유로 탄핵당하고, 금지됐다. 다이지타오(戴季陶, 1890~1949)의 표현은 인용할 만하다. "중국이 하나로 단결할 수 있는 방법은 인민들 스스로 한 조상에서 나왔다고 믿는 데서 연유한다. 만약 삼황오제가 없다고 말한다면 전국 인민의 일치단결 요구를 해산시키는 꼴이다. 이래서야 되겠는가!" "민족 문제는 대단히 중요한 문제다. 학자들끼리 마음대로 토론하는 것은 인정할 수 있지만 서점에서 교과서를 출판하여 대량으로 발행하는 데까지 이르면 이것은 범죄이다. 마땅히 엄중하게 처리해야 한다."[25]

고대사에 대한 견해는 뜻밖에도 현대 민족의 존망을 초래할 수도 있다. 그것은 경학 관념이 현대 사학에 강제로 부가한, 감당할 수 없는 무거운 짐이었다. 심각한 문제는 이후에 있었다. 1960년대 문화혁명 중에 권력을 잡은 문인들이 발표한 사학 비판의 한두 편 문장은 곧 동일한 역사 철학을 신봉한 또 다른 사학가를 사지로 몰았다. 그래서 후자도 "경전과 도를 배반했다"〔離經叛道〕는 죄명을 뒤집어썼다. 당연히 고거〔고증〕 이외 층위에서 역사에 단지 한 가지 해석만 있는가 하는 것은 본래부터 하나의 문제거리다. 역사는 단지 일종의 해석이라 믿는 전제 아래서 결국 어떤 해석을 기준으로 삼을지 또한 문제이다. 만약 역사 해석권이 반드시 정치 권력에 소속돼야 한다면 학술 문화는 경학 전통의 질곡을 벗어날 수가 없음이 분명하다.

포스트경학 시대를 향해 가는 데 핵심은 형식이 아니라 정신에 있다. 다른 사람의 경은 위경이고 자신에게 유용한 것이야말로 진경이라고 선포하는 행위, 혹은 다른 사람은 악독하게 조작했고 자신이야말로 성현의 참된 가르침을 얻었다고 하고 아울러 일존을 세우길 요구하는 행위는 학자나 혹은 사상가가 아니라 경사(經師) 혹은 선교사의 태도이다. 이런 태도는 권위주의이다. 포스트경학 시대의 도래와 전진은 정신 면에서 이야기하면 이성주의의 흥기와 발전이다. 그래서 이 시대의 출현이 비록 서학의 영향을 받은 결과이고, 서학 시대지만 정신의 실질을 두고 말하자면 이성 시대라고 해야 할 것이다.

5·4신문화운동 시기 회의주의의 풍미는 권위주의에 대한 이성의 도전을 보여 준다. 그리고 사회 윤리 영역에서 천두슈를 대표로 하는 반우상 개성 해방의 조류를 언급하지 않더라도 철학과 사학 등의 학술 영역에서 후스는 회의주의를 전파했고 실천했다. 그는 존 듀이, 헉슬리의 관점에 의거해서 의심을 사유의 태도로 크게 발휘했다. 후스는 의고파에 엄청난 영향을 끼친 인물이다. 그는 자신의 고대 역사관에 대해 "이제 먼저 고대 역사를 2000~3000년으로 줄여 잡고 『시』 300편으로부터 시작한다"고 기술했다. "차라리 고대사를 의심해서 실수할지언정, 믿어서 실수하지는 않겠다"[26]고 선언했다. 그의 영향을 받은 구제강은 고대 역사에 대한 회의와 기존 권위에 대한 반대는 이성을 근거로 한다고 천명했다.

내 마음속엔 어떤 우상도 없다. 그래서 나는 활발하게 이성을 사용해서 공평한 판단을 내릴 수 있다. 이 사실이 정말 날 기쁘게 한다. 내가 진정 존경해마지 않는 인물이 있다. 하지만 내가 그들을 존경하는 까닭은 그들이 많은 장점을 가졌기에 내 이성이 나로 하여금 그들을 본받게 하기 때문이다. 결코 내 영혼까지 그들에게 맡겨 그들에게 좌지우지되려는 게 아니다. 요즘 사람에 대해서도 이렇고 고인에 대해서도 마찬가지다.[27]

여기서 구제강은 모든 전통과 권위에 대해 이성적인 비판 태도를 가져야 한다고 주장한다. 비판은 이성을 근거로 하기 때문에 자신의 생각에 맞지 않는다고 무단으로 배척하거나 부정할 수 없다. 그래서 기존 학설에 대해 종전에 제기된 결론이 정말 사실에 부합하는지,

논리적으로 타당한지 고찰해서 근거 없는 모든 편견, 교조를 폭로한다. 후스가 '증거 제시'와 '엄밀한 증명'을 즐겨 말한 것도 이성의 표현이다.

경학 전통 가운데 경전 해석은 '정명', 즉 정치적 조치의 합법성을 논증하는 것이기 때문에 해석권은 동시에 행정 권력에 종속된다. 결과적으로 '사슴을 가리켜 말이라고 하는 꼴'로 학술은 정치에 굴종하여, 말하는 사람은 황당무계하고 믿는 사람은 어리석은 국면을 조성한다. 포스트경학 시대는 응당 이성을 지침으로 삼아 학술을 위한 학술의 태도를 제창하고 학술의 존엄을 보호한다. "학술은 응용의 측면에서 비록 쓸모가 있는지 없는지 구별할 수는 있지만, 학문 면에서는 진실인지 아닌지만을 물어야지, 쓸모가 있는지 없는지를 물어서는 아니 된다. 학문은 물론 응용할 수 있지만 응용은 학문의 자연적 결과일 뿐이지, 학문을 시작할 때 갖는 목적은 아니다."[28] 이것은 당연히 응용과학이 아니라 이론과학을 가리킨다. 더욱이 인문과학이 이런 영역에서 만약 한 시기, 한 지역, 한 집단, 한 유파의 쓸모만을 표준으로 삼으면 결과는 반드시 보편 규칙과 오랜 시간에 걸쳐서 확립된 가치를 파괴하고, 학문은 아이들의 놀이로 보이게 될 것이다. 학술의 존엄을 지키려면, 자유로운 토론이나 논쟁 과정에서 건립되고 발전한 강력한 학술 규범이 학술 영역에서 행사되는 비학술적 요소의 지배권을 회수해야 한다.

5·4신문화운동 시기에 유행한 과학주의, 회의주의는 미신과 권위에 대한 유력한 도전이었다. 하지만 그것도 한계는 있었다. 과학주의는 쉽게 편협한 경험주의와 혼동되었다. 그리고 인문 가치의 영역에서 증거를 통한 귀납주의는 물론 전통의 거짓 가치관을 숨을 곳이 없

을 정도로 몰아붙일 수 있었지만, 그것은 한 발짝 나가 뭔가를 새롭게 구성한다는 점에서는 추상적인 신가치 관념처럼 무능력했다. '과학인생관'은 시종 그럴듯한 증거를 꺼내 놓지 못했다. 그 까닭은 경험한 사실과 가치 이상이 논리상 동일한 문제가 아니라는 데 있었다. 동시에 회의론은 전통 권위를 부정했고 나중에는 전면적으로 반전통 경향으로 흘렀다. 전통 권위는 주로 정치나 윤리 영역에서 인성 해방과 사회 발전에 대한 장애 세력이었다. 문화의 문제는 그것과 일괄해서 논할 수 없다. 경서 자체가 모두 전제 정치의 산물은 아니며, 원고(遠固) 시대부터 전승된 문헌일 뿐이다. 그래서 응당 이성주의로 과학주의를 대체하고 이성 비판으로 회의주의를 비판하자는 주장은 정신 가치와 경험주의의 모순을 피할 수 있었고 새로운 사상의 독단을 피할 수도 있었다.

경학은 중국 전통 문화의 기둥이다. 그것이 20세기에 보인 쇠락과 변화는 바로 중국 전통 문화의 현대 운명을 고스란히 보여 준다. 경학 시대에서 포스트경학 시대를 향한 변화는 정신상으로는 모순이었고, 심지어는 고통스런 과정이기도 했다. 한편으로 후자가 보인 전자와의 결렬은 사회가 위기를 벗어나서 출구를 모색하는 합리적 반응이었고, 다른 한편으론 역사·문화 가치의 몰락을 초래하여 현대 정신 문화가 줄곧 정처 없이 표류하게 했다. 이것은 오늘날 대중들이 어떤 반성도 없이 현대화를 향해 달려가는 과정에서 부분적이나마 시야가 열린 지식인들이 여전히 저도 모르게 전통을 회고하는 이유다. 하지만 그것은 아마도 신화 같은 포스트모던 사회가 도래했을 때야 비로소 광범한 반향을 일으킬 문제다.

2

불법이 세상 속으로 뛰어들다

5장 _ 전통 틀 속의 불학

유학과 불학의 부딪힘과 어울림

인도에서 전래한 불학은 처량한 한 곡조 인생 비가였다. 존재를 즐기고 생명에 대해 책임지고 입세를 추구한 유학과는 거의 정반대였다. 불학이 중국 전통이 된 것은 수백 년 충돌과 융합을 거친 결과였다. 불경과 유교 경전을 대조하거나 역대 논쟁을 다시 들출 필요도 없이 불학이 중국에서 광범위하게 전파됐다는 사실만으로도 유학 발전이 문제를 노정했음을 알 수 있다. 한(漢)말과 위·진(魏晉) 시기의 금문경학은 동중서 이후 점점 참위신학*의 길을 걸었고 각종 신령 숭배는 자유로운 인간 본성을 억압했다. 신학에 의지하여 지탱되던 유학은 '명분'을 내세웠다. 인간의 명분을 지키는 것이 사회 윤리의 유일한 내용이자 목표라고 생각했다. 고문경학은 또한 "경전 하나에 관한 논의가

---

* 참위신학(讖緯神學). 고대의 종교나 음양오행설, 동중서의 천인감응설 등을 결합하여 자연의 우연적인 사건을 인간 사회의 특정한 사건과 연결시키려는 사유.

100만여 자에 이른다"고 할 정도로 지극히 번쇄했다. 정통의 몰락은 불학에 인문학적인 공간을 마련해 주었다. 천하대란의 사회 현실은 또한 인생의 의미를 전에 없이 부각시켰다.

　　역사서에는 "장안에는 남녀노소 할 것 없이 살아남은 자가 없었고 죽은 자는 이리떼의 먹이가 되었다"[1]거나 "2~3년간 관중〔현재 시안 지역〕땅에 다시 인적이 없었다"[2]고 적고 있다. 한나라 말 하층 문인의 『고시 19수』부터 위·진 상층 귀족의 '정시지음'*에 이르기까지 모두 '아침 이슬 같은 인생'을 읊조린 탄식이자 우려였다. 생존은 과연 가치가 있는가, 삶은 무슨 의미가 있는가 하는 개인 생명의 문제가 보편적인 사회 심리가 되었고 출세의 추구와 초월의 경향이 매우 뚜렷했다. 한말 경학가들은 이미 유학에서 도가로 전환할 조짐을 보였다. 하안, 왕필에서 혜강(嵇康, 224~263)과 완적(阮籍, 210~263)에 이르기까지 노·장(老莊)을 표방하여 공자나 유학을 포기했을 뿐 아니라, 현학(玄學)이 발흥해 불학의 전파에 필요한 '기대시야'(期待視野)를 마련했다.

　　주공과 공자의 명교나 강상윤리의 예법이 아니라 인생무상과 고해무변(苦海無邊)에 관한 가르침과 인과보응의 불학 숙명론이야말로 현실을 해석할 수 있었다. 광명과 자유가 깃든 피안 세계에 대한 불학의 유인과 묘사는 고통 속의 중생들에게 위안의 꽃송이를 건넸다. 일찍이 유학이 독존한 중화·대지에서 사람들은 마치 술에 취한 듯 몽롱하게 불학이라는 정신의 아편을 흡입했다. "남조 사백 여든네 곳의 사찰은 대부분 누각과 건물이 연기와 비 속에 있었다."

---

*정시지음(正始之音). 삼국 시대 위나라 정시(正始) 연간에 왕필(王弼, 226~249)이나 하안(何晏, ?~249) 등은 자연을 노래하고 우주의 철리(哲理)를 논했다. 노장 사상과 유가가 결합한 이런 기풍은 위·진 귀족 문화를 대표했다.

만약 한말 불학이 막 전래됐을 때 불학을 방술의 하나로 여긴 것
이 불학의 진의와 거리가 있다고 말한다면, 불학을 장자나 현학과 유
사하게 취급한 것은 상당한 합리성을 가진다. 불교사에서 부처의 사상
을 개괄할 때 이렇게 말한다.

> 그들은 자유를 지키기 위해 사회에서 벗어났고 재물이나 권력에 대한
> 욕망을 포기했다. 그러고는 마음의 안녕과 정신 체험을 추구했다. 독
> 립되고 우월한 지위가 있어야만 그들은 희망을 품을 수 있다. 또한 그
> 들은 분명 이미 떠난 사회에 대해 영향을 주는 것 대신 금전이나 폭력
> 보다 훨씬 뛰어난 이상을 사회에 주입하기를 희망했다.[3]

중국인들에게 이런 인생 태도는 낯설지 않았다. 장자는 일찌감치
시적 정취에 대해 풀이했고, 혜강과 완적의 시문에서도 이런 고도의
정신세계가 빠지지 않고 등장한다. 그래서 현학을 이용해서 불학을 이
해하는 것은 편리했다.

중국 불학의 첫 단계는 바로 '격의'(格義)이다. 위·진 시대 승려
법아(法雅)는 "불교 경전에 등장하는 개념을 도가나 유가 서적에 빗대
어서 이해를 했는데 이것을 격의라 한다"[4]라고 말했다. 중국의 언어와
사상을 가지고 불학과 비교하고 그것을 해석하는 것이다. 당시 형성
된 '육가칠종'**의 반야학***은 현학의 3대 유파인 귀무파, 숭유파, 절

** 육가칠종(六家七宗). 위·진·남북조 시대 불교계 내부에서 반야 혹은 공(空)에 대한 이해
　를 둘러싸고 일어난 학파로 여섯 혹은 일곱으로 분류한다.
*** 반야학(般若學). 위·진 시대에 반야경 계통의 대승경전이 번역되면서 반야나 공(空)에 대
　한 철학적 연구가 진행됐다. 당시 중국에서 유행한 현학의 영향을 받아 중국적 공 사상
　으로 발전했다.

충파의 불교 버전이기도 했다. 현학의 언어를 이용한 반야의 해석은 현학의 입장에서 보자면 동맹군 하나가 늘어난 것이고, 불학의 입장에서 보자면 가장 훌륭한 '중국화'의 길이었다. '격의'가 불학의 원형을 보여 준 것은 아니지만 불교가 고유한 사상의 지지를 얻어서 중국에서 풍미할 수 있음을 분명히 보여 주었다. 이후 불학의 발전은 다음 두 가지를 표현했다. 첫째, 보다 전면적이고 정확하게 인도 불전을 번역하여 소개했다. 그 대표 인물이 구마라집(鳩摩羅什, 344~413)과 현장(玄奘, 602~664)이다. 둘째, '격의' 이후 불학을 소화하고 이해하여 중국의 불학 종파를 성립시켰다. 이 두 가지가 완성되자 당대(唐代)는 결국 불학의 전성기가 되었다. 또한 불학의 진면목이 충분히 드러나는 과정에서 그것과 중국의 정통 유학 사이에 불가피하게 충돌이 발생했다.

유학의 입장에서 말하자면, 사상과 지혜가 이역의 승려와 중국 고전이 아닌 다른 경전에서 연원했다는 사실은 받아들이기 힘들었다. 한 무제와 동중서가 유학 사상과 전제 정치를 하나로 결합시킨 이후 사회 질서나 사람들의 심성 그리고 시대 사조가 어떠했건 권력의 중추는 언제나 유학을 이데올로기로 이용했고, 현실 정치의 요구 또한 불교와 전혀 만날 수 없었다. 승려들이 삭발하여 부모가 물려준 신체를 훼손하고 출가하여 인륜을 파괴하는 것이나 기타 중생이 윤회한다거나 육식을 금하는 것은 유학의 관념과는 내용 면에서 크게 달랐다. 범진(范縝, 450~510)이 '신멸론'*을 제기해서 불학의 '신불멸론'(神不滅論)에 반

---

* 신멸론(神滅論). 중국에 불교가 전래되고 나서 불교인들은 육체가 소멸하더라도 정신(神)은 소멸하지 않고(不滅) 윤회한다고 생각했다. 불교에 반대하는 쪽은 이런 '신불멸론'을 비판하며 육체의 죽음과 함께 정신도 소멸한다는 '신멸론'을 제기했다. 이후 신멸·신불멸 논쟁이 일어났다.

대한 것을 시작으로 남·북조에서는 현학 풍조가 매우 활발하였다. 그리고 불학의 풍미라는 사회 배경 때문에 유학은 끊임없이 중국 정통의 신분으로 불학을 공격했다. 수백 년 지속된 불학과 유학의 논쟁에서 전통적인 '이하지변'을 통해서 편협하고 졸렬하게 불학을 배척하거나 불교도가 생산 활동에 참여하지 않는다는 경제적인 이유로 불학을 배척한 것 말고도, 사상 면에서는 불학의 해탈 출세와 유학의 입세 윤리 그리고 불학의 형이상학적 인생 철학과 유학의 형이하학적 사회 규범이 대립의 핵심이었다. 불학과 유학의 논쟁은 구체적인 방법이나 개별 관념이 아니라 인생 태도와 문화의 총체 등 근본적인 문제에 있었다.

이런 점을 집중적으로 체현하고 불교 배척을 사회적인 문화운동으로 변화시킨 인물이 한유(韓愈, 768~824)이다. "불교 배척에 관해 표를 올린 사람은 사실 당조(唐朝)의 황제 때마다 있었다."[5] 하지만 한유는 불교 배척과 중국 인문 정신의 부흥을 연계했다. 유학의 인륜은 중국의 사회 구조와 생활 방식에 의해서 결정된 것이고 아울러 그것들에 대해 유익한 영향을 미친 정신 문화임을 명확히 했다. "문장은 『시』, 『서』, 『역』, 『춘추』이고, 법은 예·악·형·정이고, 민은 사·농·공·상이며, 위계는 군신·부자·사우·빈주·곤제[형제]·부부이고 복장은 마·비단이고 집은 궁·실이고 음식은 곡미·과소(과일과 채소)·어육이다."[6] 이것은 서로 의지하는 것이며 나눌 수 없는 통일체이다. "불법은 한낱 오랑캐의 가르침일 뿐이다."[7]

한유는 불학과 유학의 첨예한 대립을 폭로했을 뿐 아니라 유학과 불학의 소통 가능성까지 배제했다. 주의해야 할 것은 한유가 불학을 비판하는 동시에 실제 모종의 불학 사상을 흡수하고 차용했다는 점이다. 천인커(陳寅恪)는 다음과 같이 말한다. "한퇴지〔한유〕는 먼저 『소대례기』 가운데서 『대학』 1편을 발견하고 그 학설을 천명했다. 추상적인 심성과 구체적인 정치와 사회 조직을 아무 장애 없이 융합시킬 수 있었다. 즉 심성설을 열심히 이야기하면서도 아울러 세상을 다스리고 백성을 편안히 할 수 있었다. 비록 서로 어긋난 듯하지만 실제는 서로 완성시켰다. 천축〔인도〕은 몸체가 되고 중국은 쓰임이 되었다. 한퇴지는 여기서 송대 신유가의 기초를 다졌다."[8] 불학과 유학의 합류는 유학의 새로운 형태를 창안할 수 있었다. 여기에 물론 불학의 자극이 있었지만 원시 유학에서도 근거를 찾을 수 있다.

한유가 체현한 유아독존 격의 유학과 달리 외래 문화인 불학은 일찍부터 유학과 조화를 시작했다. 판원란(范文瀾, 1891~1969)은 위·진·남북조 시기 "모든 불교도는 유학과 불학이 조화할 것을 주장했다"[9]고 지적한다. 여기에는 생존에 대한 고려도 있었고 내재적인 교리 근거도 있었다. 구체적으로 말하면, 불학과 유학은 상이한 역할을 갖는데, 서로 보완하면 더욱 훌륭해질 수 있었다. 동진(東晋)의 명사 손작(孫綽, 314~371)은 "주공이 바로 부처이고 부처가 바로 주공"[10]이라는 주장을 폈고, 불학은 내면을 교화하는 것, 즉 "근본을 밝히는 것"이고 유학은 사회를 다스리는 것, 즉 "폐단을 구제하는 것"이라고 생각했다. 남조의 불교도 종병(宗炳, 375~443)도 "비록 세 가르침이 길은 다르지만 선(善)을 닦는 것은 마찬가지"[11]라고 했는데 공정한 평가처럼 보이지만, 사실은 근본을 밝히고 내면을 닦는 불학이 가장 뛰어나다고 보았다. 그래서 동진의 고승 혜원(慧遠, 334~416)은 불학을 가지고서 유학과 현학을 통일하고 내·외(불·유)의 도는 화합하면 더욱 뛰어날 만하다고 보았다.

불교사에서 "혜원은 동한〔東漢; 후한〕 이후 지속된 불교 교의가 『노자』나 『장자』와 결합한 역사를 종결하고 주로 유학과 긴밀한 결합을 시도했다. 유교에서 기본이 되는 많은 사상은 점차 불교 교의로 조직되었다". [12] 당대 종밀(宗密, 780~841)은 삼교를 각각 평가하고 회통시킴으로써 불교의 유학화를 완성했다. 송대 계숭[契嵩, 1007~1072; 송대 운문종 선사]은 불교의 유학화를 위해서 주목할 만한 평가를 했다. 그의『보교편』(輔敎編)에서는 한유와 구양수[歐陽修, 1007~1072; 북송의 정치가]의 불교 비판에 답하고 "세상을 다스리는 데는 유학이 아니면 안 되고 출세간을 다스리는 데는 불학이 아니면 안 된다"고 했다. 사실 이론가들의 이런 인식은 정치적 실천 면에서는 훨씬 이전에 시행되었다. 남조의 양(梁)나라 무제는 불교를 신앙했지만 국가를 다스릴 때는 삼교를 병행했다. 북조의 주(周)나라 무제는 불교를 탄압했지만 "양교는 모두 하나의 법도로 귀결하기 때문에 둘 다 선양해야 한다"고 천명했다. "불교와 유교가 나란히 발전하는 것은 방울 둘이 함께 울리는 것이다." [13] 불교를 신앙하는 이도 유학을 이용하지 않을 수 없고, 불교를 탄압한 이도 불교를 무시할 수 없었다. 불학의 개방적인 태도는 유학의 적극적인 호응을 기대했다.

이것은 결코 쉬운 일이 아니었다. 불학에서 '마음을 다스리는 것'〔治心〕과 유학에서 '사회를 다스리는 것'〔治世〕이 비록 효용 면에서는 일치하더라도 궁극적으로는 두 개의 축이었다. 불학과 유학 합류의 핵심은 내면 세계와 외부 세계의 통일이다. 단지 둘 다 동일하게 '다스린다'〔治〕는 효용으로 귀결했다는 것이 아니라 내재적인 논리 전개가 있어야 했다. 불학과 유학의 근본 입장이 다르다는 전제 아래 사상 면으로 불학을 흡수하고 소화해서 불학과 유학을 조화하고 회통시켜 유학의 강상윤리를 재건한 것은 송대 이학가의 작업이었다. 그들은 기본적으로 불학의 본체 구도로 유학의 인륜 도덕을 논증하고 불학의 심성본체를 유학의 도덕본체로 개조했다. 마침내 신유가는 불학을 대신해서 중국의 국민 정서와 정치 요구에 적합한 체계적인 이데올로기를 구축했다. 신유가의 새로운 점은 바로 여기에 있다.

이 과정은 역사가들이 묘사한 것처럼 "신유가는 선종이 멈춘 자리에서 다시 한 걸음 더 나아가 인륜과 세상사가 진실하고 거짓이 아님을 긍정하려 했다".[14] 하지만 그들의 본체 구조는 주로 화엄종(華嚴宗)에 바탕하고 있다.[15] 『화엄경』에서는 우주를 이법계[理法界; 보편 혹은 본질의 세계]와 사법계[事法界; 구체적 현실 세계]로 나누는데, 두 세계는 상호 침투한다. 세상의 만물은 모두 '이'(理)의 현현이며, 개별적이고 구체적인 존재는 현상에서는 상이하지만 본성에서는 동일하고 서로 소통하는데 "하나가 전체이고 전체가 곧 하나이다".[16] 원시 유학은 자연인으로서 인간의 존재를 인정했다. 하지만 인륜과 예의 그리고 집단 규범에 더욱 주의를 기울였다. 그런데 본연의 세계와 당위적 도덕을 어떻게 통일할 것인가? 차등적인 사회 등급은 어떻게 윤리적 화해를 이룰 수 있을까? 이런 문제는 모두 본체론적인 통일과 교통을 전제해야 했다.

우선 장재(張載, 1020~1077)는 『주역』의 변화와 창조의 우주관으로써 불학의 적멸하고 공허한 우주론을 비판했다. 뿐만 아니라 감성적 인생과 사회의 인륜이 실재하고 유의미함을 긍정했다. 주렴계(周濂溪, 1017~1073)가 화엄종의 '연꽃' 비유로 인간 본성의 청정과 고결을 찬양한 이후 정호(程顥)·정이(程頤) 형제는 '천리'를 도덕본체로 삼았다. 그들은 "부처의 교설은 그야말로 오묘한 점이 있"으니, "부처가 틀렸다고 말할 수 없음"을 인정하며, 태도는 매우 겸허했지만 불학의 계시로부터 나온 '천리'에 대해서는 자못 자부심을 가졌다. "비록 나의 학문이 영향을 받은 점이 있지만 '천리' 두 글자는 자가(自家)에서 나온 것이다."[17]

천하에는 단지 하나의 도리가 있을 뿐이다. 그것은 일체만물의 존재 근거이다. 이정(二程; 정호·정이)은 이 발견의 중요성을 부각하기 위해서 특별히 '이'·'천리'와 '기'·'만물'이 보이는 이질성과 대립성을 중시했고, 아울러 '천리'의 선험성·보편성도 중시했다. "'고요히 아무런 움직임이 없다가 감응하여 이내 소통한다'는 것은 천리가 구비되어 조금도 모자람이 없다는 말이다. 요 임금이 있을 필요가 없고, 걸 임금이 사라질 필요가 없다. 일상의 이치가 바뀌지 않는데 부자·군신에 어떻게 동요가 있었겠는가!"[18] 천리의 실질은 '군신·부자' 등 특정 시기의 윤리 질서이다. 화엄 철학의 본체는 도덕본체로 바뀌고 불학은 변하여 유학을 지지하게 됐다. 이정은 유학과 불학이 함께하는 기본 구조를 구축했다.

주희의 새로운 공헌은 이정의 기초 위에서 '이일분수'(理一分數)의 원리를 상세히 논증했고, 불학 본체론과 유학 윤리학을 구체적으로 통일한 데 있다. 이는 통일적이지만 각기 다르게 체현된다. "태극은 독립된 다른 존재가 아니다. 음양에 나아가면 음양에 있고, 오행에 나아가면 오행에 있고, 만물에 나아가면 만물에 있게 되지만, 단지 하나의 이(理)일 뿐이다."[19] 음양, 오행, 만물은 상이한 개별 존재이다. 하지만 '이'의 관통을 통해서 통일적인 질서를 확보한다. '이'가 응당 각기 다른 구체적인 강상윤리라는 '분수'에서 체현된다는 것을 충분히 인정할 때만 유학 윤리의 질서와 등급은 현실적으로 확립될 수 있다. 이 사상의 연원은 화엄종의 '이사무애'(理事無碍; 보편과 특수 혹은 본질과 현상

의 소통], 즉 본체와 현상이 상즉(相卽)한다는 경계론(境界論)이다. "부처
는 달 하나가 모든 물에 두루 비치고, 모든 물에 비친 달은 하나의 달
로 포섭된다고 말했다. 이것은 부처도 간파한 도리이다."[20] 주희도 『화
엄경』에 등장하는 '물과 달', '거울과 등불'의 비유를 통해서 '천리'와
'만물'의 관계를 묘사했다. 이는 보편적이고 필연적인 것이고, 세계 만
물 중에 이에 포섭되지 않는 것이 하나도 없다. 일체의 구체적인 사물
이 의거하고 현현한 '이'는 또한 총체로서 '천리'에 근원하지 않는 것
이 없다. 이정과 마찬가지로 일체를 초월하고 만물을 주재하는 '이' 또
한 주희에 의해서 강상윤리의 당위로 해석됐다. "천리가 흘러 접촉하
는 곳에는 여름이나 겨울이 오고가며, 강은 흐르고 산은 솟는다. 부자
간에는 친함이 있고 군신 간에는 의가 있다. 이가 아님이 없다."[21] '천
리'는 군신·부자의 윤리 관계를 보호하려는 데 있었다. '이일분수'의
강조는 현실의 구체적인 내용을 가진 경험 행위가 응당 선험이성과 병
존하는 성격을 가지고 있음을 강조하고 전제 사회의 보편 규범을 구체
화하고 현실화했다. 우주론에서 본체론, 다시 윤리학에 이르기까지 이
것은 이학의 논리 구조였고 또한 불학 본체론과 유학 윤리학이 융합하
는 사상 역정이었다.

　불학이 가장 강하게 유학을 촉발한 점은 피안세계이다. 변화무쌍
한 불학 앞에서 유학이 느낀 최대의 위협은 '사'(事)는 있는데 '이'(理)
가 없고, '용'은 있는데 '체'가 없다는 사실이다. 자신의 본체론이 없
었기 때문에 유학은 강상규범과 윤리도덕, 가치 질서의 보편 필연성의
유력한 근거를 시종 결핍했다. 이정과 주희가 화엄의 '이'를 이용하여
전통 유학의 모자란 점을 보충한 것은 유학의 자체 발전이 요구한 점
이다.[22] 한대 동중서는 우주론으로 유학을 지원하려 했다. 그는 음양오

행(天)과 왕도정치(仁)의 상호 일치와 상호 영향, 즉 '천인감응'을 이론의 중심축으로 삼고 인간 사회와 자연 규율이 동일한 형식과 구조를 가지고 있음을 확인하려 했다. 그리고 유학의 윤리 정치가 우주적 질서의 배경과 근거를 마련하게 했다.

하지만 동중서의 천인합일은 기본적으로 여전히 직관과 유비의 수준에 머물고 있었다. 각종 유사한 주장은 도덕 신학의 목적론과 기(氣)를 중간 매개로 하는 기계감응론 사이에 발생하는 모순을 해결할 수 없었다. 게다가 황당하기까지 한 신비적인 요소를 많이 첨가했다. 사람들의 관심을 오랫동안 끌지 못했고 심지어 소박한 경험론에 근거한 왕충(王充, 30?~100?)의 비판에도 견디지 못했다. 그것의 쇠퇴는 현학과 불학이 한 시기를 풍미하게 했다. 정·주(程朱)가 불학과 정합함으로써 유학을 재건한 것은 동중서를 계승한 것이라 볼 수 있다. 하지만 그들은 자연의 천에서 도덕의 근원을 찾아 천을 인격화하고 목적론적으로 해석한 것이 아니라, 천을 도덕화의 본체로 이해했고 본원적인 도덕을 천이나 본체로 간주했다.[23] 그래서 천이 있으면 반드시 이가 있다. 동중서는 단지 '천' 하나를 지적했지만, 정·주는 오히려 '천', '이'를 함께 제기해서 비교적 훌륭하게 '천'과 '이', 즉 보편과 개별의 관계를 해석했고, 당시 상황에서 유학의 이데올로기를 완성했다.

그래서 이학과 불학의 차이도 매우 분명해졌다. 화엄종도 '이사무애'를 이야기하지만 그것은 불학으로서 언제나 '사'보다는 '이'를 중시하고, '체'를 뛰어넘은 '용'을 배제했다. 슝스리가 "불가에서 본체를 이야기할 때는 결코 생명의 변화를 언급하지 않는다. 그래서 나는 불가는 용을 떠나서 체를 이야기하는 것이라고 말한다"[24]고 한 것과 마찬가지다. 용을 떠나 체를 이야기하기 때문에 이때 체는 공허하다. 유학은 오히려 현실세계와 사회 윤리를 긍정한다. 장재가 『역전』(易傳)으로써 불학에 반대한 것이 이학의 첫 걸음이다. 주희는 이렇게 말한다. "유학이나 불학이 본성에 대해서 이야기하지만, 불학은 공허를 이야기하고 유학은 실질을 이야기하는 것이다. 불학은 무를 이야기하고 유학은 유를 이야기한다." "우리 유학은 허를 이야기하면서도 이로써 그것을 실제화한다. 불학의 경우 일관되게 공허나 적멸로 귀결할 뿐이다."[25] 천리는 '공리'(空理)가 아니고 '실리'(實理)이고 '지선의 표덕'이다. 그것은 형태상 모든 존재를 초월하지만 늘 현실 사회에 직면해서 '수신제가치국평천하'의 인륜 실천을 위해서 근거를 제공한다. "이(理)의 세계도 곧 가치의 세계이다."[26]

이것은 불학을 흡수한 이후 유학이 불학과는 가치 면에서 여전히 근본적으로 구별되었음을 말한다. 정이는 "천에 이치가 있으니 성인이 그것을 따라 실천하는 것이 이른바 도이다. 성인은 천을 근본으로 삼고, 부처는 마음을 근본으로 한다"[27]고 했다. 불학은 어떤 실체적인 내용이 없는 마음에서 출발하여 모든 존재는 오직 마음에 의해 구성된다거나 흙(地)·물(水)·불(火)·바람(風)의 사대(四大: 네 가지 근본 요소)가 모두 공하다고 선전했는데 그 허무주의는 우주의 만물과 사회상의 인륜 그리고 개인의 생존을 한결같이 부정했다. 하지만 눈이 밝은 사람들은 누구나 분명히 알 수 있다. 불학이 우주와 인생을 부정한 것은 허구이고 사회 인륜을 부정한 것이야말로 사실이다. 그것의 목적은 사회 외부에 새로운 삶을 기획하여 인간의 자유를 실현하는 데 있었다. 이것에 대해서 이학도 물론 잘 알고 있었다. 그들은 역으로 사회 질서와 도덕 인륜에 중점을 두고서 이것이 인간이 되는 본질일 뿐 아니라 형이상학적인 근거를 가진다고 생각했다.

이학의 우주론은 윤리본체를 위해서 길을 개척한 것이었고 인생론은 그 윤리본체의 체현과 적용이었다. 만약 불학이 인륜을 부정하고 출세를 도모했다고 말한다면 이학은 천리를 고양하고 인욕을 억압했다. 전체 이학 체계는 천리와 인욕의 장력에 의존해서 확립됐다. 이 점은 유학으로서 이학의 기본 품격을 반영했고, 또한 이학 자신의 분열을 내장하게 했다. 주희는 약간 흥분해서 "인간은 단지 천리와 인욕을 가진다. 이것이 활발하면 저것은 물러나고, 저것이 활발하면 이것이 물러난다. 가운데 서서 진퇴가 없는 경우는 없다"[28]고 지적한 적이 있다. 그들의 해결 방식은 천리를 보존하고 인욕을 제거하고, 인욕을 부당하게 대우하고 천리만을 높여서 사회 질서의 영원한 안정을 꾀하는 것이었다.

이런 의미에서 말하면, 이학이 아무리 불학의 본체론을 계승하고 이용했다고 하더라도, 불학의 인생관이 유학과 합치되는 일은 없었다. 불학이 정통을 지향하는 과정은 바로 자신의 철학과 논리를 상실하는 과정이었다. 만약 불학과 유학을 결합해서 끝내 어떠한 것도 만들어 내지 못했다는 사실에서 보자면, 불학과 유학의 인생관은 합류할 수 없는 것이었다. 이 때문에 이학이 완성된 이후 불학은 결코 중국 사상사에서 사라지지 않았다. 그것은 다른 방식으로 완강하게 자신을 표현했고 기회를 봐서 이학에 도전했다.

이단을 향하여 : 선종과 심학

신유가가 유학의 강상윤리를 '천리'라는 본체로 승격시킨 이후 이것을 어떻게 일상적인 삶 속에 관철시킬 것인지가 문제가 되었다. '이일분수'도 이론상으로는 당연한 것이지만 현실적인 필연은 아니었다. 이것을 위해서 신유가는 특별히 심성의 자각에 주의를 기울였다. '천명지성'(天命之性)과 '도심'(道心)을 가지고 '기질지성'(氣質之性)과 '인심'(人心)을 통솔하고 제한하여 주체로서 활동하는 인심을 개조하고자 했다. 이 방면에서는 주로 선종에서 영감을 받았는데 정·주가 천리의 초월을 과장했다면 육·왕은 심성의 자각에 힘썼다. 이것은 이학에 대한 선종과 심학의 반발을 배양하고 폭발시켰다.

선종은 불학이 '격의'의 단계를 거친 후에 장자 사상과 합쳐져 태어난 것이다. 그것의 주된 내용은 정신이 공적(空寂)한 경계에 도달하게 하고 인간이 자신의 본래면목으로 귀결하여 순간적인 직관 가운데 영원한 본체를 체득하게 하는 데 있었다. 그것은 대승불학의 기타 교파와 마찬가지로 '공'과 '불성' 등은 언어나 개념을 사용해서 표현할 수 없는 궁극의 진실이며 오직 사변의 속박이나 언어의 규정을 벗어난 직각을 통해서만 파악할 수 있다고 생각했다. 선종의 '깨달음'(悟)은 자유와 돈오를 특징으로 하는데 망념을 없애기만 하면 곧 해탈을 이룰 수 있다. 어떤 단련이나 실천 수행, 예를 들어 독경·예불·분향·재계 등은 모두 경중을 따질 수가 없다. 선(禪) 수행자의 풍모나 태도는 하늘이나 땅이 뒤집힐 정도의 방할*을 주고받기도 하고, 혹은 아무 소리 없이 조용히 앉아 있기도 한다. 자수(自修), 자계(自戒), 자견(自見), 자도(自度)를 통해서 우주와 인생의 궁극을 문득 깨닫는다. 선종이 학문적인 사변이나 외재하는 것에 대한 숭배를 경시했기 때문에 '교외별전'

---

* 방할(棒喝). 몽둥이와 고함을 가리키는데 중국 선종의 선사들이 상대방을 격발할 때 주장자(지팡이)로 몽둥이질을 하거나 고함을 지른 것을 두고 하는 말이다. 우리 한자 발음으로는 봉갈이라고 해야 하지만 전통적으로 중국 발음에 가깝게 방할이라고 한다.

(敎外別傳)이라는 말이 나왔는데, 이는 언어에 의지하지 않고 '곧바로 본심을 가리키고' '곧바로 본성을 본다'는 의미이다.

선종의 이런 특징은 불학의 입세 전향을 보여 준다. 첫째, "수행을 하고자 하면 집에서도 가능하니 절간에서만 할 필요가 없다".[29] 육조 혜능(慧能, 638~713)은 사람들이 세간(세상)으로 회향하게 했지 결코 선종이 세간에서 벗어난다는 불학의 입장을 버렸다고 말하지는 않았다. 도리어 그는 이 세간이 '해탈'에 대해서 적극적인 의의를 가지고 있음을 발견했다고 말한다. '이 세간'의 수행을 거치지 않으면 피안에도 도달할 수 없다. 수행은 세간을 벗어나지 않고 해탈도 천국에 있지 않다. "본래의 마음자리를 깨닫는다면 곧바로 해탈이다."[30] 불성은 모든 사람의 마음에 있다. 자성과 본심에 대한 자기 인식이 깨달음이자 해탈이다. 둘째, 선종은 다른 교파가 번뇌로 오염된 세상을 벗어나 삭발 출가한다거나 단지 세상사 바깥에서 마음을 닦거나 내세의 행복에만 관심을 가지는 것과는 달리 "몸은 번뇌의 세계에 거처하지만 마음은 세계를 초월한다"고 주장한다. 수행을 통해서 정신통일의 경지에 도달하고 본래면목을 확철대오(廓徹大悟)했을 때 곧바로 다시 사유를 진행한다. 선종 자신의 수행 절차에 의거해서 실상을 사유해야 한다. 이것이 이른바 '관'(觀)인데 정좌해서 정신을 집중하고 자신을 돌이켜 관찰하는 '지'(止)와는 구별된다. 선종은 '지'에서 '관'에 이르는 정신 과정을 통해서 해탈과 입세를 통일한다.

선종의 세속 전향은 유학과 불학이 합류하는 다른 길을 열었다. 정·주 사상은 본래 두 가지 층위가 있다. 하나는 폭넓게 배우고 앎을 극진히 하는 것이고, 다른 하나는 공경을 주로 하고 이치를 추구하는 것이다. 명대에 이르러 전자는 번쇄함에 얽매이게 되고, 후자는 당시 주희와 대립한 육구연의 심학으로 점점 발전했다.[31] 심성에 대한 연구는 유학의 미약한 부분이었다. 하지만 공자의 '인'(仁)에는 이미 마음이나 의식, 정감 등의 성분이 있었고, 맹자는 '진심지성'과 '양지양능'을 이야기했고,* 『중용』에서는 나아가 "천하의 지성(至誠)만이 그 본성을 완전히 구현할 수 있다"고 생각했다. 이런 견해는 모두 매우 쉽게 형이상학으로 발휘됐다. 장재, 이정(정호·정이), 주희 모두 '천명지성'으로 '기질지성'을 주재하고, '천리'로써 '인욕'을 제거했다. 그래서 주체가 갖는 도덕 의식의 기초를 말살함으로써 결국 유학 윤리 전체가 실현될 길이 사라지고 말았다. 이 사실을 감안하여 심학은 절대적으로 무한하고 객관적으로 독립된 '이'를 인간의 심성으로 수렴하였다. 그들은 선종의 심성본체를 모델로 삼아서 본체론에서 맹자와 『중용』의 심성론으로 발전했다.

왕양명은 "천지만물은 모두 나의 양지가 작용하고 운행하는 가운데 있다. 어떻게 나의 양지를 벗어나서 사물이 존재할 수 있겠는가?"[32]라고 천명했다. 마음 바깥에 어떠한 사물도 존재하지 않고, 마음 바깥에 어떠한 이치도 존재하지 않는다. 이것은 결코 이(理)의 존재와 가치를 부정하는 것이 아니다. '이'가 의미를 가지려면 반드시 인심의 자각

---

*진심지성(盡心知性)과 양지양능(良知良能). 『맹자』 「진심 상」에 "그 마음(心)을 극진히 하면(盡) 그 본성(性)을 안다(知). 그 본성을 알면 하늘을 안다"는 구절이 있다. 이것은 마음이 가진 도덕 능력을 완벽하게 실현하면 인간의 본성을 온전히 파악할 수 있고, 나아가 하늘(天) 혹은 천명(天命)에까지 도달할 수 있다는 의미다. 마음에 도덕적 완성을 위한 단서가 선천적으로 존재함을 말한 것이기도 하다. 맹자는 같은 곳에서 "인간이 배우지 않고 할 수 있는 바가 양능(良能)이고, 사려하지 않아도 알 수 있는 바가 양지(良知)"라고 했다. 여기서 말하는 양지와 양능은 선천적인 도덕 능력을 가리킨다. 맹자가 '인간의 본성이 선하다'는 성선설을 주장하는 까닭도 비록 현실에서 나쁠 수도 있지만, 누구나 이런 도덕 능력을 지니기에 도덕을 완성할 수 있다고 보기 때문이다.

과 깊은 이해에 의지해야 함을 강조한 것이다. 그는 주희의 '격물설' (格物說)에 대해 "이것은 내 마음을 사용하여 개별 사물에서 이치를 구하는 것으로 마음과 이치를 둘로 나누는 것"[33]이라고 비판했다. 왕양명은 본체와 주체의 분리에 반대했고 인간의 마음 바깥에 따로 무슨 신성한 '천리'가 존재한다는 것을 부인했다. 본래 '천리'에 의해 제약당한 '마음'을 곧바로 '이'로 이해했고 "내 마음의 양지가 바로 이른바 천리"[34]라고 했다. 도덕의 수양과 윤리의 실천은 조심스레 천리를 따르고 규범을 준수하는 것이 아니다. 자신의 양심에 의거하고 자신의 천성을 따르는 것이 이미 일종의 도덕적 경지가 되었다. "자신을 돌이켜서 진실해지고" "본래 마음자리를 스스로 밝힌다"는 선종에서 말하는 깨달음의 체험이 또한 심학의 윤리 실천이 되었다.

심학이 선종에서 많은 영양분을 흡수했기 때문에 정통 유학으로부터 격렬하게 비판을 받았음에도 그것은 필경 유학에 속한다. 적어도 육상산과 왕양명 등 주요 창도자의 주관적 동기에서 보자면 그렇다. 따라서 본체와 주체 그리고 어떻게 도덕을 실천할 것인가의 문제에서 이학과 첨예하게 대립했지만 본체의 실질적인 내용과 그것의 사회적 역할의 측면에서는 심학과 선종은 크게 달랐다. 왕양명은 "불교는 무선무악(無善無惡)에 집착하여 일상의 모든 것에 대해 상관하지 않기 때문에 세상을 다스릴 수 없다"[35]고 했다. 불학과 유학의 본질적인 차이는 선악을 분별하는가에 있다. 불학은 사회 관계와 도덕 가치를 부정한다. 선악이 속한 현실 사회는 바로 불학이 해탈하고 벗어나고자 하는 것이다. 유학은 세상에서 활동하는 데 의의를 두고 있기 때문에 특히 권선징악이나 세상의 구제, 천하의 통치를 의도한다. 그래서 마찬가지로 자아·본심·자성을 이야기한다.

선종은 자아 각오[覺悟]와 자아 부정을 이야기하지만 심학은 오히려 자아를 긍정하고 도덕의 자율을 이야기한다. 불학의 역사에서 선종의 혁명은 번쇄한 교의를 쉽고 간결하게 했고, 돈오라는 직각(直覺)적인 사유는 난삽한 추리와 사변을 대신했다. 부처가 되거나 조사가 되는 일을 저 아득한 피안의 세계로부터 개인의 마음속으로 끌어들였다. '반야'의 절대적인 초월성은 물 긷고 땔감 나르는 일상으로 환원됐으며 천당의 저렴한 입장료는 불교가 더욱 많은 신도를 얻게 했다. 또한 세속의 생활도 약간의 신성한 의미를 갖게 했다. 선종에서 강한 영향을 받은 왕양명은 죽음 직전의 피폐한 사회에 직면하여 독서를 통해서 지식을 추구하고 이치를 규명하여 본성을 극진히 해야 한다고 주장하는 이학은 결코 윤리적 의무를 실천할 수 없고 사회 질서를 회복할 수 없음을 깊이 깨달았다. 그래서 방향을 선회하여 인심을 도덕의 본원으로 삼았다. 이런 자율 윤리는 나아가 '지행합일'을 통해서 의식의 자각을 실천의 자각으로 전환시켰다. 유학의 윤리와 사회 질서를 근본적으로 다시 확립했다.

이런 기본 입장에서 보면, 심학이 선종의 심성본체론을 차용한 목적은 여전히 정통적인 이데올로기를 보호하는 것이다. 그것은 이학이 인간의 욕망을 제거하고 자아를 억압한 것과는 달랐다. 하지만 타율적인 윤리보다는 자율적인 윤리가 주체에 대해서 훨씬 가혹하다. 왕양명은 지행합일을 논하면서 다음과 같이 이야기했다. "요즘 사람들의 공부는 앎과 행위를 둘로 나누기 때문에 일어난 생각이 비록 선하지 않더라도 아직 행하지 않았다면 그것을 멈추게 하려고 하지 않는다. 내가 지금 지행합일을 말하는 이유는 생각이 일어난 순간 곧 행위를 한 것임을 사람들이 알게 하려는 것이다. 생각이 일어난 순간 선하지 않다면 그 선하지 않은 생각을 제어해야 한다. 반드시 뿌리까지 철저하게 [제거]해서 그런 선하지 않은 생각이 마음속에 잠복하지 않게 해야 한다."[36] 이것은 이학의 천리에 대한 인식이나 강상윤리의 준수가 아니라 사상의 개조와 정신 혁명 등의 심리적 변환을 통해서 유학 윤리에 부합하지 않는 일체의 생각, 바람, 마음자세 등을 철저하게 제거하고 그야말로 환골탈태하여 새로운 사람이 되는 것이다.

　욕망이나 사적인 이해로 가득 찬 감성적인 개인에 대해서 말하자면, 이런 이상은 분명 도달하기 쉬운 게 아니다. 더구나 심학이 이야기하는 도리는 비록 높다지만 오히려 근거를 찾을 수 없다. 윤리학으로서 심학은 거의 실천적인 품격을 갖추고 있지 못하다. 문제의 핵심은 다음에 있다. 어느 사상이나 저마다 논리 비약이 있는데 '마음이 곧 이'[心卽理]라고 하지만 마음은 필경 이가 아니다. 그것은 정감이나 욕망, 육체적인 존재와 훨씬 더 가깝다. 왕양명 자신은 언제나 "끊임없이 난다"거나 "안정되지 않고 인내하지도 못한다"거나 "측은하게 여긴다"는 등 감성적인 어휘를 가지고 본체인 마음을 묘사하면서 마음을 이로 간주했다. 실질적으로 이미 정·주의 순수한 '이'에 감성적인 성분을 투입했다. 동시에 '마음'의 윤리적 성질은 상당히 모호하기까지 했다. "선도 없고 악도 없는 상태가 마음의 본체"라는 왕양명 사구교(四句敎) 첫번째 구절은 마음이 선악을 초월한 본체라 이야기하고 있다. 이것은 선종과 다름없이 본심을 본체로 하여 이성의 폭압에 반항하는 감성의 자유를 포함하고 있었다.

　과연 그러했다. 왕양명 이후, 심학 내부에서 한 방면에서는 유종주(劉宗周, 1578~1645)가 이런 초윤리적인 마음의 본체가 가지는 위험성을 예리하게 감지하고 성실한 마음과 삼가는 마음을 강조하여 자아 비판을 진행했다. 다른 한편으로 비윤리적인 방향을 따르는 태주학파*와 이탁오(李卓吾, 1527~1602: 본명은 이지李贄)는 '마음이 곧 이'라는 명제를 인욕이 천리라거나 인심에는 선악이 없다는 비(非)유학적인 결론으로까지 밀고 나갔다. 그리고 마음이 부처라고 인식하여 선종과 합류하게 되는데 끝내는 "유학이 자신의 색깔을 잃고서 회복할 수 없는" 상황에까지 이르렀다.

이것은 불학이 환영한 점이다. 이학이 명 초기 황제에 의해 정통 이데올로기로 확정된 이후 불학은 곧바로 수·당 사상계의 주류에서 주변이자 이단으로 밀려났다. 출가해서 수행하는 불교도는 여전히 각각 자신의 학파를 신봉했지만 그것도 합법적인 출가 활동 안으로만 한정되었다. 결코 현실 사회에서 광범위한 흡입력을 발휘하거나 통치 윤리에 직접 도전할 수 없었다. 승려나 불교 신도들의 한계는 분명했다. 불학과 유학은 각각 이런 것들을 수긍했다. 하지만 선종은 약간 달랐다. 그들은 재가 수행을 제창했다. 그들의 입세 전향은 수많은 사대부 문인들이 유학과 불학을 함께 공부할 수 있게 했다. 이것은 물론 삼교 합류의 추세를 설명하는 것이기도 하지만, 또한 세속 사회에 선종이 깊숙이 끼친 영향을 반영한 것이기도 하다. 그들은 이학의 독점적인 권위를 타격하였고 이학을 어느 정도 견제하기도 했다. 심학이 유학의 범위 내에서 재차 선종이 지닌 모종의 사상을 긍정했을 때 불학은 곧장 심학과 연계하여 이학을 공격함으로써 명나라 중·후기의 사상 해방운동을 시작했다. 명나라 만력(萬曆, 1573~1620)과 천계(天啓, 1621~

1627) 연간에 심학과 선종은 완전히 혼합되어 이단을 크게 드날리고 이학의 잘못을 폭로하였다. 모여서 조직을 결성하기도 하고 글을 짓고 예술을 이야기하기도 했다. 여기서 노래하면 저쪽에선 화답하면서 중국 전역을 크게 진동시켰다.

불학과 심학이 뜻밖에 흥기하고 아울러 명말의 비판적인 사조가 된 데에는 두 가지 사상적인 이유가 있다. 하나는 자연인성론이다. 이 방면에서는 선종이나 노·장이 예악 문명을 부정한 것에서 영감을 얻었다. 불학으로서 선종은 사회 윤리에 반대했다. '교외별전'의 불학으로서 그들은 '명심견성'(明心見性)을 추구했는데 모두 자연인성을 이상으로 필요로 했다. 혜능이 "불성은 항상 맑고 깨끗한데 어디에 티끌이 있겠는가?"라고 했을 때, 이미 불성의 완전한 자족과 청정자연을 분명하게 보여 주었다. 그리고 문명의 오염을 제거하고 자연의 본래 모습으로 돌아가는 깨달음의 과정은 사회 교화를 거절하고 윤리 규범에 반대하는 과정이 되었고 현실 환경 속에서 강렬한 비판성을 확보하게 되었다.

심학의 자연인성론은 맹자의 '양지양능'을 근거로 하면서 도가와 선종의 영향까지 받았다. 육구연은 이학이 천리와 인욕, 도심과 인심을 확연히 구분하는 것에 동의하지 않았다. 윤리를 심리화하면서 동시에 윤리를 자연화했다. "마음의 본체는 매우 크다. 만약 내 마음을 극진히 할 수 있다면 곧바로 하늘과 같아진다." "스스로 측은해할 때 자연도 측은해하고, 스스로 미워할 때는 자연도 미워한다."[37] 자연의 발동이 바로 윤리 행위이다. 왕양명의 '양지'는 사실 본연과 당위 사이에 등호를 긋는 것이다. "부모를 뵈면 저절로 효도할 줄 알고, 형을 뵈면 저절로 공경할 줄 알며, 어린아이가 우물에 들어가려는 것을 보고 저

절로 측은할 줄 안다. 이것이 바로 양지이다."[38] 이런 주장은 맹자의
'양지'에 비해서 도덕의 내포나 규범적인 의의가 훨씬 적다. 본심이 도
덕적 속성을 가진 것이 아니라 본심이 바로 도덕이라는 것이다. "천리
는 천연적으로 본래부터 있던 이치이다."[39] 이탁오의 '동심설'(童心說)*
까지 발전하면, 외부로부터 획득한 견문이나 지식이 많아질수록 이성
이나 사상, 인문 등의 침투 또한 많아져서 점점 거짓되고 부도덕하게
된다. 여기까지 논의해 보면 '마음이 곧 이이다'는 테제를 '이는 마음
이 아니다'라는 안티테제로 밀고 갈 수 있다. 자연의 마음이 인륜의 규
범에 합치되지 않는 게 아니라 자연의 마음이 일체 윤리 도덕의 유일
한 합리 근거이다. 심학은 자연의 '마음'을 이용하여 '천리'의 폭압에
대항하였고, 선종과 결합함으로써 그 비판을 철저히 할 수 있었다.

　　자연인성론 외에 다른 하나는 의지론이다. 선종은 본래 매우 강한
실천성을 가지고 있다. 그들도 수행을 통해서 마음을 깨끗이 하고 의
식을 안정시키려 한다. 하지만 선종에서 말하는 불성은 사람마다 가지
고 있는 본래의 마음이다. 그래서 개인적인 의도와 추구에 반대한다.
깨달음의 과정에 매우 심한 임의성과 우연성이 있다. 즉 일상생활 중
에서 모종의 기회를 통해서, 점화하자 곧바로 활활 타오르는 것이다.
반의지론은 청정무위의 노장 사상에서 근원을 찾을 수 있다. 하지만
선종의 깨달음은 본질상 주체 심리가 완성한 신비적인 비약이기 때문
에 그들은 자신의 이해나 능동적인 자기 확립 그리고 고독하게 끝없이
나아가는 것에 주의를 기울였다. 심지어 권위를 파괴하고 부처나 조사
를 비난하는 것들에도 또한 의지론의 맹아가 있었다.

---

* 이탁오는 일체의 습속에 오염되지 않은 본심을 어린아이의 마음에 비유했다.

실제 사상사의 입장에서 보자면, 명말 뜻 있는 선비들의 활발한 비판과 용감한 행동은 주로 심학의 의지론에 고무된 것이다. 유종주는 이것에 대해서 이렇게 말했다. "불학도 마음을 근본으로 하고 우리 유학도 마음을 근본으로 한다. 하지만 우리 유학에서 말하는 마음은 의지를 미루어서 앎과 함께한다. 공부의 실질은 오히려 격물에 있다. 그래서 마음과 하늘은 소통하게 된다. 불교에서 말하는 마음은 깨달음이라고 말하는 것이다. 의지가 없는 것과 합치된다. 의지가 없으면 앎이 없고, 앎이 없으면 사물이 없다. 이른바 깨달음은 또한 공허하고 적막한 깨달음이다. 우리 유학에서 말하는 사물을 극진히 하는 마음과는 다른 것이다."[40]

동일하게 마음을 본체로 삼았지만 의지를 이야기했는가 그렇지 않은가가 유학과 불학의 분수령이었다. 유학은 의지로서 마음을 풀이했다. 그래서 격물치지 등 도덕 실천이 있었다. 불학은 깨달음으로서 마음을 설명하여 공적한 깨달음과 해탈로 흘러갔다. 이 차이점은 대단히 중요하다. 왕양명은 치양지〔致良知; 모든 사람이 가진 선천적이고 보편적인 마음의 본체인 양지를 실현하는 일〕를 이야기했고 또한 마음을 강조함으로써 의지를 중시했다. "몸의 주재자는 마음이다. 마음이 일어난 까닭은 의지이다. 의지의 본체는 바로 앎이다. 의지의 소재는 바로 사물이다." 이른바 지행합일의 진정한 의의가 바로 이것이다. 만약 주체가 진정으로 도덕의 옳고 그름을 인식할 수 있다면 필연적으로 '당위'를 실천한다. 인식이 의지로 전환할 때만 인식은 완성된다. 그러지 않고 알지만 실천하지 않으면 알지 못하는 것일 뿐이다.

심학의 의지론은 왕간(王艮)으로부터 왕기(王畿, 1498~1583)에 이르는 양명좌파에 의해서 실천 행동으로 바뀌었다. 그들은 경건함이나 점잖음만을 요구하는 정·주 정통의 태도를 공개적으로 배척했다. 일상의 삶에 보다 적극적으로 참여했고, 사람을 모아서 학술을 논하고 고도의 이론을 이야기하고, 고의로 사람들의 시선을 모으고, 괴이한 언행으로 사람들을 놀래키기도 했다. 이후 하심은(何心隱, 1517~1579)이나 이탁오는 낯빛 하나 바꾸지 않고 권위를 비틀었고 유종주, 황종희는 민족의 기개를 선양했다. 그리고 동림당인(東林黨人)은 집단적으로 투쟁했다. 첸무는 "동림이 시비와 호오를 이야기하지만 사실 취지는 양명의 양지나 입성(立誠), 지행합일 등에 있다. 단지 환경이 바뀌어서 의미가 자연 달라졌고, 세상의 여러 가지 조건 때문에 다른 모습을 띠게 됐다. 만약 뿌리를 따져 본다면 동림의 기질과 절개는 사실 왕양명의 양지와 동일한 도를 근본으로 한다"[41]라고 말했다. 심학의 의지론이 갖고 있는 도덕 자율, 인격 존엄, 비판 정신 등의 혁명 사상은 이학에 대항하고 전제 제도에 반항하는 정신적 기초였다.

문제는 복잡하다. 심학의 의지론은 유학의 전통에서 연원했지만 유학은 한대에 이데올로기가 되고 나서 주로 '예'(禮)를 융숭하게 하고 '위'(僞)를 중시한 순자와 같은 선상에서 발전했다. 맹자의 '호연지기'(浩然之氣)는 오히려 발양되는 일이 드물었고, 전혀 이야기되지 않기도 했다. 이학이 윤리의 본체를 건립한 이후 개체의 행위는 주로 이를 따라서 행했고, 인욕을 제한하는 측면에서 내부를 향한 의지력을 보여 주었다. 유학의 의지론이 요구하는 것은 도덕적 책임을 지고, 도를 선전하고, 이치를 탐구하며 정통의 질서를 보호하는 일이다. 심학 의지론의 특수성은 다음에 있다. 그것의 심성 기초는 이미 조금씩 맹자식의 선험적인 도덕 의식에서 근대적 특질을 지닌 자연인성론을 향해 진행하고 있었다. 이 점이야말로 심학 의지론이 저 아득히 높은 곳에 계신 천리를 전복하는 데 참여할 수 있게 했다. 불학 한 방면에서 보자면, 선종이 사회 윤리와 도덕 교화를 반대하는 일반적인 불학 특징을 가지고 있지만 사실은 입세 전향도 가지고 있었다. 하지만 정말 세상사에 개입하고 세간의 질서를 위협하고자 하면 심학의 도전과 열정적인 행동을 빌려야 했다. 역사가 근대로 접어든 이후 불학과 심학은 다시 한번 손잡고 이학이라는 오래된 상대를 가격했다.

서학 앞에서

계속해서 사상사를 서술해 보자. 만주족의 중국 정복은 명말의 생기발랄한 사상과 사회 비판 의식을 무참히 살해했다. 명대의 산만하기만 하고 아무런 알맹이가 없고 책은 보지도 않는 것에 반한 한학의 분위기에서 지식계는 양명학을 부끄럽게 여겼고, 평이한 정토종(淨土宗)은 광기의 선종을 대신하여 불학의 주류가 되었다. 정토종은 엄밀하게 의리를 탐구하기도 하고, 혹은 엄숙하게 수행을 했다. 입세 경향은 철회되고 이단의 날카로움은 거의 사라졌다. 그저 "가경·도광 이래로 점차 권위가 떨어져서 인심이 점점 자유로워졌다. 평화 시대가 극에 달하여 조금이라도 지각 있는 사람은 모두 혼란이 도래할 것임을 알았"[42]을 때 비로소 이학의 경직된 전제주의와 실학의 번쇄함은 광범한 위기를 초래했다. 명말 사조는 점차 근대 정신의 선구로 전환했다. 량치차오는 새로운 역사가의 신분으로서 다음과 같이 적고 있다. "전체적으로 말하자면, 최근 30여 년 동안 사상계의 변천은 비록 그것의 기세가 날로 웅장해지고 내용은 날로 복잡해졌지만, 그 최초의 원동력을 내가 감히 한마디로 포괄한다면 명말 학자들이 남긴 사상의 부활이다."[43]

이것은 필연이다. 근대 서방의 사상이 아직 효과적으로 중국 정신
계에 참여하여 각축하기 전에 중국 사상의 격식 변혁은 단순히 전통
속의 이단을 이용해서 무대를 곧 떠나야 할 경직된 정통을 몰아냈다.[44]
청학(淸學)의 성취는 학술 고증에 있었지, 이론을 수립하는 경우는 적
었다. 근대 변혁의 사상적 장애는 여전히 전제 정치 체제와 긴밀한 관
계를 가지고 있던 이학이었다. 그래서 불학과 심학은 또한 역사적인
맥락에서 새로운 시대에 다시 무대에 오른다. 아울러 훨씬 큰 사회적
호응을 획득했다. 청초의 대진(戴震)은 일찍이 이학이 사람을 죽인다는
사실에 놀랐다. 근대의 희미한 새벽빛 아래서 이학의 교조주의나 금욕
주의 그리고 도덕지상주의는 확실히 놀라움을 더해 주었다. 탄쓰퉁이
명교의 강상윤리에 대해 비정할 정도로 공격을 한 데서부터 천두슈가
윤리의 각오가 나의 최후 각오라고 선전한 데 이르기까지 근대의 선구
자들은 시종 이학이 인성에 대해 저지른 잘못을 폭로했다. 이런 근본
적인 면에서 불학은 독특한 매력과 엄청난 역량을 보여 주었고, 이학
의 윤리를 비판하고 자아의 신념을 고무하고 혁명 도덕을 건립하는 등
근대 사상의 주제에 대해 응답하고 능동적으로 개입했다.

이것은 불학과 유학의 전통적인 논쟁의 재건이 아니라 해탈에서
입세응용을 향한 근대적 전환이었다. 지식 사회학의 각도에서 보면,
불학은 근대 서학이 결핍하고 있던 두 가지 사회 심리적 기초를 확보
하고 있었다. 첫째는 근대 중국 특유의 비관적인 정서를 전달할 수 있
었다. 중국 사회의 정체와 낙후는 근본적으로 보자면 경제 성장과 사
회 발전이 여전히 전통의 구조적인 문제를 해결할 수 없었다는 데 있
었다. 직접적으로 보자면 근대화운동의 주요한 두 담당자인 중산계급
과 지식인들이 아직 충분히 성장하지 못했고, 그 때문에 사회 변혁이

실제 역량을 갖춘 사회적 기반과 새로운 세력들을 결핍하고 있었다는데 있다. 광활한 중원에 실제 인구를 구성한 주체는 빈곤하고 우매하며 폐쇄적이고 이기적인 농민이었다. 그들은 수천 년 된 낡은 관습과 이데올로기에 젖어 있었다. 그들은 자신들의 자유와 행복을 위한 것임에도 불구하고 어떠한 신선하고 진보적인 사상이나 정치 활동에 대해서 조금의 관심이나 이해가 없었다.

이 부분에 대해서 루쉰은 깊이 깨닫고 있었다. 선구자의 적막과 대중의 우매는 루쉰 소설의 주요한 주제였다. 신해혁명의 조류가 쇠퇴하고 나서 많은 지식인들은 불학을 빌려 자신의 정서를 안정시키고 영혼을 다스렸기 때문에 불교 학습의 풍조는 일시에 크게 유행했다. 의지가 견고하고 목표가 분명한 혁명가라고 하더라도 일단 이 광대하고 심오한 배경을 또렷이 인식하기만 하면 거의 모두 절망하고 믿음을 상실하고 말았다. 처음에는 진보적이다가 만년에 들어 완고해지는 것이 매 시대 뜻있는 지식인의 숙명이 된 까닭도 끝없는 어둠과 무거움이 저들 한줄기 반짝임과 불꽃을 누르고 있었기 때문이다. 한 시대의 정신을 이끈 일군의 지도자들이 공통적으로 이런 비관적인 정서에 빠진 것은 이상한 일이 아니다.

천톈화(陳天華, 1875~1905)의 투신 자살도 바로 이 희망 없음의 심리 상태를 잘 보여 주었다. 항상 늠름했던 마오쩌둥도 슬픔을 피할 수 없었다. "인터내셔널가〔國際悲歌〕를 한번 불러 보자. 광풍이 우리를 위해 하늘에서 떨어질 것이다." 현실의 혼란이나 엄청난 고난, 대중의 몽매, 무능한 정치꾼, 발호하는 군벌 그리고 혁명 진영의 소인배들, 확실히 실제 생활 속에서는 전혀 즐거운 일이 없는 듯했다. 불교로 귀의하지는 않았더라도 슬픔, 어둠, 절망 등의 종교적 심경을 체험했다. 어우양젠(歐陽漸)은 "종교는 감성은 있지만 이성이 없고, 과학은 이성은 있지만 감성은 없다. 하지만 불교는 감성과 이성 둘 다 운용한다"[45]고 말했다. 이것은 분노와 비장함으로 국가의 운명, 민족해방, 인민의 행복을 탐색하던 선구자의 입장에서 말하자면 적합하지 않은 정신적 응결이다.

중국의 비참한 운명을 주체의 자각을 통한 책임과 정감의 체험으로 내면화하는 것은 혁명에 대한 신념을 강화하는 일이었다. 이 점에서 서학은 불학이 쉽게 기회를 마련한 것과는 달랐다. 근대 변혁은 지극히 힘들었고, 그래서 명확한 신념과 단단한 의지, 아울러 지식에서 실천까지 강력한 지지를 필요로 했다. 불학이 '아집'을 깨뜨리고 만물을 공(空)으로 봄으로써 주체의 신념을 고양한 이후 심학의 의지론은 또한 이런 신념을 실천에 부여했다. 량치차오가 말한 명말 사상의 부활은 바로 심학과 불학의 합일이 도덕적 각오[知]에서 혁명의 실천[行]까지 두 방면으로 근대 변혁을 추진한 것이다. 이 시대의 주제로 보자면 명말 비판 사조의 정신 체계는 재조직화를 필요로 했다.

유감스러운 것은 명말 사상 가운데 근대적인 특질을 많이 간직하고 있던 자연인성론은 오히려 그런 분위기의 선두에서 충분히 발전할 수 없었다. 공자진(龔自珍)은 일찍이 이탁오의 동심설에 호응하여 인륜과 예의가 자연의 인성론을 압살했다고 폭로한 적이 있다. 하지만 비록 "광서 연간 이른바 신학가라는 사람들은 대부분 일시적으로나마 공자진을 숭배하는 과정을 거쳤"[46]지만, 그러나 공자진의 저술 가운데 가장 환영을 받은 것은 미려하고 심오한 정치 우언이었다.[47] 그가 제기한 자연인성론은 단지 나중에 발생한 5·4신문화운동 중에야 충분히 표현됐을 뿐이다. 존망의 위기에 처한 중국에 필요한 것은 다양한 자아의 요구와 본능의 욕구를 속박·제한·폐기하고, 물질 세계를 초월한 인격의 존엄과 자유 이상을 부정하고, 무조건적으로 사회 관계를 인정하고 전체 이익에 복종하게 하는 것이었다. "4억의 사람들이 하나같이 눈물을 떨구고 있는데 세상 끝 어디가 천국이겠는가?"[48] 지능과 혈기를 조금이라도 가진 염황[炎黃; 중국 고대 전설상의 인물들로 중국 민족의 시조로 알려진 염제와 황제]의 자손이라면 누구인들 품행이나 의지를 연마하여 국가와 가족을 보호하려 하지 않겠는가? 근대에 자연인성론이 몰락한 것과 대조적인 것은 일찍이 심학과 어깨를 나란히 해서 싸운 선종이 부흥하지 않고 화엄종과 법상종(法相宗)이 남다른 광채를 드러냈다는 사실이다.[49]

외부의 원인으로 보자면, 근대 불학은 양런산(楊仁山, 1837~1911)에서 시작한다. 그는 일본에서 현장과 규기[窺基, 632~682; 현장의 제자로 중국 법상종을 완성했다]의 저술을 대량으로 들여와서 인도와 중국에서 천년 이상 사라진 법상 유식학을 세상에 크게 알렸다. 탄쓰퉁, 량치차오, 장타이옌, 어우양젠, 타이쉬(太盧, 1889~1947) 등의 일류 인사들은 모두 그에게서 공부했다. 여기서 노래하면 저쪽에서 화답하여 끊어진 학문이 다시 살아났다. 법상 유식학은 전통 이데올로기에 오염되지 않았기 때문에 훨씬 쉽게 근대에 자신을 드러낼 수 있었다. 이것은 적어도 두 가지 측면이 있다. 첫째, 법상 유식학은 화엄종 등 대승불학과 마찬가지로 선종에 비해서 분명하고 강렬한 사명 의식과 의지력을 가지고 있었다. "내가 지옥에 들어가지 않으면 누가 지옥에 들어가겠는가!"라는 대승의 보살 정신은 시대정신이 불러낸 것이다. 불학 전문가들은 다음과 같이 지적했다. "대승보살들은 욕망 자체의 소멸이 아니라 중생을 구제하고 사회를 개혁하는 것을 목적으로 삼는다. 그래서 자비의 실천을 관철할 때, 자신의 욕망을 승화하거나 제어할 수 있다."[50] "자비로써 세상을 구하고", "함께 저 깨달음의 언덕에 오르고", "널리 중생을 제도"한다는 대승불학은 오히려 개인 존재에 대한 관심과 사회에 대한 사명을 통일시켜서 광대한 민중 속에서 특유의 사회 심리적 기초를 이용하여 사회 분위기를 선도했다. 량치차오가 말한 것처럼 "만청, 이른바 신학가들은 불학과 관련되지 않은 사람이 한 명도 없다".[51] 둘째, 불학의 입세가 주로 정신과 의지의 문제를 해결하고자 했더라도 서방에서 유입된 과학 정신도 필수로 고려해야 했다. 선종의 신비한 직각은 필연적으로 폐기될 것이 분명했고, 법상종의 분석 방법과 논리적 추론 방식은 견강부회할 수 있었다.

그래서 문제를 핵심까지 밀고 가 보자. 동방의 오래된 종교가 어떻게 세차게 흘러 들어오는 서학과 평화롭게 공존할 수 있었을까? 실제로 명말에 분출한 자연인성론은 본래 서학의 공리주의나 자유주의와 결합해서 개인의 욕망과 인간 감정의 정당성과 합법성을 인정하고 사회와 경제 발전에 동인을 제공할 수 있었다. 그래서 불학의 입세만이 사회에 참여하여 사회 도덕을 비판하고 혁명 정신을 고무한 것은 아니다. 서학도 중국에 전래되어 폭넓은 관심을 받고 대규모로 수용되면서, 기술의 응용이라는 단계에서 정치 제도의 모델이라는 단계로 발전하고, 또한 서구의 과학은 점점 더 이데올로기화하여 전통 이데올로기에 대항했다. 그래서 본토의 이단으로서 불학과, 외래의 이단으로서 서학은 서로 어울려서 공통으로 부패하고 잔인한 전제 문화를 타격할 수 있었다. 하지만 불학과 서학은 필경 상이한 사상이었다. 그들의 분기와 대립은 비록 얼마 동안은 소홀히 취급될 수 있었지만, 실은 시종 존재했다.

첫째, 도덕을 통한 세간의 구제와 공리 추구의 대립이다. 전통 사회가 근대 사회로 전향하는 과정에서 이익 추구나 실용주의 등 세속적인 경향은 끊임없이 돌출했다. 깊은 사유와 고요한 관찰이라는 인생 이상은 날이 갈수록 행동과 창조에 의해 대치되었다. 이런 것들은 모두 불학이 관심을 갖지 않는 것이다. "대승불교는 '소아'를 부정하는 게 아니라 사람들이 이타를 통해서 자신을 확대하여 '법'이라는 '대아'의 본질과 합일하여 욕망과 분노를 극복하고 자신의 본성을 보존하도록 한다."[52] 근본적인 면에서 말하자면, 불학은 공리나 물질에 반대한다. 이럴 때만 인간 정신의 존엄과 지속력을 도드라지게 할 수 있다. 그것이 해결해야 할 것은 영혼으로의 귀향과 생명 본질의 문제이다. 이것과 관련해 말하면, 불학은 본래 근대 정신과는 전혀 상반된다.

서학은 전체적인 맥락에서 이해할 경우 과학기술이라는 도구를 가지고 있을 뿐 아니라 윤리와 신학을 가지고 있었다. 그들의 초월성은 불학과 비교해 보면 넘쳤으면 넘쳤지 모자라지 않았다. 그러나 서방 근대 문화의 특징은 신성(神性)의 해소와 공리의 강화에 있었다. 그들 문화 가운데 근대 중국에서 흡수된 것은 주로 공리주의의 사회 철학과 과학기술이었다. 중국이 근대 세계의 문턱 앞에서 배회하면서 여전히 물질 문명을 창조할 만한 조건을 갖추지 못했을 때, 사회를 변혁하고 봉건 사회의 속박을 깨뜨릴 만한 정신 동력과 혁명 의지야말로 가장 시급하게 요구되는 것이었다. 서학의 경험주의와 과학기술은 여기서 그렇게 효과적이지 않았다. 개인주의와 공리라는 표준은 심지어 부작용까지 일으켰다. 결과적으로 사회 생활 속에서 불학의 창백함은 일반인들의 일상생활에 영향을 주기 어려웠고, 서학은 분명히 드러난 그 공리적 가치 때문에 날이 갈수록 광범위하게 보급되어 불학과 유학에 대해서 모두 부정적인 의의를 가지고 있었다.

하지만 정치 의식의 영역에서 불학은 한 시대 내에서 훨씬 더 호소력이 있었고 정신 역량을 집중시킬 수 있었으며, 또한 본래 근대 계몽이 차지해야 할 공간을 점유할 수 있었다. 서학 가운데 몇몇 정치 이상은 중국 정치 생활에 개입했음에도 불구하고 곧바로 혁명자의 정신 구조를 개조할 수 없었다. 모종의 심층 문화 심리 해석에 대해서 이야기하자면, 불학은 아마 서학에 비해 훨씬 중요했다. 이런 의미에서, 근대 사상사에서 현실적인 이성주의와 이상적인 낭만주의의 충돌이 지속적으로 존재했으며, 후자의 근원 가운데 하나인 불학은 서구 낭만주의(주로 루소에서 시작하는 독일 관념론)의 지지를 획득한 이후 근·현대 정치 문화에 아주 깊은 영향을 주었고, 20세기 내내 사라지지 않았다고 말할 수 있다.

둘째, 불학과 서학의 대립은 단지 사회적 작용 면에서만이 아니라 문화의 상이한 구조로 추상화할 수도 있다. 서학이 견고한 선박과 뛰어난 대포, 고도의 자연과학 등 형이하학적인 물질의 층위로 이해될 때 형이상학의 정신적 층위는 여전히 전통 가운데서 자원을 찾아야 했다. 보수파가 유학의 강상윤리를 정신 가치의 기초로 간주한 것과 대립해서 시대 사조의 전위에 있던 진보파와 혁명가들은 곧 인생의 의미를 해결하고 궁극의 실현을 자신의 임무로 하는 불학을 찾아냈다. 동일한 시기에 서학의 유입과 불학의 부흥은 병행할 수 있었고 심지어 서로 어울리기까지 했다. 단지 공동으로 이학에 대항했을 뿐 아니라 서로 보충하여 일종의 특수한 정신 문화 구조를 형성했다.

탄쓰퉁의 『인학』(仁學)은 불학의 정신이 있을 뿐 아니라 서학의 지식까지 끌어들이고 있다. 아울러 조금도 불합리하다고 느끼지 않았다.

장타이옌은 불학의 합리적인 분석 시스템을 힘써 전개했다. 유학으로 되돌아간 이후의 슝스리까지도 여전히 서학은 단지 지식을 추구하는 양지〔量智; 세계에 대한 이성적 인식 능력〕이고 중학〔불학과 유학〕이야말로 본체를 증득한 성지〔性智; 인간 본성에 대한 직관적 인식 능력〕라고 생각하여 중학을 서학의 위에 두었다. 이런 태도는 결코 문화 방면의 자기 과장이라고 할 수 없다. 반대로 위에서 기술한 것과 같이 그것은 충분한 필연성을 가지고 있었다. 하지만 전통의 형이상학은 근대에 날이 갈수록 입지가 좁아졌다. 단지 인생관 면에서만 그것의 초월적인 가치를 드러낼 수 있었다. 이 방면에서도 충분한 합리성을 가지고 있어야 했다. 불학의 몽롱하고 시적인 표현과 혼돈된 총체의 파악은 근대 사회에서 성립하기 어려웠다. 특별히 불학의 주요한 입세 목적은 가치의 형이상학을 충당하거나 초월적인 인생관을 제공하는 것이 아니라 근대 사회를 변혁하기 위한 정신적 동력을 제공하는 데 있었기 때문에 비이성적인 광기가 심각했다.

폭풍우 같은 혁명은 그것을 이용해서 헌신적인 열정을 호소하려 했다. 하지만 구체적으로 혁명 활동을 조직하려면 역사와 현실을 해석하고 정책과 전술을 결정할 만한 정치 철학이 필요했다. 그리고 이 때문에 환영 속에 도래한 근대 세계는 서학식의 형이하학적인 과학이성이나 기술을 통해서 건설하는 것이 훨씬 더 필요했다. 불학입세의 정치 작용은 실제 이상으로 과장됐지만 그 출세의 이상은 시종 세간의 일들을 충분히 대처하지도, 해결하지도 못했다. 그래서 서학 앞에서 불학의 우세한 점은 본래 퇴행의 근거를 포함하고 있었다. 사상사의 발전은 이 점을 증명했다. 혁명의 이상을 고무하는 역할로서 불학은 단지 잠시 동안 작용할 수 있었을 뿐이다. 인생 철학의 기초로서 그것의 금욕이나 해탈은 전혀 근대 사회가 제창한 것이 아니었다. 불학의 이단성과 혁명성은 역경 속의 중국 인민이 근대 세계로 매진하는 것을 돕고 지탱할 수 있었다. 하지만 그것의 비이성적이고 낭만적인 속성은 불학이 단지 근대 세계의 문턱에서 배회하게 했을 뿐이다. 혜성이 한 번 반짝인 후에는 불학도 심한 경쟁 속에 있던 정신 공간에서 퇴출되었다.[53]

만약 불학의 형이상학이 허무이고, 경세치용의 서학이 초월적인 인생 이상을 제공하지 못했다면, 중국의 특수한 조건 아래서 형이상학적 인생 가치를 재건하려고 할 때 다시 한번 불학에서 유학이라는 송명 이학의 길을 갈 수밖에 없었다. 유학, 특별히 송명 이학의 개조를 거친 유학은 기본적으로 인생 가치의 형이상학적 체험과 윤리 도덕의 이데올로기화된 규범을 포괄한다. 그것에 상응하는 사회·정치 체제에 위기가 출현했을 때, 서학이 대거 침입하고 불학이 기세를 타고 부흥하여 유학은 그 이데올로기 측면이 박탈당했고, 비교적 순수한 인생 철학으로서만 생존이 가능했다. 이데올로기로서 유학은 어쩔 수 없이 사라지고 말았다. 가치 형이상학으로서 유학은 오히려 어디선가 본 듯한 제비가 날아오듯 돌아왔다.

돌아온 이 제비가 바로 현대 신유학이었다. 이 신유가가 '새로' 일 수 있는 중요한 원인은 법상 유식학의 '식'으로써 전통 유학(주로 심학)의 심성론을 정리하고 재구성했기 때문이다. 그래서 전통 유학이 이전에 비해 본원성과 창조성을 갖게 했다. 숑스리의 『신유식론』은 불학입세의 이론적 승화일 뿐 아니라 신유가의 모범이자 토대가 된 작품이었다. 그것은 입세불학이 현대 신유가로 전변하고 귀결하는 사상 역정을 구체적으로 보여 주었다. 송명 이학이나 심학이 불학과 결합한 방식과 달리 슝스리는 반야공관*의 비판 의식과 부정법을 충분히 이용하였다. 그는 유식학을 사용하여 유물론에 반대했고 반야공관으로써 유식학을 비판했다. 결국 현상을 비판하고 본성을 드러내고 유학으로 불학을 대체함으로써 본심을 본체로 하고 체와 용을 둘로 보지 않는 현대 본체론을 구축했으며, 유학으로 복귀하는 일종의 형이상학적 인생관을 수립했다. 신유식론의 기본 입장은 인생의 과학화와 기계화를 반대했고 세계를 물질화하거나 허무화하는 데에도 반대해 정신 주체의 독특성과 창조성 및 능동성을 부각시켰다. 불학에서 유학으로 복귀가 완결되고 나서 동시에 유학은 현대로 전환을 시작했다. 사상계가 다시 한번 불학에서 유학으로 복귀할 것을 노래하는 와중에 입세불학은 또한 근대라는 무대에서 막을 내렸다.

* 반야공관(般若空觀). 대승불교의 반야경 계통 경전에서는 공(空)이라는 개념을 제시함으로써 존재의 비실체성을 관찰하고 밝힌다. 이것이 이후 반야 사상 혹은 공 사상이라는 이름으로 발전한다. 중국에서는 공종(空宗)이라 불린다.

6장_『인학』과 응용불학

응용불학이란

중국의 근대 불학을 '응용불학'(應用佛學)이라고 부른 것은 량치차오에게서 시작됐다. 전통 불학이 비록 정치 권력과 유학의 강상윤리에 이용되기는 했지만, 그것의 근본 입장은 중생들이 존재의 고(苦)를 깨닫고 해탈 출세를 추구하도록 하려는 것이었다. 그래서 사회 이상과 현실적인 공리 입장에서 보자면 불학의 가치와 심리적 작용은 주로 소극적이고 출세적이었다. 깊은 산림에 있었지만 뜻밖에도 엄청난 규모였다. 근대 초기에도 마찬가지였다. 청대 불학은 매우 정체되어 내세울 만한 고승이 거의 없었다.

근대 사조를 열었던 공자진과 위원 두 사람은 모두 말년에 불학에 귀의했다. 공자진은 말년에 서방의 서적을 즐겨 읽었고 스스로 '심조'〔深造: 깊은 조예〕라 말했다. 위원은 "방을 쓸고 분향하여 앉으니 마음은 불 꺼진 재마냥 조용하구나"라고 했다. 그들의 불학 경지는 그들의 금문경학과 마찬가지로 후세 사상가들에게 영향을 주었다. 하지만 공자진과 위원의 불학 연구는 세상의 파도에 휩쓸린 후에나 있을 법한 심리적 기탁에 속한다. 고대의 수많은 불교도와 마찬가지로 근대에도 적지 않은 사람들이 인간 세상의 풍상을 겪고 나서 불문으로 들어섰다. "사회가 여러 차례 혼란을 겪자 염세 사상은 자연스럽게 발생했다. 이런 혐오스러운 세계에 대해서 갖가지 번뇌와 슬픔이 일어나자 안심·입명할 수 있는 공간을 갈구했다. 조금이라도 생각이 있는 자라면 반드시 세상을 벗어나서 불문에 들었다."[1] 하지만 만약 불학이 단지 염세적인 도피나 일삼고 영혼의 해탈만 지향했다면 그것은 여전히 전통 틀 속에 속하고 만청 사상의 '복류'(伏流) 정도로 취급할 수밖에 없다.

이른바 '응용불학'은 오히려 출세를 입세로 전환하였고, 생명의 궁극을 추구하는 정신의 노력을 사회 문제를 해결하는 정치적인 고무로 바꿔 놓았다. 이런 전변을 완성한 사람은 경건하게 불교를 신앙한 신도가 아니었다. "불학을 배우고도 정말 적극적인 정신을 소유할 수 있었던 사람"[2]은 량치차오의 전우 탄쓰퉁이었다. "중국에서 근래에 철학자나 종교가 모두 지극히 소극적이었다. 하지만 캉유웨이나 탄쓰퉁은 모두 불학에 뛰어난 사람들이다. …… 그들이 세상을 진동시키고 전 사회의 풍조를 환기할 수 있었던 까닭은 철학에 있지 않다. 여전히 종교 사상에 의지했기 때문이다."[3] 캉유웨이는 젊은 시절 시치아오(西樵) 산에 들어가 "양명학을 통해서 불학에 입도했는데, 선종에 가장 뛰어났다". 심학의 '차마 하지 못하는 고통'과 불학의 '인생고업'(人生苦業)의 정감은 『대동서』의 사상적 출발점이었고 그에게 구세제민의 대승 정신을 일깨워 주었다. 하지만 응용불학에 관한 그의 저술은 많지 않다. 불학의 사회와 정치 비판에 대한 의식과 정신의 고취 작용을 발굴하여 그것이 단지 개인의 행동뿐 아니라 사상사에도 깊이 영향을 끼치게 한 사람은 역시 탄쓰퉁이다. 그 누구도 아니고 바로 탄쓰퉁이 '응용불학'의 전범을 창조적으로 구성했다.

전통을 혁신하고 국가와 민족을 보위해야 하는 근대의 위기 상황에서 불학의 응용은 다시 인간 세상으로 되돌아오는 것이자 시대의 풍랑에 참여하는 것을 의미했다. 세계 역사상 종교의 현실 응용은 선례가 없지 않지만, 그것의 주요한 작용은 비상 시기에 반항 의지와 희생 정신을 호소하거나 시대와 민족이 필요로 하는 인격을 만드는 것이었다. 량치차오는 "역사상 일세의 대업을 성취한 영웅 가운데는 종교 사상을 가진 인물이 상당히 많았다"[4]고 지적했다. 종교 사상과 영웅의 성격은 대단히 깊은 관련이 있다. "종교 사상이 없으면 희망이 없다", "종교 사상이 없으면 통일이 없다", "종교 사상이 없으면 해탈이 없다", "종교 사상이 없으면 꺼리는 마음이 없다", "종교 사상이 없으면 정신 역량이 없다". 구체적으로 이야기할 때, 량치차오는 주로 서구 역사에서 예를 들었다.

현실 생활에 대한 종교의 영향을 이야기하든, 아니면 종교가 입세 전향한 것이나 거대하게 사회를 개혁한 면모를 이야기하든, 기독교는 모든 방면에서 불교를 뛰어넘었다. 량치차오는 종교의 응용 가치를 소개하고 선전함으로써 불학입세와 응용불학의 형성을 자극했다. 당시 어떤 사람은 유럽의 근대 사상은 희랍 사상과 원시 기독교의 부활에서 출발했다고 생각했다. 량치차오는 그 말을 매우 싫어했고 역으로 불교로 시선을 돌렸다. "불교가 사회에 유익할 것인가, 아니면 해로울 것인가는 새로운 불교도가 출현할 수 있는가 없는가에 달려 있다."[5] 중국의 문예 부흥과 사회 변혁은 일종의 신불학-응용불학의 출현에 달려 있었다.

이것은 결코 불가능한 일이 아니었다. 량치차오에 따르면, 불학은 기타 종교에 비해서 월등히 뛰어난 점이 있다. "불학은 본래 염세적이지도 않고, 소극적이지도 않다."[6] 이론적인 면에서 보자면 "불학의 신앙은 이성적인 신앙이지, 미신이 아니다", "보편적인 선이고 독선적이지 않다", "입세이지, 출세가 아니다", "무한하여 한계가 없다", "평등하여 차별적이지 않다", "자력이지, 타력이 아니다".[7] 엄연히 일체의 근대 사상과 상통할 수 있다. 이런 장점은 불학이 단지 영웅호걸을 만들어 근대 혁명을 추진할 수 있을 뿐 아니라, 확실히 근대 사회의 인생 철학이 될 수 있음을 보증했다. 자연 이와 같은 불학응용에는 전통적인 의미의 출세나 해탈 그리고 미신 숭배 같은 것은 존재하지 않았기 때문에 종교적 의미는 이미 상당히 옅어졌다.

량치차오의 생각이 대표적이었다. 불학의 근대 응용은 결코 전통 불학의 자연적 연장이 아니다. 주로 근대 사회의 선택과 개조의 결과였다. 이 때문에 불학을 제창한 많은 사람들이 불학과 기타 종교의 차이에 주목했다. 그들은 '불교'라고 부르지 않고 '불학'이나 '불법'으로 그것을 대체했다.[8] 어우양젠은 다음과 같이 불법과 종교를 비교하고 있다. "하나는 숭배만 있고 평등하지 못하고, 하나는 평등하여 두 입장이 없다. 하나는 사상이 극히 완고하지만 하나는 이성적이고 극히 자유롭다. 하나는 고통에 얽매여서 근원을 알지 못하고, 하나는 광활하여 진리를 깨닫는다. 하나는 자신을 굽혀서 남에게 복종하고, 하나는 자신감을 가지고서 자신을 따른다."[9] 어우양젠의 생각은 량치차오와 비슷하다. 하지만 그는 불법은 종교가 아니라고 분명하게 말했다. 그것의 진정한 동기는 자연 그 자신이 불교도이면서도 근대 사회의 비종교화에 부응하고자 한 것과 관련된다. 량치차오는 이와 달랐다. 그는 불학의 '응용' 가치에 관심을 가진 선전가로서 바로 불'교'의 모종의 독특한 공능을 이용해서 '입세'라는 목적을 실현하고자 했다. 그래서 그는 여전히 불학은 신앙이자 종교이고 다른 이데올로기가 도달할 수 없는 공능을 가지고 있음을 인정했다.

'응용불학'도 곧 '입세불학'이다. 불학은 이런 전향을 완성하고 근대 중국이 긴급히 필요로 한 정신 자원을 공급할 수 있었다. 량치차오는 대승불학을 극진히 예찬했다. "일체 중생이 아직 성불하지 못했을 때, 지옥을 장엄하겠다는 보살의 서원은 신세계를 창조할 수 있는 유일한 역량이다. 한 중생이라도 성불하지 못하면 그도 성불하지 않겠다고 서원한다. …… 그래서 자기를 버리고 다른 사람을 구제하겠다는 대업은 오직 불교만이 감당할 수 있다."[10] 대승불학은 송대 유학가가 비판한 '청정적멸'(淸淨寂滅)이 결코 아니다. 중생의 죄업을 짊어지고 자신의 희생을 무릅쓰는 정신이야말로 일체 인간의 위대한 성취가 바탕으로 삼을 만한 품성이다. 응용불학은 경전의 탐구나 고매한 수행에 중점을 두지 않고 대승불교의 '자기를 버리고 남을 구제한다'는 서원을 현세의 관심으로 전환하여 인간의 사명 가운데 종교의 이상을 실현하고자 했다. 탄쓰퉁의 『인학』은 불학응용의 이론 전환과 불학으로 인간의 의지력을 고무하고 혁명을 촉발하는 주체적인 정신 구조를 보여주었다.

이 때문에 '응용불학'은 서방의 '종교 세속화'가 아니었다. 전자는 불학이 인간의 삶으로 회귀했음을 가리키고, 후자는 근대에 발생한 종교의 탈바꿈이자 위축을 의미한다. "이런 과정을 거쳐서 사회와 문화는 부분적으로 종교 제도와 종교 상징의 제약에서 벗어났다."[11] 종교의 세속화는 종교가 실제 생활에서 후퇴하거나 변화하는 것을 의미한다. 그리고 '응용불학'은 불학이 현실 사회에 대해 가질 만한 적극적인 의의를 발휘하고 확대했다. 그것은 신비적인 신앙이나 열광적인 믿음이 아니었다. 하지만 그것은 일반적인 학술 문화나 도덕 규범도 아니다. "종교가가 말하는 것은 입신을 위한 것이며, 또한 구체적인 일들을 실천하기 위한 것이지, 학문을 강설하기 위함이 아니다."[12] 량치차오는 교육으로 종교를 대신하는 데 반대했고, 신앙의 유무 그리고 무엇을 신앙하는가를 중국 장래와 관련시켰다. 그는 불학의 응용에 큰 기대를 걸었고 그것을 서방 종교의 세속화가 형성한 크나큰 의의와 대조했다.

불학을 응용할 수 있고, 불학은 당연히 입세해야 함을 논증하는 과정에서 량치차오는 예민하게도 그것과 관련한 두 가지 중요한 문제를 발견했다. 하나는 불학과 심학의 관계이다. 그는 기본적으로 불학과 심학을 동일시했다. "유심 철학도 종교의 부류이다. 중국의 왕학(양명학)은 유심파이다. 진실로 이것을 배워서 나름대로 얻은 바가 있으면 그 사람은 반드시 강건하고 굳세어 일을 할 때 용맹하다. 명말 유자들의 기풍과 절개에서 볼 수 있다."[13] 심학의 부흥과 불학입세는 근대 정신사에서 아주 특이한 사건이었다. 그들은 명말 혜성처럼 반짝했다가 청초에는 정통 이학에 의해 배척되었을 뿐 아니라, 또한 애국지사의 엄중한 비판을 받았고 비현실적인 이야기로 사회를 어지럽힌 장본인으로 간주되었다. 공자진과 위원 이후 심학은 또 한번 불학과 함께 일어났다.

캉유웨이에서 마오쩌둥에 이르기까지 중국 역사에 영향을 끼친 저명한 인물들은 모두 심학에 대해 특별한 관심을 가졌다. '응용불학'에도 심학의 정신이 이미 침투했다. 량치차오는 이 둘을 나란히 논의

했고 단지 사상사에서 사실을 확인했을 뿐 아니라 '응용불학'의 의의
에 대해서도 자발적인 해석을 가했다.

　또 하나는 불학과 과학의 관계이다. 만약 불학이 응용의 능력을
가지고 있고 그래서 당연히 응용불학이 있었다고 말한다면, 근대 문화
의 맥락에서 불학이 과학의 도전에 대응하여 현실적으로 응용과 입세
라는 실천성을 확보할 수 있었는가도 여전히 하나의 문제였다. 량치차
오는 스스로 불교에 대해서 "깊은 조예는 없었지만, 그래도 그것을 좋
아하였다. 글이나 저술에서 간혹 불교를 권장하기도 하였다"[14]고 말했
다. 이런 권장은 단지 주관적인 바람일 뿐 아니라 이론적으로나 사상
적으로 근거가 있었다. 그는 불교는 이성적인 신앙이지, 미신이 아니
라고 높게 평가했다. 「근세 가장 위대한 철학자 칸트의 학설」에서 그는
한 걸음 나아가 칸트 철학을 이용하여 이것을 변호했다. 칸트는 근대
과학이 한참 잘나가고 있을 때 주체의 인식 능력에 대한 분석과 비판
을 강조했고 경험과학이 가능한 까닭은 주체가 감성 직관에서 지성 범
주에 이르는 인식의 능력과 구조를 선험적으로 소유하고 있기 때문이
라고 생각했다.

　량치차오는 여기서 불학의 심오함을 발견했다. "불학이 일체의 이
치를 탐구하면서 반드시 먼저 아뢰야식*을 근거로 삼는다는 것이 바로
이런 의미이다." 량치차오는 칸트 철학에서 말하는 본체와 현상의 구
분, 시간과 공간의 의의, 범주 운용 등 모두를 불학에서 찾을 수 있다
고 생각했다. 그는 기본적으로 "칸트의 철학은 불학과 매우 가깝고" 어

---

* 아뢰야식(阿賴耶識). 대승불교의 일파인 유식학에서는 인간의 의식을 여덟 가지로 구분한
　다. 가장 심층의 의식을 아뢰야식이라고 하는데 일체 현상의 출현은 이것과 관련된다고 말
　한다. 하지만 이것도 결국 공(空)이므로 부정해야 한다.

느 방면에서는 불학에 못 미치는 점이 있다고 생각했는데 마치 불학도 중국에서 코페르니쿠스적 전환을 이룬 것처럼 보였다. 당연히 량치차오가 칸트의 비판 철학을 깊이 이해한 것은 아니었다. 그는 불학이 지닌 모종의 통찰을 중국의 비판 철학으로 간주했는데 이것은 분명 칸트를 오해했다고 할 수 있다.[15] 그래서인지 오래지 않아 량수밍은 "엉터리가 백출하여 모두 말할 수 없을 정도다"라고 평가했다.

하지만 량치차오가 수많은 서구 철학자 가운데 칸트를 선택하여 불학과 비교한 것은 우연이 아니다. 칸트 철학은 근대 과학의 인식론상의 성과를 비판하고 총괄했다. 그리고 특별히 인식의 한계를 확정하고 인식 능력의 한계성을 지적했다. 앞의 입장에서는 칸트 철학은 과학적 인식의 철학 이론이었고, 뒤의 입장에서는 칸트는 과학 밖의 본체론 문제를 부각해서 결국에는 본체론상의 형이상학으로 인도했다. 가장 추상적인 의미에서 이 두 방면은 량치차오 응용불학의 핵심이기도 했다. 첫째, 불학과 과학 정신의 일치는 이성적 신앙이지, 미신이 아니라는 것인데 이로써 근대 세계로 들어서는 입장권을 취득할 수 있었다. 둘째, 불학은 필경 개체가 갖는 생명의 의의를 해결하는 것을 자신의 임무로 삼기 때문에 칸트의 사유를 통하더라도 도덕이나 자유 같은 인생의 문제는 여전히 철학의 중요한 내용이었다. 그것을 경험과학에 비교하면 훨씬 중요했다. 그래서 근대 과학이 있었음에도 불구하고 불학은 넓은 활동 공간을 확보하고 있었다. 량치차오는 결코 심각하게 고민하지 않았던 논의로 응용불학의 합리성 문제에 회답했고 객관적으로 불학입세를 위해 또 다른 사고의 맥락을 제공했다. 이 사고 맥락은 불학이 근대 인생관을 건립하는 방면에서 중대한 의의가 있었다.

정말 중요한 것은, 량치차오가 1차 세계대전 이후 칸트를 대표로 하는 도덕이상주의에 심취하여 중국 지식인들로 하여금 근대 초 과학 기술이 사회와 인생 문제를 해결할 수 없음을 날카롭게 깨닫게 했다는 점이다. 그리고 서학 가운데 존재하는 낭만주의와 관념론을 불학의 생명 의식 및 비판적 태도와 결합해서 역사·도덕·심미 등 인성의 총체와 관련된 정신적 층위에 보다 관심을 갖도록 이끌었다는 점이다. 이것은 구망도존(求亡圖存)과 자강자립의 현실적 배경 아래서 근대 문화가 낭만적인 호방함이나 드높은 기세를 가진다고 하더라도 사회 구조의 재조직화와 경제 성장의 노력을 상당히 지연시키기도 했다. 사상사에서 불학과 서구 이상주의의 결합은 뒷날의 현대 신유가를 위한 복선을 깔았고, 중국 현대화의 역정에서 면면히 이어지는 본토 정신의 흐름을 만들었다.[16]

  량치차오는 '응용불학'을 선전하면서 그것과 심학의 내재적 일치를 지적했고, 아울러 독일 관념론을 가져다가 응용불학을 변호했다. 그는 대체적으로 근대 불학의 특징을 장악했다. 그를 탄쓰퉁 앞에 둠으로써 탄쓰퉁이나 전체 근대 불학이 하나의 또렷한 '문제적 배경'을 갖게 할 수 있었다.

『인학』의 세 층위와 불학응용의 길

『인학』은 상당히 혼란스런 글이다. 불학을 이야기하면서 또한 상이한 전통·학문·학파를 회통시키려 하고, 중국과 서구를 혼합하고 유학과 불학을 융합하기도 한다. 이런 혼란이 가장 적나라하게 드러난 지점은 '에테르'〔ether; 以太〕를 다루면서 인(仁)·원(元)·성(性)·겸애·자비·흡입력을 하나로 뭉뚱그려 이야기하는 것이다. 이 때문에 량치차오는

'마구잡이로 섞여 유치' 하다고 했다. 하지만 근대 사상의 일반적인 상황에서 핵심은 학문적 엄밀성이나 논리적 일관성, 체계성이 아니라 고동치는 시대의 맥박에 호응하고 사회 변혁의 열정을 호소하는 데 있었다. 일단 『인학』이 현실적으로 황급히 요구되는 자극과 감화를 제공할 수 있었기 때문에 '마구잡이로 섞여 유치' 한 점은 아무도 신경 쓰지 않았다. 왕궈웨이는 이렇게 평가했다. "사람들이 이 책을 이야기할 때 그들의 관심은 이런 유치한 형이상학에 있지 않고 오히려 정치적 견해에 있었다."[17] 『인학』의 핵심은 불학으로 이학을 비판하고, 유신을 선전하며 윤리를 계몽하는 것이었다. 응용불학은 여기서는 곧 정치 불학이었다.

탄쓰퉁은 서신에서 "인성과 천리의 근원을 엄밀하게 탐구하지 않으면 수천 년 참상을 고발하지 못할 것입니다. 오늘 질곡을 없애고 그물을 찢어 버리겠습니다"라고 말하고 있다. 이것이 탄쓰퉁의 사상 목표이자 또한 『인학』의 주제이다.

첫째, "인성과 천리의 근원을 엄밀하게 탐구한다"는 말은 인성과 우주의 본원을 탐구하는 것인데 사회 비판과 변법 활동을 위해서 본체론적인 근거를 찾는 것이다. 불학의 본체론과 해탈출세의 인생관은 일치한다. 그것은 근본적으로 유학에서 말하는 인륜의 실존과 필연을 부인했고, 또한 새로운 존재 방식을 제시했다. 전통 질서가 와해되고 기존 이단이 기세등등한 시기에 처해 탄쓰퉁은 불학이 품고 있던 사회 이상을 더욱 중시했고 불학의 본체론적 의도를 사회·정치 방면으로 전환했다. 이것이 응용불학으로서 『인학』의 출발점이다. "평소 외국의 일들에 대해서 조금 고민을 해봤지만 끝내 그 일들의 핵심을 알 수 없었습니다. 이번 상처와 고통을 거치면서 비로소 다른 모든 것을 방치하고 오로지 온 힘을 다해 사유했습니다." 이 말은 탄쓰퉁의 중요한 편지인 「어우양중구 선생님께」(上歐陽中鵠)와 「베이위안정에게 답함」(報貝元徵)에서 나란히 보인다. 그는 여기서 갑오해전(청일전쟁)의 패배로 받은 엄청난 충격을 드러냈다. 청조 통치는 매우 위태로웠고 선각자들은 새로운 이상을 찾고 있었다. 서방 근대의 평등과 자유, 민주와 독립이라는 계몽 사상이 아직 중국에 수입되기 전에, 탄쓰퉁은 본보기가 없었기 때문에 오직 본토의 이단을 이용했다. 그는 가장 필요하다고 느낀 평등 사상을 불학에서 찾아 그가 간접으로 습득한 서학과 서로 확인했다. 불학의 평등관으로 유학의 윤리관을 대체하였고 불학의 언어로써 근대의 이상을 간곡히 전달했다.

'인'(仁)이 『인학』에서 본체의 의미를 띠고 있음은 의심할 바 없다. 그것은 세계에 보편하고 만물을 관통한다. 탄쓰퉁은 '인'을 물질의 속성을 가지는 '에테르'이면서 또한 정신의 속성을 지닌 심력(心力)으로 해설했다. 이 때문에 뒷날 '인'은 물질인가 정신인가 하는 논쟁이 지속됐다. 사실 선입견을 배제하고 『인학』 원문에서 시작한다면 탄쓰퉁의 '인'은 결코 실체가 아님을 어렵지 않게 알 수 있다. "인 또한 이름이다. 하지만 일반적인 개념으로 그것을 규정할 수는 없다."[18] '인'이 물론 하나의 이름이지만 명칭으로 그것을 지칭할 수는 없다. 노자식의 언어로 표명된 '인'은 실제 지시할 수 있는 사물이 아니고 물질의 정의로부터 파악할 수도 없다. 그래서 그것은 일종의 공능이다. 우주만물이 만나고 상호 소통하는 공능이다. 탄쓰퉁은 『인학』을 시작하면서 곧바로 "인은 소통을 최고의 의의로 삼는다. 에테르, 심력, 전기는 모두 소통의 공구를 가리킨 것"이라고 말하고 있다. '인'은 공능이나 관계에 대한 표현이다. 에테르와 같은 유(類)가 지칭할 수 있는 구체적인 존재는 이런 공능을 실현하는 공구이자 이런 관계를 수립하는 매개일 뿐이다.

탄쓰퉁의 관심은 본체론이 아니라 '인'을 철학의 층위에서 사회의 층위로 전환하는 데 있다. "소통의 구체적 모습은 바로 평등이다." 『인학』은 평등에 관한 학설이다. 불학이라는 옷이 감싸고 있는 것은 근대 정치 이상의 핵심이다. 평등은 수많은 의미가 있다. 기독교의 평등과 계약론의 평등은 커다란 차이가 있다. 인-소통-평등의 틀은 불학의 중생평등과 근대 사회 평등의 거친 혼합이다. "인은 천지만물의 근원이다. 그래서 유심이자 유식이다."[19] 세계는 모두 식(識)의 현현이자 마음의 운용이다. 모든 사람은 본성상 누구나 평등하다. "소통에는 네 가지 내용이 있다. 중국과 외국의 소통, 윗사람과 아랫사람의 소통, 남녀 내외의 소통, 자아와 타자의 소통이다."[20] 유학의 인륜 질서와 사회 등급뿐 아니라 태생적인 차이와 제한까지도 소멸된다. 이것은 바로 그의 불학 스승인 양런산의 견해이다. "미혹되면 수만 가지로 차별되고, 깨달으면 하나로 평등하다."[21] 『인학』의 "인성과 천리의 근본을 엄밀히 탐구한다"는 말은 불학의 심성본체 측면에서 일체 사회 체제의 불평등을 부정하는 데 불과했다. 그것은 본질적으로 사회·정치 철학이었다.

근대 사회 변혁의 정신적 배경은 광범한 사상 계몽운동이었다. 그것의 기치는 평등·자유·민주였는데 루소의 "인간은 나면서부터 평등하다"는 구호는 그것을 집약해서 보여 준다. 중국에는 충분한 근대 계몽이 없었고, 평등에 대한 강렬한 갈망도 자연법의 인문 연원이 없을뿐더러 계약론의 합리 논증 또한 없었다. 유일한 사상 자원은 불학의 중생평등론이었다.[22] 이렇게 극히 추상적인 인성 평등은 평등적인 사회 관계와 정치 함의를 제거했기 때문에 실질적으로는 진정한 사회

경제와 정치 권리의 평등을 전혀 촉진하거나 논증할 수 없었다. 불학의 심성론은 문화의 진공 상태에서 '중생'을 평등한 지위에 위치시켰지만 그것은 구체적인 사회 관계 속의 인격 평등·기회 평등·권리 평등을 추동할 수 없었다. 하지만 탄쓰퉁은 신분 제도가 너무도 엄격하고 평등이라고는 흔적도 찾아볼 길 없는 중국 사회에서 평등을 인간 관계의 본질로 해석하면서 중국인에게 익숙한 어휘를 사용하여 신세계의 구호를 외침으로써 사람들이 변법유신의 이상이 연원을 가짐을 알게 하여 그것을 등한히 할 수 없게 했다.

『인학』의 두번째 층위는 "수천 년의 참상을 고발"하는 것이다. 중국의 전통적 통치는 윤리적 정감과 하나로 뒤섞여 있었고 선혈이 홍건한 잔악함과 난폭함은 온정이니 하는 인륜 관계의 베일 뒤에 숨어 있기에 전제 사회와 다를 바 없었지만 겉보기에는 전원의 목가였다. 하지만 압박이 있으면 곧바로 반항이 있다. 중국에도 자체의 비판 이론이 있었다. 청조의 황종희는 군권을 대담하게 폭로했고, 대진은 '이(理)가 사람을 잡는다' 는 유명한 말을 제출했다. 탄쓰퉁은 이런 것들을 매우 높게 평가했고 『인학』에서 불학을 통해서 전제 정치의 윤리에 대한 비판을 철학적 의의까지 승격시켰다. 불학의 중생평등 관념은 근대 이상을 표현할 때는 비록 부족한 점이 있었지만 전제적인 강상윤리의 불평등을 비판할 때는 특별한 능력을 발휘했다. 그것은 사무칠 정도로 절절하게 사람들을 감응시켰다. 이것이 『인학』이 사람들을 흔들어 대는 점이다.

철학적 비판으로 승격했다는 말은 본체론에서 도출된 중생평등을 근거로 해서 각종 강상윤리와 전제적인 신분 제도를 인성의 본래 모습을 위반하는 매우 심각한 죄악으로 간주했다는 것이다. 탄쓰퉁은 전제 사상이 인류 사회에 끼친 가장 큰 해독은 인간의 사상을 통제하고 영혼을 오염시켜 인간이 자신의 평등한 본성을 뚜렷이 알지 못하게 하는 것이라고 지적하고 있다. "군신의 화가 가장 심하고 부자·부부의 윤리에서는 명분이나 세력으로 서로 통제하는 일을 당연하다고 여긴다. 모두 삼강의 명분이 저지른 해악이다. 명분의 소재는 입을 막아 감히 소리내어 말할 수 없게 할 뿐 아니라, 아울러 마음을 구속하고 감히 다른 생각을 하지 못하게 한다. 백성들을 어리석게 하는 기술 가운데 명분을 번다하게 하는 것이 최고이다."[23] 중국 정치는 인간의 본성에 상처를 입히고 정치적인 위계 관계인 '군신'을 모든 인간 관계의 원형으로 해석했고, 그것을 전체 사회 생활 속으로 침투시켰다. 그 투입과 개조를 거치면서 본래는 통치의 필요 때문에 발생한 각종 '응연'이 인성에 존재하는 '당연'으로* 간주되었다. 본래 평등한 인간 관계는 철저하게 상하존비의 신분 체제로 바뀌었다. '자신과 상이한 이름'은 실존의 '실' 바깥에서 노닐 뿐 아니라 이름[名]으로 가르침[敎]를 삼고, 이름을 번잡하게 하는 것을 으뜸으로 하여 결국 진실한 존재를 완전히 은폐한다. 이름을 실질로 여기고 거짓을 진실이라고 간주하여 인간의 원초적 본성과 평등에 대한 요구를 철저하게 배제했다. 탄쓰퉁은 언제나 불학에서 말하는 청정한 본성을 현존 사회 체제를 비판하는 절대 척도로 삼았다. 모든 명교가 이처럼 잔혹한 까닭도 불교의 지혜를 통해서야 비로소 깨달을 수 있다.

---

* 응연(應然)과 당연(當然). 응연은 존재의 이상적 상태를 말하며 개인이나 사회의 가치 지향이 개입한다. 이에 비해 당연은 사물의 법칙성으로 어떤 외부의 의도도 개입할 수 없다.

불교의 입장에서는, 임금·신하·부모·형제·권속·친척들을 모두 데리고 출가하여 계를 받고 법회에 모인다. 이것은 저 네 가지 윤리를 광범위하게 확장하여 친구의 윤리로 만드는 것이다. 붕우의 윤리만이 유일하게 존중할 만하다. 나머지 네 가지 윤리는 폐기하지 않더라도 자연 폐지될 것이다. 또한 나머지 네 가지 윤리가 마땅히 폐지돼야 함을 밝히고 나서야 붕우의 윤리는 그것의 역량이 비로소 확대된다. 지금 중국이나 외국 할 것 없이 모두 변법을 이야기한다. 하지만 이 오류가 개혁되지 않으면 어떠한 도리나 방법을 동원하더라도 어디도 시작할 지점이 없는데 하물며 삼강이겠는가![24]

불학의 인성론을 따르면 유학의 오륜 가운데 단지 붕우만 합리적이다. 붕우 관계는 평등 관계이기 때문이다. 탄쓰퉁이 여기에서 말한 붕우의 의미는 결코 전통의 것이 아니다. 그것은 모든 인간이 마땅히 가지고 있고, 또한 존재 가능한 하나밖에 없는 평등 관계이다. 불학의 절대 평등과 현실 생활의 극단적인 불평등은 선명한 대조를 이루었다. 강상명교가 인간의 자아 의식을 제거하고 자유 사상을 억압하여 "인간의 쓸개를 찢고 영혼을 죽이"는[25] 절망적인 전환기에 불학의 평등은 중국인에게 자아 인식의 거울이었고, 예교가 말하는 인륜의 황당함·야만성·잔인성을 훌륭하게 폭로할 수 있었다.

탄쓰퉁의 윤리 비판은 그의 변혁 사상을 지향한다. 오류이 변하지 않으면 변법을 말할 길이 없었다. 그래서 변혁은 오류을 폐기하고 평등을 재건하는 것으로 시작해야 했다. 불학은 본래 모든 사회의 윤리 관계를 부정하려 했다. 탄쓰퉁은 그것을 직접 사회 도덕의 비판으로까지 밀고 갔다. 이것은 평등을 목표로 하는 사회 관계의 철저한 개조를 의미한다. 이것에 한정해서 보면 탄쓰퉁은 유신파나 개량파가 아니라 급진파이자 혁명파였다. 그가 구사하는 불학의 비판 의식과 캉유웨이가 『대동서』에서 보인 유토피아 구상은 일치한다.

탄쓰퉁이 행한 윤리 비판의 또 다른 특징은 시종 그를 침투하고 있는 생명 체험이다. 그는 유년기에 부친에게 학대를 받았다. 열한 살 때 생모와 장형이 연이어서 사망했고, 자신 또한 큰병으로 거의 죽을 뻔했다. 세상살이를 시작한 이후에도 여러 가지 장애가 있었다. 여러 차례 과거에 응시했지만 모두 성공하지 못했다. 기부금으로 관직을 구했지만 실제 소임을 얻지 못했다. "나는 어릴 때부터 장성한 후에도 언제나 강상윤리의 불행을 만나고 고통 속에서 허우적거렸다. 살아서는 도저히 감당하기 힘든 것이었다."[26] 젊은 날 그는 검을 차고 중국의 여러 곳을 여행했다. 직접 중국 강토의 참혹함을 목격하고는 슬픔과 분노를 가슴에 새겼다. 이런 정서적인 요소는 『인학』의 사유 속으로 침투하여 불학의 자비 정신과 합치됐을 뿐 아니라 『인학』의 비판 이론이 감성적인 색채가 충만하여 특별히 사람들을 경책하고 감동시킬 수 있게 했다.

『인학』의 세번째 층위는 '족쇄를 깨부수고 그물을 찢는' 불학의 주체 신념이다. 탄쓰퉁은 탕차이창(唐才常, 1867~1900)에게 보내는 편지에 "함께 발휘할 것을 생각하는데 별도로 충결망라의 학을 개창할 것"이라고 적고 있는데 이것이 바로 '인학'이다. '인(仁)-소통(通)'의 학설에 근거하면 인간을 속박·제한·구속하는 그물은 모두 본연 상태의 인간을 거스르면서 이루어진 것이다. 결코 진실한 존재가 아니다. "인을 바로 알지 못하기 때문에 이름에 의해 혼란스러워진다. 이름에 의해 혼란하기 때문에 소통되지 않는다."[27] 불학은 각종 사회 제도와 윤리 규범을 인심의 잘못된 견해라고 배척했다. 심리나 관념에서 이런 '명'(名)을 제거할 때에야 족쇄를 깨부술 수 있고 "형상이 사라져야 평등해진다"[28]고 단언한다. 이런 것이 막무가내로 제기하는 일방적인 생각처럼 보이지만, 그것은 오히려 어려움을 어려움으로 보지 않고 자신을 믿고 자신의 능력을 강화할 수 있는 정신 기반이기도 했다.

수없이 겹친 봉건의 그물은 허공과 함께 끝이 없다. 처음에는 개인의 이익이라는 그물을 찢고, …… 마지막으로 불법의 그물을 찢는다. 진정 찢어 버렸다면 속박의 그물은 자연 없을 것이다. 참으로 그물이 없다면 찢을 만한 게 없을 것이다. 그래서 그물을 찢는다는 것은 아직 그물을 찢어 버리지 못한 것이다.[29]

이 문단은 여러 번 읽어도 물리지 않고 사람을 감동시키는데, 그 이유는 탄쓰퉁이 제기한 응용불학의 전체 의도를 응축하고 불학응용의 비밀을 공개하고 있기 때문이다. "세간에는 단지 마음의 나고 죽음만이 있을 뿐이다."[30] 우뚝 솟은 주체 정신 앞에 모든 장애, 족쇄, 속박은 전혀 고려할 만한 게 못된다. 불학의 입장에서 보자면 그런 것들은 본래 어떠한 실재성을 갖지 못하기 때문에 주체는 그것을 완전히 부정할 수 있다. 그래서 그물을 찢는 것은 결국에는 인심의 그물을 찢는 것이지, 인심과 무관하게 제어할 수 있고, 인심에 대항하여 외재하는 그물이 아니다.

이런 사상이 인간의 현실을 구체적으로 묘사하고 시행할 수 있는 변법의 방법을 마련했다고 할 수는 없다. 탄쓰퉁도 실로 거대하고 굳어진 구제도를 심리적으로 거부하거나 부정한다고 해서 그것이 소멸되거나 개혁의 대상이 순순히 무기를 버리고 투항할 것이라고는 생각하지 않았다. 변법을 실천하는 과정에서 그는 캉유웨이나 량치차오에 비해 군사 문제를 훨씬 중시했고 객관 정세에 대한 판단도 다른 동료들에 비해 훨씬 현실적이었다. 그러나 외물은 허상이고 자아는 자유자재하다고 생각하는 불학은 우선 주체 정신을 개혁해야 한다는 탄쓰퉁의 생각과 일치했다. 여기서도 두 가지 측면이 있다. 하나는 봉건 전제의 사상은 수천 년의 발육과 성장을 거치면서 일찌감치 깊이 뿌리를 내렸고, 핍박받는 무지한 인민들은 이미 정치 기구가 선전하는, 인간 본성을 해치는 각종 이데올로기에 익숙했다. 불학에서 말하는 인간의 청정한 본성을 힘차게 선전하지 않는다면 어떠한 이상과 근거도 찾을 수 없었다. 단지 사람을 새롭게 함으로써만 새로운 세계를 창조할 수 있었다. 외재하는 그물의 진실성을 부인할 때만이 그런 그물을 찢을 수 있었다.

전제 사상과 노예 관념이 오랫동안 존재했음을 직시했기 때문에 근대 대다수 정치가들은 사상 개조를 대단히 중시했다. 다른 방면으로, 현실 삶 속의 인간은 그물에 겹겹이 싸여 있고 그것은 하늘을 덮고 해를 가렸기 때문에 이미 출로가 없을뿐더러 또한 희망도 없었다. 오로지 주체에서 일을 시작해야 했다. 정신에 대한 과장은 객관적인 환경이 아직 갖춰지지 않은 상황에서 주체의 신념을 수립했다. 변혁의 당위를 확신했을 뿐만 아니라 변혁의 성공도 확신했다. 불학은 역사 속에서 '겁운'〔劫運; 사회의 혼란과 재난〕의 현실 기제를 분석하지 않았고, 또한 진정한 세계 개조를 생각한 적도 없다. 그것의 파괴력은 바로 마음이나 성격을 변혁하여 자아와 현실에 대한 인간의 태도를 개조하는 데 있었다. 탄쓰퉁의 응용불학은 이 점에서 전통 불학과 다르지 않았다. 진정으로 다른 점은, 탄쓰퉁은 무엇보다도 주체의 개조를 중시했지만 여기에만 그치지 않고 현실 사회를 개혁하려 했다는 데 있다. 변법의 본질은 '심식'〔心識; 마음과 의식〕의 개조에 있지 않고 중국 사회의 구조와 정치 체제의 개혁에 있었다. 불학 사상가 탄쓰퉁은 개혁가 탄쓰퉁에 속했고 또한 복종했다. 그래서 '그물을 찢는다' 는 말의 진정한 의의는 사상을 해방하고 정신을 고무하는 데 있었고, 그것의 중요성은 주체의 신념에 있었다. 이런 신념을 확립하고 나서야 행동이 있을 수 있고, 불학의 평등 이상을 인간 사회까지 밀고 나가 새로운 중국을 견인할 수 있었다. 유심론이 결국 귀향한 이런 유의지론은 탄쓰퉁에게 조그만 두려움도 없는 태도의 사상적 기초가 되었다.

탄쓰퉁은 아마도 『인학』의 세 층위를 의식하지 못한 것 같다. 하지만 그것들은 확실히 연결될 뿐만 아니라 각각 내용을 가지고 있다. 그래서 구별되는 세 층위로 나눌 수 있다. 그것은 객관적으로도 응용 불학의 세 가지 노정을 대표했다. 첫째 층위인 인-소통-평등의 본체 유형은 가장 박약한 지점이었다. 탄쓰퉁의 관심은 주로 어떻게 심력을 강화하고 그물을 찢을 것인지였기 때문에, 이론의 논증은 분명 필요했지만 중요한 것은 행동이었다. 객관적으로 엄청난 혼란과 위험 속에 살고 있었기 때문에 조용히 본체론을 건립하기란 매우 어려웠다. 그의 전우인 캉유웨이나 량치차오도 별반 다르지 않았다. 불학을 이용하여 본체론을 재건하는 것은 뒤를 이은 슝스리의 과제였다. 그것은 불학이 근대라는 풍상을 겪은 이후 획득한 이론적 성숙이었다. 또한 불학입세의 사상적 종결이자 전향이었다. 두번째 층위는 불학이 근대 중국의 첫번째 비판 이론의 형태였다는 점이다. 자유주의가 수입되기 전에 그것은 변법유신을 위해서 길을 열었고, 그것이 이끈 탄쓰퉁 개인의 비극적인 체험 때문에 불학의 범위를 뛰어넘어 보편적인 공명을 이끌었다. 비록 탄쓰퉁이 사망한 지 오래지 않아 대규모로 전래된 서학이 자유·민주의 계몽 사상으로 중국 전통을 비판하는 과정에서 훨씬 성과를 거두면서 불학은 이 방면에서 그 의의가 점차 감소했지만 오랫동안 근대 문화의 심리적 요소가 되었다. 세번째 층위는 탄쓰퉁 본인의 직접 실천 때문에 특별히 깊고 긴 영향을 미쳤다는 점이다. 불학입세가 하나의 사조가 된 것은 이것과 떼어서 생각할 수 없다. 나중에 죽음을 두려워하지 않았던 일련의 혁명가들이 꼭 불교를 신앙한 것은 아니지만 분명 탄쓰퉁에게서 감화를 받았다. 장타이옌은 신해혁명 시기에 유식종 신앙과 도덕을 통한 구세의 주장을 되풀이하면서 그런 것들을 보다 형식화하고 합리화하기 위해서 아예 불학을 윤리학에서 인식론으로 전환하고, '무신교'를 제기하여 불학입세의 이론 체계를 완성했다.

　　세 층위의 동요와 심화는 전통 사회의 이단이 근대 사회의 선택과 특이하게 융합한 것이다. 응용불학의 성공은 『인학』의 거친 논리가 아니라 탄쓰퉁이 지행합일의 기치를 가지고 이상을 위해 생명을 바쳐서 응용불학이 자신의 신성한 신도를 갖게 한 데 있었다.

숙명과 사명

"사막에서 귀웅〔鬼雄; 세상을 위하다 죽었지만 정신이 강건하고 혼백이 늠름하여 죽은 후에도 숱한 귀신 가운데 영웅이 된 자〕이 되기를 서원하노니 마음속에 품은 것을 펼친다면 아무런 여한이 없으리." 불학의 평등 이상과 희생 정신은 탄쓰퉁의 남성적 기상을 단련했다. 수십 년 후 슝스리는 "청말 이후로 진정한 인물은 오직 푸성〔復生; 탄쓰퉁의 자〕 한 사람만이 그것을 당할 만하다"[31]고 생각했다. 탄쓰퉁은 중국 혁명의 제단에 첫번째로 생명을 바쳐 쓸쓸하고 공적하기만 한 불학을 붉게 물들였다.

근대 불학가 대부분이 불학은 종교가 아니라고 생각했다. 이것은 주로 불학이 기독교 같은 숭배나 비이성적 신앙이 아니라는 것을 말한다. 하지만 불학에는 필경 어떤 경험이나 직각으로도 필적할 수 없는 매우 독특한 점이 있다. 만약 철학의 기본이 이성적 사고나 논증이라고 한다면, 불학은 언제나 숙명 의식에 대한 체험을 기초로 한다. 즉 근본적으로 인류의 존재나 생명의 본질이나 의의에 대해서 전칭부정 판단을 제시한다. 그것은 특정한 종족·지역·시대에 한정된 사람이 아니라 인간의 본성 자체를 고통과 무상의 존재로 본다. 철저하게 인류의 자유와 행복의 가능성을 부정한다. 그것은 진정으로 사변과 이지를 필요로 한다. 하지만 보편적 운명의 귀의에 대해서 오히려 각 개인의 직각과 깨달음에 호소해야 완성할 수 있다. 그래서 그것의 숙명 의식은 더욱 깊이 지속된다.

불교가 '교'가 되는 까닭은 그것이 우선 인생의 거짓과 고통을 인정한 이후에야 체계적 교리와 수행 방식을 제시하고 사람들이 광명과 복락이 있는 서방정토를 향하게 유도하기 때문이다. 여기서 생존은 개인이 어떻게 할 수 있는, 마음대로 바꿀 수 있는 가능성이 아니다. 각종 인생 경력이나 비애와 환락은 모두 만물을 제어하는 운명에서 나온다. 마치 『홍루몽』의 "흥망성쇠하는 세상, 그 위로 푸른 하늘이 있다"는 말처럼 어느 누구라도 그런 신비하고 헤아릴 길 없는 '명'(命), '운'(運), '수'(數)에서 도망할 수 없다.

자신의 운명을 개척하려고 애쓰는 사람들의 입장에서 보면 이것은 사람을 힘 빠지게 한다. 숙명론은 우연을 인정하지 않는다. 차별을 인정하지 않는다. 사람이면 한 번쯤 낼 법도 한 요행이나 투기 심리를 싹둑 잘라 버리고 개체의 생명을 강철로 제작한 운명의 옥방 안으로 송두리째 쑤셔 넣는다. 이런 통속적인 이해에서, 불학과 일반 종교는 자포자기나 아니면 자신의 운명을 알고 그냥 만족하는 생활 태도를 이끌었고 작위 없이 고요한 인생관을 형성할 수 있었다. 전통 종교는 이런 방면에서 효과가 분명했다. 소승불학은 개인의 해탈로써 만족했다.

하지만 다른 면에서 보자면, 종교의 본질은 그것이 완전히 제거할 수 없는 인간의 능동성을 결정했는데 왜냐하면 종교는 구제를 이야기하기 때문이다. 기독교의 천당이건, 불교의 열반이건 간에 모두 사람들로 하여금 현생의 잘못과 고통을 깨달은 후에 희망과 귀의처를 가지게 했다. 그렇지 않았으면 인생을 피할 수 없는 고해로 보는 불교가 광대한 신도를 가질 수 없었을 것이다. 진정한 불교도는 저 마음 깊은 곳에서부터 해탈과 구제를 염원한다. 일체가 모두 운명에 의해서 정해졌고 외물에는 구제를 받거나 승천을 위해 의지할 만한 원동력이 없었다. 단지 인간의 본성과 마음에서만 생명은 사라지지 않고 희망은 죽지 않는다. 만약 기독교가 여전히 하나님과 예수의 도움을 받을 수 있다고 말한다면, 불교의 구제는 주로 자아의 자기 구제이자 해방이다. 그래서 불학의 숙명 의식은 논리적으로 사명감을 내포한다. 이 층위를 유감없이 발휘한 것이 대승불학이다.

"대보리심과 대비심을 내서 자신은 아직 구제되지 않았지만 다른 사람을 구제한다. 삼아승지겁(三阿僧祇劫) 동안 온통 중생 제도(濟度)를 위할 뿐이다. 그래서 보살은 중생을 버리지 않고 세간을 벗어나지도 않는다. 차라리 자신이 지옥에 떨어질지언정 중생이 무간지옥의 고통을 받기를 바라지 않는다."[32] 탄쓰퉁이 마음에 새기고 있었던 화엄종은 더 나아가 "자신을 위해서 안락을 구하지 않고, 단지 중생이 고통을 여읠 것을 바라"는 것을 최고의 이상으로 삼았다. 생명의 무궁, 고해의 무변, 불교도의 목적은 우선 이런 숙명을 체험하고 그런 후에 자기를 희생하여 중생들을 지옥에서 구해 내는 것이다. 힘써 정진하여 중생을 제도하는 것이 바로 그들의 사명이었다. 왕안석(王安石)도 말한 적이 있다. "하·은·주 삼대 때, 성인은 대부분 우리 유가에서 나왔다. 양한〔전한과 후한〕이후로는 성인이 대부분 불가에서 나왔다."[33] 그가 천자를 보좌하고 변법을 추진하는 일을 담당하고 집행할 수 있었던 것은 불학 정신의 감화를 받았기 때문이다. 범중엄〔范仲淹, 989~1052; 북송의 정치가이자 문학가〕의 "처음에 우려하다가 마지막에는 즐겁다"는 명언도 어떤 사람은 대승보살의 세속 버전이라고 생각한다.[34]

흥미로운 것은 숙명과 사명이 통일될 수 있다는 점이다. 플레하노프〔Georgii V. Plekhanov, 1856~1918; 「공산당선언」을 러시아어로 번역한 러시아 혁명가〕도 어느 시대에는 숙명론이 견고한 실천을 위해서 필요한 심리적 기초이기도 하다고 생각했다.[35] 불학의 숙명론이 사명감을 위해서 제공한 심리 기초는 파(破) '아집', 즉 개인의 생명이나 육체에 대해 가지는 오해나 집착의 제거이다. 탄쓰퉁은 불학을 신앙했고 또한 심학도 숭상했다. 심학과 불학의 차이는 어우양젠이 말한 것처럼 육왕심학은 "비록 간단명료하고 통쾌하지만 삶과 죽음의 문제에 대해선 알지 못했다". 삶과 죽음이라는 큰 관문을 돌파한 불학은 심학이 자신의 자랑거리로 삼던 '자각자존' (自覺自存)에서 '자'를 제거했다. 생명의 경계가 형질의 제한이나 공리의 측면을 깨고 나가서 만물이 하나라는 초현실적 경계를 체험하게 했다. 그리고 이것이 진작시킨 사명감은 비극적 성분과 숭고 의식이 많았다.

탄쓰퉁의 입장에서 말하자면, 숙명에 대한 체험은 불경을 읽거나 법문을 듣고서 획득한 것이 아니라 그 자신이 어릴 때부터 생명의 어두운 면을 처절하게 느꼈기 때문이다. "거의 죽을 뻔한 것이 여러 차례였지만 끝내 죽지 못했다. 이 때문에 점점 생명을 가볍게 보고는 하나의 고깃덩이라고 여겼다. 다른 사람을 돕는 일 외에 다시 무엇이 아까울 것인가."[36] 배고프면 먹고 목마르면 물 마신다. 잠시 몸을 맡기고 있을 뿐이다. 자연 형태의 생명은 본래 아무런 의미가 없다. 죽음의 어두운 그림자가 처음부터 끊임없이 주위를 맴돌고 있었다. "생사는 몽환과 같은 것, 천지는 모두 텅 비어 있을 뿐이다." 다른 한 방면에서는 현실적인 인간이 할 수 있는 바는 아무것도 없었다.

1896년 전후로 탄쓰퉁은 베이징에 머물렀는데 이때 나이 서른이었다. 부귀나 공명에 대해서는 아무런 희망도 없었고, 장래도 암담하기만 했다. "베이징에 거처한 지는 이미 오래되었지만 애초의 바람이 모두 헛됨을 알았습니다. 기대할 것은 아무것도 없었습니다. 생각을 멈추고 눈을 가리고서 한낱 깊은 비애만 있습니다. 평소 배운 것은 이 지경에 이르러 아무짝에도 쓸모가 없습니다."[37] 바로 생명의 의의가 어둠 속에서 전혀 드러나지 않는 엄중한 시기에 "법상 유식종의 아뢰야 연기설*을 듣고서 중생의 근기(根器)가 무량(無量)함을 깨달았다. 이때부터 활연관통(豁然貫通)하여 모든 존재를 하나로 수렴할 수가 있었고, 하나의 사물을 전체로 확장할 수도 있었다. 그러면서도 아무런 장애가 없었다. 일을 처리하면서 맹렬함도 더욱 더해졌다."[38]

---

* 아뢰야 연기설. 불교의 핵심 교리는 연기설이다. 하지만 불교 내에서도 다양한 연기설이 존재한다. 대승불교 유식학에서는 여덟번째 식(識)인 아뢰야식에서 현상이 출발한다고 말한다. 결국 심층의식인 아뢰야식이 현상을 조작한다고 할 수 있다.

여기서 말하는 '하나'는 바로 세계에 보편하고 모든 것을 다 포함하고 있는 숙명이다. '하나'를 체득하면 바로 생사를 타파하고 인간 세계의 일체 구속과 번뇌에서 벗어난다. 불학에서 보자면 죽음은 신체와 물질의 소실이지, 영혼과 '심력'의 소멸이 아니다. 만물의 영장으로서 인간에게는 죽음의 문제가 존재하지 않는다. 생사는 단지 영혼의 윤회 형식이다. "배우는 사람은 마땅히 신체가 사멸하지 않는 것임을 알아야 한다. 그런 후에야 삶을 좋아하고 죽음을 싫어하는 감정이 사라진다."[39] 불학의 숙명은 탄쓰퉁이 자연 생명을 초월하도록 계시하여 조금도 주저함 없이 변혁 사업에 투신함으로써 중생의 고난을 해결하게 했다. 그의 불학 신앙은 그의 정치 행동과 합치됐다.

당연히 자아를 제거하고 삶과 죽음을 동일시하는 태도가 직접적으로 사명감을 견인한 것은 아니다. 플레하노프는 숙명 의식이 사명감으로 전화하는 데 관건은 인간의 활동이 필연적인 사실 연쇄에서 필요한 하나의 고리로서 역할을 하는가 그렇지 않은가에 달려 있다고 보았다. 만약 필연적인 사실 중 한 고리가 되지 않는다면 죽음과 삶의 문제를 돌파하더라도, 때 맞춰 즐기면서 그럭저럭 살아가는 상태로 흘러갈 가능성이 농후하다. 탄쓰퉁은 매우 명확하게 이 점을 알고 있었다. 『인학』의 핵심 가운데 하나가 "겁(劫)은 마음이 구성한다"는 것이다. 세간의 죄악은 결코 자연적으로 항시 존재하는 게 아니다. 잘못된 견해나 생각으로 오염된 사람이 조작한 것이다. "대겁(大劫)의 도달도 사람의 마음이 이룬 것이다."[40]

개인은 편하게 살아갈 만한 어떤 이유도 갖지 않으며, 그는 자신의 행동에 대해 책임을 져야 했다. 이것은 결코 모든 사람들이 직접 범죄 활동에 참여했다고 말하는 게 아니다. 하지만 인간의 겁운(劫運)은 실제 인간이 이룬 바이다. "세상 사람의 뇌나 기운, 근육은 모두 상호 연계되어 이루어진다."[41] 모두 가물가물 형체는 없지만 환하게 드러나는 운명의 속박 속에서 중생은 본래 하나이다. 그래서 한 사람에게 허물이 있으면 중생은 모두 잘못이 있다. 불학은 종교로서 일반적인 이성적 사고나 사회 분석과는 같지 않다. 그것은 시종 보편적 인성에서 시작해서 인성의 일반으로 사회적인 개체를 대체하려고 시도한다. 그것이 강조하는 점은 고통을 받는 사람만이 아니라 책임을 지는 사람이다. "겹은 마음이 형성한다." '마음'은 개체의 마음이 아니라 전체 인간의 보편적인 마음이다. 단지 개인의 마음에서 실행되고 표현될 뿐이다. 그래서 개인이 숙명을 개혁할 방도가 없다고 하더라도 그는 보편적인 숙명을 벗어날 길이 없다.

화엄종에서는 현상 세계의 사물 하나하나가 모두 진심의 전체라고 생각했다. "하나의 티끌이 끝없는 세계를 낳는다"는 말은 이렇게 풀이한다. "하나하나 터럭 가운데 가없는 사자(師子)가 있고, 다시 그 사자의 터럭에 이 끝없는 사자가 있다. 다시 하나하나 터럭 안으로 들어간다."[42] 생명은 결코 개체에 속하지 않는다. 본체-'대생명'의 현현이다. 중생의 고난, 세계의 겹운, 한 사람 한 사람과 서로 관계하지 않는 게 없다. 깨달음이 여기까지 미치면 개인은 "스스로 깨닫고 다른 사람을 깨우쳐 주고", "스스로 이롭게 하고 남도 이롭게" 해야 한다. 게다가 해탈하는 것은 개인이 아니라 일체 중생이다. 중생의 해탈이 없다면 개인의 진정한 해탈은 불가능하다. 수행을 통해서 가장 높은 경계에 도달했을 때, 개인은 열반에 상주할 수 없다. "이 경지를 증득하면 한결같이 적멸의 경지로 나아갈 수 없다."[43] 무량한 중생들이 겹운 중에서 고난을 받을 때 "나는 10만 인을 위해서 다리가 되어 모두 나를 밟아 건너가게 할 것이다".

불학의 이와 같은 추상적인 '중생' 관념은 어떤 개인이라도 전체와 떨어져서 개체의 해탈이나 구제를 구하는 것을 불가능하고 부당하게 한다. 숙명 의식에서 전환된 사명감은 피할 수 없는 보편의 필연성을 가지고 있었다. 일반적으로 "종교는 근본적인 전변(轉變)을 실현하는 하나의 수단"[44]이라고 생각한다. 그래서 이런 종류의 전환을 거쳐서 사람들은 자신의 생활을 그들이 생각하기에 가장 가치 있는 생활 수준에 도달하게 하고 가장 믿을 만하고 심오한 궁극의 관심을 체험한다고 생각한다. 불학이 이런 전환을 완성하는 핵심은 바로 숙명 의식에 대한 체득이다. 그래서 "저[탄쓰퉁]는 이미 마음의 근원을 깨달았습니다. 아울러 마음으로 일체의 고통받는 중생들을 제도하고 마음으로 이 세상을 구하고자 합니다."[45] 탄쓰퉁의 저술과 서신에서 여러 차례 그가 숙명 의식을 받아들인 후에 사상이 크게 바뀌었다고 적고 있다. 이후 그는 한 면으로 철저하게 분노하기도 했지만 동시에 큰 서원을 세워 사회를 개혁하고 중생을 구제하고자 했다. 시름은 짙고 투지는 단단했다. 용맹정진의 무외(無畏) 정신은 충만했다. 다른 한편, 마음의 깊은 곳에서는 이런 비참한 세계와 본질상 동일하다고 느꼈고, "어떤 중생이 불성이 없겠는가? 머리카락 한 가닥만 당겨도 온몸을 움직인다"[46]고 생각했다. 불학을 공부한 이후 그의 정신 경계에 대해서 다음과 같이 자술하고 있다.

난민이 하는 여러 가지 짓들을 보니 두렵게도 지난해 고향의 재난에 생각이 미쳤습니다. 다행스럽게도 어떤 사람이 보존했기 망정이지, 그렇지 않았다면 대란이 곧 일어나서 참혹함이 이 정도에서 그치지 않았을 것입니다. 진압한 이들의 공덕이 참으로 무량합니다! 그리고 스스로 생각하기에 행복하고 여유롭게 살면서 저런 고통을 받지 않았습니다. 무슨 우열의 차이가 있어서 이토록 상황이 다를까요? 형편이 낫다고 즐기기만 한다면 이 얼마나 후안무치한 짓이겠습니까. 이내 다시 대비심을 내어서 중생을 구할 것을 서원하고, 힘 닿는 데까지 진력하겠습니다.[47)]

'자아'가 비록 난민 속에 있지도 않고 이런 고통을 받지도 않지만, 중생으로서는 근본적으로 동일하고 운명 또한 상통한다. '자아'와 다른 사람 사이에 거리와 차별은 존재하지 않는다. 내가 '그들'을 구하는 게 아니라 중생을 구하고 자신을 구하는 것이다. 중생의 운명은 바로 나의 운명이다. 이런 종류의 '구제'는 불경을 읽거나 법을 설하고 불사(佛事)를 하는 게 아니라 적극적 태도나 굳건한 행동으로 사회 개조에 참여하고 구체적인 민생 문제를 해결하는 것이다. 꼭 주의해야 할 것은 탄쓰퉁의 변법은 '위에서부터 아래로' 진행된다는 점이다. 하지만 그의 변법 사상은 무수한 하층 민중의 고난을 관찰하고 직접 체험하면서 심화되고 축적되면서 형성된 것이다. 그의 문집에서 구체적 사회 현실의 폭로와 묘사 그리고 추상적인 인생 비극의 불학 관념은 함께 융합된다. "다른 사람을 구하는 일 외에 할 일은 아무것도 없습니다. 중생을 제도하는 것 바깥에 불법은 존재하지 않습니다."[48)]

탄쓰퉁이 보인 사명감의 특징은 이런 것이다. 숙명 의식이 실제 생활 가운데서 변화와 구제의 가능성이 전혀 없음을 인정한다. 그렇다면 사명을 완수하기 위해서 의지할 수 있는 것은 단지 주관 의지뿐이다. 숙명론이 격발하고 전환한 사명감은 반드시 의지에 호소해야 한다. 의지는 바로 『인학』에서 제기한 '심력'이다. 탄쓰퉁이 한 순간도 잊지 않은 '심력의 강화'와 '마음으로 세상을 구한다'는 구호는 바로 의지를 선전하는 것이며 주관 의지로 보편의 숙명을 돌파하는 것이다. "심력을 무한히 증폭하면 세상의 모든 간교한 마음을 어렵지 않게 제거할 수 있을 것이다."[49] 오직 심력이 있어야 죽지 않고 중국이 멸망하지 않으며 중생도 희망이 있을 것이다. 의지 또한 의지가 있어야 유일한 희망의 별일 수 있다. 불학입세가 현실적인 역량을 갖는 까닭도 그것이 주체의 의지를 배양하고 환기하기 때문이다.

심력을 증폭할 수 없으면 차라리 마음을 강구하는 학파를 설립하거나 불가에서 말하는 본원력을 전심으로 공부하는 편이 낫다. …… 각 종교의 교주는 모두 범부의 생각에서 출발하고 홀로 수도하여 그 종교를 만들었다. 심력의 실체는 자비보다 큰 게 없다. 자비는 내가 다른 사람을 평등하게 바라보는 것인데 그래서 나는 두려움이 없고, 다른 사람이 나를 평등하게 바라보기 때문에 그 또한 두려움이 없다. 두려움이 없으면 속임수를 쓰는 일이 없다. 부처는 일명 '대무외'(大無畏)이다.[50]

탄쓰퉁은 마음〔心〕과 의식〔識〕을 혼용하고 심성론과 의지론을 소통시켰다. 그는 이렇게 자비·평등의 전통 불학이 주조한 두려움 없는 주체 의지를 이용하여 근대 중국 혁명에 종사하려 했다. "사람은 모름지기 주체할 수 없을 정도로 분출하는 기운이 있고 나서야 어떤 행위를 할 수 있다."[51]

사실 분출하는 기운이 있어야 할 뿐 아니라 살신성인의 희생 정신도 필요했다. 탄쓰퉁은 "지금 중국은 신구 양당이 요란하게 떠들어 대고 피를 흘리며 싸우기 때문에 바야흐로 부흥의 희망이 있다. 그렇지 않으면 중국 민족은 정말 망하고 말 것이다. 부처는 마왕 파순(波旬)에게 '오늘은 단지 누가 가장 용맹한지를 볼 뿐'이라고 하였다."[52] 어르신께서 죽지 않고 살아 계신 데다 폭풍우 속에서 요동치고 있는 중국은 누군가의 유혈을 필요로 했고, 누군가의 죽음을 필요로 했다. 그렇지 않으면 그저 소리 없이 사라지는 수밖에 없었다. 희생은 한 시대의 선구적 숙명 의식으로 전환했다. 탄쓰퉁은 일찍부터 죽음을 준비했다. 심지어 죽음을 희망했다. 황런위(黃仁宇, 1918~2000)는 "캉유웨이와 량치차오의 백일유신이 실패한 후에 탄쓰퉁은 스스로 희생을 원했다. 이미 장기적인 유혈은 피할 수 없음을 꿰뚫고 있었다"[53]라고 말했다. 탄쓰퉁은 결국 번쩍이는 칼날 아래로 목을 내밀었다. 그는 새로운 시대의 희생자가 되었다. "내가 지옥에 들어가지 않으면 누가 들어가겠는가?"라는 불학 정신을 완벽하게 총결하고 몸소 실현했다.

탄쓰퉁의 죽음은 근대 변혁운동에 고귀하고 신성한 품격을 부여했다. 카프카는 "순교자가 없으면 어떠한 운동도 계산기나 두드리는 이익집단으로 탈바꿈한다"[54]고 말했다. 캉유웨이, 량치차오, 탄쓰퉁을 지도자로 하는 최초의 근대 개혁가들은 사회 체제의 변혁을 통해서 중국의 진보를 추동하였고 인민의 이익과 역사의 발전 방향을 대표했다. 하지만 변법혁명이 시대의 주류가 되었을 때, 혁명은 곧 이익집단의 깃발이 되었다. 언제나 대중을 이야기하면서도 개인의 이익을 일삼는 혁명가들의 분쟁은 나중에 장타이옌이나 슝스리 등 혁명가들이 불문에 들어선 중요한 계기가 되었다. 또한 불학입세가 해결해야 할 주요한 문제 중 하나였다.

탄쓰퉁 생전에는 이런 문제가 심각하지 않았다. 하지만 그는 하나의 신념 때문에 생명까지도 아까워하지 않을 때라야 자신의 순수와 정의를 증명할 수 있음을 또렷하게 인식했다. 이것이 전통 불학이 키운 근대 이상의 꽃이었지만 유학이 '할 수 없음을 알고서도 하는 것'이나 심학이 '정신을 수습하여 스스로 주재자가 되는 것'에 비해서 훨씬 진한 비극성을 가지고 있었다. 여기서 불학입세는 의지를 통해서 사회를 구하거나 도덕을 통해서 사회를 구하는 것이다. 탄쓰퉁 이후 한 방면으로는 "일반 청년 지식인들이 한 차례의 정변에 자극받아 속박되고 마비된 삶 속에서 깨어났고 중국 혁명도 빠르게 새로운 길을 걷기 시작했다".[55] 다른 방면으로는 불학은 신속히 정치 무대로 걸어갔고 혁명가들은 그것을 이용하여 신념을 북돋우고 품행을 연마했다. 아울러 그것은 20세기 중국 사상사에서 독특한 궤적을 남겼다.

특별히 지적할 만한 것은 탄쓰퉁의 짧고 장렬한 생애가 영원히 후인들의 존경을 받을 만하지만, 유혈을 통해서 중국을 철저하게 개조해야 한다는 정치 주장과 의지주의 그리고 정신 혁명 등 불학에서 유래한 문화 관념이 현대 중국에 미친 영향을 무조건 표창해야 할 것은 아니다. 다시 자세히 살펴볼 필요가 있다. 진정으로 역사주의를 통해 해석함으로써 중국의 민주 사회 및 시민 정치의 실현을 추진해야 한다.

7장 _ 무신교의 건립

탄쓰퉁은 『인학』뿐 아니라 장렬한 죽음을 통해서 불학이 근대 중국에서 가질 수 있었던 적극적인 의의를 크게 선양했다. 그의 뒤를 이은 혁명파 장타이옌은 의식적으로 불학을 이용했다. "중화를 광복하는 데 저들과 우리의 세력이 서로 같지 않다. 그래서 우승열패의 관념은 이미 사람들의 마음속 깊이 박혀 있기 때문에 이해를 고려하지 않고 죽음을 달게 받아들이지 않는 이라면 분연히 일어날 수가 없다. 일어나더라도 지속할 수가 없었다."[1] 그의 '무신교'는 바로 불학으로 혁명가의 사상을 개조하고 통일하고 혁명의 종교를 건립하는 것이었다. 그것은 합리성을 시작으로 하고 철저함을 특징으로 삼는다. 근대 사상의 풍운 속에서 중요한 역할을 담당했다.

도덕무아

해탈과 출세를 이야기하는 생명 철학으로서 불학은 개인의 체험을 필요로 했다. 장타이옌은 본래 불학과 아무런 인연이 없었다. 그가 계승한 고문경학파는 대체로 불교를 신앙했던 금문경학파와는 완전히 달랐다. "서른 즈음에 쑹핑쯔(宋平子, 1862~1910)와 교류했는데 핑쯔가 불서 읽기를 권했다. 하지만 전념해서 공부해 본 적은 없었다."[2] 장타이옌은 『쑤바오』 사건'* 때문에 1903년에서 1906년까지 감옥에 갇혀 있었다. 그는 특수하고 고통스런 환경에서 『유가사지론』, 『성유식론』 등 불교 서적을 읽었다. "새벽까지 경론을 읽다가 대승의 교의를 깨달았다."[3] "불학을 공부하면서 3년의 근심이 해소됐다."[4] 확실히 불학은 영어의 생활 중에 있던 그로 하여금 정신의 자유를 깨닫게 했다. "세상에는 완전히 순수한 자유란 없다. 또한 순수한 의미의 부자유도 없다. 비록 죄수나 노예의 처지에 있더라도 오히려 자유를 상실하는 일이 없다. 무엇 때문일까? 죄수나 노예는 다른 사람들에게서 핍박받는 이들이지만 세상에는 실제 핍박하는 일이 없다. 만약 핍박을 당하더라도 죽음으로써 그것을 거부하면 그들이 핍박하더라도 아무런 소용이 없다."[5] 노예도 자유로울 수 있다. 이것은 자못 사르트르(Jean Paul Sartre, 1905~1980)의 명언과 비슷하다. "사람들은 자유 그 자체 외에 나의 자유 가운데서 어떠한 제한도 발견할 수 없다."[6] 당연히 장타이옌이 불학을 공부한 것은 사르트르의 자유 본체론과는 거리가 있고, 단지 탄쓰퉁이 말한 "진정으로 찢어 버릴 수 있다면 자연 그물도 없다"는 것과 동일한 심리 체험에 불과하다.

하지만 필경 새로운 역사적 상황에 처했을 때 근대 최초의 정당 혁명의 조직자이자 사상가로서 활동한 장타이옌은 개인의 체험으로

---

* 1903년 쩌우룽과 장타이옌이 잡지 『쑤바오』(蘇報)에 청 정부를 비난하고 혁명을 선동하는 글을 실었다가 체포된 사건. 쩌우룽은 감옥에서 사망했고 장타이옌은 3년을 만기 복역 후 1906년 출옥했다.

불학이 정치나 혁명에 대해서 특수한 정신 작용을 할 수 있음을 발견했다. 탄쓰퉁의 고독한 그림자 뒤로 일군의 급진분자와 혁명가들이 이미 전제 정치와 공개적으로 대립했고, 정치 혁명과 무장 투쟁의 길을 걸었다. 혁명은 실질적으로 세기가 교차하는 시기에 사회의 주된 사조가 되었다. "10만의 목숨을 기꺼이 바쳐서라도 반드시 중화의 역량을 되찾아야 한다."(추진秋謹의 말) 혁명을 따라 온 것은 실패, 피옥, 희생이었고 혁명자의 절망, 침통, 변절이었음은 의심의 여지가 없다. 이런 것들에 대해 장타이옌도 느끼는 바가 무척 컸다. "세간의 여러 가지 일들을 거치면서 걱정은 점점 많아진다. 눈으로 본 거나 귀로 들은 것이 중심을 흔들고 조직을 와해시킨다. 세상이 모두 이러하니 옛날의 경고를 떠올리며 두려움을 가슴에 새긴다."[7]

장타이옌은 "도덕의 몰락이 혁명이 실패한 근본 원인"[8]이라고 생각했다. 무술변법과 경자년(1900)의 정변은 모두 혁명당인의 부도덕이 초래한 것이다. 「혁명 도덕설」, 「신당을 경계하는 글」 등의 문장은 혁명당인의 이기심, 경박함, 권력 지향, 시기심, 교활 등을 조금도 거리낌 없이 폭로했다. 그는 고염무의 말대로 부끄러움을 알고〔知恥〕, 경박하지 않고〔重厚〕, 강직할 것〔耿介〕──여기에 그 자신이 '확고한 믿음'〔必信〕을 첨가했다──을 제창함으로써 혁명 도덕을 건립하고 혁명 대오의 순수성과 도덕성을 유지하려 했다. 그는 "혁명의 대사가 위험에 처하면 서슴없이 혼자 나아가서 인민에게 목숨을 구해야" 세상을 바꿀 수 있다고 생각했다. 장타이옌은 독서인 집안에서 태어났고 혁명운동에 몸담기 전에는 전통 문화의 영향을 강하게 받았다. 지식형 혁명가로서 그의 사상은 짙은 국수(國粹)주의 색채를 띠고 있다. 어떤 면으로는 청조를 전복하고 중화를 광복하려는 생각이 확고했지만, 또 다른 면에서는 도덕 이상이나 인격에 대해서도 결코 흔들리지 않았다.

실제 장타이옌이 신중하게 제출한 혁명 도덕의 문제도 근대 정치 사상사의 핵심 문제 중 하나이다. 이른바 혁명은 현존하는 사회 체제의 철저한 파괴와 기존 법규의 유린을 의미한다. 어떤 의미의 혁명을 막론하고 우선은 반규범·반제도의 것이다. 엄격하게 말한다면, 어떠한 혁명 도덕도 없었다. 특별히 사회 하층에서 시작한 중국 혁명에서는 더욱 그렇다.[9] 선각자들이 국가 쇠퇴와 정치 부패의 원인을 통치자들이 보급한 이학을 대표로 하는 강상윤리와 명교에까지 소급했을 때, '이(理)가 사람을 잡는다'는 구도덕과 구윤리에 대한 비판은 그 자체로서 일종의 혁명이었다. 그리고 강제 결혼의 반대나 부친 권위에 대한 반대 등 개인 윤리에 관한 행동까지도 혁명의 의의를 가지고 있었다.

만약 정치의 도덕화가 전통 정치의 통치 전략이었다고 말한다면, 도덕 문제를 정치화하는 것은 오히려 근대 혁명이 반드시 거쳐야 할 길이었다. 문제는 혁명은 대중을 조직하여 공동으로 실천하는 집단 투쟁이라는 데 있었다. 혁명 진영 내부에서는 반드시 모종의 도덕 원칙이 있어야 했고, 제약·약속·규범도 필요했다. 비상 상황에서는 심지어 개인의 희생까지 요구했다. 그래서 한편으로는 전제 윤리에 대항하여 기성의 규범을 거부했지만, 다른 한편으로는 공통의 도덕이나 신념 그리고 인격과 몸가짐이 있어야 서로 어울리고 지지할 수 있었다. 반도덕도 도덕이 필요했다. 이런 이율배반식의 문제가 목표의 일치나 혁명 이상을 부르짖는 데나 조직의 기율을 잡는 데만 그치는 것도 충분하지 않다. 그것은 반드시 주체의 자각을 일깨워야 했다.[10]

혁명을 하면서 도덕이 있어야 하는데 실천에서는 언제나 둘 다 온전히 갖추기 어렵다. 하지만 이론상 이야기하면 혁명은 하나의 숭고한 이상을 위해서 불합리한 사회 제도를 전복하는 격렬한 행동일뿐더러, 어떤 경우 혁명 이상은 도덕 이상이기도 했다. 부도덕한 수단은 그 자체가 그것의 목적과 서로 모순된다. 일반적인 상황에서 사람들은 당연히 혁명 대오가 고상한 도덕 품격을 가지길 기대한다. 혁명 과정에서 발생한 어쩔 수 없는 위법 행위를 보고서 사람들은 언제나 도덕 수준의 높낮이로 그것이 합리적인지 아닌지 판단한다. 혁명은 부도덕하고 비도덕적이다. 하지만 바로 혁명만이 도덕의 의미를 크게 부각한다. 그것이 없다면 혁명은 장차 감화력이나 타오르는 이상을 상실하고 말 것이다.

이것은 곧 종교를 부른다. 윤리학은 정상적인 상태에서 이루어지는 사람들의 관계 속에서 '당위'를 연구한다. 마키아벨리 이후 정치학은 이미 도덕과는 분리되었다. 그래서 종교적 신념 위에서만 혁명 도덕을 건립할 수 있었다. 대규모 혁명은 거의 모두 일종의 종교적 신념 혹은 그것에 준하는 신념을 가지고서 정신의 동력이나 도덕적 정당성을 확보했다. 그래서 장타이옌의 사상 가운데 전통적인 도덕주의 성분이 있다고 하더라도, 그가 혁명 도덕을 열심히 이야기할 때 결코 유학의 옛 가르침을 반복하지는 않았다. 매우 분명한 것은 그가 투신한 혁명은 바로 이런 유가 윤리가 의지하고 있던 정치 질서에 대적함으로써 초래됐다는 사실이다. 전통 윤리를 무시하고 전통의 질서를 파괴하는 그런 혁명가들의 입장에서 말하자면, 종교로써만 결속시킬 수 있었다.

장타이옌은 인도의 혁명 과정에서 국민을 단결하고 의지를 북돋우는 면으로 불교가 행한 역사적인 작용에 깊은 인상을 받았다. 중국의 역사에서 "옛날 한나라의 유씨 정권이 쇠망하자 유학은 폐지되었고, 백성의 도덕은 날이 갈수록 척박해졌다. 불교의 전래에 힘입어 세상을 보호하니 백성들은 다시 진실해져서 당나라의 번영을 이끌었다. 송나라 때에 이르러 불학의 활동이 미약해지자 인심은 다시 흉흉해지고 끝내 오랑캐에게 병탄되었다.”[11] 불교의 흥성이 백성의 도덕을 교화하는 데 확실히 도움이 되었는지는 논의를 해봐야 하겠지만 장타이옌의 이해에는 충분한 근거가 있다. 앞서 탄쓰퉁이라는 모범적인 인격이 있었고 뒤에는 장타이옌 자신의 실질적인 체험이 있었다. 모두 불학이 인심과 결합했을 때 가지는 거대한 효과라고 말할 수 있다.

불학은 윤리학이 아니다. 하지만 그것이 심성론이든 아니면 해탈론이든 간에 모두 개인이 능동적으로 자신의 이해타산에 대한 고려를 폐기하고 각종 이기적 욕망을 제거함으로써 청정한 본성으로 복귀하기를 요구한다. 이를 장타이옌은 한순간도 잊지 않았다. 이런 심리적 기초 위에 심학의 독립적인 주체 정신과 과감한 실천의 사명 의식은 비로소 대공무사(大公無私)의 혁명 활동으로 승화됐다. “국민 도덕의 피폐가 오늘날 이리도 심하니, 주공이나 공자의 가르침도 다시 도덕을 회복할 만한 역량이 없다. 이학도 세상을 보호할 수 없다. 학설은 나날이 새로워지고 지식은 확장된다. 경쟁을 주장하는 사람은 정법〔불법〕을 해치는 경우이고, 공리를 주장하는 사람은 순세외도*에 해당한다. 악성(惡性)의 지식이 심화될수록 도덕은 날로 피폐해진다. 잘못을 바로잡으려는 사람은 종교를 없앨 수 없다는 사실을 문득 깨닫는다.”[12] 종교가 있어야 “이익 추구를 억제하여 일종의 사회 이상으로 확장할 수 있고”(엘리아데) 통일된 행위 규범과 비교적 높은 도덕 수준을 가질 수 있다.

---

* 순세외도(順世外道). 초기 불교에서 비판한 여섯 외도 가운데 하나로 업보나 도덕을 부정하고 오로지 현세의 감각적 쾌락만을 추구했다.

어떤 종교든지 모두 선명한 윤리적 의의를 가진다. 모세의 법전에서는 종교와 도덕 그리고 법률상의 의무는 하나님의 법칙으로서 질적으로 완전히 동일하다. 고금을 통틀어 어떠한 도덕이든지 모두 종교적 배경을 가진다. 만약 도덕이 대중의 자아 입법이라고 한다면 종교는 오히려 이런 입법을 인간을 초월하는 신적인 의미로 해석한다. 그리하면 그것이 보편적이고 초월적인 강제성을 띠게 되어 개인이 자발적으로 동의하고 능동적으로 준수하게 된다. 일반적으로 말해, 서방의 종교는 하나의 하나님을 신봉하지만 동방의 종교는 우주의 보편 원리와 조화하는 도덕 가치를 강조한다. "도덕과 종교는 보기에 하나의 사물이 가지는 두 가지 측면이다. 한 개인의 의지나 행위가 완전한 선을 추구할 경우 그는 도덕적이고, 그의 감정이나 신앙 그리고 희망을 지고(至高)한 존재가 지지할 경우 그는 종교적으로 경건하다."13) 좀더 진지하게 말하자면, 종교의 도덕적인 의의는 결코 하나님(혹은 기타의 지고한 존재)의 권위가 부가한 제한이 있을 때라야 우리가 정당한 행위를 할 수 있다는 의미는 아니다. 그 의의는 선험적으로 구성된 원천과 원칙에 바탕을 둔 기본적인 윤리 신념에 있다. 그것은 일종의 역량으로서 인간 존재의 근본을 확립하고 아울러 정신의 깨달음과 삶의 경계를 개척할 수 있다.

이런 이유 때문에 어느 종교가 구체적인 윤리를 포함하고 있더라도 종교가 도덕에 대해 갖는 결정적인 의미는 그것이 '사람은 마땅히 어떻게 살아야 하는가' 라는 근본 문제에 방향을 규정하는 데 있다. 그래서 전통적인 도덕 가치에 위기가 발생하여 기본적인 규범을 전환해야 할 상황에 처했을 때, 종교는 다시 한번 요청된다. 더욱이 종교의 보편적인 의미가 사라진 근대 사회에서는 어떠한 종교 부흥의 내막도 모두 도덕에 대한 관심 때문이다. 또한 그것의 의미는 세속화한 근대 세계에서 적나라하게 드러난 개인주의와 약육강식의 반윤리적 욕망을 제약하고 인간의 궁극적인 관심을 다시 건립하여 인간의 신앙을 통일하고 상대주의와 다원화의 사회 이상을 위한 보편적이고 절대적인 가치 형식을 제공하는 데 있었다.

장타이옌이 제기한 혁명 도덕의 기본 노정은 불학을 통해서 개체 자아를 깨뜨리는 것이다. 탄쓰퉁의 불학에서도 '아집'〔我執, 자아에 대한 집착〕을 깨뜨리는 문제를 상당히 중시했다. 하지만 이기적인 개인아를 제거하기 위해서 신비한 정신아인 '심력'를 심하게 과장했다. 장타이옌의 불학에서 '아'(我)는 기본적으로 법상(法相)의 분석을 통해서는 해체되고 마는 '환상'이다. 이것이 유의지주의(唯意志主義)에서 도덕구세주의에 이르는 전환이다. 장타이옌의 많지 않은 불학 논문 가운데 '아'의 해체에 대한 것이 주요한 내용을 이룬다. 그는 법상의 교의로써 철학적인 '아'와 상식의 '아'를 구분했다. 전자는 당시 유행한 피히테, 쇼펜하우어 등의 '신아론'(神我論), 즉 '아'를 독립 자재하는 실체로 보는 것이다. 장타이옌은 이것은 불학에서 말하는 변계소집자성*에 해당하고 '사견'(邪見)에서 발생한 '분별아집'(分別我執), 즉 인식 활동의 산물을 실제로 존재한다고 여기는 것이라고 생각했다. 「인무아론」(人無我論)에서는 '자아' 본체론의 열 가지 내재 모순을 지적했다. 후자인 상식의 '아'는 불학에서 말하는 '의타기자성'(依他起自性)에 해당한다. 인

---

* 변계소집자성(遍計所執自性). 불교 유식학에서는 존재를 세 가지 양태로 드러난다고 한다. 이것을 삼성설(三性說)이라고 한다. 불교에서는 일체는 서로 의지하여 발생하고 존재한다고 말하는데 이것이 바로 의타기자성(依他起自性)이다. 그런데 이런 존재에 대해 그것을 실체화하여 집착하는 경향이 있는데 그럴 때 사물은 변계소집자성이다. 이와 달리 존재가 본질적인 무실체이며 집착할 게 없다는 사실이 원성실자성(圓成實自性)이다.

연화합에 의해 생겨난 결과물로서 그것의 이른바 '본질'은 수많은 조건에 의해 규정되기 때문에 상대적인 존재이고 현상적으로 있는 듯하지만 실질적으로 존재하지는 않는다.

'아'는 진실한 존재가 아니기 때문에 모든 개인의 이기적 고려나 욕구는 곧 아무런 의의가 없다. 장타이옌이 건립한 혁명 도덕은 구체적으로 각종의 사회 관계와 인간 관계를 연구했거나, 혁명운동 과정에서 개인이 향유해야 할 권리나 담당해야 할 의무를 분석한 것은 아니다. 그것은 '아'의 제거를 전제로 했다. 이것은 선구자들이 살신성인하는 고상한 정신을 표명한 것이며, 객관적으로는 근대 혁명에 필요한 사상 계몽이 결핍되었고 공공의 도덕과 개인의 도덕이 분명히 구분되지 않았고 권리와 책임의 통일이 어려웠기 때문에 '무아'에 이르러서야 도덕이 존재할 수 있음을 보여 준다.

이 사상은 량치차오의 「무아를 말한다」(說無我)를 통해서 좀더 보충할 수 있다. 량치차오는 "이른바 무아는 본래 존재하는 자아를 없다고 우기는 게 아니다. …… 실제 완전히 주관적인 독단론에서 벗어나서 과학적인 분석법을 사용하여 자아는 결코 존재하지 않는다는 사실을 밝힌다." 여기서 '과학'은 불학의 '오온개공'**의 원리이다. "우리가 인식하는 '아'는 심리적 활동 과정의 환영에 불과하다. 그것의 본체를 탐구하지만 전혀 알 수 없다." 당연히 '오온은 모두 공'이라는 원리는 결코 진짜 과학이 아니라 도덕 논증의 요구였다고 말해야 한다. "'아'의 병폐는 '아애'(我愛)와 '아만'(我慢)에 있지만 그것이 성립하게 된 까

** 오온개공(五蘊皆空). 불교에서는 인간은 육체[色]·느낌[受]·표상[想]·의지 작용[行]·판단[識] 등 다섯 요소[五蘊]로 구성된다고 말한다. 대승불교에서는 이 다섯도 비실체[空]임을 주장한다.

닭은 '아견'(我見)에 있다." '아'가 있어서 '타'가 있고, 그래서 "나의 몸, 나의 처자, 나의 가정, 나의 재산, 나의 고향, 나의 집단, 나의 계급, 나의 국가, 이와 같은 갖가지를 나 혹은 나의 것이라고 여기고 그래서 그것을 아낀다. 다른 몸, 다른 가족, 나아가 다른 계급, 다른 국가는 나나 나의 것이 아니기 때문에 대립하고 욕심, 질투, 속임수, 도둑질, 다툼을 일으킨다." 량치차오는 장타이옌과 마찬가지로 '무아'를 일체 도덕의 절대적 기초라고 간주했다.[14]

이학은 적당한 인욕을 인정하고, 도가는 '스스로 적절함'을 추구한다. 불학에서 말하는 '무아'로써만 일체를 돌파하고 해탈하여 번뇌의 세계에서 벗어날 수 있다. 해탈이라는 이상과 혁명 도덕의 거리는 물과 불의 관계와 비슷하다. 하지만 자아 중심과 개인주의를 깨뜨리려고 하기 때문에 출발점은 일치한다. 그래서 불학의 '무아'로써 혁명 도덕을 건립하는 것은 불학입세가 가능한 방식이다. 종교학자들은 "종교가 줄곧 이토록 강한 법칙화의 역량을 가지는 까닭은 그것이 지속적으로 역량을 가지고 있기 때문이며 아마도 가장 유력한 변이 능력 때문일 것이다"라고 말한다.[15] 장타이옌이나 량치차오를 막론하고 이 점에 대해서는 분명히 자각하고 있었다. 혁명 사업을 완수하기 위해서 반드시 먼저 철저하게 '자아'를 한 번 변이시켜야 했다. 혁명 자체는 목적이 되었지만 자아와 인성은 반대로 수단이었다 ── 혁명의 도덕은 사람들에게 조금의 여지도 남기지 않았다. 이것은 분명 혁명운동이 저조한 시기의 슬픔과 분노였다. 또한 그것은 근대 혁명이 지불한 엄청난 대가를 보여 주고 있다. 후인들이 깊이 생각해 볼 만한 것은 혁명을 위해서 중국인은 너무 많은 것을 지불한 것은 아닌가 하는 거다.

무신교

장타이옌이 불학의 응용을 중시한 것은 비록 도덕상의 고려에서 출발했지만, 탄쓰퉁이 직접적으로 숙명을 체현하고 심신을 전환하여 불교 신앙을 개인의 실천으로 전환한 것과는 다르다. 장타이옌은 바로 전체 근대 사회의 세속화 추세와 근대 문화의 이성 정신, "근대 학술은 점점 실사구시의 길을 걷고 있다"[16]고 보았다. 불학입세도 반드시 그것에 상응하는 합리성을 갖춰야 했다. '무아'는 하나의 인자이다. 여기서 출발한 장타이옌은 전통 불학의 이성 정신과 논리 형식을 통해서 근대 혁명이 필요로 하는 '무신교'를 구축했다.

중국 불학은 광대한 가르침의 바다이고 이론은 매우 엄밀하였으며 유파가 매우 번다했다. 합리적인 논증도 있지만 허무맹랑한 주장도 있었다. 탄쓰퉁은 일찍이 "불학 중에는 엄밀한 것은 지극히 엄밀한데, 허무맹랑한 것은 지극히 황당하다"[17]고 지적했다. 황당한 것 중에는 윤회설이나 천당·지옥에 관한 이야기 및 갖가지 미신도 포함된다. 하지만 탄쓰퉁이 비록 비판을 했다 하더라도 엄밀한 이론에 집중한 것은 결코 아니었다. 그가 집중한 것은 '널리 중생을 구한다', '마음으로 세계를 구제한다'는 구세의 격정이었다. 불학이 논리적인 합리성을 가졌는지는 탄쓰퉁의 입장에서는 여전히 문제가 아니었다. 하지만 장타이옌은 탄쓰퉁의 개인 경험이 혁명 종교로 전환하는 것을 생각하더라도 이 점을 방치할 수는 없었다.

한 방면에서는 장타이옌이 일본에서 유학을 했기 때문에 근대 문화와 과학적 방법론에 대해서 비교적 정확히 이해하고 있었고, 다른 한 방면에서는 장타이옌의 불교 신앙도 독특한 개인 경험이 있었기 때문이다. 보다 주요한 것은 불학을 이용해서 도덕을 유지하고, 혁명을 조직하려고 했고 비교적 큰 집단(혁명당)에서 보편적으로 유통될 만한 일정한 설득력과 믿음이 필요했다. 그래서 그가 계승하고 발휘한 것은 주체의 신념과 책임을 과장하는 화엄종이 아니라 명상(名相)의 분석과 논리 추론을 장기로 하는 법상종이었다.[18] "명상을 분석하는 데서 시작해서 명상을 배제하는 것으로 마친다. 학문에 들어서는 방법이 내가 평생 행한 박학(樸學)과 흡사하여 쉽게 적응했다."[19] 핵심은 명상의 분석과 고문경학의 실사구시라는 '계기'가 아니라 법상종 체계의 정치함과 논증의 엄밀성이 근대의 문화 정신에 훨씬 접근했다는 사실이다. 장타이옌은 분명히 밝히고 있다. "현대를 살면서 종교를 건립하려는 사람은 모든 존재 가운데다 제멋대로 그 하나를 가지고 신이라고 억지 주장해서는 안 된다. 모든 존재 위에다 허무맹랑하게 어떤 하나를 세워서 신이라고 해서는 안 된다."[20] 신은 없지만 교의는 있고, 신비한 체험과 정서적 감응이 아니라 논리의 전개와 이성적인 분석에 의지했다. 법상종은 여기에 사유의 모형을 제공한다. 소극적인 면에서 이야기해 보자면 그것은 갖가지 유신론을 파괴할 수 있었고, 적극적인 면에서 보자면 그것은 무신교를 창조할 수 있었다.

파괴와 창조는 동일한 과정의 두 측면이다. 장타이옌은 종교의 건립은 '위로는 진리를 잃지 않고 아래로는 백성의 도덕에 이익이 된다'[21]고 생각했다. 유신론은 이 두 가지 표준과 어긋난다. 우선 그것의 기본적인 가설과 과학적 검증은 충돌한다. 장타이옌은 확실히 믿을 만한 지식은 세 가지의 인식(三量)을 포함한다고 생각했다. 그 세 가지는 첫째는 외물에 대한 감각(現量)이다. 둘째는 자아에 대한 검증(自證)이다. 셋째는 이성을 통한 합리적인 추론(比量)이다. 유신론은 이 세 인식

유형에 모두 상응하지 않고 '거짓으로 명칭을 이야기하지만' 믿을 만한 게 못된다. 또한 유신론은 도덕에 해를 끼친다. "유물론은 평등에 가깝지만, 유신론은 오직 하나의 지고한 존재를 섬기기 때문에 평등과 완전히 분리된다. 중생을 평등하게 하려면 어쩔 수 없이 유신교(론)를 깨뜨려야 한다."[22] 법상종은 비교적 자세하게 명상과 사실을 분석하고 엄격하게 논리를 전개하는데 이것이 '위로는 진리를 잃지 않는다' 는 것이다. 또한 법상종은 삼자성(三自性)으로 '두 가지 집착' 〔二邊執〕을 깨뜨리고 각종의 유신론을 비판하고 아뢰야식의 본체를 추출하여 중생이 평등하게 한다. 이것이 '아래로는 백성의 도덕에 이익이 된다' 는 것이다. 장타이옌의 무신교는 이지와 도덕이라는 이중의 고려를 기본으로 하고, 법상종을 원형으로 삼아서 건립된 혁명 종교이다.

장타이옌은 량치차오처럼 평범하게 불학의 '이성적인 신앙' 을 말하지 않았다. 그는 직접 사상의 내부로 진입하여 법상종의 내재적 맥락을 구체적으로 전개하고 자신의 목적을 위해 활용했다. 법상종의 핵심은 삼자성이다. 변계소집자성은 명언(名言)이나 개념으로 표현된 일체 현상을 각각 자성이 차별된 현실적 존재라고 본다. 이런 명언이나 개념은 본래 주체의 인식 활동의 산물이다. "그것의 명언이 비록 존재하지만 그것의 내용은 전혀 존재하지 않는다." 그래서 그것을 실유(實有)라고 집착할 수 없다. '의타기자성' 의 '타' 는 각종 인연을 가리킨다. 법상의 8식 가운데 제7 말라식과 제8 아뢰야식이 상호 의존하고 '아' 와 '법' 은 모두 특정한 관계 속에서 인연화합하여 형성된 가상이다. 심식이 변현한 '견분' (見分)이고, 마찬가지로 항상 객관적으로 존재하는 실재가 아니다. '원성실자성' 은 또한 진여·법계·열반이라 불리는데 모든 것의 본원이다. "변계소집의 명언 가운데는 자성이 없고, 변계소

집의 명언을 벗어나야 자성이 실재한다." 그것은 불학의 '정지'(正智)가
인식하는 것이지, 이지적인 개념을 통해 파악하거나 묘사할 수 없다.
변계소집성을 배제하고 일체 현상에 대한 허망분별과 잘못된 집착을
없앨 때라야 비로소 일체 현상의 온전한 실상을 획득할 수 있다.

　　삼자성은 인식론에서 출발하여 본체론 탐구로 나아간다. 거기에
는 부정[破]도 있고 긍정[立]도 있다. 어떤 한 방면에서는 "철학이나 종
교를 말하는 사람 가운데 하나의 존재를 상정하여 본체라고 간주하지
않는 경우가 없다." 그래서 원성실성을 본체라고 여긴다. 다른 방면에
서는 변계소집자성은 이름뿐이고 실질이 없기 때문에 반드시 배제해
야 한다. 꽤 복잡한 문제는 '의타기자성'이 존재와 비존재 사이에 끼어
있기 때문에 그것을 인식하기가 대단히 어렵다는 사실이다. 본체론상
의 '이변집'(二邊執)은 의타기자성을 인식하지 못하는 데서 연원한다.
장타이옌은 이것에 대해서 상세하게 풀이를 했는데 유식학의 개념을
분석하면서 약간의 근대 지식을 끌어들였다. 그래서 그것의 의미는 더
욱 심오해지고, 비판은 훨씬 힘을 얻게 되었고, 비교적 훌륭하게 유식
학의 정신을 체현했다. 이른바 '이변집'의 하나는 '손감집'[損減執; 존
재하는 것을 훼손하고 없애려는 경향]인데 "존재에 대해서 아무런 이유도 없
이 억지로 비존재로 만들려고 하는 것"[23]이다. 본래 존재하는 것을 허
무로 오인하여 심식의 본체를 손상시키는 것이다. 그것의 원인은
"색·성·향·미·촉 등의 다섯 가지 감각 대상[五塵]과 의식의 감각 대
상[法塵]이 상분(相分)임을 알지 못하기 때문이다. 이들 상분은 모두 아
뢰야식에 의거해서 발생한다. 이 아뢰야식이 있기 때문에 견분과 상분
이 그것에 의거해서 발생한다. 마치 한 마리의 소에 두 개의 뿔이 나는
것과 같다"[24].

만약 단지 대상을 존재로 감각하는 것만 인정하고 주체의 선험적인 인식 범주를 인정하지 않는다면 개별 사물에 대한 감각이 어떻게 전체에 대한 인식으로 확장하는가를 해석할 길이 없다. 그리고 만약 다섯 감각 대상은 거짓 존재이지만 그것이 본체를 가진다면, 의식의 감각 대상도 거짓 존재인데 오히려 본체를 갖지 않는 것은 무엇 때문인가? 인식 능력과 인식 대상이 동일하게 아뢰야식 본체에 의존하고 이것이 저것에 의거한다는 이치를 알지 못하면 "다섯 감각 대상을 공(空)이 아니라고 여기면서 의식의 감각 대상은 공이라고 생각한다". 이 또한 심식의 본체를 손상한 것임을 알 수 있다. 장타이옌은 손감집을 비판했지만 결코 주체의 인식이 본체라고 말하지는 않았다. 오히려 인식도 대상과 마찬가지로 아뢰야식의 파생물임을 이야기했다. 이것은 부정[破] 가운데 긍정[立]이 있는 것이고 부정으로써 긍정을 대신했다.

손감이 있으면 곧바로 증익이 있다. 증익집[增益執; 존재하지 않는 것을 존재한다고 고집하는 경향]은 "무를 아무런 이유 없이 존재로 건립하는 것이다."[25] 손감집이 본체에 대한 부정을 초래한다면 증익집은 본체에 대한 근거 없는 과장을 초래한다. 증익집은 세 가지 전도견(顚倒見)을 일으키는데, 이것들은 인식론 방면에서 갖가지 유신론의 근원이 된다. "신아(神我)를 이야기하는 사람은 불생불멸하는 푸루샤*가 실재한다고 생각한다. 그들의 견해는 아견 때문에 발생한 것이다. 이른바 '아'는 아뢰야식 외에 다른 사물이 존재하지 않음을 알지 못하고 있다. 여기서 아뢰야식은 진실하지만 '아'는 거짓이다. 이 아를 집착하여 본체라

---

* 푸루샤(purusa). 인도 고대 철학의 하나인 상키아(수론數論)학파에서는 불교에서는 인정하지 않는 인간의 영원한 자아를 인정한다. 이것이 '정신'으로 번역되는 푸루샤이다.

고 생각하는 것이 첫번째 전도견이다."[26] 여기서 고대 인도의 상키아
학파와 피히테, 쇼펜하우어의 유아주의가 발생했다. 본체로 오인된 이
'아'에 대한 비판은 장타이옌 '무아론'의 주된 내용이다. 두번째 착오
는 물질을 본체로 보는 것인데 장타이옌은 얼마 안 되는 근대 물리학
지식을 근거로 해서 물질 원소는 무한히 분할할 수 있기 때문에 극미
[極微, 물질의 최소 단위], 에테르, 원자, 전자 등은 모두 '망어'이거나 '가
명'일 뿐이고 물질이 물질이 되려면 심량(心量)의 인식이 필요하다고
생각했다. "견분에 의지해야만 현현할 수 있을 뿐이다", "마음은 진실
한 것이지만 물질은 거짓이다." 이런 거짓된 것을 집착하여 본체라고
여기는 것은 마음의 상분과 견분을 뒤섞는 일이다. 이 전도견은 불학
이 매번 비판한 '법집'*이다. 세번째 전도견은 유신론이다. 장타이옌
은 각종 유신론은 허구의 개념임을 판정했다. "뒤로 물러나서 스스로
자신의 마음을 관찰하여 삼계는 오직 마음이 구현한 것임을 알지 못하
고서 외부에서 그것을 찾으려고 한다. 외부에 신의 이름을 부여하고
그것이 인격을 가진다고 여긴다. 여기서 마음은 진실한 것이지만 신은
거짓이다."[27] 유신론은 만물의 상위에 세계와 독립된 조물주를 임의로
구성하여 숭배한다. 이것은 심리적인 작용이자 숭배이지, 현실적인 근
거를 갖지는 않는다.

　꼭 지적해야 할 것은, 장타이옌이 '이변집'과 세 가지 전도견을 비
판할 때 약간 혼란이 있었다는 사실이다. 「종교 건립론」(建立宗敎論)에
서 그는 이변집을 의타기자성을 알지 못하기 때문이라고 했다. 그런데

---

*법집(法執). 불교에서는 집착을 '아집'과 '법집'으로 크게 나눈다. 아집은 인간이나 사물이
　그 자체로 자아를 가진다는 착각이다. 법집은 적어도 인간이나 사물을 구성하는 물질은 실
　체라는 착각이다.

「인무아론」에서는 증익집의 제1전도견을 변계소집자성을 알지 못하기 때문이라고 했다. 본문에서는 「종교 건립론」을 따라서 논의하였다.

삼자성은 장타이옌 수중에서는 정의의 여신 디케(Dike)가 들고 있는 심판의 칼이었다. 그것의 목적은 유신·유물·유아라는 본체론상의 세 가지 전도견, 특히 유신론을 제거하는 것이었다. 장타이옌은 「무신론」에서 경험과 상식을 결합해서 논리상 저런 것들의 잘못을 폭로했다. 예를 들어서 기독교는 무시무종·전지전능·절대무이·무소불비 등 네 가지 인소로 하나님의 존재를 추론하는데 장타이옌은 번쇄함을 마다하지 않고 저 기독교의 주장이 담고 있는 각종 모순과 이율배반을 지적했다. "만약 만물이 반드시 창조주를 가진다면 창조주 또한 창조주를 가질 것이다. 이것을 끝까지 밀고 가면 무한으로 소급될 것이다. 그렇다면 신이 만물을 창조하는 행위도 다른 존재에 의해 조작된 것이다. 다른 존재 또한 다른 존재에 의해 조작된 것이다. 이것은 논리학에서 말하는 무한소급의 오류를 범한 것이다. 이것으로 판단하면 신이 존재하지 않음을 알 수 있다."[28]

손감집을 깨뜨리는 까닭은 현상은 스스로 본체를 가지고 우주는 반드시 궁극을 가짐을 확인하려는 것이다. 증익집을 깨뜨리는 까닭은 각종 본체론의 오류를 부인하고 본체는 그 자체가 아님을 밝히려는 것이다. 일체 모두 아뢰야식을 본체로 한다는 신종교를 논증하기 위한 것이다. "지금 종교를 건립하려고 하는데 오직 자식(自識)으로 종지를 삼는다. 식이란 무엇인가? 진여(眞如)인데 바로 유식실성이고 이른바 원성실성이다."[29] 여기서 '식'은 소아의 '자식'(自識)이 아니다. 하나님의 천안도 아니다. 항상 변화를 멈추지 않는 자신의 본체가 없는 아뢰야식이다. 그것이야말로 일체 중생의 근본 심식이자 일체 현상의 근원이다. 법상종의 사상 체계에서 아뢰야식은 '장식'(藏識)이라고도 불리는데 능장(能藏)·소장(所藏)·집장(執藏) 세 가지 의미가 있다. 능장은 그것이 8식 가운데 7전식(轉識)이 만들어 낸 제법의 종자(種子)를 포섭해서 함장할 수 있음을 가리킨다.* 소장은 7전식이 각종 현상의 종자를 훈습하여 제8식 가운데에 보관되는 것을 가리킨다. 집장은 그것이 끊임없이 제7식 말라식에 의해 내면의 자아로 집착되는 것을 가리킨다. 법상종은 이렇게 아뢰야식을 이해하기 때문에 이미 선명하게 본체가 무엇인가에 대해 대답을 했을 뿐 아니라 일정한 정도에서는 어떻게 본체는 늘 차단되고 현상은 오히려 오인되는가를 해석했다. 불학의 범위 내에서 비교적 강한 설득력과 합리성을 가지고 있었다.

무신교는 자아 중심을 타파하고 일신(一神)의 통치를 전복한다. 그것은 물질의 속박을 해체하고 아뢰야식으로 본체를 삼는 평등 종교이자 혁명 종교였다.

> 일체 중생은 이 아뢰야식과 동일하기 때문에 대서원을 세울 때 중생 세간을 모두 제도하고 해탈케 하고자 한다. 겁수에 제약받지 않고 미래까지 극진히 한다.[30)
> 무생을 설하지 않으면 죽음에 대해 두려워하는 마음을 제거할 수 없고, 자아(我)와 자아의 영역(我所)을 타파하지 않으면 재물을 숭배하는 마음을 제거할 수 없다. 평등을 이야기하지 않으면 노예심을 제거할

---

* 유식학에서는 우리의 행위가 순간적으로 사라지는 게 아니라 하나도 빠짐없이 기억된다고 말한다. 그것은 마치 씨앗(종자)처럼 심층 의식인 아뢰야식에 보관된다. 행위의 이미지가 연기가 스미듯 아뢰야식에 기억되는 것을 훈습(熏習)이라고 한다. 이 기억이 현실 삶 속에서 표현되는 것을 현행(現行)이라고 한다.

수 없고, 중생이 모두 부처임을 보이지 않으면 물러나려는 마음을 제거할 수 없다. 몸·언어·의식으로 짓는 세 가지 업(業)이 청정함을 거론하지 않으면 덕색심(德色心)을 제거할 수 없다.[31]

중생평등과 만물일체, 이와 같은 만능은 천지를 바꿀 수도 있다. "순수하게 자색인 천연계를 중생의 역량으로써 또한 순청색의 자연계로 변환시킬 수 있다." 장타이옌은 곳곳에서 '중' (衆) 자를 강조했다. 종교를 건립하는 것은 대중을 위한 설법에 다름 아니다. 신이 없으면 사람이 신이 된다. 그는 인식론의 각도에서 재차 탄쓰퉁의 혁명 이상을 기술하고 있다.

인식론적인 분석에 집중하고, 종교를 건립하는 과정에서 이성적인 태도를 강화한 것은 무신교가 탄쓰퉁의 '응용불학'에 비해서 훨씬 '응용'성을 띠게 했다. 만약 사람들이 단지 상이한 주체 경험이나 인격 수준 때문에 탄쓰퉁의 '마음으로 세계를 구제한다'는 행동을 거부할 경우, 그렇다면 이론상 장타이옌의 논증을 반박하지 않으면 안 된다. 그렇지 않으면 '무신교'를 받아들일 수밖에 없다. 당연히 진정으로 희생 정신을 환기하려면 탄쓰퉁이 모범을 보인 '화엄적인 실천'과 장타이옌이 논증한 '유식학의 논리'는 똑같이 필수적이다. 단지 엄청난 희생이 이미 혁명의 숙명처럼 됐을 때, "칼날은 목을 가르지만, 하늘 바라며 웃음 지은" 탄쓰퉁 쪽이 훨씬 담대하고 감동적으로 여겨졌고, 유치하기까지 한 그의 불학이 오히려 장타이옌의 정치한 불학 체계보다도 더 감동을 불러일으킬 수 있었다. 무신교의 의의는 평등 의식을 선전하거나 희생 정신을 고무시킨 것 외에도 불학이 근대라는 공기 속에서 이룩한 자기 변화를 보여 주었다는 데 있다. 사상사의 반역은 이런

불학의 근대화 노력이 자기 해체와 자기 소멸의 씨앗을 품고 있었다는
사실이다.

불학의 극한

장타이옌은 탄쓰퉁의 불학을 "난삽하고 논리가 없다"고 비판한 적이
있다. 그의 합리화 노력은 확실히 원시 불학에 접근해 있었다. 하지만
'무신교'는 여전히 입세불학과 응용불학이었기 때문에 평등이나 무아
등의 관념은 모두 특수한 불학적 함의와 좀더 일반적인 사회적 의미를
가지고 있었다. 엄밀히 따져 보면 마찬가지로 모순 덩어리였다. 그는
불학의 염세가 결코 소극적이지 않음을 정확하게 인식하고 있었다.
"염세관의 한 가지는 세계가 오염되었다고 여기고서 청정하고 훌륭한
공간을 추구하기도 한다. 저 중생들을 인도하여, 그곳에 도달하게 하
기 위해 직접 이 오염된 세계에 들어서는 것을 꺼리지 않고 중생들을
접촉하여 인도할 수 있는 방법으로 생각한다. 의도는 염세에 있지만
작용은 꼭 염세인 것은 아니다."[32] 불학은 본래부터 사명감을 갖고 있
었다. 이것은 근대에 불학입세의 전제였다.

　하지만 '생각은 염세에 있다'와 '순수하게 꼭 염세인 것은 아니
다' 사이가 언제나 조화롭지는 않았다. 핵심은 어떻게 입세하고 어떻
게 응용할 것인지였다. 만약 논리의 통일만을 강조하고 엄격하게 염세
사상을 밀고 나갔다면 마지막에는 반드시 입세의 의의를 상실하고 말
았을 것이다. 탄쓰퉁이 생명을 던진 것은 화엄적 실천을 통해서 사람
들의 마음을 격발하는 데 뜻이 있었지, 이런 모순을 전개시키려는 게
아니었다. 세계를 거짓이나 환상으로 보는 관념은 입세불학에 대해서

영향력이 매우 컸다. 본래 세상을 혐오해야만 자신을 돌보지 않고 세계를 개조한다. 하지만 장타이옌이 유식학 이론에 근거해서 퇴락한 불학을 극한까지 밀어붙였을 때, 인류를 전혀 애석해할 필요가 없었다. 세계는 텅 빈 사막과도 같고 불학에서 말하는 평등 이상의 진정한 실현은 무엇보다도 인류 세계의 적멸을 전제로 했다. 불학입세의 논리적 귀결은 바로 허무주의였다.

장타이옌은 솔직담백하게 그것을 '오무'(五無)라고 불렀다. 절대평등은 '무대'〔無待; 대립의 소멸〕이다. 어떠한 존재〔有〕든지 그것은 언제나 구체적인 규정이다. 규정이 있으면 차별과 불평등이 있다. 그렇기 때문에 세간에서 무수한 번뇌와 끝없는 다툼 그리고 영원한 고통을 초래한다. 불학의 '평등'은 단지 '무'의 평등일 수밖에 없다. 그것이 사람들을 인도하여 현실의 고통을 벗어나게 할 수 있는 것은 바로 존재를 비존재라고 보고 '지·수·화·풍 사대(四大)는 모두 공'이라고 보기 때문이다. 「종교 건립론」에서 장타이옌은 이미 "우주는 본래 실유가 아니다. 인간의 의식 활동에 호응하기 위해서 존재를 상정했을 뿐이다. 만약 중생의 사유가 절멸로 귀결했다면 누가 우주의 존재를 알겠는가?"라고 지적했다. 이것은 이미 「오무론」(五無論)의 "세계는 본래 존재하지 않는다. 소멸을 기다릴 필요 없이 본래부터 존재하지 않았다"는 사고에 접근해 있다.

'오무'의 첫째는 '무정부'이다. 정권을 타도하고, 공산 사회를 만들고, 총포를 녹이고, 창과 칼을 부숴야 한다. 부부가 함께 거처하고 친척들이 서로 의지하는 일들은 반드시 폐지해야 한다. 이런 방법은 모두 사람들이 가진 질투하는 마음을 다스리는 방법이다. 하지만 국가, 사유제, 군대 그리고 가정은 모두 인류가 다양한 집단으로 나뉘어 자연 환경을 개척하기 위해서 형성된 것이다. 그래서 "무정부를 이루려면 반드시 취락을 없애야 하고, 농부들은 장소를 계속 이동하면서 농사를 지어야 하고, 기술자들도 마찬가지로 이동하면서 작업을 해야 하며, 여자들도 한 곳에 머물지 말고 이동해야 한다." 이 정도로는 아직 모자란다. 인류가 나쁘고 두려운 것은 모두 인류가 존재하기 때문이다. 인류가 없어져야 일체의 부도덕은 비로소 사라진다. 불학의 입장에서 보면, 인류와 다른 생물은 동일하게 하나의 '유전진여'[流轉眞如; 생사윤회하고 있지만 진실한 존재]이다. 무인류를 생각하려면 무엇보다도 '무중생'이 되어야 한다. 지구상의 일체 생명이 모두 적멸로 귀결할 때, 결국 '무세계'가 된다. 꼭 『홍루몽』의 「호료가」(好了歌)와 같다. "아득한 대지에 백설이 한바탕 내리니 참으로 깨끗하구나."(落了个白茫茫大地眞干淨) '오무' 가운데 무인류가 가장 중요하다. 인심의 좋은 일도 모두 아견에서 근원한다. 아견을 제거하지 않으면 세상의 악들은 더욱 번창한다. '인간은 모든 악의 출발'이다. 이런 것들의 해결은 불학만이 가능하다. "한두 명 보살이나 초인이 출현하여 인류가 인도를 끊고 번식을 멈추기를 가르치고, 무아를 증명함으로써 인연생기를 끝내도록 인도한다. …… 반드시 완성되는 때가 있어서 독소를 남겨 자신의 잘못으로 남을 괴롭히는 일이 없을 것이다."[33]

'오무'는 비록 불학 내부의 이론에서 그것의 근거를 마련했지만 장타이옌의 진짜 동기는 아마 그의 혁명 도덕 건립에 대한 갈망과 유관한 듯하다. 「혁명 도덕설」에서 그는 상이한 직업에 따라서 도덕의 단계를 확정했다. 농민, 기술자, 상인, 학자, 예술가에서 각급 관원에 이르기까지 "지식이 늘수록 권력과 지위는 더욱 커지지만 오히려 도덕에서는 더욱 멀어진다". 지식과 도덕은 이율배반적인 상태를 드러낸다.

여기에는 분명한 반지식론의 경향을 포함하고 있다. 중국 전통의 교화가 전체 사회의 도덕 상황을 완전히 개선할 수 없다면, 파도처럼 밀려드는 서학은 더더욱 효과가 없을 것이다. 장타이옌은 서방 정치에 대한 이해가 늘어남에 따라 점점 더 근대적인 의회 민주주의에 대해 실망했고 아울러 이런 이유로 무정부주의를 받아들였다. 정치 조직과 국가 형식의 적극적인 의의에 대해서 근본부터 회의하기 시작했다. '오무론'의 세계관과 호응한 것은 선과 악이 함께 진화한다는 '구분진화론'(俱分進化論)의 역사관이다.

'구분진화론'은 진화론의 수정이다. 진화론은 19세기 후반기에 이미 생물학에서 사회과학의 영역으로 전이됐고, 도덕과 철학 내부에서 영향력이 매우 컸다. "진화론은 일찍이 우승열패, 약육강식의 극단적인 개인주의 도덕 관념을 초래했고, 또한 자연 안배의 자연주의 윤리관을 견인했다. 이 때문에 비관적인 도덕가는 인간과 금수의 경계가 불분명해지고, 인간이 장차 서로 잡아먹게 되어 금수의 지위로 떨어지는 것을 두려워하여 인성으로 자연을 제어하고 인력으로 자연을 이기는 인본주의 도덕관을 제창했다. 하지만 낙관적인 도덕가들은 인류는 장차 자연스럽게 이기심이나 고통이 전혀 없는 대동세계에 이를 수 있다고 생각했다."[34] 중국에 전래된 진화론은 주로 시대에 적응하여 함께 변화하고 완벽하게 발전하는 긍정적인 면의 이상이었다. 이것은 중국 변혁을 추동하는 데 큰 작용을 했다. 루쉰도 진화론에 엄청나게 환호한 적이 있었다. 그는 미래는 반드시 오늘날보다 낫고, 청년은 반드시 노인을 이긴다고 믿었다. 진화론의 어두운 면은 중국인이 하루 빨리 각성하여 열강의 안주거리가 되지 않도록 경계시키는 데 불과했다. 하지만 장타이옌은 그 특유의 사상 배경(문명 진화에 반대하는 불학은 인류가 역량을 가지고 건설한 합리적 사회 제도에 대해서 근본적으로 회의한다)을 통해서 단번에 '자연 선택'〔物競天擇〕, '적자 생존'〔適者生存〕 속의 소극적인 함의를 읽어 냈고 '구분진화론'이라는 사상을 제기했다.

이 사상의 핵심은 진화가 인류 사회의 규율임을 부정하는 것이다. "교활한 자는 필시 어리석은 자를 속일 수 있고, 힘센 자는 필시 약한 자를 능멸할 수 있다. 이것이 자연 규칙이다. 자연 규칙을 따른다면 인도는 장차 사라질 것이다. 그래서 인위 규칙으로 그것의 병폐를 다스린다면, 사람들은 생존할 수 있다. …… 지금 진화는 또한 자연 규칙일 뿐이다. …… 처음부터 인도와는 아무런 관계가 없었다."[35] 칸트가 시도한 자연과 도덕에 대한 구분과 상당히 유사하다. 하지만 칸트가 인간의 존엄을 논증하려고 한 것에 반해 장타이옌은 인류가 진화함에 따라 발생한 온갖 참상을 보여 주고자 했다.

사실상 진화는 행복, 도덕, 쾌락뿐 아니라 학살, 재난, 사악 등도 초래한다. "문명이 점점 진화할수록 인도를 유린하는 것이 점점 심해짐을 안다."[36] 도덕 이상주의의 입장에서 보면 인류의 진화는 좋은 일이라기보다는 엄청난 불행이다. 핵심은 "진화가 진화일 수 있는 까닭은 한 방향으로 진화하기 때문이 아니라 쌍방향으로 진화하기 때문이다. 오로지 한 방향의 진화를 들라면 지식의 진화라고 말할 수밖에 없다. 만약 도덕으로써 이야기하자면 선도 진화하고 악도 진화한다. 생활로써 말하자면 쾌락도 진화하고 고통도 진화한다. 쌍방향의 병진은 마치 그림자가 사물을 따르는 것이나 반그림자가 그림자를 따르는 것과 같다".[37] 선과 악, 고통과 쾌락, 지식과 몽매가 한꺼번에 진화한다. 물론 진화하는 것은 사실이지만 결코 도덕에 부합하지 않는다. "현재 미생물에서 인류에 이르기까지 진화는 지식의 측면에서만 이루어지고, 도덕의 측면에서는 점점 반대 반향으로 나아간다. 진화가 이루어 질수록 다투어 이기려는 마음은 더욱 강해지고, 이 때문에 살인도 더욱 많아진다."[38] 더 큰 비극의 출현을 막기 위해서는 의식적으로 인간의 본성을 단절해서 '오무'를 기대하는 수밖에 없다.

사람의 마음을 차갑게 식히는 이런 글들이 중국이 막 서방을 학습하고 자발적으로 부강과 창신을 추구하는 세기의 교차기에 쓰어졌다는 사실은 확실히 불가사의이다. 장타이옌의 자유·민주·평등 등 근대 이상에 대한 실망은 19세기 말엽 모종의 사상과 호응했다. 그가 무정부주의 등 급진 사상에 동조한 까닭은 또한 그의 마음 깊숙한 곳에 있는 전통적인 도덕 이상주의 정서를 노출시켰기 때문이다. 리주(黎澍, 1912~1988)는 "장타이옌의 정치 사상을 고찰해 보면 그가 시종 명확한 민주공화의 관념을 가지고 있었는지 확인하기 힘들다"[39]고 지적하고 있다. 반대로 전제 정치로 기우는 경향이 있다. 정치 입장과 철학 내용이 결코 일치할 수 없지만 장타이옌이 고취하고 건립한 도덕지상과 무신교 등이 비록 이성적인 자각과 평등 의식을 가지고 있었지만 필경 도덕과 정치 그리고 권리와 책임 등은 구분하는 근대 사상의 세례를 받지 못했다. 그래서 그런 그의 사상은 청 정부에 반대하여 혁명운동을 하는 과정에서는 적극적인 작용을 발휘할 수 있었지만, 근대적 정치 체제를 건립하는 데는 아무런 도움이 되지 않았다.

무인류, 무세계로써 마지막을 고한 장타이옌의 불학은 원시 불교[*]

---

[*] 원시 불교. 인도 불교사에서 붓다가 직접 설한 교리만으로 불교가 유지된 시대를 말한다. 붓다의 열반 이후 수백 년이 지나자 붓다의 교설에 대한 다양한 주장과 철학적 논의가 나왔는데 이것을 아비달마 불교 혹은 부파(部派) 불교라고 한다. 기원 전후해서 기존 불교를 반성하여 출현한 새로운 불교가 대승불교다.

사상의 논리적 완성이었고, 객관적으로는 불학입세의 난처함도 보여주었다. 그것과 비교할 수 있는 것은 캉유웨이의 대동세계이다. 『대동서』는 결코 때맞춰 출판되지 못했지만 그 속의 사상은 당시에 이미 유행했다. 장타이옌도 알고 있었음을 부인할 수 없다. 캉유웨이는 원시 불학의 '사성제설'* 가운데 '고성제'를 출발점으로 했다. '고성제'는 일체 사물은 변화를 멈추지 않고, 광막한 우주는 고통이 집중한 장소에 불과하다는 것이다. 인생은 자신이 주재할 수 없고 진정한 실체가 없다. 그래서 안락함이 없고 고통만 있을 뿐이다. 불학에서 제시한 생·노·병·사의 고통과 '사랑하는 이와 헤어지는 고통', '미워하는 이와 만나는 고통', '원하지만 얻지 못하는 고통', '이 몸이 단지 오온으로 이루어졌다는 고통' 등 '8고'는 『대동서』의 '세간 속에서 중생의 고통을 본다'는 구절에서 완전하게 재현되었다. 그 가운데 국가 통치와 관련한 고통, 태어남의 고통, 감정의 고통, 천재지변에 따른 고통, 부러움을 받는 고통, 생활에 관한 고통 등 갖가지 인류의 고통은 '고성제' 관념의 번역판에 불과하다. 현실 속의 인간은 고통이 없을 수 없다. 그래서 철저히 사회 구조와 사회 질서 그리고 관리 시스템을 개혁해서 유토피아로서의 대동세계에 도달하려 한다.

'국경을 없애고 세계를 하나로 한다', '계급을 없애고 모든 사람을 평등하게 한다', '인종의 경계를 없애고 인류를 동등하게 한다', '남녀의 차별을 없애서 자립을 보호한다', '가정을 없애고 자연인이 된다', '난세를 다스려 태평세를 이룬다', '인간과 동물의 구별을 없애

---

* 사성제설(四聖諦說). 붓다가 제시한 신성한 네 진리를 가리킨다. 첫째는 고성제(苦聖諦): 모든 것은 고통이다. 둘째는 집성제(集聖諦): 고통의 근원은 욕망이다. 셋째는 멸성제(滅聖諦): 고통의 소멸이 있다. 마지막으로 도성제(道聖諦): 고통의 소멸로 인도하는 길이 있다.

서 모든 중생을 사랑한다', '고통의 세계를 벗어나 극락에 도달한다', 국가의 등급이나 종족의 속성 그리고 가정의 상이한 유형 등 중생을 규정하는 자연 차이와 사회 조직을 완전히 제거한다. 량치차오는 "『대동서』의 가장 중요한 핵심은 가족을 없애는 데 있다. 캉유웨이는 불교의 출가는 고통에서 해탈하려는 것인데 아예 벗어나야 할 집을 없애 버리는 게 더 낫다고 생각했다"[40]고 지적했다. 장타이옌의 '인류를 없앤다'는 이론과는 달리 캉유웨이가 주목한 점은 인생의 고통을 구성하는 각종의 구별·조직·제한을 제거함으로써 인간의 행복과 자유를 보증하는 것이었다. 불학의 출발점은 캉유웨이에 의해서 하나의 완벽한 유토피아로 발전했다. "그것의 이상과 지금 말하는 세계주의, 사회주의는 상당 부분 합치된다. 하지만 그가 언급한 내용은 그것들보다 뛰어나다."[41]

장타이옌의 '오무론'은 추상적이고 절대적인 인류 이상을 위해서 인성의 존재를 아예 부정해 버렸다. 이것은 부정적인 유토피아이다.[42] 여기서 핵심은 장타이옌이 철저하게 원시 불교의 현실 허구와 인생고의 사상을 관철했다는 점이다. 캉유웨이는 비록 불학과 출발점이 일치하여 생의 고통을 일체 생활 가운데로 확대했지만 결코 근대의 인도적 이상과 자연인성론을 폐기하지는 않았다. "무릇 인도는 사람에 의거하여 도리를 삼는다. 사람에 의지하는 도리는 고통과 쾌락일 뿐이다. 다른 사람을 위해서 일을 도모하는 경우는 고통을 없애고 쾌락을 구할 뿐이다. 다른 도리는 없다."[43] 캉유웨이는 인간이 본성적으로 고통을 싫어하고 쾌락을 추구하는 것이 정의이고 합리적임을 인정했다. 그리고 그것은 사상가가 당연히 고민해야 할 문제라고 생각했다. 그래서 그는 불학 인생관의 내용을 개조하여 한 폭의 화려하고 빛나는 대동의 이상세계, 즉 긍정적인 유토피아까지 밀고 갔다.

비록 극단론이었지만 부정의 유토피아가 제기한 문제와 의의는 긍정적 유토피아에 떨어지지 않는다. 인류의 이상 경계와 현실 경계는 이토록 멀기만 하다. 부정의 유토피아는 인류가 눈앞에서 인간의 의도에 맞게 펼쳐진 사회 시스템과 행위 규범에 만족해서도, 인류의 비극과 고통이 쉽게 개선되리라고 믿어서도 안 된다고 경고하고 있다. 불학은 결코 사회 건설에 참여하지 않았지만 그것에 대한 과감한 폭로와 철저한 부정은 인류에게 자아 인식의 거울을 끊임없이 제공하였고, 인류가 부단히 자신의 행위를 조정하고 시정하도록 격발하고 자유와 행복의 참된 길을 찾도록 했다.

이것은 당연히 '오무론'의 객관적 의의이다. 장타이옌 자신의 입장에서 말하자면 '오무론'은 확실히 혁명 사업이 저조하고 생명 가치에 대해 암담해할 때 일어난 슬픈 감정을 가진다. 근대 불학의 유행과 변화라는 측면에서 보자면 '오무'는 그가 창립한 '무신교'의 본래 목적을 부정했을 뿐 아니라 불학입세의 심각한 위기를 견인하기도 했다. 무엇을 제거하고 무엇을 따를 것인가? 근대 불학은 중요한 전환점에 직면했다.

인생 철학으로의 전향

구분진화론이 사람들을 깜짝 놀래킬 만한 한 폭의 진화도를 그려 냈다면 '오무'는 고난과 겁운은 인류가 완전히 사라지고 세계에 아무것도 존재하지 않을 때에야 완결된다고 예언한다. 불학이 근대에 부흥하고 심지어 유행하기까지 한 것은 그것에 입세라는 정치 역할이 부여됐기 때문이지만 필경 저러한 비참한 세계를 굴절시켜 낸 덕분이다. 아무튼 입세는 분명 유용했지만 염세가 오히려 훨씬 기본이 되었다. 만약 불학 사상을 현실 사회에까지 철저하게 운용한다면 입세는 출세의 길을 걸을 때라야 가능하다. 이렇게 무신교는 결국 무인교(無人敎)로 변환한다.

1907년, 장타이옌은 혁명당인의 파벌 싸움 때문에 현실 정치에 대해 점점 지쳐갔다. 정말 출가해서 승려가 되려고 준비를 했다. "혁명 사업은 점점 나빠지고 혁명당인이 원대한 계획이 전혀 없는 걸 보니 크게 분노만 인다. 인도에 가서 승려가 될까 생각한다."[44] 그리고 실제 인도에 가서 그렇게 하려고 준비를 시작했다. 용맹무외·이익중생의 입세 정신은 효과를 거두지 못하고 그것을 제창한 이는 출가를 준비했다. 그래서인지 당시 어떤 사람은 "사회의 혼란을 모른 척하고, 국가의 흥망을 외면했고", "평생의 과업을 포기했다"[45]고 장타이옌을 비판했다. 불학입세는 원래의 출발점으로 돌아왔다. 불학을 부정해야 비로소 다시 인간의 무대로 돌아올 수 있었다.

1913년 8월, 장타이옌은 위안스카이에 의해 베이징에 연금되었는데 다시 불학을 공부하고 좌선을 했다. 이때 "비로소 효사와 상사*를 연구했고, 다시 『논어』를 읽고서 『주역』을 지은 자의 우환이 '무한한 삶'〔生生〕에 있음을 알았다".[46] 『역』과 공자의 사상은 다시 그의 마음을 파고들었다. "문왕과 공자, 노자와 장자는 중국의 네 성인으로 중국과

---

* 효사(爻辭)와 상사(象辭). 『주역』에서 8괘를 구성하는 부호를 '효'라고 한다. 일괘는 여섯 개의 '효'로 구성되고, 각 효가 가진 의미를 『주역』에서 문장으로 설명했는데 이것을 효사라고 한다. 한편 『주역』에 등장하는 매 괘와 매 효는 모두 도형을 해석하는 말이 있는데 이것을 '상사'라고 한다.

인도의 사상을 오묘하게 조화시켰으니 모두 대승보살이다."[47] 공자와 유학에 대한 또 한 번의 깨달음과 "중국과 인도의 사상을 오묘하게 조화시키는" 방식은 그의 사상을 '진제에서 속제로 회향'(진리의 탐구에서 세간의 인간 삶으로)하게 했다. 5·4신문화운동이 일어난 뒤에 "인격은 타락하고 심성은 구차해진 상황"을 맞아 그는 "불교 공부를 해도 진리를 간파할 지혜는 없고, 책만 쌓아 두고 있는 것은 어리석음만 못하다. 흥망의 일들을 보고, 배에 올라 오호(五湖)를 바라보누나".[48] 하고 탄식했다. 국수(國粹)로서 자긍심을 삼는 이 사상가는 결코 배를 타고 오호를 노닐지 않았다. 도리어 유학의 깃발을 다시 올려 신문화의 '홍수와 맹수'에 대항했다.

공자의 도가 불법과 끝내 상통하지 않는 지점은 바로 출세의 도로써 진여를 추구할 수 있고 입세의 도로써는 세상을 경영할 수 있다는 것인데 이른바 이사무애(理事無礙)다.[49] 유학은 체와 용이 있다. 세상을 경영하는 데서 그것의 역할은 불학이 견줄 바가 아니다. 훗날 장타이엔이 자신의 사상 변천을 이렇게 회상하기까지 했다. "나는 처음에는 불법에 경도되어 공자나 노·장을 경시했다. 나중에 이런 생각이 잘못임을 알았다. 불학이나 유학, 노·장에서 하는 이야기가 모두 마음에 관련한 것이지만 공자와 노·장이 말하는 것은 인간 세상의 일과 단절하려는 불교와 다르다. 공자에게는 추구할 만한 사회의 질서 같은 게 있고 일정한 방식을 가지고 있다."[50] 인간 세상의 일들을 경영하는 데서 추구할 만한 사회 질서나 법도를 가진다는 데 이르기까지 사회에서 유학의 작용은 가장 취할 만하다. 표면상으로는 장타이엔이 유학에 귀의한 것과 초창기 불학을 이용한 것과는 전혀 관계가 없어 보인다. 현실적으로는 치용의 목적이 아주 분명하다. 하지만 불학입세는 혁명을 고무하려는 것이었고, 다시 유학을 제창한 것은 질서를 유지하려는 것이었다. 타이옌 어르신께서 출가를 하지는 않았지만 사상과 얼굴색은 확실히 많이 늙어 버렸다.

　　장타이옌은 꽤나 진지한 사람이었다. 학문을 하면서 원전을 매우 중시했다. 불학의 강설에서 허무주의로 나아간 것과 마찬가지로 유학에 대한 선호는 공자에 대한 공경으로 나갔다. 이런 태도는 5·4신문화운동 기간 중에 사람들에게 퇴보로 보일 수밖에 없었다. 이런 두 차례 사상 역전은 유학이든 불학이든 관계없이 입세 활동을 위해서 단지 이론 면에서만 근대적 의미의 역할을 할 수 있었다. 전체 체계나 원시적 풍모를 회복하기 위한 어떠한 노력도 반대의 결과를 빚을 수밖에 없었다. 당시에 무익했을 뿐 아니라, 전통을 더욱 곤혹스럽게 했다.

　　이론적으로 보자면, 불학의 응용이 추구할 만한 방식을 갖지 못했다는 사실이 불학입세가 단지 낭만주의의 정치관을 형성했음을 의미하는 것은 전혀 아니다. 불학입세는 주체가 아무런 거리낌 없이 전체 사업에 투신할 수 있도록 뒷받침할 수 있었고, 또한 사회의 강상윤리나 전제적인 신분 제도에 대해 철저한 비판을 수행할 수 있었다. 하지만 그것은 효과적으로 사회를 개조한다거나 변혁을 위해 구체적인 정책을 제시할 수 없었다. 장타이옌은 정치 도구로서의 불학을 부정하고 객관적으로 불학의 다른 중요한 공능을 드러냈다. 사실상, 혼란하고 위급한 근대에 불학을 신봉한 대다수 사람들은 결코 정치적 인물이나 혁명가가 아니었다. 그들은 주로 자신의 인생 태도를 새로 정립하고 걱정스러운 사회 현실 속에서 정신적 안위와 해탈을 추구하였다. 불학은 확실하게 사회 공능을 갖지만 이런 사회 공능은 특정한 사회 제도가 아니라 모든 형태의 사회 조직, 문명 체제를 반대하는 일종의 반사회로 더 많이 체현됐다. 인생관의 입장에서 반사회는 추상적인 반대에 해당한다. 그런 태도는 일정한 상황이나 시기에 구체적인 사회 제도를 반대하는 혁명 사상과 상호 호응하고 서로 지지하기도 한다. 하지만 그것은 본질적으로 사회 이론이나 정치 이론이 아니라 생명 철학이자 존재 철학이다. 아무리 열렬한 혁명가라 할지라도 일단 혁명 사업이 실패하거나 어떠한 성과가 없을 경우에는 불교로 귀향하여 길을 찾곤 했다. 인간의 일상 삶 속에서 혁명이 늘 존재하는 것은 아니다. 하지만 생사의 문제는 예나 지금이나 마찬가지였기에 불학도 자신이 다루는 영역이 있었다. 루쉰의 반항 정신과 혁명 정신은 누구도 부인할 수 없을 것이다. 하지만 '신해' 이후 그도 불경을 읽으면서 시간을 보냈다. 형이상학적인 경향이 농후한 『야초』(野草) 가운데서 불학 사상이 때때로 드러나기도 한다.

또한 장타이옌이 불학 논문을 발표한 지 오래지 않아 량수밍이 불학을 배우기 시작했다. 이때 그는 결코 정치적 인물이 아니었다. 심지어 무슨 사회적 사명감 같은 것도 없었다. 단지 뛰어난 사유 능력을 타고난 고집스런 청년일 뿐이었다. "대략 16~17세 때 이해(利害)에 대한 분석에서 무엇이 괴로움이고 무엇이 즐거움인가에 대한 물음에 빠져들었다. 결국 인생은 오직 고일 뿐이라는 인식에 도달했다. 그래서 급격하게 인도의 출세 사상으로 기울었다."[51] "삶의 고통과 쾌락에 대한 깊은 성찰은 내가 출세 사상에서 탐구한 것이다. 그래서 이후 한평생 불교로 귀의할 수 있는 바탕을 마련했다."[52] 량수밍은 개인적 생명 체험에서 불학 연구로 나아간 경우이다. 유학의 인생관과 윤리가 사람들의 마음을 흡입하지 못했을 때, 인생의 의의에 대한 탐색은 불학으로 귀결할 수밖에 없었다. 1911년을 전후해서 량수밍은 사상적 혼란과 고통 속에서 두 차례에 걸쳐 자살을 기도했다. 그의 슬픈 감회와 깊은 사유의 결정이 『근원을 탐구하여 의심을 푼다』(究元決疑論)이다. 이 소책자는 인생의 고통을 도려내기에는 부족했다. "의심을 풀려고 한다면 먼저 근원을 탐구해야 한다." 먼저 인생의 참된 근원을 탐구하여 밝혀야 한다. 그러고 나서야 어떻게 해야 할지를 결정할 수 있다. 량수밍은 평생 궁극에 대해 철저히 탐구하고 자신에 대해 매우 성실한 태도를 견지했다.

량수밍이 불학을 공부한 시기는 청소년기였다. 조숙했던 영혼은 의심할 것 없이 사회의 인문적 분위기와 가정 교육의 지도를 받았다. '인생은 기본적으로 고통'임을 체험한 것에는 쇼펜하우어와 장타이옌의 깊은 흔적이 있다. 스스로 이야기한 것과 같이, 량수밍은 불학의 가르침을 받고 나서야 출세주의를 지향한 것이 아니다. 그는 스스로 그곳까지 도달했다. "일체의 문제는 모두 인류 생명 자체에서 발생한 것이지 그 바깥에 있지 않다. 하지만 사람들은 언제나 바깥에서 그런 문제를 해결하려 한다. 이것이 사실은 가장 근본적인 착오이다. 눈을 뜨고 살펴보자. 누가 이것을 발견했는가? 아마도 불가(佛家)밖에 없을 것이다."[53] 별로 독특할 게 없어 보이는 이런 기억들은 사회의 격변과 인문의 상실 속에서 생활하고 있던 청년이 어떻게 존재의 위기로 인해 여러 학설을 탐방하고 결국에는 불학에 찬동하는지를 구체적으로 보여 준다. 탄쓰퉁이 의지할 것이라고는 아무것도 없는 시기에 불학을 배우고, 장타이옌이 옥중에서 불교를 신앙한 것과 마찬가지지만, 량수밍은 그들처럼 자신의 체험을 외부로 밀고 나가서 사회 문제를 해결하려고 하지는 않았다. 시종 삶과 죽음에 대한 자신의 감성을 중심에 두었고, 생명의 문제를 지향점으로 해서 어떻게 생활할 것인가를 사유의

축으로 삼았다. 장타이옌이나 탄쓰퉁의 관심은 사회상의 응용이었지만, 량수밍이 찾고 질문한 점은 사느냐 죽느냐의 문제였다.

이 때문에 그에게서 불학은 윤리학(탄쓰퉁)이 아니었고, 인식론(장타이옌)도 아니었다. 그것은 철학이었다. "철학이 하는 일은 과학이 하지 못하는 데 있다. 즉 이 생활(생명의 활동성)의 궁극을 탐구하는 것이다."[54] 철학은 인생 철학일 수밖에 없다. 인생의 의의야말로 가장 우선하는 문제이다. 량수밍은 "참된 근원은 요소와 같은 물질도 아니고, 표상으로서 인간 의식도 아니다. 단지 생명 활동일 뿐이고 창조적 진화일 뿐이다."[55] 참된 근원은 물질이나 심리가 아니라 이처럼 영원히 움직이는 생명 활동이다. 그것은 이미 확정된 목표나 궤도 같은 것 없이 단지 조용히 진행하는 끝없는 전변이다. 세속에서 말하는 '덕행', '쾌락', '이타', '공명' 등은 모두 범부의 집착이다. "목적 없는 행위를 세속에선 의식 없는 행위이자 한 푼의 가치도 없는 것이라고 한다(만물의 영장이라고 불리는 인류가 수천 년 동안 행한 것이 바로 이런 것이다). 또한 애석하지 아니한가!"[56] 량수밍은 결코 출가를 선택하지 않았다. 그는 중생이 곧바로 성불할 수 없음을 잘 알고 있었다. 그리고 성불의 큰 바람은 인류의 지향점이다. 그래서 세계에 순응하여 불법의 완성을 촉진하는 일이 더 가능성이 있을지도 모른다고 생각했다.

량수밍이 말하는 삼자성이나 구분진화 같은 사상은 장타이옌과 매우 가깝다. 의식적으로 장타이옌의 불학 이론을 발휘하였고 인생 철학으로 전향했다. 이것은 그의 개인 성향과 관련된다. "나는 스무 살이 되기도 전에 세상을 탐구하길 좋아했다. 고락의 진실을 깨달은 것이 너무 빨랐다."[57] 그는 천성적으로 철학적 기질을 가지고 있었다.

그의 불학 이론의 의의는 그렇게 크지 않다. 하지만 근대 불학의 한 갈래를 선명하게 대표했다. 그것은 분명 세간과 분리되지 않았지만 개인의 신앙에 제약되어 결코 사회나 정치에 참여하지 않았다. 량수밍이 나중에 보인 사회 활동은 대승불교의 정신적 지지가 있었고 객관적으로 탄쓰퉁과 서로 통하기도 하지만, 필경 심리적인 지원이었지 정치적 이상은 아니었다. 그래서 '응용불학'이라고 생각할 수는 없다. 량수밍이 불교를 믿을 때 육식을 하지 않았고 결혼도 하지 않았다. 엄숙한 재가 수행의 불교도였다.

또한 출가한 이도 있는데 저명한 홍이(弘一) 법사〔리수퉁〕이다. 리수퉁(李叔同, 1880~1942)은 홍진(紅塵) 세계의 더러움과 인간의 고통을 뼈저리게 체험했다. "눈앞에 펼쳐진 저 대천세계는 모두 눈물의 바다일 뿐, 누구 때문에 슬퍼하고 누구 때문에 찡그리는가?"[58] 그는 한동안 낭만적인 예술 활동을 거치고 나서 1920년대 초에 출가했다. 그가 "지혜로써 세계를 비추고 더러움을 씻어 내고 향기를 피우겠다"는 중생 구제의 관심을 지니고 있었다고 하더라도 머리 숙여 영원히 귀의한다는 서원은 전혀 사회 공리적인 내용을 갖지 못했다. "불제자의 출가는 의식주를 도모하기 위한 게 아니라 오로지 생사의 일대사 인연을 해결하기 위한 것이다." 풍류인이자 문예 귀재로서 지율(持律) 염불(念佛), 더구나 3천 위의(威儀)와 8만 세부 계행(戒行)을 실천하는 남산율종*에 귀의한 점에서 생사 문제가 예민한 리수퉁을 얼마나 단단히 휘감고 있었는지 알 수 있다. "저 아름다운 꽃은 쉽게 지고 청춘은 다시 오지 않는다." 무한히 펼쳐진, 그리고 더없이 심오한 인생의 진리를 탐구하고

---

* 남산율종(南山律宗). 계율을 주로 연구하고 계행에 철저했던 중국의 불교 종파로 당나라 때 주로 유행했고, 장안의 남쪽 종남산(終南山)에서 일어났다고 해서 남산율종이라고 한다.

끝없이 깊은 인생의 비애감을 체험한 리수퉁은 허무함과 무상함에서 출발하여 초월성을 추구했다. 그는 한 명의 시인이었다. 미려한 시구는 마음속의 불교 자취를 적고 있다.

> 맑은 달, 저 달 하늘과 마음에 닿으니 달빛은 희고 깨끗하여라.
> 이제 맑은 노래 부르니 마음속 밝은 빛은 한번 크게 웃음 짓네.
> 맑은 바람, 서늘한 바람은 더운 기운 푸니 그 기운 자취가 없네.
> 지금 맑은 노래 부르니, 번뇌는 모두 가시고 만물은 다가드네.
> 맑은 물, 맑디 맑은 물은 번뇌에 물들어 더러워진 것을 모두 씻어 내리네.
> 이제 맑은 노래 부르니, 몸과 맘에 더러움 없어 그 기쁨이 어떠한가.
> 맑고 맑아라, 세상은 끝끝내 참모습일세.[59]

몸과 마음이 맑고 고요한 것은 그가 출가 수행 중에 도달한 무아, 공허 그리고 탐욕·성냄·어리석음이라는 세 가지 독소를 제거한 언제나 즐거운 무아의 이상적인 경지 때문이다. 이것은 탄쓰퉁과 장타이옌은 체험하지 못한 정신의 경지이다. 천 몇백 년 이래 불학이 일반인들에 대해 가진 주요한 매력은 바로 이 한줄기 청량함이다.

리수퉁의 불학은 개체의 생사 문제를 해결하는 것이었다.[60] 비록 그의 수행이 고결했고 학리가 정미했지만 끝내 개인 한 몸에만 한정됐다. 근대 세계에서 불학은 탄쓰퉁이나 장타이옌 방식의 정치 응용과 량수밍이나 리수퉁 같은 생사 문제 해결 외에 또 다른 존재 방식이 있었을까? 탄쓰퉁이나 장타이옌의 '긍정' 〔正〕과 량수밍이나 리수퉁의 '부정' 〔反〕은 슝스리의 '종합' 〔合〕을 도출했다.

8장 _ 불학에서 유학으로

탄쓰퉁의 불교 신앙은 진실했다. 그래서 그는 장렬하게 희생할 수 있었다. 장타이옌의 불교 신앙은 감성적 신앙이라기보다는 이성적인 선택이라고 해야 할 것이다. 이런 점에서 보자면, 장타이옌의 불학이야말로 진정한 '응용불학'이다. 훗날 량수밍이나 리수퉁 등은 모두 정신적인 고통과 가치관의 상실이라는 암담한 시기에 불학을 공부하고 신앙한 경우다. 그들은 모두 탄쓰퉁이나 장타이옌 같은 사회적 의의를 띤 응용이 아니라 새로운 생명의 경지를 열어 보였다.

인생 의의의 탐색과 혁명 이상의 추구를 불학으로 통일한 이는 슝스리였다. 그도 역시 인간 세상의 쓰라림을 겪고 나서 불전 연구를 시작한 경우다. "신해 시기의 풍운과 혼란을 겪고 나서 선생은 이익만 다투는 사회 분위기를 매우 혐오했다. 은근히 염세의 정서를 가지고 있었다. 이 때문에 난징에 가서 어우양징우〔어우양젠〕 선생에게 불법을 배우게 된다. 깊이 불전을 공부했고, 특히 유식학을 전심으로 연구했다."[1] 여기서 말하는 '신해풍운'에 슝스리도 직접 참가했다. 장타이옌이 혁명을 위해서 불학을 공부한 것과는 달리 그는 혁명의 높은 파도가 지나간 후에 불문에 들었다. 하지만 이것은 혁명 이상의 방치가 아니라 불학을 통해서 인간의 혁명을 실현하여 혁명 이상을 완성하려는 것이었다. "혁명당인들의 권력 투쟁을 생각하면 혁명은 결국 아무런 결과가 없었다."[2] 현실적인 활동을 하다가 학술 연구로 전향하는 과정에서 "근래 위항(余抗) 장타이옌 선생의 「종교 건립론」을 읽었는데 삼성설이나 삼무성설을 듣고는 더욱 불교에 빠져들게 되었다."[3] 얼핏 장타이옌을 따른 것 같지만 마음은 오히려 생명 의의를 찾고 가치 이상을 확립하는 데 있었다. "내가 불학을 연구하게 된 것은 결코 견문을 넓히거나 고상한 것을 사랑해서가 아니었다. 정녕코 진리 탐구를 통해서 안심입명(安心立命)을 이루겠다는 큰 서원 때문이었다."[4] 그의 신유식론(新唯識論)은 외부를 지향한 응용불학을 생활의 의미나 존재의 가치라는 본체론적 사유로 전환하여 근대인들의 안심입명이 필요로 했던 주체적인 인생 철학을 건립했다.

불학 인생관과 철학 본체론

생명의 본질이나 인생의 의의 등 가치 문제에 대한 사색은 인류의 영원한 정신적 충동이다. 불학 인생관의 주요 의의는 "삶을 고통으로 보고, 현실을 공허한 것으로 인식하여 중생들을 인도하여 일상의 삶 속에서 벗어나게 하는" 데 있다. "불법의 가장 중요한 취지는 중생들을 생사윤회의 바다에서 벗어나게 하는 것이다."[5] 이것은 자연적 세계와 공리적 세계를 벗어난 후에 할 수 있는 형이상학적 추구이다.

삶과 죽음은 가장 보편적인 재난이다. 그것은 어느 누구와도 매 순간 관련된다. 동시에 가장 개인적인 문제이다. 죽음에 직면해서야 개체 존재의 유한성과 일회성은 비로소 그것의 본래 의미를 드러낸다. 그래서 삶과 죽음에 대한 사무치는 고민이야말로 가장 기본적인 본체론이자 존재론이 된다.

중국의 전통 가운데 삶과 죽음을 개체의 문제로 제기하고 아울러 본체론으로 건립한 경우는 오직 불학뿐이다. 그들은 인간이 생활하고 있는 현실 세계는 허구이고 무상하며, 일체의 사물과 현상의 생성 소멸은 모두 상호 관계와 조건에 의해 결정된다고 보았다. 관계와 조건을 벗어난다면 일체의 사물과 현상은 모두 독립된 정체성을 상실한다. 그래서 만법은 모두 공하다. 이 허구의 세계에서 생활하는 사람은 모든 사건이나 사물의 본성을 인식하지 못하고 아울러 생사윤회의 고통 속에 있음을 알지 못한다. 그리 어려워 보이지도 않는 불학의 이런 주장은 각 개인의 직접적인 경험에 호소하기 때문에 인간 존재의 진실한 면을 드러냈다. 그래서 근대 과학이나 논리로도 부정할 수가 없었다. 고통 속의 인간 삶은 해탈을 갈구했고, 연기(緣起)에 의해 이룩된 세계는 마치 별도의 본체가 있음을 의미하는 듯했다.

불학의 본체론은 이론적인 완결성과 대중의 절실한 감응 속에서 조용하지만 아주 단단하게 건립됐다. "인도 불교의 이론은 대개 인생론을 뼈대로 하지만 본체론과 우주론 및 인식론을 모두 인생론 속에 포함하고 있다."[6] 불학은 본체를 '열반', '법신', '불성' 등으로 불렀다. 이것은 저 높은 곳에 계신 조물주나 인격신이 아니라 본원적이고 이상적인 인성이다. 어떠한 감정과 욕망의 영향이나 문명의 오염을 받지 않은 순정한 본성이다. '열반'의 본래 의미는 번뇌를 완전히 없애고 개체와 우주를 통일하는 것이다. 그것은 '상(常)·락(樂)·아(我)·정(淨)'의 이상을 간직하고 있다. 여기서 상은 영원을 의미하고 락은 행복이다. 아는 자유를 가리키고 정은 고결함을 의미한다. 처음부터 괴로움과 고통 속에 있던 사람에게는 대단한 매력이었다.

불학과 비교하면 중국 고유 사상의 본체 의식은 상당히 소박해 보인다. 장자는 불학이 중국에 전래되기 전에 비교적 전형적인 인생 철학이었는데 그의 '도' 개념도 본원의 의미를 띠고 있다. 하지만 결코 현상과 상대해서 만물을 관통하고 시비를 통일한 경지의 체험은 아니었다. 장자의 이상적인 삶은 현실적 인간에서 벗어나지 않고 소요하는 것이었다. 불학이 근원을 철저히 파헤쳐서 영원히 속세를 벗어나는 것과 달랐다. 그래서 중국인들은 장자가 있었음에도 불구하고 여전히 취한 듯 불교라는 아편을 흡입했다. 유학이 비록 "최고의 경계에 도달하지만 늘 일상의 인륜을 따른다"(極高明而道中庸)* 했음에도 본체론은 오히려 그렇게 활발하지 못했다. 슝스리는 유학도 본래부터 본체론이 있음을 애써 논변했다. 예를 들어 『역』에 태극이 있고 공자가 『춘추』를 지어서 "인간 마음에 숨겨진 것을 바로잡고 사회의 자연스런 변화에 순응함으로써 진보한다. 그것의 내용과 근거는 원(元)을 하나의 근본으로 한다"[7]고 한 것이다. 심지어 "공자가 냇가에서 뱉은 탄식은 변화에 있으면서도 일상을 드러내는 데 있다"라고 말하는 등 마찬가지로 본체와 작용이 있다고 했다. 단지 공자는 작용 속에서만 본체를 인식했기 때문에 더욱 뛰어났다. 슝스리의 이런 견해가 전혀 논리가 없다고 말할 수는 없을 것이다.

송유(宋儒)의 본체론은 확실히 『역』에서 가져온 것이다. 하지만 일

---

*『중용』 27장의 구절로 펑유란은 『신원도』(新原道)에서 중국 철학의 성격을 이 말로 표현했다. "세속에 있으면서도 세속을 떠나는 것"이라고 했다.

종의 의식적인 본체론 구도는 불학의 자극이나 모범이 없었다면 불가능했다. 현장이 유학을 비판하면서 "대체로 육효(六爻)의 도리는 매우 심오하지만 생성·소멸하는 사물에 한정된다고 들었습니다. 모든 사물이 그것의 개념을 분명히 하더라도 진여의 경계를 깨닫지는 못합니다."[8] 송유의 노력은 바로 유학에서 부족한 본체론을 보충하는 데 있었다. 최종적으로 세 갈래의 본체론을 완성했다. 첫째는 우주의 구성 요소를 분석한 기(氣)본체론이다. 둘째는 사회의 추상적인 운행 규칙을 연구한 이(理)본체론이다. 셋째는 생명의 의의를 확정하고 가치의 근원을 추구한 심(心)본체론이다. 사상사에서 이런 세 갈래 본체론이 모두 융합하고 관통하는 지점이 있다고 하더라도 논리적으로 보자면 셋은 전혀 포함 관계가 없었고 상호 독립해서 발전할 수 있었다.

근대로 접어든 이후 이본체론은 전통 사회 체제의 해체와 더불어 비판의 대상이 되었고, 기본체론도 급속히 발전하는 자연과학 앞에서 자리를 잡기가 어려웠다. 유독 불학이나 심학 같은 심성본체론만은 특정 사회의 이데올로기도 아니었고, 또한 자연이나 우주에 대한 합리적 해석을 의도하지 않았지만, 생명의 의의와 존재의 가치를 초점으로 해서 시공을 초월하는 보편의 의의를 가지고 있었다. 혼란으로 불안하고 인생 문제로 괴로워하는 근대 사회에서 불학과 심학은 여전히 대단한 흡입력을 가지고 있었다.

사상사에서 매우 재미있는 점은 본래는 유학이 불학을 흡수하고 끌어들였는데 근대 사상은 오히려 유학을 철저히 배제하고 불학을 근원으로 삼았다. 불굴의 용기, 독립 정신을 촉발하고, 또는 개인의 영혼을 위로하고 인생의 문제를 해결했다. 엄연히 한 시대의 사조를 이끌었던 시대의 총아였다. 불학의 대가인 어우양젠도 다음과 같이 설법했다. "제군들이여. 지금은 어떠한 시대인가? 중생은 미망하고 대란은 목전에 닥쳤는데 우리 자신이 그것을 다스리지 않는다면 그 누가 다스리겠는가!" "전대의 학업을 다시 일으키고 지혜의 법륜을 다시 밝혀야 한다"고 주문했다. 타이쉬(太虛, 1889~1947)는 진지하게 「근대 인생관 비평」이라는 장문의 글을 지었다. 인간 본위의 인생관, 물질 본위의 인생관, 신 본위의 인생관, 자기 본위의 인생관 등에 대해 일일이 분석하고 마지막으로 불학으로 귀항했다.

하지만 불학도 완전무결하여 아무런 수정이 필요 없는 것은 아니다. 나날이 세속화하는 세계에서 리수퉁식의 금욕적인 출세간주의는 일반인들이 할 수 있는 게 아니었고, 근대인의 일상생활 방식이 될 수 없었다. 응용불학에 대해서 말하자면, 탄쓰퉁의 폭풍우식 불학은 분명 호걸의 헌신이었고, 장타이옌의 불학은 이미 허무주의의 길에 들어섰다. 만약 다시 중국인 특유의 호들갑과 관련해서 보면 리스천(李石岑, 1892~1934)이 말한 것과 같다. "근래 어느 성(省)을 막론하고 조금씩 불학 연구회나 불교 강연회가 설립되고 있다. 아울러 사람들은 말끝마다 '진여'니 '열반'이니 하는 단어를 사용한다. 더욱이 극악무도한 군인들까지 불교에 귀의하는 경향이 있다. 이 얼마나 기뻐할 만한 현상이 아닌가. 사실 불법은 이런 관심과 유행을 거치면서 일을 그르쳤다."[9] 그렇다면 불학은 어떻게 본체론이라는 장점을 이용해서 근대라는 조건 아래서 실용이나 공리의 길을 비켜서 하나의 인생 철학을 재건했을까?

이것은 당연히 가능하다. 탕융퉁(湯用彤, 1893~1964)이 생각하기에 "중국에서 본체라고 말하는 것은 인간의 삶과 분리된 적이 없었다. 이른바 인간과 분리되지 않았다는 것은 본성의 실현을 가장 중요한 핵심으로 함을 말한다. 본성의 실현은 근본으로의 회귀를 말한다."[10] 불학에서 흥미 있어 하는 진실로의 복귀, 밝음의 회복, 현묘의 통달, 도의 실천, 지극의 체현, 신명의 보존 등은 모두 본원 회귀의 의미이다. 위진 현학에서 이른바 성불은 바로 자연에 대한 순응이었다. 깨달음이 있는 자들은 모든 존재의 무상함을 두려워했고, 변화하는 존재는 자성이 없음을 알았다. 그래서 정신과 지혜를 함께 운용하여 일상의 현상에서 본원으로 회귀하여 인간의 본성을 발전시키고 실현했다. 현생을 부정하는 불학이 중국에 전래된 이후 결코 현실의 인간 본성에 대해 완전히 부정하려 하지는 않았다. 오히려 언제나 본성을 회복하는 것으로 해석되곤 했다.

실제 중국 불교의 출세주의는 속세(인간 세계)를 벗어난다는 것이 아니라 세간의 일들(사회 인륜)을 벗어난다는 것이다. 이런 측면에서 불학과 문명화를 반대한 장자는 일치했다. 그들은 모두 사회상의 교화나 인륜 질서의 바깥에서 인간의 완전한 실현을 찾고 있었다. 진나라 때에 육가칠종의 반야학 가운데 심무종(心無宗)은 사람들에게 심한 비난을 받았다. 한말에서 당초에 이르기까지 불교도 가운데 물질이 공함을 이야기하는 사람은 많았지만 정신 작용까지 공하다고 주장하는 사람은 극히 드물었다. 외물은 부정할 수 있었지만 심성은 반드시 보호하고 유지하려 했다. 그리고 외물의 독립된 자기 완결성을 부정할 때에야 주체의 자존자각과 원만무애가 보증됐다. 이런 입장은 훗날 선종에서 가장 빈번히 이야기됐다. "자성은 본래 청정하다", "불심은 자성이 짓는 것인데 어찌 바깥에서 구하겠는가". 자성이 바로 본성이었고 본심이었다. 본체로서 그것은 이미 본연의 진실이자 또한 인생의 궁극이었다.

만약 불학이 근대에 자신의 소극적인 도피주의를 부정해야 했다면 본성 회귀와 잠재 능력의 실현은 오히려 현대 사회에서도 추구해야 할 이상이었다. 이 때문에 불학에서 근대의 요구에 부합하는 인생 철학을 추출하여 재구축한 것은 불학입세의 또 다른 유형이었고 심지어 가장 알맞은 방식이기도 했다. 주목할 만한 사실은 근대에 본체론을 새로 건립하는 과정에서 칸트와 19세기 후반의 쇼펜하우어, 베르그송 등의 사상은 매우 유력하게 작용했다. 뉴턴으로 대표되는 자연과학이 거대한 성취를 이룬 상황에서 칸트는 '형이상학이 어떻게 가능한가'의 문제를 제기했다. 비판 철학의 구체적 함의는 주체의 인식 능력을 심사하고 이성의 정당하고 합법적인 권리를 발휘하여 남용과 참월(僭越)을 방지하는 것이었다. 인식론 영역에서 칸트는 형이상학을 부정했다. '현상' 바깥의 '물자체'는 인간의 유한한 이성으로는 인식할 길이 없다. 하지만 도덕의 영역에서는 '물자체', 즉 본체는 오히려 실천이성의 공리가 되어 불가지의 '제1원인'으로 작용한다. 여기서 볼 수 있는 것은 과학 인식은 결코 세계의 혼미를 해결할 수 없다는 사실이다.

칸트는 만년에 들어 점차 철학의 핵심 문제는 인간은 무엇인가 하는 질문임을 깨달았다. 과학은 이 방면에서 무능했다. 이후 쇼펜하우어와 베르그송은 과학과 지식론을 공격하기 시작했는데, 기계적이고 경화된 과학을 비판하고 직각과 정감, 의지 등 비이성 방면을 옹호했다. 비록 과학은 낙후됐지만 인생 문제에 대한 사유는 비정상적으로 일찍 성숙한 중국 사상에서 보자면 의심할 바 없이 엄청난 고무가 아닐 수 없었다. 철학은 단지 과학을 필연적인 전제로 하지 않을뿐더러 심지어 과학과 대립한다. 슝스리는 "서양에서 형이상학을 언급하는 사람은 모두 양지*나 지식에만 의지해서 체계를 세웠다"[11]고 말했다. 이것은 칸트의 지식론 비판과 일치한다. 『신유식론』은 본체론 영역을 분할하여 이 이(理)는 대립항이 없으며 외재하지도 않으며 양지를 통해서 획득할 수 있는 게 아님을 밝혔다."[12] 흡사 칸트가 건립한 형이상학적 존재론을 중국에서 재연한 것 같다. 칸트가 의지한 것은 근대 과학의 획기적 발전과 서방인의 계몽된 자유 의식이었고, 슝스리는 단지 전통의 불학 본체론에 의지할 수밖에 없었다. 이것이 중국 본체론의 태생적인 한계였다.

칸트의 이론에 근거하면, 과학의 발전은 본체론을 명징하게 하고 분명하게 드러나게 한다. 사실상 불학이 근대에 부흥한 이후 그것의 주요한 상대는 과학이었다. 일부 불학가들이 다투어 불학과 과학의 유사성과 일치를 논의했다. 장타이옌은 말할 필요도 없고, 량치차오도 "불교는 극히 엄밀하고 충실한 인식론 위에 건립되었다"[13]고 생각했다. "만약 내면 성찰의 깊이나 논리 전개의 엄밀함을 논하자면 아마도 현대 서양 심리학의 대가들도 몇 걸음을 양보해야 할 것이다."[14] 양두(楊度, 1875~1931)는 "심리 분석 중에서 과학에 근접한 것은 법상종만한 게 없다"[15]고 말했다. 리스천은 "내 생각에 불학의 제창은 전혀 과학에 저촉되지 않을뿐더러 '과학방법'을 한층 더 정밀하게 하고 과학적 분류를 한층 더 정확하게 한다. 그리고 과학의 효용을 더욱 분명히 보증한다"고 말했다.[16] 불학의 과학화는 분명 현대 세계에서 불학이 생존하기 위하여 일정한 권리를 획득하려는 것이었지만, 근본적인 면에서 결코 근대 과학이 있는 상황에서 다시 불학이 있어야 하는지를

---

* 슝스리는 우리의 지식(혹은 인식)을 양지(量智)와 성지(性智) 두 가지로 구분했다. 양지는 헤아리거나 계측하는 이지적 인식을 가리킨다. 성지는 본체나 본심을 깨달은 인식을 가리킨다.

대답할 수는 없었다. 과학에 대한 그들의 얕은 이해는 말하지 않더라도 불학 내부의 거의 모든 불교도들도 불학의 의의는 결코 그것의 과학성에 있지 않다고 말할 것이다. 불학 과학화의 오독을 파기할 때에야 불학 본체론이 비로소 광채를 드러낼 것이다.

그래서 불교 수행에 대해 이해가 깊었던 타이쉬 대사는 과학이 어쩔 수 없는 상황에서야말로 불학은 자신의 솜씨를 확연히 드러낸다고 생각했다. "오늘날 비록 과학이 주된 근거로 삼고 있는 일원(원질) 이행(물질, 정신)의 거의 완전한 유물론이 있지만, 단지 지구를 장식할 뿐, 인도(人道)의 안락을 확보할 수 없다. …… 그래서 유식학은 단지 미시 물리학과 매우 상통할 뿐 아니라 유물과학이 크게 발달한 시기에는 유식학을 천명함으로써 오히려 유물과학의 결핍된 점을 보완할 수도 있다."[17] 과학은 물질을 연구하고 불학은 진여를 드러낸다. 불학이 필요한 점은 과학과의 조화가 아니라 심성의 운용에 있었다. 그들이 따로 도모하는 것은 "인도의 안락을 확보하는 데 있었다".

타이쉬가 말한 것은 대체로 경험적인 체험과 추측이었다. 진정으로 그것을 철학의 수준까지 끌어올린 사람은 슝스리였다. "일찍이 서양 철학자들이 말하는 이지(理智)는 아무런 근거도 없는 것 같다고 비판한 적이 있다. …… 우리가 본래부터 고유한 성지(性智)가 있음을 승인한다. 이지 또한 성지의 발용이라고 말한다."[18] 이지의 과학은 경험·현상의 사건이다. 인성의 근본은 오히려 성지에 있다. 불학은 바로 이런 '성지'를 드러낸다. "과학이 자신의 영역에서 이룩한 성취는 그야말로 하늘의 공능을 훔칠 만하지만 내가 간섭할 부분은 아니다. 하지만 인류가 만약 과학만을 원하고 자신을 성찰하는 학문을 폐기한다면 이후 폐단은 장차 형언할 수 없을 정도일 것이다. 자신을 성찰하는 학문(인생 철학)이 폐기되면, 장차 만물이 최고조로 발전한 인류의 본래 허령하여 막힘이 없고 활동할수록 사물에 부합하는 내면의 활동이 혼미하게 되고 스스로 본심을 인식하지 못하게 한다. 내면의 활동은 단지 그물망식으로 한 덩이가 되어 얽혀 있을 뿐이고 자신이 본래 간직한 허령한 주체는 상실하고 만다."[19] 자신의 회복은 전통 본체론에서 말하는 근본 회복이다. 슝스리는 근대 과학의 도전 앞에서 자신 회복과 근본 회복의 철학적 본체론을 건립하고자 했다.

불학의 본체론 회귀는 표면상 지평이 축소된 듯하지만 사실은 보다 훌륭하게 불학의 본래 의의를 실현할 수 있었다. 또한 그것의 근대 발전을 위해서 적당한 영역을 구획했다. 이런 노선 위에서 불학은 좀더 멀리 나아갈 수 있었고 또한 현대 사상에 대해 그것이 어느 정도의 의의를 가질지 결정했다. 이것은 불학입세의 마지막 방식이었고 불학이 근대 사조에 개입한 이후의 필연적 귀결이었다.

부정의 정신과 부(負)의 방법

장타이옌이 유종*에 특별히 관심을 기울인 것과는 달리 슝스리는 공종**을 깊이 연구했다. 유종과 공종의 차이는 무신교와 본체론의 차이를 초래했다. '신유식론'을 파악하는 핵심은 슝스리의 공종 정신을 이해하는 데 있다.

---

* 유종(有宗: 유식학). 유식학에서는 일체 존재가 어떻게 현상하는가를 설명한다. 물론 그것이 허상임을 밝히지만 중관학에 비하면 사물 자체에 대해 적극적으로 부정하지 않는다고 생각하여 중국인들은 이 이론 체계를 유종이라고 했다.
** 공종(空宗: 중관학). 중관학은 유식학에 비하면 일체 존재의 실체성을 철저하게 부정하고 그것이 '공'임을 선언한다. 그래서 중국인들은 '공종'이라는 표현을 사용했다.

슝스리의 불학은 변화 속에서 형성되는 과정을 갖는다. 그는 장타이옌의 영향 하에서 불학을 공부했다. 1920년대 베이징대에서 불학을 강의할 때 그는 무착〔無着, 310?~390?; 인도의 승려로 『섭대승론』攝大乘論의 저자이며 유식학의 기본 골격을 완성했다〕과 세친〔世親, 320?~400?; 무착의 동생으로 유명한 「유식 30종」의 저자이다〕으로 이어지는 유식학을 신봉했다. 십수 년의 침잠과 사유 속에서 『신유식론』을 지을 무렵, 그는 이미 유종을 버리고 공종으로 귀의했다. 공종은 유종처럼 열반이란 경계의 존재를 긍정하지도 않았고 현상 이후의 최후의 실체인 식을 긍정하지도 않았다. 공종은 일체의 긍정성에 대한 집착에 반대했고 일체의 사물과 현상은 모두 실체나 자성을 갖지 않고 불교도들이 추구하는 최고 경계이자 인생 이상의 귀결인 열반 또한 공이라고 인식했다.

공종의 이런 이론이 해탈이나 출세라는 종교적 실천과 모순되는 점이 있다고 하더라도 일체가 모두 공이고 본체는 실재하지 않는다는 중심 사상은 분명 객관 세계와 인간 사회의 질서를 부정한 원시 불교의 논리적 완성이었다. 근본적인 지점에서 어떠한 집착이나 미혹, 어리석은 생각도 배척했다. 이런 측면에서 보자면 공종은 불학의 전형이자 대표일 것이다. 근대 불학가 인순(印順, 1906~2005)은 이렇게 말했다. "불법은 기존의 습속에 얽매이지 않고 세간을 초월하는 '중대한 임무'〔大事〕를 제공한다. 이 중대한 임무를 실천하는 데는 반드시 공(空)을 인식해야 한다. 즉 세간의 고유한 것들을 부정하는 것이다. …… 반드시 현실과 대면하여 그것을 부정하고 초월할 때라야 비로소 불법의 특질을 발견할 수 있고 '존재의 본성이 공하다'〔性空〕는 사실이 불법의 유일한 특질임을 발견할 수도 있다. 그래서 불법이라고 한다면 대승, 소승을 막론하고 어떤 종파라도 공을 밝히지 않을 수 없다."[20]

승스리는 장타이옌의 기본 관념 중 일부에 찬성했다. 유식학의 과학성에 대해 상당히 경의를 표했고 심지어 "철학가는 분석과 조직의 역량을 배양하지 않을 수 없는데 유식학은 진실로 모든 철학자들이 반드시 탐구하여 소홀히 할 수 없는 것"[21]이라고 말하기까지 했다. 철학은 초과학적인 것이지, 과학 이전의 것이 아니다. 그것은 과학적인 분석과 조직을 통해서 기본적인 훈련을 하지만 그 자신이 결코 과학과 동일시되거나 과학으로 귀결하지는 않는다. 확실히 승스리가 지시하는 것은 본체론상의 철학이다. 이런 입장에서 보면 유종은 두 가지가 부족하다. 첫째는 유식학의 8식 가운데 "아뢰야식은 중생들이 공유하는 것이 아니다. 각각의 개인이나 동물들이 저마다 하나의 아뢰야식을 가진다".[22] 이것은 우주론상의 다원론이다. 둘째는 유식학은 본유종자*를 건립하여 현상의 인자(因子)로 삼았다. 또한 불학 전통을 계승하여 법성이 곧바로 진여라고 이야기했다. 이 진여는 종자가 아닐뿐더러 종자의 현현 또한 아니다. 이 사이의 관계에 대해서 유식학에서는 시종 분명한 언급을 하지 않고 있다. 유식학의 삼성설에서 말하는 원성실성이 바로 진여인데 의타기성의 종자와는 또한 융합할 길이 없기 때문에 이중 본체론에 빠지고 만다.

승스리는 "유식학의 이론이 비록 극히 복잡하고 엄밀하지만 그것의 골자는 결국 대대(待對)의 관념"[23]이라고 단언한다. 대대 관념이란 바로 주체와 상대되는 하나의 본체가 있고, 그것은 주체에 의해서 인식되고 파악될 수 있다고 믿는 것이다. 이것은 경험적인 사유의 습관

---

* 본유종자(本有種子). 아뢰야식에 본래 간직하고 있는 종자를 말하는데, 이것과 달리 후천적으로 훈습된 종자는 신훈종자(新薰種子)라고 한다.

이자, 또한 과학 연구의 한 전제이기도 하다. 하지만 대대 관념은 경험
에서 과학으로 발전할 수는 있지만, 철학으로까지는 발전할 수 없다.
그것은 "위로는 신명을 규명하는 데 부족하고 아래로는 사물을 탐구하
는 데도 합당하지 않다".[24] 본체를 드러낼 방법도 없는 데다가 실질적
인 인식론 연구에도 아무런 도움이 되지 않는다.

　　공종의 의의는 바로 이런 허망한 견해를 벗어나는 데 있다. 경험
과 상식이라는 관점에서 보면 공종이 일체 현상과 사물의 실존을 부정
하는 것은 사람들이 인정하기 무척 힘들다. 하지만 철학은 상식이 아
니다. 슝스리가 진력으로 발휘한 공종의 정신은 바로 상대적 인식[待
對]을 쓸어 버리는 '한바탕 대청소'이다.

> 공종은 일체 법상이나 우주 만상을 부정함으로써 활연히 깨달음을 얻
> 으려 했다. 하나하나의 법상에 대해서 그것이 진여 아님이 없음을 파
> 악하는 것이다. …… 고금을 통틀어 본체를 담론하는 사람들 중에 공
> 종만이 완전히 희론(戲論)을 적멸할 수 있었다. 공종은 외도나 일체 철
> 학가들이 저마다 억측이나 편견에 의해 정립한 우주론을 단칼에 부정
> 하여 사람들이 그 자리에서 일진 법계를 깨닫게 했다.[25]

　　단도직입적으로 모든 견해를 논파하고 논의의 근거를 세우지 않
는 공종의 정신은 비타협의 부정 정신이다. 슝스리는 그것을 본체론
구축의 첫걸음으로 이해했다. 즉 유종과는 철저하게 달랐다. 현상의
경험에서 과학적 연구를 시작하는 것이 아니라, 법상의 부정을 통해서
본체를 체득하는 철학적 탐구를 하는 것이다. 그래서 "현학(철학)의 입
장에서 말한다면 공종은 오히려 아무런 병폐가 없다".[26] 병폐가 없을뿐

더러 매우 정밀하고 심오한 지점이다.

　구체적으로 말하자면, 공종의 부정 정신은 불학이라는 형태 아래서 '본체는 무엇이 아닌가' 라는 철학 질문을 매우 선명하게 제기하고 있다. 첫째, 본체는 상식이나 과학에서 말하는 물질이 아니다. 유식학의 이론에 근거하면 어떠한 지각 경험도 모두 심식의 작용을 통과해서 "지각 대상을 조작하거나 절단하여 자신의 의도에 호응시킨다".[27] 지각을 통해서 획득한 내용은 '대상과 유사한 형상' 일 수밖에 없지만 '대상의 본래 형상' 은 아니다. 이것은 결코 외물의 존재를 부인하는 것이 아니라 심식의 활동을 벗어나 홀로 존재할 수 있는 외부의 대상이 없음을 강조한 것이다. 현대 과학은 날이 갈수록 분명하게 '이론이 관찰에 선재' 하고 '관찰이 이론에 침투' 하는 특징을 보여 주고 있다. 슝스리는 유식론을 가지고 유물론에 반대했다. 이것은 철학적 성찰을 통한 경험적 상식에 대한 반대이다. 단지 본체론의 중요한 전환점이었을 뿐 아니라 현대 문화 사상의 일부 지지를 획득할 수도 있었다.

　둘째, 본체는 또한 근대 실재론의 보편(共相)도 아니다. "우리의 사유 작용은 일상의 경험에서 발전한 것이다. 그래서 우리는 경험하는 대상에 대해서 그것의 이미지(相)를 임의로 떠올린다. 이 때문에 보편을 사유할 때도 사물의 보편을 임의로 떠올린다. 만약 본체를 사유할 때 이미지를 완전히 없애 버릴 수 없으면, 본체를 직접 체득할 수 없고 단지 자신이 떠올린 이미지를 연상할 뿐이다. 본체는 보편을 통한 관찰이 불가능함을 알아야 한다. 보편을 통한 관찰은 마음에서 일어난 하나의 이미지일 뿐이다. 이 이미지는 이미 대상화했기 때문에 참된 본체가 드러난 게 아니다."[28] 실재로서 보편은 여전히 대대 관념의 산물이다. 그것은 유물론이 견지하는 구체 존재가 아니라 구체 사물의 추상이다. 그것은 보편적이면서 또한 주체와 서로 대립하는 것이다. 그래서 마찬가지로 본체가 아니다.

셋째, 본체는 유심론에서 말하는 '심'이다. 슝스리는 '심'을 본심(本心)과 습심(習心)으로 분류했다. 유심론에서 말하는 '심'은 대부분 습심을 가리킨다. "습심은 또한 양지라고 말하는데 이 심은 비록 본심의 역량에 의존해서 존재하지만 본심은 아니며, 필경 스스로 일종의 사물이 된다." "즉 사물을 쫓는 마음은 옛것에 대한 훈습이 점점 깊어져서 이미 감각 기관의 작용이 되면 확실히 그것이 본래부터 가지고 있던 영명함과는 서로 어긋난다. 하지만 사람들은 이것을 마음이라고 생각한다. 실제로는 이것은 본심이 아니라 이미 사물화된 것이다. 이미 사물화한 이 마음은 그것이 교차하고 접촉하는 일체의 대상 경계와 마찬가지로 사물이 아닌 것이 없다. 대체로 마음이 이미 사물화하면 그것의 근본을 잃고 만다."[29] 습심은 사물에 대해 상대적으로 인식한 마음이다. 결코 독립적으로 실재하는 본체가 아니다.

본체론상의 세 갈래 길은 모두 '외부에서 뭔가를 찾는 태도'에 연원하여 본체를 일종의 실제로 존재하는 것으로 간주한다. "철학자들은 본체를 이야기하면서 대체로 본체를 자신의 마음에서 벗어나 외부에 존재하는 사물로 간주하고는 이지의 작용에 의지하여 외부에서 찾는다. 이런 이유 때문에 철학자들은 각각 사유를 통해서 외부 경계를 설정한다. 그래서 건립된 본체는 갖가지로 하나의 학설일 수 없다. 유물이든 유심이든, 아니면 정신도 아니고 물질도 아닌 경우를 막론하고 여러 주장은 모두 외부에서 뭔가를 찾으려는 태도에서 기인한다. 각자가 허망하게 일종의 본체를 건립한다."[30] 공종은 일체를 부정함으로써 인심의 외부에 근본적으로 실유하는 게 아무것도 없으며 외부에서 뭔가를 찾겠다는 태도로 본체를 이야기하는 것은 남쪽으로 가려는 사람이 북쪽으로 수레를 모는 꼴과 다르지 않음을 보여 주었다. 이와 같이 공종은 본체론의 사유 방향을 바꿔 놓았고 진정한 본체론을 위해서 길을 개척했다.

이른바 상대적 인식의 타파는 결코 주체와 본체의 관련을 제거하지 않는다. 그것은 실제 주체와 상대하는 객관의 본체란 결코 존재하지 않음을 이야기할 뿐이다. 앞서 장타이옌도 유신·유물·유아라는 잘못된 본체론을 논파한 적이 있다. 그가 근거한 것은 엄격한 법상 이론이었다. 즉 자성으로써 이변집(二邊執)과 삼도견(三倒見)을 타파했다. 그래서 그의 부정은 전제와 가설이 존재한다. 유신론을 논파한 결과 '아뢰야식'이라는 본체를 도출했다. 슝스리는 오히려 모종의 존재로써 다른 존재를 부정하지 않았다. 공종은 본체론상에서 결코 정면으로 제기하는 주장이 없다. '아뢰야식'까지도 부정의 대상이었다. 그래서 슝스리의 비판은 보다 철학적인 방면의 비판이었지, 종파 간의 분쟁이 아니었다. 그의 입장에서 보자면 장타이옌이 천신만고 끝에 찾아낸 '아뢰야식'은 여전히 일종의 사물이지, 진정한 본체가 아니었다. 장타이옌에서 슝스리에 이르기까지 원시 불교의 구체적 교리나 내용은 조금씩 줄어들었다. 불학이 함축하고 있는 철학 의식은 오히려 지속적으로 확대되고 자각됐다. 슝스리가 공종의 부정 정신을 부(負)의 철학 방식으로 구체화했을 때, 불학을 표명한 철학화는 이미 완성되었다.*

---

*펑유란은 중국의 전통 철학을 기술하면서 정(正)과 부(負) 두 가지 방법이 있다고 했다. '정의 방법'은 형식 논리를 사용한 분석 방법인 데 반해 '부의 방법'은 직각의 방법이다. '부의 방법'은 마치 금속 공예를 할 때 주변을 두드려서 가운데를 도드라지게 하듯 부정을 통해서 본질적인 부분의 긍정을 시도한다. 펑유란은 불교 철학에서 이 방법을 발견했다.

만약 본체가 결코 자기 원인으로 실유하는 사물이 아니라서 '~이다'라는 방식으로 표현할 수 없다면 어떤 방법으로 본체론을 건립한 것인지가 매우 중요하다. 여기에 대해 칸트는 이미 모범을 보였다. 전통 형이상학에 대한 그의 비판은 선험의 환상을 폭로하여 지성의 한계를 확정하고 영혼·자유의지·신 등의 형이상학적 실체는 감성직관의 경험 기초가 없기 때문에 지성이 적용할 수 있는 범위를 벗어난다고 했다. 그래서 그런 것들은 인식의 대상이 아니다. 본체는 불가지인데 본체를 인식 가능한 실체로 간주하는 것은 필연적으로 '이율배반'을 초래한다. 지성의 범위를 제한하는 것은 실제 인식론과 본체론을 구분한 것이고, 또한 본체론과 인식론의 상이한 방식을 보여 준 것이다.[31]

이것이 펑유란이 말한 형이상학적 부(負)의 방법이다. 부(負)는 정(正)과 상대된다. "정의 방법의 실질은 형이상학의 대상이 무엇인가이고 부의 방법의 실질은 대상을 말하는 게 아니라 어떻게 형이상학을 하는가이다. 부의 방법도 그 성질이 갖는 모종의 방면을 보여 준다. 이런 방면은 정의 묘사와 분석으로는 설명할 길이 없다."[32] 두 가지 방법은 각각 장점이 있다. 하지만 본체론의 입장에서 말한다면 부의 방법이 초월적인 형이상학적 의의를 훨씬 잘 보여 줄 수 있다. 정의 방법을 사용한 플라톤, 아리스토텔레스, 스피노자 등에 이르러서도 자신들 체계의 정점은 부의 방법이었다.[33] 슝스리는 이미 "본체론만이 철학의 범위"[34]라고 인식했고, 게다가 본체는 주체와 상대하는 것이 아니었다. 그렇다면 그는 반드시 방법론에서 논리 분석을 위주로 하는 정의 방법을 배제할 수 있어야 했다.

이 방면에서 중국 철학 전통은 그에게 풍부한 사상 자원을 제공했다. 노자의 '도가도 비상도, 명가명 비상명'(道可道 非常道, 名可名 非常名)

에서부터 장자의 '일상의 인식을 통하지 않은 앎'〔不知之知〕에 이르고, 현학의 '무를 근본으로 삼는다'〔以無爲本〕에서 선종의 '진리는 표현할 수 없다'〔第一義不可說〕, '언설을 통하지 않은 가르침'〔不言之敎〕까지 이른다. 그 가운데 불학 공종에서 말하는 것이 가장 투철하다. 그것은 인류의 미혹이나 집착 때문에 발생한 갖가지 선입관, 편견, 오류 등을 광범위하게 논파하고 남김없이 제거한다. 그것은 인식론 전통이 극히 농후한 서방 철학과 비교하더라도 훨씬 풍부한 형이상학적 의의를 갖고 있다. 이 전통에 근거해서 승스리는 부(負)의 방법을 '차전'(遮詮)이라고 했다. 설명하고 싶은 사물과 도리를 직접 표시하는 '표전'(表詮)과는 달리, "차전이라는 언설 방식은 설명하고 싶은 사물이나 도리에 대해서 직접적으로 표현하지 않고, 인심의 미혹이나 집착을 정확히 지적하고 이런 방법으로 상대를 논파함으로써 상대로 하여금 스스로 깨닫게 한다".[35]

이것이 '본체는 무언가가 아니다'라는 방법론상의 구체적 실현이다. 예를 들어 암실 가운데 의자가 있는지 모르는 사람에게 가운데 의자가 있다고 말하는 것이 바로 표전이다. 그리고 이 의자를 사람이나 다른 이상한 것으로 의심하는 사람에게 직접 그것이 의자임을 설명하지 않고 사람이나 이상한 것으로 잘못 생각하는 이유에 대해 하나하나 논박하면서도 시종 암실 가운데 의자가 있음을 직접 이야기하지 않고 스스로 깨닫게 하는 것, 이것이 차전이다. 철학적으로 차전은 언어의 잘못된 사용을 배제하고 언어 표현이나 직접 지시가 불가능한 본체를 위해서 보호선을 설치하여 사람들이 스스로 그것의 본질을 깨닫게 한다.

방법 면에서 표전과 차전의 차이는 유종과 공종의 차이이다. 승스리는 공종과 유종 둘 모두 연생(緣生)을 이야기하지만 유종은 구조론으로서 심식이 만물을 파생하기 때문에 종자(아뢰야식)와 심식이라는 이중 본체를 초래했고, 본체가 표전할 수 없음을 표명하는 잘못을 저질렀다고 생각했다. 공종은 연생을 이야기하지만 차전을 이용한다. "표전은 제법의 존재를 승인한다. 그것은 연기론으로써 제법이 형성되는 이유를 설명한다. 차전은 사람들이 제법은 본래 공임을 알게 하려고 연기설로써 제법을 부정한다. 즉 제법이 모두 무자성임을 드러낸다."[36] 이것은 해체적 방식이자 비판적 방식이다. 유종과 공종, 표전과 차전의 상이는 실제로는 인식론과 본체론의 차이이다. "철학자가 본체론을 논하는 것은 득이 되기도 하고 실이 되기도 하는데 그가 우주론 방면에서 차전을 훌륭하게 운용하고 있는가를 보아야 한다."[37] 언제나 무언가를 부정하고 무언가를 차단해야 일체 현상의 장막 속에서 본체를 체회(體會)할 수 있다.

칸트가 일찍이 지적했듯이 지성 범주는 경험되는 세계 외부에서 사용할 수 없다. 비트겐슈타인도 '무엇인가'라는 질문 방식은 과학의 방식이지, 철학의 방식이 아니라고 생각했다. 부정 정신과 부(負)의 방법을 완전히 장악한 숭스리는 불학을 일종의 자각적인 철학 의식으로 추상화했다. 그의 본체 사유는 보기에는 탄쓰퉁이나 장타이옌보다 훨씬 현실에서 멀어져 인간의 삶에서 완전히 벗어난 듯하다. 그러나 세계를 공으로 보고 인간의 삶을 고통으로 보는 불학 관념이 만약 진정으로 근대 정신 생활에 어떤 영향을 발휘하려고 한다면 이런 본체 의식이나 사유 방식으로 승화하거나 응축하는 수밖에 없다. 그렇지 않으면 기타 목적의 보조 수단으로밖에 사용될 수 없었다. 이런 각도에서 보면 숭스리는 불학 '응용'의 역정을 마감하고 불학이 근대 세계와 맺

는 관계를 정신 가치와 생존 의의 등 인생 철학의 층위로 인도하기 시
작했다.

자연 불학입세가 여기까지 발전했을 때, 종교색은 상당히 옅어졌
다. 탄쓰퉁의 『인학』과 장타이옌의 무신교는 모두 종교성을 갖고 있었
다. 그들이 신봉한 화엄종과 법상종은 대승 유종에 속하며 모두 하나
의 이상 경계와 해탈 이후의 귀의처를 가진다. 공종은 본체의 실유를
부정했다. 논리적으로도 지향점이나 안식처로서 본연의 경계를 승인
하지 않았다. 공종은 비록 일체를 부정했지만 출세 경향은 없었다. 이
점이 곧바로 비종교적 방향으로 발전할 수 있었던 이유다. 슝스리는
공종을 부정 정신과 부의 방법으로 철학화함으로써 본체 구조의 첫발
을 내디뎠다. 이는 입세불학이 이미 조용히 은퇴했음을 의미한다.

즉용현체(卽用顯體)와 불학에서 유학으로

중국 전통 틀 속에서 불학의 부정이 곧바로 유학으로의 귀의를 의미한
다는 것은 단지 역사의 경험이 아니라 논리적 필연이기도 하다. 슝스
리의 불학은 이미 철학화한 불학인 마당에 그의 유학도 자연 본래의
유학일 수 없었다. 슝스리같이 자신의 견해가 뚜렷한 철학자의 경우,
말하자면 불학이든 유학이든 간에 모두 현실적인 이유와 다분히 개인
적인 배경을 가진다. 그는 만년에 다음과 같이 회고했다.

청말 의화단사변 후에 중국 문화는 이미 붕괴의 조짐을 보였고 나는
무척 괴로웠다. 젊어서 혁명에 참여했지만 스스로 그런 일을 감당할
만한 능력이 아님을 깨닫고 중국 철학 사상을 전문으로 연구하고자

했다. 한학과 송학은 나와 맞지 않아서, 육경에서 찾아 보았다. ……
결국 육경은 봉건 제도를 옹호하는 책이라고 멋모르고 비판했다. 나
는 이내 불법으로 귀향했다. 곧바로 대승 유종에서 시작했다. 얼마 지
나지 않아 유종을 포기하고 대승 공종을 깊이 연구하면서 심취했다.
상당한 시간이 지나서 공종을 감히 귀의처로 삼을 수 없다고 생각했
다. 이후로는 내 자신에게서 구하다가 홀연히 『대역』(大易 ; 주역)에서
깨달은 점이 있었다. 체용 이론과 관련해서 상고(上考)의 『변경』(變經)
에서는 아예 의심이 사라졌다. 나는 여기서 귀의할 바를 알았다.[38]

비록 혁명 실천과 공종에 대한 심취 사이에 간단히 등호를 그을
수는 없지만 청조 전복이라는 현실 변혁의 실제 경험과 만물의 경시와
일체 부정의 비판 의식 사이에는 확실히 관련이 있다. 만약 혁명이 합
리적 사회를 이룩하고 행복한 생활을 창조하는 것이라고 한다면 철학
은 일체 진실하지 않고 허망한 현상이 해체된 이후에도 본체를 드러내
인생의 지향점으로 삼아야 한다. 한결같이 모두 공임을 주장하는 불학
은 파괴의 입장이고 인간 세상에서 벗어나지 않으려는 유학은 건립의
입장이다.

불학에서 유학으로 돌아가는 것을 사상의 전환이라는 측면에서
보면 첫발은 건행불식(健行不息)의 『주역』으로 적정하고 공허한 불학을
반대하는 것이다. 『역전』은 변화, 운동, 생성을 이야기하지만 변화는
언제나 모종의 사물이 변하는 것이고, 또한 변화도 그것의 질서를 가
지고 있다. 그래서 변역은 이미 불변의 의미를 포함하고 있다. 『역』에
서는 우주가 실유하고 인생이 공이 아님을 긍정한다. 그래서 송유는
그것을 이용해서 불학에 반대했다. 불학은 존재를 거짓으로 보고 현실

의 감성 세계를 부인하고 적멸의 출세를 추구한다. 불학에 반대하기 위해서는 우선 이 세계의 실재성과 필연성을 논증해야 한다. 북송의 장재(張載)는 이런 전환을 완성했기 때문에 이학의 태두가 되었다. 그의 기론(氣論)은 『주역』에서 연원한다. 『주역』에는 본래 기의 개념이 존재하지 않는다. 장재는 "우러러 천문을 관측하고 굽어보아 지리를 살핀다. 그래서 유명(幽明)의 이치를 깨닫고 처음과 끝을 규명함으로써 생사의 이치를 안다"[39)]는 『주역』의 구절을 읽을 때 성인은 단지 "유명의 이치를 깨달았다"고 했지 "유무의 이치를 깨달았다"고 하지 않았음을 알아차렸다. 그래서 '기' 개념을 개입시켜 세계는 단지 유명의 영역에 존재하지, 유무의 영역에 존재하지 않음을 인정했다. 이렇게 해서 불학의 공관을 논파했다. "태허가 바로 기임을 안다면 무란 존재하지 않는다. 태허가 곧 기임을 안다면 유와 무, 숨고 드러남, 신명과 변화, 본성과 천명이 각각 둘이 아니라 하나로 소통된다."[40)] 기본체론은 감성과 물질 세계의 존재를 긍정함으로써 유가 윤리에 견고한 기초를 제공했다. 불학에서 유학으로 돌아가려면 먼저 『주역』을 통해야 했다.

승스리는 이 점을 분명히 깨닫고 있었다. 하지만 장재의 기본체론에는 강렬한 유물론적 경향이 있었고 이것은 승스리가 그렇게 좋아하지 않은 점이었다. 그래서 다시 『주역』을 해석할 필요가 있었다. 우주론에서 역의 특징은 존재의 실재를 승인하는 것이다. 하지만 이 실체는 변화, 운동의 과정이자 초기적인 통일과 화해에서 시작된 개방의 정체이다. 역의 의의는 실유로써 공허를 반대하는 데 있을 뿐 아니라 더욱 중요한 점은 건동〔健動; 굽힘 없는 활동〕으로 막힘〔滯寂〕에 반대하는 데 있었다. 공종으로 형상에 대한 집착을 제거한 이후에 돌아가야 할 바가 있음을 알았지만, 그렇다고 천박한 유물론으로 후퇴하지는 않았

다. 슝스리는 공적함을 반대하고 운동을 위주로 하는 『주역』으로 강건
한 유학의 대표를 삼고서 출세와 공적 무위의 불학을 대체했다. "불가
에서 말하는 무상은 제행이 존재한다는 주장을 비판하려는 의도였다.
이 책(『체용론』)에서도 변화를 이야기할 때는 …… 일체행이 단지 찰나
찰나 생멸·활약하며 면면히 끊이지 않는 변화 속에 있음을 인정한다.
이런 종류의 우주론에 입각하면 인생은 단지 정진과 향상만 있을 뿐이
지, 제행에 대해 비판할 점도, 오염되거나 집착할 바도 없다. 이런 점
에서 이 책의 입장은 불교의 출세법과는 전혀 상통하지 않는다."[41] 『주
역』에서 제기하고 있는 본체는 공능이지, 실체(유물론)가 아니다. 실재
이지, 공허(불학)가 아니다.

　　본체는 외재하는 실체가 아니며, 본체론은 외부에서 무언가를 찾
는 방식으로 건립될 수 없다. 그래서 '자신에게서 구하고' 일체의 집착
과 오해를 버린다면 어느 곳에서라도 본체를 체험할 수 있다. 이것이
불학에서 유학으로 회귀한 두번째 걸음이다. 전통 본체론은 바로 자기
와 근본을 회복하는 학문이다. 여기서 '자기'〔己〕와 '근본'〔本〕은 슝스
리가 앞서 공종을 가지고 한바탕 청소했기 때문에 더 이상 주체 의식
이나 주체 관념 같은 게 아니라 본체를 드러낼 수 있는 본심이었다.

　　만약 확연히 자기를 잊고, 고요하면서도 공허하지 않고, 생성하면서
도 고정되지 않고, 지극히 성실하면서도 멈추지 않는 진실한 도리를
깨닫는다면, 이것은 나와 만물이 함께 부여받아서 생성할 수 있는 까
닭이며 바로 나와 만물이 공유하는 진실한 본성이다. 이런 참된 본성
이 내 몸에 존재하니, 언제나 허령하면서도 어둡지 않고 내 몸의 주인
이 되는데, 그것을 또한 본심이라고 한다. 그래서 여기서 심이라고 말

하는 것은 실제로는 내 몸이 획득한 사사로움이 아니라 나와 만물이 혼연히 한 몸이 된 참된 본성이다. 그렇다면 우리의 마음에서 그것을 돌이켜 살피면 곧바로 만물의 본체를 획득한다.[42]

본심은 습심이나 개체아가 아니라 본원의 심이자 군체의 유형이다. 이것은 당연히 신판 육왕심학이다. 하지만 슝스리가 더욱 중시한 점은 우주론과 본체론이지, 윤리학이나 심성론이 아니다. 구체적으로 말하면 본심으로 본체를 삼고 본체의 의를 생명 의식으로 전환했다. "생명이라고 할 때 생(生)은 지속적인 생성을 가리키고, 명(命)은 스스로 근본이 됨을 말한다. 두 가지는 서로 소통하는데 생이 바로 명이고, 명이 또한 생이다. 그래서 생명은 하나도 결핍할 수 없는 명사이다. 우리가 자신의 생명이 곧바로 우주의 본체임을 인식하기 때문에 나를 내부로 여기고 우주를 외부로 여길 필요가 없다. 나와 우주가 동일한 하나의 대생명이기 때문이다. 이 대생명은 분할할 수 있는 게 아니라서 내외가 없다. 내외는 우리가 7척의 몸뚱이를 자기라고, 내부라고 망집하고 이내 천지만물을 외부라고 여기는 것일 뿐이다."[43]

여기서 핵심은 두 가지다. 첫째는 '심'의 물질화에 대한 반대이다. 본심론과 유물론의 분기는 하나는 외물로, 하나는 본심으로 본체를 삼는다는 데 있지 않다. 훨씬 중요한 점은 그들이 완전히 상반되는 의의를 보여 준 데 있다. 유물론은 단지 우주 구성과 물질 기원 등의 과학 문제를 해석하는 데 머물고, 본심론은 오히려 생명의 본질과 인생의 의의를 추구하는 등 가치 문제를 목적으로 한다. 본심은 만물 변화의 근원이자, 인생의 본성이며, 아울러 도덕의 근저이다. 본체론은 생명의 능동 정신과 창조적 공능을 위해서 철학적 논증을 시도했다. 그것은 진정으로 인간의 의의와 가치를 부각했다. 두번째는 '심'을 자아로 취급하는 것에 대한 반대이다. 이런 오해는 혼연일체의 우주를 분할하여 생명이 개체에 의해서 소유된다고 여긴다. 본심이 바로 본체임을 강조하는 것은 생명을 일개인의 속박과 한계에서 해방시켜 우주만물의 영원과 보편 그리고 신비나 심오를 깨닫게 한다. 슝스리는 명대의 유학자 서로원(徐魯源)의 견해에 찬동했다. "마음의 참된 본질은 아무런 조짐이나 기미가 없는 막막함 속에서 응축된다. 생명 의식은 가득하여 우주에 차고 넘친다. 이것으로 본성을 이야기하자면 공적하고 단멸하는 성질이 아니다. 인류와 만물을 통달하면 참된 본체가 맑게 드러나서 모든 번뇌를 벗어난다."[44] 이와 같이 인간은 회색의 세계에서 무성하게 피어난 중생이 아니고 수없는 생물 속의 유한한 존재도 아니다. 인간은 우주의 가치 본원이자 의미의 본원이다. 슝스리는 '지속적인 운동'과 '자강불식'(自强不息)의 『주역』 정신과 '마음이 곧 본체'〔心即本體〕라거나 '자신이 근본'〔自本自根〕이라는 육왕심학의 사상을 정합하여 전자에는 본체의 의미를 부여하고 후자에 대해서는 우주론의 틀을 부여하였다. 슝스리는 이렇게 종합하고 확대하여 자신의 본체론을 구축했다.

문제는 본심이 물질 존재도 아니고, 개체 심리도 아니라면 어떻게 이 본체를 체험하고 파악하는가이다. 슝스리는 말했다. "내 생각에는 이른바 본체는 분명 직접적으로는 드러낼 수 없다. 하지만 공용 속에서 본체를 드러내는 데는 아무런 문제가 없다. 체는 무량무변의 공덕으로 현현하고, 용은 형상을 가지고 거짓으로 드러나기 때문에 천차만별이다. 그래서 체는 말할 수 없지만 용은 이야기할 수 있다. 용은 바로 체의 현현이고 체는 바로 용의 체이다. 체가 없으면 곧 용이 없고,

용을 떠나면 체는 존재하지 않는다.”[45] 본체는 형이상의 것이다. 그래서 언어를 통해서 직접 표현할 수는 없다. 또한 경험적 지각이나 이지적 분석을 통해서 획득할 수도 없다. 공종의 부정 의식과 차전 방법은 이 점에 대해서 매우 철저하게 언급하고 있다. 하지만 승스리가 주장한 즉용현체〔卽用顯體; 작용을 통해서 본체를 드러냄〕는 ‘용’의 가치와 그것이 본체를 현현함을 인정할 뿐 아니라 본체가 용 가운데서 드러나면서도 승스리의 ‘체’가 공종의 ‘체’와는 동일하지 않음을 표명했다.

　　승스리가 공종에 대해 가장 불만족스러웠던 점은 공종에서는 체만 있지, 용이 없다는 것이다. “공종은 외도의 악견을 다스리기 위해서 근본적으로 우주론을 거론하지 않았다. 그래서 공종은 정신과 물질의 여러 현상을 모두 공이라고 말할 뿐이다. 이미 이른바 우주라는 것은 존재하지 않았다.”[46] 체를 이야기하지만 용을 배제하고 자신의 우주론이 없는 이런 본체론은 공허하다. 그래서 그것은 단지 본체의 적정이나 불가변성을 이야기할 뿐, 본체의 생멸변화와 유행을 이야기하지 않고 감성 세계의 의의와 가치로 떨어지고 말았다. 방법론상에서 보면 ‘공’은 단지 일종의 수단이다. 공종은 오히려 그것을 목적으로 삼았다. 일관되게 모든 것을 공으로 부정한다면 본체 또한 존재하지 않는다. “이와 같이 한결같이 부정만을 일삼는다면 부정 또한 집착이 될 것이다.”[47] 본성과 덕성의 온전함을 체현할 길이 없다. 철학자에 대해서 말하자면 공종의 작용은 ‘세례’[48]이다. 혹은 철학의 전당에 들어가는 입장권이라고 말할 법도 하지만 철학의 완성은 아니다. 공종의 논리 발전은 결국 자아를 부정하는 데 그쳤다. 현상은 실재하고 본체는 반드시 현상 가운데서 현현한다는 사실을 인정할 때에야 비로소 용 가운데서 체를 깨달을 수 있다.

용은 작용이나 공용을 말한다. 작용이나 공용은 본래 일종의 세력일 뿐이다. 실재성이나 고정성을 갖춘 것이 아니다. 말을 바꿔 보면, 용은 근본적으로 자성이 없다. 만약 용이 자성이 있다면 그것은 독립적으로 실유하는 존재이다. 그렇다면 용의 바깥에서 다시 무슨 본체를 찾을 수가 없다. 체는 용을 상대해서야 이름을 얻는다. 하지만 체는 자신을 완전히 분화된 각각의 사물로 현상하는 대용(大用)이다. 그래서 그것을 용의 본체라고 말한다. 결코 용을 벗어나서 독립적으로 존재하는 것이 아니다. 체가 용의 본체이기 때문에 용을 벗어나서 체를 찾을 수 없다.[49]

체와 용, 이 두 단어는 단지 언어를 통해서 구분한 것이지, 실제로는 둘로 나눌 수는 없다. 현상은 본체의 공용이다. 공용은 바로 변동·유행·운동이다. 이것은 또한 본체이다. 체용불이(體用不二)를 설명하기 위해서 슝스리는 여러 차례 대해(大海)와 물거품을 가지고 비유를 했다. 대해는 많은 물거품으로 모습을 드러낸다. 물거품 외부에 대해가 존재하지는 않는다.

슝스리가 즉용현체를 표명한 것은 본체가 바로 변화·생성·일신임을 부각해서 청정·공적·적멸을 특징으로 하는 법성·진여에 반대하려 한 것이다. 그는 끊임없이 생성하고 항상 새로워지는 현상 세계가 바로 진실한 본체임을 부각함으로써 현상을 초월하고 만물의 상위 아니면 바깥에서 따로 조물주식의 본체를 찾는 것에 반대하려 했다. 즉용현체는 바로 '끊임없이 낳고 낳는' [生生不息] 우주 '의 엄청난 변화' 가운데서 본체를 체득하는 것이다. 이것은 슝스리가 본체를 파악하는 길이자 방법일 뿐 아니라 그의 본체론이 지닌 특질이자 핵심이었다.

'용'(현상, 공용)에 대한 긍정은 슝스리가 불학에서 유학으로 회귀하게 된 핵심이자 표지이다. "적멸에 얽매여 있으면 생성의 성대함을 알아차리지 못하고 공에 빠져 있으면 변화의 오묘함을 인식하지 못한다. 이것은 불가가 빠지는 잘못이다. 그래서 체를 이야기하면서도 용을 배제한다. 유자는 그렇지 않다."[50] "불가는 인류와 사물을 부정하고 홀로 청정하고 조용한 곳에 머물면서, 오로지 정신을 수습하고 본체를 탐구하고 자성을 찾는다. 그래서 뛰어난 근기를 지닌 사람은 쉽게 본체를 증득하지만 근기가 둔한 사람은 환하게 깨닫기 어렵다. 그 도는 출세를 지향하지만 오히려 인간의 삶 속에서 그것을 구하기 때문에 항상된 것이라 말할 수 없다. 공자는 '도는 사람을 멀리하지 않는다'고 했다. 사람이 도를 행할 때 다른 사람을 멀리한다면 도라고 할 수 없다. 이것은 유가의 법인(法印)이다. 바꿀 수가 없다."[51] 여기서 '용'에 대한 강조는 현실 생활의 가치와 의의를 보여 주며, 해탈출세라는 불학의 이상은 이제 현실 삶 속의 유자의 관심으로 전환된다. 본체론은 여전히 인생론을 수행했다. 혹자는 슝스리가 불학과 마찬가지로 여전히 인생론의 길에서 본체론 구축을 지향했다고 말한다.

이렇게 이른바 '불학에서 유학으로의 회귀'는 바로 본체론상 인간의 '세계참여, 생명찬미'의 의미를 다시 논증하는 것이지, 유학의 정치 이상이나 윤리 규범을 인정하는 것은 아니다. 슝스리에게 불학이 종교가 아니라 철학이었던 것과 마찬가지로 그에게서 유학은 윤리가 아니라 철학이었다. 동일하게 불학에서 유학으로의 회귀는 결코 완전한 불학의 폐기가 아니었다. 철학으로서 불학도 자신이 양도할 수 없는 의의를 가졌다. 사실상 슝스리 본인도 유학의 본체 의의는 비교적 소박하다고 완곡하게 승인했다. "유가는 본래 출세 관념이 없다. 그래서 본체를 이야기하는 것도 특별히 생성과 변화라는 방면에 집중하였고 다시 공적을 이야기하더라도 여기서 뭔가를 발휘하려 하지 않았다. 아니면 공허나 적멸에 탐닉하는 잘못을 예방하려고 그랬는지도 모르겠다."[52] 유학이 공적한 본체를 제기하는 경우가 매우 드물었기 때문에 사람들로 하여금 변화나 움직임 속에서 쉬이 오해하게 한다. 정·주가 외부에서 이(理)를 찾은 것이나 심학 말류의 광적인 행위 같은 것은 모두 불학의 부정 정신이나 초월 정신을 필요로 했다. 만약 유학이 생명으로의 귀향이라고 이야기한다면 불학은 그런 귀향을 위해 꼭 들러야 하는 정거장이었다. 슝스리 본인은 다음과 같이 말했다.

나는 필경 불학과 유학 사이를 오갔다. 불학이기도 하고 유학이기도 했다. 불학이 아니기도 하고 유학이 아니기도 하다. 나는 단지 나일 뿐이다.[53]

그래서 필연적으로 슝스리가 회귀한 유학은 송명 이학을 반복하는 과정이 아니었다. 송유(宋儒)는 대체로 『맹자』, 『중용』 계열의 심성론과 윤리학의 발전이었다. 슝스리는 엄청난 열정으로 『주역』의 우주론을 그의 본체론 가운데 투사했다. 그는 송유가 귀의한 판에 박힌 윤리 규준이 불만이었다. 그의 인생관은 금욕주의적 불학의 성분을 비교적 많이 보유하고 있었다. "만약 '이'는 사물에 있고 마음에는 본래 '이'라고 하는 것이 없어서 모두 사물이 투사해서 획득된 것이라 말한다면 마음은 순전히 피동적이고 기계적인 것이 된다. 어떻게 만물을 조절하고 그것의 법칙을 획득할 수 있겠는가? 우리는 마음을 놓아 두고 이를 이야기할 수 없다."[54] 그렇지 않으면 단지 인성과 생명을 손상할 수밖에 없다.

승스리가 불학에 반대한 것은 감성 세계를 긍정하기 위해서였고, 이학에 불만이었던 것은 생명의 능동적 창조를 긍정하려는 것이었다. 그의 심본체론과 육왕심학은 하나의 선상에서 전수됐다. 하지만 그의 '심'은 육·왕식의 선험적인 도덕 주체가 아니라 생성과 발육, 창조적 진화라는 영원한 세력이자 역량이었다. 게다가 우주의 의의를 느낄 수 있는 존재의 주체였다. 인간의 무한한 발전을 믿고 생명운동의 지고한 가치를 인정하고, 감성의 물질 세계를 존중하는 것은 본체론의 근대적 특색을 수립하여 '현대 신유가' 사상의 모범이 되었다.

불학입세는 만약 장타이옌의 '오무'로 진입할 생각이 없다면 반드시 유학으로 귀결한다. 량수밍도 일찍이 1930년대 초에 불학에서 유학으로 복귀했다. 그는 변화의 원인을 현실 사회의 요구에 대한 대답으로 돌렸다. "이런 태도는 당시 동란 속에 있던 중국에 필요한 것이었고, 불학의 태도는 중국 사회에 아무런 도움이 되지 않았다."[55] 그는 말한 것을 그대로 실천했다. 개인 생활 중에서도 평생 독신으로 살겠다는 원칙을 더 이상 고수하지 않았다. 사회 생활 속에서도 적극적으로 향촌 건설에 종사했다.

량수밍은 본래부터 불학으로 입세할 생각이 없었고, 유학으로 전향했다고 해서 결코 불교 신앙을 폐기한 것은 아니었다. 그는 대승불학과 태주학파의 사회 참여 열정을 결합해서 원래는 생존의 궁극적 의미를 이해하려는 불학을 사회 행동의 의식 토대로 전환했다. "나는 내가 견지하고 있는 것이 대승보살의 구세 정신이라고 생각한다. 이 점은 태주학파의 유학 정신과 상통한다."[56] 대승불학은 "세간을 벗어났지만 다시 세간으로 돌아왔다", "출세지만 출세가 아니고, 출세가 아니지만 출세인 바야흐로 원만원융(圓滿圓融)이다".[57] 이것은 불학 가운데서 발굴해 낸 사명 의식이다. 다시 유학과의 상호 해석으로 출세의 불학을 입세의 불학으로 개변했다. 엄격하게 말하자면, 량수밍은 결코 사상적으로 불학에서 유학으로 복귀한 것은 아니다. 그래서 그는 만년에 여전히 "사실 나는 일관되게 불가의 사상이다"라고 했다. 문제는 바로 이렇게 평생 불교를 신앙한 사람도 불학의 유학화를 통해서 유학과 불학을 통일하려 했고, 이후에는 지속적으로 선량한 유자의 신분으로 활동한 것이다. 이는 불학에서 유학으로 복귀한 것이 현실 사회의 요구에 대한 호응이자 또한 불학 부흥 후의 필연적 귀결임을 잘 설명해 준다. 슝스리가 량수밍보다 뛰어난 점은 개인의 행동이 아니라 진정으로 철학 체계상 불학에서 유학으로의 전환을 완성했다는 사실이다.

하지만 근대 중국은 행동을 중시했지, 사상을 중시하지 않았다. 량수밍이 1949년 이전에 지속적으로 사회나 정치 무대에서 활약했기 때문에 향촌 건설을 통한 중국 개조라는 이상이 전혀 실현되지 않았음에도 여전히 사람들의 주목을 받았고 '최후의 유학자'라고 불리기까지 했다. 사상가이자 정치가로서 량수밍과 비교하면 슝스리는 기본적으로 학자와 사상가의 신분으로서 학술 영역에서만 활동했다. 그의 인생 철학이 비록 숭고했지만 급변하는 시대에서 사회적 명성뿐 아니라 학술적 영향력에서도 량수밍과 비교할 수 없었다. 1949년 이후에도 무슨 운동을 일으켜 그를 비판할 필요가 전혀 없었다. 불학에서 유학으로의 귀향은 사상 면에서나 이론 면에서 훨씬 성숙되고 엄밀해졌다. 하지만 불학입세의 정신 동력과 사상적 촉발은 망실되고 말았다. 이것은 사상사의 비애가 아니라 학술 사상의 본래 모습일 뿐이다.

본체론의 의의

근대에 '신유식론'을 고려한 사람은 슝스리 한 사람만은 아니다. 저명한 타이쉬 대사도 "불법이라는 진리에 근거해서 시대가 요구하는 사상 문화에 호응하고, 시대에 부합하지 않는 색채는 지우고, 시대에 따라 불법의 교화와 역할을 힘써 행한다"고 말한 적이 있다. 그도 처음에는 '신유식론'의 체계를 구상했다. 즉 새로운 시대 흐름에 근거해서 유식론(학)을 재조정하고 수정하려고 엄청난 노력을 기울였다. 하지만 그는 기본적으로 기존의 유식론 위에서 수정과 보충을 가했을 뿐, 하나의 완결한 체계를 구축하지는 못했다.

슝스리의 본체론은 탄쓰퉁, 장타이옌의 심식 이론의 종결이었는데 그는 신유식론이 단순히 학술적인 의의만 가진다고 생각하지는 않았다. "본체를 보지 못하면 인생은 물거품이나 그림자일 뿐이니, 또한 슬프지 아니한가!"[58] 본체론은 인간 본성의 근본을 추구하는 것이자 인간이 '안심입명' 할 만한 곳을 찾는 것이다. 그것은 본원의 입장에서 인간의 존재 의의를 체계적으로 증명하고 있다.

본체론의 창조적 구축은 인간성이 직면한 심각한 위기에 대한 슝스리의 철학적 회답이었다. 그는 매우 일찌감치 이렇게 지적했다. "서양 철학에서 중요한 현상과 실체 문제에 대해서 친구와 토론한 적이 있다."[59] "만약 본체가 현상의 배후에 존재하면서 현상의 근거가 된다면 현상과 본체 두 영역은 상호 대립하고 갈등한다. 그리고 현상이 무엇 때문에 근거를 가져야 하는지 설명할 길이 없다. 만약 본체가 현상 발생의 근원이라고 하면 현상이 이미 실유하는데 무엇 때문에 굳이 현상을 위해서 따로 근원을 찾아야 하는가. 별도로 근원이 존재한다면 둘은 여전히 대립할 것이다. 만약 현상만을 인정하고 본체를 이야기하지 않으면, 현상은 분명 변동하고 정지하지 않고, 우주와 인생은 결코 이와 같이 허망하거나 무실제의 것이 아니라고 느낀다. 이후 나는 항상 이런 문제를 잊지 않았다." 슝스리의 학술 인생의 시작은 바로 본원과 근본에 대한 탐구였다. 많은 학자들이 하나둘씩 서학의 과학기술이나 정치 학설과 절충할 때 그는 본체론에 대해 깊이 침잠했다. 그의 첫 번째 저작인 『심서』(心書)라는 작은 책은 다음과 같은 글귀로 시작한다. "거짓은 스스로 존재하지 못하고 반드시 진실에 의지한다." "이미 진실에 의지하여 거짓을 일으켰다면 무엇 때문에 거짓을 단절하고 진실을 추구하는가?" "거짓을 버리고 진실을 추구하는 것은 진실과 거짓이 서로 간섭하지 않는 것인데 어떻게 진실을 추구하는가?" 본체론 문제는 따지면 따질수록 더욱 긴박해진다. 이 문제는 대답할 수가 없다. 전체 인생이 바로 하나의 커다란 의무이다. 만약 량수밍이 시종 문제의식을 가진 철학자라고 한다면 슝스리는 더더욱 그러했다. 량수밍은 중국은 어디로 가야 하는가의 문제였고, 슝스리는 인생은 어떤 의의를 가지는가 하는 문제였다.

하지만 본체론은 또한 추상의 것이 아니다. 슝스리는 중·서 문화가 격렬하게 충돌하고 사회 질서가 급격하게 해체되는 시기를 살았다. 일련의 비판과 타도 속에서 전통 중국의 정신 혈맥은 이미 단절의 위기에 직면해 있었다. 많은 서방 사상과 관련 저술이 번역 소개되었지만 중국인의 정신 속에서 뿌리를 내리지 못했다. 이 문제는 오늘날에도 아직 해결되지 않았다. 슝스리는 전통 문화라는 원천을 벗어나서 서방에 대해 이해하거나 토론하는 것은 단지 허깨비 잡는 짓일 수밖에 없다고 생각했다. 한쪽으로는 중국 전통을 가차없이 비판하거나 비난하고, 또 다른 쪽으로는 서방의 사이비 학술을 추수하는 등 전체 지식인 사회가 뿌리 없는 천박함과 혼란 속으로 빠져들었다.

슝스리는 "어떤 사람들은 몇 시간을 소비하며 하나의 철학 개념이나 『홍루몽』의 진짜 저자는 누구인가 하는 등의 문제를 쉬지 않고 토론할 수 있겠지만, 내 생각으로는 이것은 단지 중국 지식계의 정신 붕괴에다 진기한 외피를 덮어 씌운 것일 뿐이다"[60]라고 했다. 20세기의 중국 문화는 시종 아무런 뿌리도 없이 이리저리 기웃거리는 불쌍한 신세였다. 순전히 소극적인 파괴를 통한 가짜 건설이었다. 여기서 건설이라고 해서 적어도 지엽적인 문제에서는 학술상의 발전이 있었다는 말이 아니다. 민족의 역사와 현실에 기초한 가치 이상이나 본체 의식이 부재했음을 가리킨다. 본체의 재건은 중국 인문의 재건이며 현대 중국에 정신적 자원을 제공한다.

본체론은 인류 존재의 보편적인 갈구이면서도 20세기 중국 상황이 특별히 요구한 것임을 알 수 있다. 슝스리는 뚜렷하게 그것들을 통일했다. 비록 사상 역정이 불학에서 유학으로 회귀한 것이지만 그것의 성과는 전체 인류를 위해서 궁극의 귀결점을 찾았다. 그의 사상이 국제적인 관심을 끈 것은 우연한 일이 아니다. 어떤 사람은 심지어 그의 철학이 많은 언어의 제한을 받지 않았다면 확실히 하이데거의 기본본체론〔기초존재론, Fundamentalontologie〕과도 대화할 수 있을 것이라고 생각했다.

이 본체론은 강렬한 주체 의식과 선명한 인도적 이상을 가지고 있었다. 그것은 자신을 되돌아보는 것에서 시작해 본심의 체회를 통해서 모든 가치의 근원을 보여 주고 우주에서 인간의 본체로서의 지위를 확립한다.

대개 생물의 진화는 인류에게서 최고의 수준에 도달했다. 직접적으로 우주의 대생명을 하나로 통합함으로써 본체의 지고한 가치를 실현할 수 있는 것이 바로 인류이다. 그래서 인류는 윤리적 실천의 면에서 순수한 정성과 개인의 이해나 계산을 넘어서는 정신 작용을 가지고 있다. 형상의 속박을 돌파하고 진정한 본성에 순응함으로써 새로운 것을 창조한다.[61]

본체로서 인간의 지위는 인간과 사물의 관계에서 드러난다. 슝스리는 "한 번 수렴〔翕〕되고 한 번 확산〔闢〕하는 것이 변(變)"이라는 주역 사상을 창조적으로 해석해서 인도(人道)의 존엄을 강조했다. 이른바 흡벽(翕闢)은 본체의 공능, 즉 변화와 흐름이 형성되는 체계를 가리킨다. '흡'은 섭취·수렴·사물화의 공능을 가리킨다. '벽'은 강건·자주·반물화(反物化)의 공능을 가리킨다. 슝스리의 '수렴과 확산을 통해서 변화가 완성된다'는 견해는 우주론이면서 또한 심물론(心物論)이다. '벽'이 바로 마음이고 '흡'은 사물이기 때문에 마음은 사물을 벗어나지 않으며 사물을 통해서 마음을 인식한다. 하지만 마음이 결국 주도적이라서 '벽'으로써 '흡'으로 나아간다. 우주는 끊임없이 유전하는 커다란 생명 활동이고 인류는 만물 진화의 최고 단계로서 직접 우주의 생명을 통합한다. 인류는 본체의 능동성·창조성을 현현하여 더욱 진화하고, 그것의 특유한 심령을 통해 물질 세계를 주재하거나 이용하고, 아울러 개조한다. '흡벽성변'(翕闢成變)은 본체론에서 인생의 의의를 부각한 것이다. "우리의 생명력은 바로 여기서 개발되거나 새로워져서 그 찬란한 광채를 발현한다."[62] 신유식론은 생명의 존중〔尊生〕, 존재의 표현〔彰有〕, 굽힘 없는 활동〔健動〕, 본성의 이해〔率性〕를 통해서 인생의 의의

가 공적한 열반에 있지도 않고 끝없는 탐욕으로 외물을 점유하는 데
있지도 않으며, 현실의 감성 세계 가운데서 부단히 창조하고 주동적으
로 발전하는 데 있다고 생각한다. 그것이 연주한 것은 웅혼한 인성의
찬가였다.

그래서 본체론은 주체론이고 우주론은 인생론이다. 슝스리는 이
것을 철학 원칙으로 삼았다. "그래서 진정으로 철학을 공부하려는 사
람은 반드시 우주론과 인생론을 둘로 나눌 수 없음을 알아야 한다. 인
생의 참모습을 깊이 이해하지 못하면 결코 대자연의 참모습을 깨달을
수 없다. 자신의 본성을 완전히 이해함으로써 사물의 본성까지 온전히
이해할 수 있다. 이것이 성인의 학문의 생명이며 이 『신유식론』이 계승
하는 점이다."[63] 성인의 학문을 수용해서 우주와 인생을 하나로 만들
어 당시 만연한 허무주의에 반대했고, 주체적 인생관을 수립했다. 이
것이 슝스리의 본체론이 근대 사상사에서 갖는 주요한 의미이다.

허무주의에는 두 가지가 있다. 하나는 불학이고, 또 하나는 서학
이다. 슝스리는 자신감을 가지고 "불가에서는 생멸과 불생불멸을 둘로
나누었고, …… 서방 철학에서는 실체와 현상이 끝내 원융을 결여했
다. 『신유식론』은 확실히 이런 잘못을 해결했다"[64]고 말한다. 불학의
허무주의는 공적의 본체관과 출세의 인생관에서 드러난다. 속세를 혐
오하고 죽음을 외경하는 소승의 '스스로 깨닫겠다는 입장'은 말할 필
요도 없고, 근대에 적극적으로 발휘된 대승불학에서도 그 궁극적 이상
은 여전히 사람들을 모두 세간에서 벗어나게 하는 데 있다. 슝스리는
불학이 설계한 영웅의 성격을 좋아했고 탄쓰퉁을 극히 높게 평가했다.
하지만 탄쓰퉁이 세계를 공으로 보고 장타이옌이 세계를 허무로 본 것
은 모두 그로 하여금 불학이 세상에 참여할 수는 있지만 결국 세상을

구하지는 못한다는 사실을 깨닫게 했다. "아무것도 남기지 않고 속세를 벗어나서 공적함만을 탐닉함으로써 비인생의 길로 접어들어 이치에 호응하지 못한다."[65] 철학상의 즉용현체는 현실 인간과 감성 존재 가운데서 생명의 가치를 실현하고 생명의 의의를 찾을 것을 강조한다.

승스리가 수십 년을 하루같이 모든 힘을 다해서 본체론을 구상한 것은 인생의 이상을 피안세계에서 차안의 인간세계로 가져와 중국인이 유학의 강상윤리를 비판한 이후에 마찬가지로 불학의 허무주의 인생관을 거절하길 기대했기 때문이다. "나는 일찍이 공자의 의도를 파악하면 곧바로 인생은 위없이 숭고한 가치와 무한히 풍부한 의의가 있음을 깨닫고, 더욱이 세계에 대해 공허하다거나 거짓이라는 감상을 갖지 않으며 스스로 세계를 개조하겠다는 용기를 지닌다고 말한 적이 있다."[66] 그에게도 혁명 정신이 매우 충만한 듯하지만 탄쓰퉁이나 장타이옌처럼 어떠한 퇴로도 생각하지 않고 모든 것을 다 걸고 용맹하고 두려움 없이 나아갔던 것과는 이미 달랐다. 그의 사유는 촘촘한 사변을 거쳐서 인간세에 수립한 활발하고 낙관적인 인본 정신이었다. 불학 허무주의의 비판은 불학입세에 대한 반성이자 청산이었고, 또한 불학의 근대 응용을 보다 합리적이고 실현 가능한 쪽으로 선회하게 했다.

반허무주의의 두번째 방면은 과학주의의 서학에 대한 반대이다. 인류의 지식은 본래 두 갈래 길이 있다. 하나는 인식의 문제이고 또 하나는 본체의 문제이다. 철학이 시작됐을 때 이 두 길은 분리하기 힘들었지만 과학의 발전을 따라서 철학의 범위는 점점 축소됐다. 단지 본체론만이 양보할 수 없는 대상이었다. 하지만 과학이 지속적으로 놀라운 성취를 이룬 것과는 달리 본체는 관측할 수 있는 형체나 물질을 갖지 않기 때문에 각종 본체론은 모두 저마다 견해를 제출했지만 확정된 논의가 부재했다. 그래서 근대 철학은 본체론에서 후퇴하여 지식에 대한 탐구로 전향하기도 하였고, 혹은 인식론을 기초로 해서 본체론을 건립하기도 했다. 과학에 대한 숭배는 과학주의의 횡행을 연출했고, 또한 그것은 경험과학의 방법을 동원해서 형이상학을 다시 구축하거나 혹은 취소하려는 심한 욕심을 부렸다. 실제로는 어떠한 형태의 형이상학에도 반대했다. 철학의 과학화는 본질적으로 외물을 본체로 삼았고 인간의 가치와 존엄을 상실했다. 슝스리는 "근세 철학은 본체를 이야기하지 않는다. 모든 변화의 근원, 인생의 본성, 도덕의 근거 등을 모두 부인한다"[67]고 말한다.

꼭 지적해야 할 것은 유학이나 불학은 인본을 중시하고 물질화를 반대하면서 많은 귀중한 자료를 제공할 수 있었다는 점이다. 장타이옌은 말했다. "불교가 염세가 아닌 것도 아니다. 하지만 여기서 말하는 염세는 기세간(器世間; 중생들이 살아가는 세계)을 싫어하는 것이지, 유정세간(有情世間; 중생)을 싫어하는 것이 아니다. 유정세간이 기세간 가운데 있기 때문에 그들을 제도하여 삼계를 벗어나게 하려는 것이다."[68] 불학을 '기세간'에서 '유정세간'을 향한 전변이라고 해석한 것에서 이미 상당히 현대적인 느낌이 있다. 하지만 장타이옌은 이것을 구체적으로 전개할 생각은 없었다. 그리고 '오무론'은 최종적으로 '유정세간'까지도 부정해 버렸다. 이것은 장타이옌이 제기는 하고 풀지 못한 문제였고, 슝스리에게는 본체론의 주요한 지점이 되었다.

세상 사람들은 일반적으로 마음은 내재하고 일체의 사물은 외부에 따로 존재한다고 생각한다. 그래서 자신의 전체 생명을 아무 근거 없이 내외로 나눈다. 아울러 마음을 외부를 향해 진력하고 갖가지 대상을 추구한다. 그런 것들을 추구하면 할수록 더욱 만족할 줄 모르고 마음은 점차 물질을 좇는 데 익숙해지고 끝내는 완전히 물화되는 지경에 이르러 이른바 마음이란 게 없어진다. 이렇게 본래의 생명을 상실한다면 정말 인생의 비애가 아니겠는가![69]

이런 비애는 매우 심각한 것이었고, 슝스리는 일생 동안 일종의 분개 같은 것을 가지고 있었다. 아마도 그는 확실히 인류는 종말의 길로 접어들었고 유교와 불교의 반물질화 전통은 근대 전후 서학에 의해 배제됐다고 생각했다. 장타이옌의 견해에 의하면 "칸트 이후 철학을 연구하는 사람은 인식론을 가장 중요하게 생각했다. 이 인식론을 통해서 파악한 것이 아니라 마음대로 하나의 세계를 수립했다면 이것은 독단이다." 인식론은 확실히 독단은 아니다. 하지만 슝스리는 이 같은 서양 철학의 길을 따라간다면 필연적으로 본체를 제거할 것이고, 그렇게 되면 마음과 물질이라는 이원 대립의 사유 방식은 인간을 사물화할 것이라고 생각했다. "지식론이 흥기한 이유는 근본적으로 본체를 인식할 수 없었기 때문이다. 그래서 논의가 여기까지 미쳤다. 하지만 동방의 선철(先哲)은 지식으로써 본체를 체득할 수 없기 때문에 지식을 초월하여 궁극을 깨닫는 방법을 가지고 있었다. 서양인은 시종 지식이라는 틀 주위를 배회했고 전혀 종착점이 없으면서도 본체를 부인했다."[70] 근대 중국의 서구화는 위기를 해결하는 데도 전혀 도움이 되지 않았고 오히려 인간의 물화와 의의의 상실을 재촉하였다. 슝스리의 논리는 매우 분명했다. 먼저 불학에서 유학으로의 회귀는 불학의 허무주의에 반대하여 현실의 인간으로 돌아가서 드넓은 감성의 물질 세계에서 생명의 의의와 인성의 광채를 획득하는 것이다. 두번째로 이런 즉용현체의 주체적인 본체론으로 서학의 허무주의나 인간의 물화에 반대하고 근대 생활의 이상을 설계하려는 것이다.

이 방면에서 슝스리의 노력과 당대 서방 철학은 상통한다. 적지 않은 서방 철학자들이 지식론 중심의 형이상학을 반성하고 비판했다. 슝스리와 비슷한 시기에 하이데거는 다른 배경 하에서 현상학의 방법으로 데카르트 이후 형성된 지식론 철학의 전형을 전복하기 시작했다. 하이데거는 "개인과 존재가 보존하고 있는 일종의 진실한 관계가 진정한 '주체'가 되어 사회 체제(기술사회)가 그에게 억지로 부가한 비진실성을 벗어난다. 다시는 객관세계 중으로 파기되는 순수한 객체가 아니다. 그래서 단단하게 역사와 사명을 마주한다"고 했다. 신유식론은 여러 방면에서 현상학과 상통한다. 둘은 모두 물화와 비인간화가 점점 심해지는 현대 세계에서 철학(본체론)은 응당 인간의 진실한 존재에 관심을 가지고 그것을 탐구하고 보호해야 한다고 생각했다.

슝스리는 중국 근대화 초기(하이데거처럼 서방 근대화의 완성 시기가 아니라)에 '인간 위기'라는 현대적 과제를 깨달았고, 아울러 중국 전통의 '성학혈맥'*의 비판적 잠재력을 충분히 발굴하고 섭취해서 범상치 않은 철학적 섬세함을 보여 주었다. 머우쫑싼(牟宗三)은 "그의 지혜와 재기는 원시의 기운이나 야생의 기운에서 직접 출발한 것이지, 문명인, 문화인 혹은 일반 학자, 교수 등 잘난 체하는 자들이 상상할 수도, 이해할 수 있는 것도 아니"라고 했다. 슝스리는 "일련의 객관적이라거나 세밀하다거나 하는 연구를 하지 않았다. 하지만 마음속에서 원시적인

---

* 성학혈맥(聖學血脈). 성학은 성인됨의 학문을 말한다. 깨달음을 통한 자아의 완성이라고 할 수 있는데, 이런 학문이 중국 전통 속에 계승되고 있음을 가리킨다.

생명을 근거로 했고, 극히 고원한 깨달음이 있었다. 그래서 단번에 돌파하여 가장 높은 지점을 장악했다.”[71] 사람들은 언제나 신유식론 철학의 배후에는 슝스리라는 사람이 있다고 이야기한다.

슝스리는 농가 출신이다. 목동을 할 때 '광선'(狂禪)의 분위기가 있었다. “머리를 들어 하늘 바깥을 보니 나 같은 사람은 있지 않네.” 나중에 진백사(陳白沙)의 글을 읽고 점점 인간의 사명과 가치는 지식이나 학문, 아니면 공명이나 지위에 있지 않고 물욕이나 자신의 지식에서 벗어나 지극히 크고 둘이 없는 참된 아(我)가 천지와 합일하는 데 있다고 믿게 됐다. 그래서 일찍이 “천상천하 유아독존”이라고 했다. 뒷날 이리저리 떠돌아다니던 시절에도 그는 시종 자신의 사명을 잊지 않았고, “하얀 머리는 강산을 마주 대하고, 붉은 심장은 깊은 밤에 임하네”라고 하여 열정과 용기로 충만했다. 그의 책임감과 고집도 자신의 본체론 가운데 반영되어 있기 때문에 그의 철학을 장악한다면 사람들은 쉽게 대지를 밟고, 푸른 하늘을 짊어지고 쉬지 않고 밭을 가는 농부에게 생각이 미칠 것이다. 인류가 대지를 벗어나 본성을 상실한 이후에 슝스리가 원시성을 창신한 바는 사람들로 하여금 대지의 향기와 생명의 호흡을 느끼게 했다.

여기에 근접한 이는 하이데거이다. 남부 독일에서 태어난 이 농민의 아들은 '전통 형이상학은 존재와 존재자를 뒤섞었고 그래서 존재 자체를 망각했다'고 생각했다. “우선 무엇보다도 이 물음의 의미를 다시 일깨울 필요가 있다.”[72] 그는 존재의 의의를 질문하는 것을 자기의 사명으로 간주했다. 횔덜린(Johann C. F. Hölderlin, 1770~1843)의 「귀향」이라는 시나 반 고흐의 「농부의 신발」처럼 대지나 들녘과 관련 있는 예술작품 가운데서 그는 아마도 존재나 '천도'(天道)의 비밀을 깨달은 듯하다. 어떤 의미에서 슝스리와 하이데거의 본체론은 모두 농민의 뿌리 의식이 현대 과학주의나 도시 문명 등의 '아무런 뿌리가 없는 상태'에 대해 가지는 비판 의식 같은 것을 지니고 있다. 그리고 그것은 현대인의 본원 회귀나 뿌리 찾기의 충동을 상징하기도 한다. 세계가 '포스트 모던'으로 전환하기 시작할 때 비현실적인 면을 제거한다면 그들의 사상은 후인들이 소화하고 흡수할 만한 특별한 가치가 있다.

량치차오가 '응용불학'을 이야기하면서 특히 주의한 것은 불학과 사회 진보, 즉 사회 정치의 관계이다. 그도 불학 인생관에 관련해서 상당한 양의 문장을 발표했지만 정말 철학적인 면에서는 역량을 보여 주지 못했다. 만년에 그는 대대적으로 유·불 융합의 인생관을 이야기하고 "우주가 안정되지 않았을 때 인간은 무아를 귀중히 여겨야 한다"[73]고 개괄하기도 했지만 슝스리처럼 빛나는 체계를 수립하지 못했다.

하지만 량치차오와 슝스리의 사상은 여전히 밀접하다. 1919년 이후 량치차오는 저명한 동방 문화론자가 되었다. 그는 1차 세계대전 이후 유럽의 참상을 보고서 과학은 인류를 분열시킨다고 단언했다. "사막 가운데서 길을 잃고 헤매는 여행자가 저 멀리 커다란 검은 그림자를 보고서 필사적으로 쫓아갔다. 그것에 의지해서 길을 찾을 수 있다고 생각했기 때문이다. 하지만 누군들 알았겠는가, 얼마를 쫓아갔지만 그림자는 오히려 보이지 않는다. 이 때문에 한없이 실망할 뿐이다. 그림자는 누구인가. 바로 '과학 선생'이었다."[74] 량치차오는 이때 동방 정신 문명으로 서방의 메마르고 기계적인 물질 문명을 보충하고 개선할 것을 제기했다. 이것은 분명히 문화보수주의의 극단적인 표현이다. 하지만 량치차오와 나머지 몇몇은 두 가지 중요한 문제를 제기했다. 첫째, 서학의 도전에 직면해서 중국 문화의 출구는 어디에 있는가? 둘째, 서방 문화가 문제를 제기했을 때 인생 가운데서 과학의 지위를 어떻게 취급해야 하는가? 이 두 문제는 슝스리가 본체론을 사고하는 데 문제의 배경이 되었다. 여기에 관해 말하자면, 신유식론은 단지 심식론의 종결이나 전환이 아니라 현대 중국 문화가 직면한 질문에 대한 철학적 회답이기도 하다.

여기서 그치지 않는다. 슝스리의 본체론은 엄청나게 넓고 두터운 중국 문화가 근대 세계의 도전에 대해 보여 준 회응이라고 할 수도 있다. 이런 근대 문화가 서방에서 심연에 도달했을 때, 슝스리의 본체론은 중국 정신의 재건이라는 의미를 초월하여 '인생의 의의' 라는 영원한 인류학적 주제에 좀더 다가섰다. 이 문제는 서방의 과학이성이나 중국의 도덕이성으로는 충분히 해결할 수 없는 것이다. 불학이 물질적 생존 조건 하에서, 그리고 현실 사회의 관계 위에서 인간성의 의의와 존재의 가치를 찾을 때에야 비로소 뜻밖의 길이 열리는 듯했고, 유학의 인문 정신은 불학이 청소를 끝낸 자리 위에서 비로소 재건할 수 있었다. 슝스리의 본체론이 함축한 인본 정신과 그것이 보여 준 중국 문화의 커다란 활력은 현대를 향해 달려가는 중국인이 귀중하게 여겨야 할 영원한 보배다. 그리고 불학입세의 진정한 의의도 당연히 이 방면에서 이해되어야 한다.

3

서쪽의 파도가 동쪽을 뒤덮다

9장 _ 서학: 가치의 전환

중국 근대 사상사에서 경학과 불학을 잇는 세번째 세력은 서학이다. 불학과 마찬가지로 서학은 외부에서 들이닥친 세력이다. 하지만 중국 문화에 대한 영향으로 말하자면 서학의 충격은 불학에 비견할 바가 아니다. 17세기 서학과 중국 문화는 매우 친밀했지만 성공하지 못했다. 200년 뒤 서학은 무력을 앞세워 다시 동방에 출현했다. 중국인들은 물질 영역에서만 서학을 어쩔 수 없이 받아들인 것이 아니라 정신 영역에서까지 서학에 정복당했다. 우리는 이 점을 쉽게 상상할 수 있다.

만약 동치중흥,* 무술변법, 5·4신문화운동 등 몇 가지 전형적인 역사적 사건을 경계로 서학 전파의 역사를 고찰한다면 다음과 같은 사실을 알 수 있다. 동치중흥 시기 양무운동 기획자들은 대부분 유가 경전에서 개혁의 근거를 찾았다. 무술변법 시기가 되자 유신 변법의 투사들은 늘 유가 경전을 회고했지만 이미 주된 방향을 서방으로 전환했

---

* 동치중흥(同治中興). 청말 동치제(同治帝) 때 정치 개혁과 양무(洋務)운동을 통해 국력이 일시적으로 신장된 것을 말한다.

다. 5·4신문화운동 시기 운동의 선동가들은 일말의 의심도 없이 전통을 파기했다. 그들 입장에서 서양은 진리와 희망을 대표했다. 이 시기는 줄곧 보수를 외친 인사까지도 서방의 과학과 민주가 민족과 국가를 구원할 유일한 진리라고 믿을 정도였다.

19세기 중엽부터 계산하면 서학이 중국에 전파돼서 사상계를 석권하는 데 단지 80여 년밖에 안 걸렸다. 이 점은 불학이 중국의 본토 문화로 흡수되는 데 수백 년, 심지어 1000년 이상 걸린 데 비하면 기적이라고 할 수 있다. 서학이라는 강력한 충격 아래서 전통 경학 내부의 금문·고문 논쟁은 훨씬 격렬해졌고, 줄곧 이단으로 치부된 불학도 만년에 따뜻한 환영을 받았다. 불교에서 말하는 심력, 자비, 구세 정신은 지식인의 혁명 정신을 고취하여 전통에 반항하고 봉건적 습속을 파괴하는 정신 동력이 되었다. 그리고 인생의 가치에 주목하고 형이상학을 추구한 불학은 서학과 대결하려는 문화 보수주의자의 근거이자 변명 거리가 되었다.

하지만 서학의 전파가 이처럼 너무 빨랐기 때문에, 그것이 사람들에게 한동안 머물면서 소화되거나 이해되고, 사유되는 일은 결코 없었다. 그래서 서학의 맹렬한 공세 아래서 전통의 틀이 와해됐지만, 경학이나 불학같이 오랜 기간에 걸쳐 형성된 문화적 심리는 근본적으로 동요하거나 사라지는 일이 없었다. 거꾸로 경학이나 불학은 사람들이 외래 학설을 받아들이는 태도와 방법에 영향을 주었고 어느 때는 이런 학설의 성질과 방향을 바꿔 놓기도 했다. 예를 들어 5·4신문화운동에 참여한 지식인들이 보인 격렬한 전통 비판은 역사에서 찾기 힘들 정도였다. 하지만 그들 역시 여전히 전통적 문화 의식의 제약과 영향을 피할 수 없었다. 그들이 정말 열렬히 서학을 선전할 때 의식하지는 못했지만, 어찌됐건 그것은 단지 번역을 거친 중국판 서학이었다. 여기서 이런 현상을 폄하할 생각은 전혀 없다. 문화가 충돌하고 교류하는 상황에서 이런 '번역'은 어떤 경우 훨씬 더 적절하게 현실적 요구를 만족시키기도 한다. 단지 이런 전환 과정과 그것의 실제 영향을 사실대로 추적하고 싶을 뿐이다. 논의에 앞서 우리는 먼저 두 문화의 차이를 확인해야 한다. 그것은 실질적으로 서학이 전파되는 문화적 배경을 구성했다.

두 가지 문화 시스템

근대 이후 중국과 서방의 충돌은 사실 두 가지 문화 시스템 혹은 가치 시스템의 충돌이었다. 이 점은 벌써 귀에 익고 다들 잘 아는 사실이다. 하지만 이 두 가지 시스템의 근본적인 차별이 어디에 있는가 하는 문제는 5·4신문화운동 이후 줄곧 어지럽게 이야기됐다. 물질 문명과 정신 문명, 진보와 절충, 사회화와 가정화라는 초기 논란에서 내재초월과 외재초월, 유기적 자연주의나 기계적 자연주의, 인문주의와 자연주의라는 당대의 구별까지 역사가들은 다양한 해석을 내놓았다. 저들의 관점은 각기 달랐고 그들이 가진 목적도 각자 나름의 이유가 있었다. 그러나 중국과 서방이라는 두 가지 문화가 지닌 함의는 대단히 복잡하다. 그것은 근본적으로 하나의 모델로 분명하게 해석할 수 없다. 우리는 이 책에서 새로운 해석 방식을 제기할 생각은 없다. 아울러 중국과 서방의 차이를 일일이 나열할 생각도 없다. 그것은 영원히 완성 불가능한 임무일 것이다. 우리는 기존 연구 성과를 기초로 해서 중국과 서방의 기본적 차이를 찾을 것이다. 그리고 이 차이의 결정적인 영향 아래서 서학이 전파되는 과정이나 정도 그리고 방향 등을 살필 것이다.

이런 계획에서 출발한다고 하면 곧바로 종교를 연상할 것이다. 중국인은 종교 관념이 옅었기 때문에 중국에서 근대 과학이 전파될 때 그것이 유럽에서 발생했을 때 맞닥뜨린 강력한 저항은 없었다. 중국인의 자연주의 우주관과 근대 과학의 원리를 약간 조정하기만 하면 양자를 상호 비교하거나 융합할 수 있었다. 캉유웨이와 탄쓰퉁까지도 사실 그들의 우주진화론 가운데서 이런 비교와 융합을 시도했다. 이런 점은 믿을 만하다. 중·서 문화의 모든 구별 가운데서 종교 신념의 정도는 확실히 다르다. 이 점은 아마도 명백할 것이다. 최초의 가톨릭 선교사가 중국 땅을 밟았을 때 그들은 자신들이 무신론 국가에 도착했다는 사실에 대단히 놀랐다. 하지만 중국인들 역시 서양인의 지나친 종교적 열정을 알았을 때 도저히 이해할 수 없었다.

서양인에게 종교는 요람에서 무덤까지 극히 중요한 역할을 담당한다. 그러나 중국인이 볼 때 종교는 단지 있어도 되고 없어도 되는 것에 불과하다. 만약 어쩔 수 없이 형식상의 규칙을 봉행할 수밖에 없다고 하더라도 그것은 단지 종교 외적인 모종의 의의를 위해서였다. 그래서 서양인이 경건하게 하나님을 섬길 때 중국인은 영혼이 정말 복을 가져다줄지 심각하게 고민했다. 그래선지 5·4신문화운동 시기의 지식인들은 서양 근대가 종교·신앙·신성에 대해서 과학·이성·인성이 통쾌한 승리를 거둔 시대임을 발견했을 때 종교는 우매하고 낙후된 것이고, 오로지 과학만이 진보이고 지혜임을 재빠르게 선언할 수 있었다. 그들은 종교 전통이 어떻게 과학을 계발하고 추동했는지에 대해서는 전혀 관심이 없었다.

하지만 이것은 매우 표면적인 현상일 뿐이다. 종교적 신념의 강약

이 동·서 관념에 미친 영향은 결코 여기에 그치지 않는다. 종교적 신념은 인간의 가치관과 사유 방식 그리고 행위 방식에 깊이 침투했다. 서양인의 경우 전지전능한 하나님은 외재하는 초월적 실체이지만 유한한 인간은 그와 교통할 아무런 방법이 없다. 그래서 그들의 관념에서 초월적 세계와 현실적 세계는 언제나 분리된다. 철학에서 본체와 현상의 구별이 있고 종교상으로는 천국과 인간의 구분이 있다. 심지어 사회에도 유토피아와 현실의 차이가 존재한다. 하지만 중국인의 경우 이런 외재하는 초월적 관념을 형성한 적이 없다. 자연과 사회, 천도와 인도, 인륜과 물리는 언제나 한 몸이었다. 그래서 사람은 천지의 조화에 직접 참여할 수 있을뿐더러 천하를 공(公)으로 하는 사회 이상까지도 단지 일찍이 실현한 적이 있는 과거에서 찾았다. 이 점은 여전히 사유 방식에 영향을 미쳤다. 서양인은 하나를 둘로 나누어 보는 사유 방식을 형성했고 고도의 분석과 기술까지 발전시켰다. 하지만 중국인은 어떤 사물에 대해서도 전체를 뒤섞고 통일하려는 태도를 취하길 좋아했다. 그들은 언제나 모든 것을 하나의 완벽한 시스템 안으로 집어넣고 싶어 했다.

서구인에게 초월 세계와 현실 세계는 처음부터 분리되어 있다. 그래서 신앙과 이지는 상대적으로 나뉜다. 신앙은 가치의 근원인 데 비해 이지는 지식의 근원이다. 하지만 중국인에게서 지식과 가치, 신앙과 이지는 자연과 인간처럼 분리된 적이 없다. 지식은 단지 가치에 대한 체현일 뿐, 그것이 가치를 떠나면 곧 의의를 상실하고 만다. 서양의 순수이성 같은 지식은 중국에선 어떤 지위도 없었다. 그래서 서양 사회에서 근대 이후 과학과 이지의 지위 상승은 일종의 세속화 과정이었다. 하지만 중국에서는 서방으로부터 충격이 얼마나 강렬했는지를 막론하고 이런 현상은 발생하지 않았다. 반대로 근대 서양인이 가치 재정립 때문에 겪은 곤혹은 중국의 문화 보수주의자들이 전통을 노래하는 구실이 되었다.

서양에서 가치의 원천은 하나님에게서 시작하기 때문에 사회 생활에서 종교는 극히 중요한 지위를 점한다. 그러나 중국같이 세속화한 사회에서는 가치의 원천을 처음부터 사회와 집단에서 찾았다. 이 때문에 윤리 관념은 특별히 중요한 지위를 차지했다. 이것은 아마도 서학이 전파되면서 부딪힌 가장 큰 문제였을 것이다. 어떤 사람은 '인본주의'를 가지고 중국 문화의 정신을 개괄했다. 당연히 중국 사회가 인간 및 인류을 중시한다는 사실을 포착했기 때문이다. 하지만 서양인도 인본주의를 가지고 있다는 점을 설명해야 한다. 그런 인본주의는 단지 신학에 상대한 말이다. 그것이 강조하는 점은 인간이 신이나 자연에 대해서 독립된 가치를 지닌다는 사실이다. 하지만 중국인의 인본주의는 처음부터 인간과 자연의 화해 위에 서 있다. 그래서 상대적으로 그 색채가 훨씬 농후하다.

지금까지 말한 것 외에 종교적 신념의 강약은 동·서양의 정치와 생활에 깊숙이 영향을 미쳤다. 서양에서는 종교와 정치가 늘 모순되고 충돌했다. 정치는 교화 역할을 담당했고, 종교는 관리 임무를 맡고 있었다. 중세에는 정치가 종교에 속했고, 종교가 정치를 지도했다. 근대 이후 세속의 왕권이 강화됨에 따라 정치에 대해 종교가 행한 통제는 점차 약화되고 소멸했다. 결국 정치와 종교는 독립된 두 개의 역량으로 전환했다. 하지만 전통 중국에서 종교 역량은 한 번도 정치를 조종할 만한 지위를 획득한 적이 없다. 그래서 교화의 역할도 줄곧 정치가 담당했다. 그 결과 정치를 중심으로 정·교가 고도로 합일된 특이한 사회를 형성했다. 황제는 정치 면에서 최고 통치권자였으며 또한 도덕 면에서 가장 중요한 본보기였다.

하·은·주 삼대의 군주는 모두 성인이었고 게다가 성왕(聖王)이었다. 모든 문화 시설과 사회 시설은 엄격하게 정치를 중심으로 배치됐다. 문학은 도를 표현했고, 역사는 치국의 경험을 종합했다. 법률은 왕법이었고, 토지는 왕의 땅이었다. 독서는 관직을 구하기 위해서고, 공직을 맡는 것도 황제를 보필하기 위해서였다. 심지어 한 사람의 성취도 주로 그의 직급을 통해서만 평가했다. 이학가들이 비록 공리(功利)를 하찮게 여겼지만 그들의 장황한 전기나 연보 가운데 가장 많은 부분을 차지하는 것은 승진이나 정치 이야기다. 전통 사회에서 정치는 모든 활동의 중심이었다. 그것은 인간 삶이 추구하는 목표였고 권위를 획득하는 최종 근거였다. 근본적으로는 윤리 관념도 이런 제도를 유지하는 공구였을 뿐이다. 서양에서 정치는 사회 생활에서 이런 독단적이면서 광범한 지위를 획득한 적이 없었다. 바로 이런 정치 중심주의 경향 때문에 근대 지식인들은 서학을 받아들일 때 빈번하게 왜곡하고 오해했다. 심하게는 서학 전파의 방향을 바꿔 버리기까지 했다.

이런 점에 관해서는 뒤에서 다시 자세히 기술하겠다. 여기서 우리가 먼저 분명히 해야 할 점이 있다. 우리들이 비록 종교관의 차이가 중국이나 서양의 문화 발전에 상이한 영향을 미쳤음을 강조했지만 이런 신앙의 강약에 따르면 곧바로 두 문화의 차이를 투명하게 해석할 수 있다고 말하는 것은 결코 아니다. 한 문화를 결정하는 데 경제·사회 구조 그리고 지리 환경 등도 매우 중요한 요소다. 단지 그것들은 우리들의 논의 주제를 이해하는 데 핵심이 아닐 뿐이다. 게다가 여기서 나열한 저런 차별도 꼭 분립하지는 않는다. 어떠한 문화에서 출현한 특별한 예는 전혀 이상한 것이 아니다. 서양 문화가 종교 신앙이 농후하고, 초월과 현실이 분리되고, 또한 가치와 지식이 대립하며 정치와 교화가 구분된다고 말하거나 중국 문화가 종교에 대한 믿음이 엷고 이상과 현실이 불분명하고, 게다가 가치가 지식을 통치하고 정치가 교화를 주재한다고 말할 때 우리는 전체를 개괄해서 묘사했을 뿐이다. 하지만 이것은 우리의 논의 주제로 보자면 이미 충분하다. 결코 성공하지 못한 17세기 중국과 서양의 교류로 시야를 돌릴 때 곧바로 이런 문화상의 차이가 초래한 오해와 모순은 충분히 폭로됐음을 발견하게 된다.

'예의논쟁'의 실질

1721년 1월 18일 강희제는 로마 교황 클레멘스(Clemens) 11세의 '금약' 교류 뒷면에 붉은 글씨〔朱批〕로 다음과 같이 적었다.

> 이 금약을 보니 서양인들은 소인배라고 말할 수밖에 없구나. 어떻게 중국의 커다란 도리를 알겠는가. 하물며 서양인들 가운데 중국의 서적에 통한 자가 하나도 없으니 함께 이런저런 이야기를 한다는 게 참으로 우스울 뿐이다. 지금 방문한 사신과 그가 가져온 조약이란 걸 보니 결국 승려나 도사, 이단과 다를 바가 없다. 서로 어지럽게 이야기하는 것을 여기서 그치고자 하노라. 이후 서양인이 중국에서 굳이 선교할 필요가 없다. 금지함이 옳다. 이런저런 일들을 미연에 방지하려 하노라. 이를 명한다.[1]

이것이 역사가들을 탄식하게 한 주비(朱批)다. 바로 여기서 시작해 기독교 선교 금지 조치가 현실화했다. 이후 옹정제와 건륭제 연간에 훨씬 더 엄격한 조치 아래서 희망적으로 보인 100여 년의 교류는 완전히 중단된다. 그리고 이 이후 정확히 100여 년은 서양이 맹렬하게 발전한 시기다. 과학기술의 진보, 공업 발달, 정치 개혁, 문화 번영 등 사회 생활 전 영역에서 새로운 기상을 나타냈다. 만약 이런 교류가 중단되지 않았다면 중국인은 선교사의 소개를 통해서 보다 일찍 서양 근대의 진보를 접촉하고 받아들였을 것이다. 또한 이후 이러지도 저러지도 못하는 어처구니없는 상황이 발생하지도 않았을 것이다.

하지만 이것은 단지 역사가의 낭만적 바람일 뿐이다. 만약 당시 구체적 상황으로 보자면 이런 결과를 초래한 것은 결코 이상하지 않다. 심지어 당연한 귀결이라고 말할 수도 있다. 표면적으로 보면 이것은 윤리 범주 내의 충돌일 뿐이다. 그것은 중국 교구의 천주교 선교사들이 기독교의 관점에서 하늘이나 공자, 조상에게 올리는 제사의 합리성 여부를 판단했기 때문에 발생했다. 일부 선교사가 이런 활동이 단지 중국인의 예절이나 정치 활동이기 때문에 기독교 교리와 모순되지 않는다고 보았을 때, 다른 선교사는 이런 예의는 미신이고 이단이기 때문에 기독교 신앙과는 근본적으로 함께할 수 없다고 줄기차게 주장했다. 이런 분쟁의 단서가 강희제와 로마 교황의 결렬을 부추겼을 때, 저들의 상반된 입장을 각각 선택했다. 강희제는 먼저 이야기한 선교사의 의견을 되풀이했다. 그는 하늘이나 공자, 조상에게 지내는 제사는 부모나 군친에 대한 존경과 감격의 표시에 불과하다고 말했다. 하지만 로마 교황은 뒤에 이야기한 선교사의 견해를 지지했다. 이런 활동은 미신과 다름이 없다고 선포했다. 그래서 천주교 교도들이 하늘이나 공자, 조상의 제사에 참여해서는 안 된다고 명령했다.

형식상으로 보면 이것은 종교 권력과 정치 권력의 충돌이다. 교황은 '금약'에서 강희제가 중국 거주 선교사에게 내린 '경천'(敬天)의 편액을 천주교당에서 내리고 더 이상 걸지 못하도록 했다. 이 조항은 의심할 바 없이 중국의 황제 권력에 대한 커다란 도전이었다. 교황이 보기에 종교 사무에 대한 중국 황제의 관심은 본분을 벗어난 지나친 간섭이었다. 특히 참기 힘들었던 점은 아마 무릎을 꿇고 올리는 의례였을 것이다. 정치까지 통수했고 극히 배타적 일신교인 기독교 입장에서 보면 현실 왕권 아래 엎드리는 것은 그야말로 엄청난 모욕이었다.

그런데 문제는 여기서 끝나지 않는다. 만약 의례 논쟁이 단지 윤리 범위 내의 충돌 혹은 왕권과 교권의 충돌이었다면 쌍방이 조정을 통해서 양해와 용인을 구할 수도 있을 것이다. 하지만 만약 이런 충돌이 한 걸음 더 나가 문화 시스템과 가치 관념의 근본적인 차이와 관련된다면 문제는 더욱 심각해진다. 왜냐하면 이런 상황에서 어느 쪽이든지 용인과 양보는 자신의 존재 기반을 심하게 상처내거나 아니면 아예 소멸시킬 수도 있기 때문이다.

천주교 입장에서 하늘이나 공자, 조상에게 지내는 제사를 허용한다면 다른 신의 존재를 승인하는 꼴이 된다. 하지만 천주교 교의에서 하나님 외에 신의 존재란 불가능하다. 이 둘 사이에서 하나만을 선택할 수밖에 없다. 천주교 교의든지 아니면 이단이든지. 천주교의 시각에서 보면 초기 중국 선교사들이 특별한 의도를 가졌건 그렇지 않건 간에 교도들이 계속해서 전통 의례를 행하도록 용인한 사실은 이미 심각하게 교의를 손상했다.

중국인 입장에서 하늘·공자·조상에 대한 제사를 허용하지 않을 경우, 문제는 훨씬 더 심각해진다. 이런 제사가 수천 년 문화 전통이 축적된 풍습이자 관습이라고 말하려는 게 아니다. 제사를 허용하지 않는 것은 심지어 중국이라는 국가 제도 자체를 직접 위협하는 데까지 이른다. 중국에서는 왕권의 절대성과 유기체 관념의 영향 때문에 전체 사회는 각종 관념과 제도가 상호 결합된 하나의 통일체를 구성했다. 그것과 서방 기독교 사회의 계층 분화 구조는 완전히 다르다. 이런 통일체적인 중국 사회 속에서 윤리·종교·철학, 심지어 풍속이나 습관까지 왕권이라는 중심 아래서 결합되고 통일됐다. 만약 어떤 한 부분을 손상하면 다른 부분까지 연이어 손상할 수 있다. 특히 윤리 관념은 종법 제도를 구성하는 기초이기 때문에 그것이 동요하면 왕권도 따라 동요할 수 있다. 그래서 중국 문화가 어느 정도의 포용성을 갖는지 상관없이 이런 핵심적인 부분은 바꿀 수가 없었다. 불교가 중국에 전래된 이후 일어난 일들도 이미 이런 점을 증명했다.

중국에 불교가 막 전래됐을 때 불교계 내부에서도 부모에게 효도하고 왕권을 존중해야 하는가에 대한 논쟁이 있었다. 하지만 최종 결과는 어쩔 수 없이 부모와 자식의 감정을 용인하고 현실 왕권에 굴복했다. 이렇게 했는데도 이학가들 같은 정통 유생들에게 때때로 맹렬한 공격을 받았다. 애석하게도 천주교 선교사들은 불교도의 교훈을 수용하지 않았다. 오히려 공격의 창끝을 '우상숭배자'로 향했다. 기독교 선교는 결코 왕조의 정치에 영향을 미치지 않고, 하늘·공자·조상 제사에 반대하는 것은 단지 미신에 반대하는 것이라고 줄기차게 이야기할 때 그들은 아직도 이 사회를 충분히 이해하지 못하고 있었다. 그래서 그들이 본래 전혀 다른 문화에 속한 신앙 시스템을 이 사회에 강요했을 때, 그 결과는 쉽게 상상할 수 있었다.

사실 선교사들은 처음 중국에 와서 선교할 때부터 아무런 성과도 없을 일에 관심을 집중했다. 마테오 리치(Matteo Ricci, 1552~1610)는 천주교 중국 교구의 건설자이자 가장 성공적인 중국 선교사로 알려져 있다. 그는 매우 유연한 방법을 택했다. 자신의 본래 의도를 곧바로 드러내지 않고 윤리적 잠언을 선전하고 서양 과학을 소개함으로써 문인 지식인들의 신임을 샀다. 그런 뒤에야 조금씩 천주교의 실제 내용을 전했다. 이런 점에서 보자면 그는 분명 성공했다. 그가 선전한 스토아주의 교리는 유생들의 금욕주의 요구에 꼭 맞아떨어졌다. 그의 수학과 천문학 지식도 그에게 명성을 안겨줬다. 결과적으로 문인 지식인의 존경을 받았을 뿐 아니라 서광계(徐光啓, 1562~1633), 이지조(李之藻, 1565~1630) 등 몇몇 유명한 과학자들의 귀의도 받았다. 이후 많은 선교사들이 그의 방법을 본보기로 삼아서 어느 정도의 과학 지식을 소개하고 아울러 금욕주의 잠언을 선전했다. 심지어 자신의 본래 의도를 숨기기까지 했다. 하지만 결과는 어떠했는가? 가장 유명한 귀의자의 반응이 가장 의미 있을 것이다. 이지조는 다음과 같이 적고 있다.

(마테오 리치는 멀리서 우리나라에 왔다.) 예부터 중국과 서로 통하지 않아서 처음에는 이른바 복희·문왕·주공·공자의 가르침이 있다는 이야기를 듣지 못하고 자기 주장만 했고, 또한 처음에는 주렴계·정명도·정이천·장횡거·주자의 가르침을 받아들이지 않으려 했다. 그러나 단지 조심스럽게 저들의 큰 가르침을 살피고 섬기게 되었다. 경(經)과 전(傳)에 쓰인 내용과 정확히 일치했다. 오직 천당과 지옥만을 믿지 않았다. 착한 일을 하면 복을 받고, 삿된 일을 하면 화를 입는다는 사실은 유자들이 언제나 이야기하는 바다.[2]

서광계는 다음과 같이 적고 있다. "나는 일찍이 '천주교 교의는 유교를 보충하고 불교를 대체할 수 있다'고 말했다. 진정 임금의 교화를 돕고 유술을 도와서 불교를 교정하고 구제할 수 있다."[3]

이지조와 서광계가 발견한 것은 원래 천주교 교리와 유교의 유사성뿐이다. 그것은 "경전에 쓰인 내용과 정확히 일치할" 뿐 아니라 "유교를 돕고 왕권을 보호할 수 있다". 이런 간단한 전환을 통해서 신앙 체계로서의 기독교 교리는 신속하게 왕조의 통치 시스템으로 흡수됐다. 하지만 대다수 사람들에게는 사실 근원적 가치인 유학만으로도 충분했다. 굳이 외부에서 유입된 무엇으로 유학을 보충할 필요는 없었다. 하지만 이지조 같은 사람들은 서양 선교사들이 전한 역법·천문·수학·수리 등은 옛 성현의 부족한 점을 보충할 것이라고 주장했다. 그뿐 아니라 한학과 송학의 공리공담을 치유하며 더 나아가 나라와 백성을 풍요롭게 할 수 있다고 항변했다.

저들이 말하는 천문·역법·수학 등은 우리 중국의 옛 성현이 미칠 수 없다. 모두 열넷이나 된다. 단지 역술뿐 아니라 수리 방면도 있다. 기술이 매우 뛰어나다. 그것을 이용해서 밭에 물을 대거나 운하를 만든다면 엄청나게 도움이 될 것이다. 수학 서적도 있다. 주판을 사용할 필요도 없이 붓을 들고 그냥 계산한다. 측량에 관한 서적도 있는데 산하의 멀고 가까움이나 높낮이 그리고 칠정*의 고하를 잴 수 있다. 천체와 관련된 서적도 있다. 천지의 본체와 그것의 변화 원리를 논의할

---

* 칠정(七政). 칠요(七曜) 혹은 칠성(七星)이라고도 하는데 수성, 금성, 화성, 목성, 토성 그리고 해와 달을 가리킨다.

수도 있다. …… 이상의 여러 서적은 대부분 중국에서는 전해지지 않는다.[4]

무게 중심이 단번에 과학과 기술로 옮겨 갔다. 천주교 귀의자가 이러한데 기타 정통 유생들은 다시 일러 무엇하겠는가. 그들은 외국 선교사가 교묘한 말로 중국의 강상윤리를 어지럽힌다고 맹렬하게 공격했을뿐더러 그들이 전파한 과학과 기술도 오랑캐의 잔재주이니 받들 필요가 없다고 공격했다. 하지만 가장 중요한 점은 여전히 선교사들이 선전한 내용이 곧바로 황제의 통치 권위를 위협했다는 사실이다.

저들의 말대로라면 한 나라에 임금이 둘 있는 격이다. 하나는 세상을 다스리는 황제이고 또 하나는 세상을 교화하는 황제이다. 세상을 다스리는 황제는 일국의 정권을 장악하지만 세상을 교화하는 황제는 만국의 권력을 통수한다. …… 한 하늘에 해가 둘인 격이고, 한 나라에 군주가 둘인 격이다. 요·순·우·탕·문·무·주공·공자의 정치와 교화의 기강을 막론하고…….[5]

옹정제는 훨씬 더 민감했다. 그는 곧바로 선교사에게 다음과 같이 일렀다.

너희들은 우리 중국인이 모두 기독교 교도가 되기를 바란다. 이것은 너희 기독교의 요구임을 짐도 알고 있다. 하지만 한번 생각해 보자. 만약 이렇게 된다면 우리들은 어떤 사람이 되는가. 너희 황제의 백성이 되는 게 아니겠는가? 교우는 오직 너희들만 알아볼 것이다. 일단 변경에 무슨 일이 발생하면 백성은 오직 너희들의 명령만을 따를 것이다. 비록 지금은 여기까지 고려할 필요가 없지만 정말 1000만 척의 전함이 우리 해안에 도달한다면 재난은 엄청날 것이다.[6]

이것이 오해만은 아닐 것이다. 그것은 상이한 두 문화에서 사는 사람들이 갖는 상이한 의식을 사실적으로 반영한다. 중국에서 정권의 통치 작용은 너무 크다. 설사 어떤 종교 신앙 혹은 종교 조직의 존재를 승인했다고 하더라도 그것은 반드시 황제의 보호 아래 들어가야 한다. 이유야 어찌됐건 이 점을 해낼 수 없는 기독교가 어떻게 중국의 전통 사회에 뿌리를 내릴 수 있었겠는가?

선교사의 최초 의도를 보자. 그들은 포교의 편리를 위해서 우선 중국인에게 어느 정도의 과학 지식을 소개했다. 이렇게 해서 과학의 교의로부터 점차 종교의 교의로 진입할 수 있었다. 바꿔 말하면 과학은 하나의 미끼였다. 하지만 중국인은 과학은 접수했지만 종교는 버렸다. 미끼를 채 갔지만 오히려 낚싯바늘에는 걸리지 않았다. 이 점은 선교사들이 전혀 생각하지 못했다. 그들은 자신들이 그렇게도 열렬하게 신봉하는 보편적이고 초월적인 진리는 결국 신앙되지 않고 세속의 지식이 훨씬 잘 이교도들을 흡인할 수 있음을 발견했다.

1581년 저명한 예수회 선교사 미켈레 루제리(Michele Ruggieri, 1543~1607) 신부가 자신 있게 말했다. "중국 제국을 교화하는 데 가장 큰 문제는 거기에 존재하는 사상이나 의식 측면의 반항이 아니다. 왜냐하면 그들은 아무런 문제도 없이 하느님과 관련된 일을 이해하기 때문이다. 그들은 우리의 교법이 신성하고 순정함을 알고 있다. 가장 큰 문제는 그들이 신분 차등에 근거해서 명령하거나 의존하는 관계를 심각할 정도로 준수한다는 데 있다. 심지어 황제까지도 그러하다."[7] 하지만 이후 사실은 그의 예상이 명백한 오류였음을 증명했다. 사상이나 의식 측면의 반항은 다른 어떤 측면에 비해 강렬했다. 그는 중국의 엄격한 신분제를 발견했지만 이런 신분제가 사상이나 의식 측면과 동전의 양면임을 알지 못했다. 달리 말하면 그는 하나의 신앙이 그것이 발생한 배경을 벗어나서 전혀 다른 문화 환경에서 예전처럼 생존하거나 발전할 수 없음을 제대로 의식하지 못했다. 이것을 통해서 다른 중국 선교사들의 문제에 대답할 수 있다.

역시 옹정제의 안목이 뛰어났다. "만약 1000만 척의 전함이 중국 해안에 도달하면 재난은 엄청날 것"이라는 그의 걱정은 100년 뒤 정확히 현실이 되었다. 하지만 이때 도래한 것은 단지 오랑캐의 잔재주가 아니라 그의 제국보다 훨씬 더 강력한 현실적인 역량이었다.

지식에서 이데올로기로

17세기는 아직도 중국과 서양의 교류가 온화한 분위기였다면 근대로 진입한 이후 이런 분위기는 완전히 사라졌다. 중화 제국과 서구 열강은 어쩔 수 없이 전쟁터에서 서로 총칼을 겨누었다. 그 결과 다 알다시피 외세의 강한 충격 아래서 중국 사회는 극도의 혼란에 빠졌다. 사상과 관념, 정치와 경제, 농촌과 도시에 이르는 전 영역에서 빠짐없이 사회 변혁기에나 볼 법한 전쟁, 재난, 혁명, 개량 등이 일어났다. 마지막에는 제제(帝制) 자체도 전복됐다. 전제 정치를 떠받친 관념 체계도 따라서 붕괴했다. 이에 대해 존 킹 페어뱅크(John K. Fairbank, 1907~1991)는 기념비적인 언급을 했다.

'불평등 조약'으로 충만했던 19세기 내내 중국이라는 구사회는 당시 주도권을 잡고서 끊임없이 확장하고 있던 유럽 및 미국 사회와 빈번하게 접촉했다. 산업혁명에 의해 추동된 이런 접촉은 낡은 중국 사회에 재난에 가까운 심각한 영향을 끼쳤다. 정치·경제·사회·이데올로기·문화 등 사회 활동의 전 영역에 걸친 일련의 복잡한 역사 진행은 낡은 질서에 도전하거나 그것을 공격했다. 또한 그것의 기초를 제거하고 그것을 통제하는 데까지 이르렀다. 중국 내의 이런 역사 진행은 훨씬 강력한 외래 사회의 침입이 추동한 것이다. 중국의 거대한 구조는 산산이 조각났다. …… 3대(代)가 채 지나기도 전에 구질서는 이미 모습을 바꾸었다.[8]

이 점은 서학 전파에 극히 중요한 영향을 미쳤다. 17세기에 비해 근대 서학은 내용이나 가치를 이야기하건 아니면 사회적 영향을 이야기하건 간에 커다란 변화가 발생했다.

첫째, 서학의 내용이 달랐다. 17세기 사람들은 천주교 선교사들이 들여온 지식을 천학(天學) 혹은 서학이라고 불렀다. 이것은 이미 기독교 교리를 포함했고 또한 윤리 잠언과 과학 지식을 포괄했다. 근대에 이르러 종교 교리와 과학 지식은 완전히 분리됐다. 전자는 서교(西敎)라 불렀고, 후자만을 서학(西學)이라고 불렀다. 서학이 갖는 의미의 이런 축소와 변화는 서방 근대 문화의 변천을 체현한 것이다. 만약 17세기 중국에 전입한 서학이 신앙과 신성 그리고 초월적 일면이라고 말한다면, 19세기에 이르러서는 주로 세속적이고 경험적인 지식이 중국 사회에 영향을 미쳤다. 이후 지식이 실제 정치나 경제 그리고 군사 역량과 밀접한 관련을 맺었기 때문이다. 그래서 서학은 국가 독립이나 민족 부강에 관심을 가진 중국인에게 특별한 흡인력을 발휘했다. 경험주의 철학(특히 그것의 방법)이나 순수이론 과학과 같이 전혀 현실적 이익이나 효과를 갖지 못하는 지식 등도 현실의 희망으로 받아들여지고 숭배되는 지경에 이르렀다. 거꾸로 추상적 이론은 오히려 자주 폐기됐다. 과현(科玄)논쟁에서 현학파*가 받은 조소와 공격이 그런 예다.

두번째, 서학이 영향을 미치는 범위가 넓어졌다. 17세기 선교사들이 소개한 과학 지식은 소수의 인문 지식인에게 전해졌을 뿐이고, 어느 경우에는 황궁 내부로 제한되기도 했다. 그들의 교리도 신자의 숫자가 극히 적었기 때문에 결코 광범하게 전파될 수 없었다. 그래서 당시 천학 혹은 서학은 사회·문화 전체에 심각한 충격을 줄 수 없었다. 이 점은 불교와 비교하면 크게 차이가 난다. 수백 년의 교류와 대화를 통해서 불교는 최종적으로 중국인의 일상생활 속으로 녹아 들어갔다. 그러나 근대에 들어 상황은 완전히 달라졌다. 서학은 현실적 역량을 가지고서 중국 사회의 구조를 와해했다. 아울러 대부분 중국인의 생활을 바꿔 놓았다.

마지막으로 서학의 의미도 변화했다. 17세기 선교사들은 천학은 단지 교화와 관련된 것이지, 왕조의 정치나 신앙에 영향을 미치려는 것은 아니라고 여러 차례 변명했다. 하지만 지식인들은 이 천학이 유가 윤리의 정통적 지위와 황제의 권위에 영향을 줄까 봐 걱정했다. 그런데 근대가 되자 지식인들은 곧바로 서학이라는 깃발을 들고서 사회 변혁을 논증했다. 다음에는 서학을 가지고 기존 신념 체계를 파괴하

---

* 현학파(玄學派). 과현논쟁(과학과 현학 논쟁)에서 과학이 아무리 발전하더라도 인생관 문제는 해결할 수 없다고 주장한 쪽을 가리킨다.

고, 새로운 신념 체계를 수립하는 데까지 이르렀다. 만약 이 두 사건이 닮은 점이 있다고 말한다면 그것은 서학을 대하는 중국 지식인들의 태도가 여전히 정치적 고려를 벗어나지 않았다는 점이다. 유생들은 서학이 전통적 의식에 불리하게 작용할까 봐 걱정했다.

근대 지식인들은 전혀 거리낌 없이 서학을 통해서 전통 이데올로기를 동요시키고 파괴했으며 결국 대체했다. 그러나 서학은 이데올로기와 동등하지 않다. 만약 종교 신앙 자체는 억지로라도 이데올로기로 귀속시킬 수 있다 하더라도 과학 지식의 내용은 대부분 실제 정치와 무관하다. 근대 지식인들이 막연하게 서학을 일종의 무기로 사용했을 때 그들은 분명 이런 층위의 의미를 가볍게 보았다. 결과적으로 서학에 정통한 옌푸(嚴復) 같은 인물도 스펜서의 사회학 원리를 사회를 개혁하는 현실 방안으로 취급했다. 나중에 후스(胡適, 1891~1962) 등이 과학적 방법론〔'과학방법'〕을 보편화한 것도 동일한 이유에서다.

이렇게 학술과 정치를 구분하지 않고, 사회 해석과 사회 개조를 혼동하는 태도는 이후에 엄청나게 큰 영향을 미쳤다. 가장 나쁜 결과는 학술을 경시하고 정치를 잘못 인도하는 것이었다. 본래 학술 연구는 자연과학이든 사회학이든 관계없이 많은 정력과 시간을 쏟아 부어야 한다. 연구는 모호한 상상이나 막연한 이해 위에 건립되지 않는다. 만약 이런 구체적이고 집중적인 연구를 무시하고 성숙하지 않은 이론이나 학설을 성급하게 현실을 지도하는 이데올로기로 전환한다면 재난에 가까운 결과를 초래할 수 있다. 우리는 '문화혁명'을 통해서 이 사실을 사무치게 깨달았다.

근대에 서학의 전파 과정은 대체로 기물(器物)·제도·심리 세 단계로 나뉜다. 전파가 시작되자마자 사람들이 발견한 것은 서양의 기술이다. 양무파의 노력은 이 단계의 인식 수준을 대표하는데, 나중에는 다시 제도의 층위에 도달했다. 캉유웨이 등 개량파의 변법 활동은 이 것을 감안한 결과다. 5·4신문화운동 시기에 운동 지도자들은 서학의 핵심을 찾았다. 그것은 정신 문화였다. 이것은 심리 단계의 인식을 열 었다. 서학동점에 대한 이런 개괄은 대체로 적절하다. 하지만 그것은 몇 가지 제한이 필요하다.

첫째, 이 몇 가지 단계에 명백한 경계는 존재하지 않는다. 사람마 다 서학에 대한 이해가 다르기 때문에 앞서고 뒤처지는 현상이 자주 출현했다. 영국 경험론에 대한 옌푸의 인식이나 왕궈웨이(王國維, 1877~ 1927)의 칸트나 쇼펜하우어 이해는 훗날 많은 사람들이 도저히 따라잡 을 수 없을 정도였다. 게다가 문화 공동체 내에서 기물·제도·심리는 쉽게 쪼갤 수 없다. 기물과 제도가 정신적인 면을 완전히 벗어날 수는 없다. 우리들도 물질적인 것만을 인식하고 그 속에 담긴 정신적 내용 을 의식하지 않을 수는 없다. 사실 양무파의 이홍장(李鴻章, 1823~1901) 등은 일찍이 기물 배후에 존재하는 관념성을 인식했다. 그리고 그들은 유자들이 이런 것들을 모른 척하지 말고 직접 탐구해야 한다고 생각했 다. 곽숭도(郭嵩燾, 1818~1891)는 서양의 정치와 문화는 모두 중국이 견 줄 수 없는 많은 장점을 가지고 있다고 생각했다. 그는 심지어 유가의 이상인 하·은·주 삼대 성인의 '공천하'(公天下)도 서양의 민주 정치와 비교하면 부족하다고 말했다. 캉유웨이는 일찌감치 의리와 제도를 구분했다. 그는 제도는 단지 의리의 표현이고 의리가 분명하고서야 제도가 확정된다고 생각했다. 그들이 기물과 제도를 구분하려고 노력 한 까닭은 아마도 그들이 단지 사상가가 아니라 실천가였기 때문일 것 이다. 그래서 그들의 관심은 처음부터 '어떻게 일정한 순서에 따라 행동하고 실천할 것인가'였지, 단순히 이론적으로 설명하거나 논증하려는 데 있지 않았다.

둘째, 서학은 엄밀하고 체계적인 통일체가 아니다. 그 안에는 상이한 층위가 존재하고 시대와 지역의 차이가 존재한다. 또한 입장과 방법의 차이도 있다. 그래서 막연하게 서학의 영향을 이야기하는 것은 아무런 의미가 없다. 우리들은 구체적 상황에 좀더 밀착해야 한다. 사람들은 보통 서양과 서학을 구분한다. 그래서 서학은 물질 문명과 정신 문명의 종합체가 된다. 하지만 엄격하게 말하면 물질 문명은 단지 정신 문화의 현실적 표현이다. 어떠한 기물과 제도를 막론하고 그 배후에는 관념적인 것이 존재한다. 이런 관념적인 것이 있어야 그야말로 '서학'이라고 불릴 자격이 있다. 그래서 본서에서는 정신 문화에 한정해서 논의하고자 한다.

셋째, 기물·제도·심리 세 가지 단계에 도저히 넣을 수 없는 문제는 서학동점 과정에서 전통 문화의 심리 작용이다. 이 작용은 비록 인식의 깊이를 결정할 수는 없었지만 인식의 방향에는 영향을 주었다. 어느 때는 외래 학설의 작용과 의미까지 바꿔 놓았다. 전통적인 문화 심리에서 가장 전형적이고 중요한 점은 아마 정치 중심주의일 것이다. 그것은 근대 지식인들이 서학을 소개하거나 선전하는 데 엄청난 영향을 미쳤다. 만약 중화민국 이전의 수많은 지식인들의 활동이 전통의 정치 제도와 권력 중심을 보호하려 한 것이라면 민국 수립 이후 대다수 지식인들이 보인 이데올로기에 대한 관심은 주요하게는 권력 중심의 붕괴와 권위주의의 소멸 때문에 생긴 박탈감을 해소하기 위해서였다. 중국 지식인에게서 정치란 시종 자신과 떼놓을 수 없는 정서다. 어쩌면 이것이 정치 참여나 사회 개혁에 성급한 그들의 병명인지도 모른다. 바로 이 때문에 그들은 왕왕 외래 학설을 제대로 이해하지도 못한 상황에서 그것을 응용하는 데 급급했다. 그 결과 그들이 소개하고 선전한 서학은 '중국식' 서학이기 일쑤였다. 과거 사람들은 이 점에 주의를 기울이지 못했다. 하지만 우리가 서학동점의 과정을 이해하기 위해서는 그것을 절대 가볍게 여겨서는 안 된다.

이상 몇 가지 제한을 가한 후에 우리들은 본 편 이하 몇 장의 내용을 다음과 같이 개괄할 수 있다.

먼저, 우리는 처음 두 장(章)인 10장과 11장에서 20세기 초에 유행한 과학적 세계관과 도덕-정치 계몽론을 집중해서 토론할 것이다. 이 두 가지는 전통 가치관을 파괴하는 데 매우 중요한 역할을 했다. 캉유웨이는 가장 먼저 과학과 사회 변혁을 연결시켰고 그의 우주진화론은 후대 많은 사람들이 계승했다. 옌푸와 후스는 과학 정신과 과학적 방법론을 광범위하게 유통시켰다. 량치차오, 천두슈 그리고 루쉰은 자유·민주·개인 해방이라는 구호를 사람들의 가슴속에 심어 주었다. 그리고 옌푸와 후스가 주로 영미 경험론 전통을 계승했다면, 량치차오, 천두슈, 루쉰은 유럽 대륙의 낭만주의 분위기를 흡수했다. 우리는 그들 사상 자원의 차이를 통해서 서학 내부에 존재하는 차이를 뚜렷하게 느낄 수 있다.

전통을 비판하는 입장에서 말하자면 과학적 세계관을 주창하는 사람과 신도덕을 옹호하는 사람은 연합했다. 하지만 전통이 파괴된 이후 이데올로기로서 과학이 적합한가, 아니면 현학이 적합한가 하는 궁극적 선택에 직면했을 때 이 연합은 곧바로 와해됐다. 이 와해의 원인과 과정에 대한 연구가 12장의 주요 내용이다. 거기서 우리는 우선 고독한 선구자 왕궈웨이를 만난다. 그는 누구보다도 빨리 경험론과 낭만주의, 지식과 가치, 특히 학술과 정치의 모순을 의식했다. 그리고 과학 관념은 어떻게 과학주의(과학파)로 교조화되고, 도덕 계몽은 어떻게 인생관 영역으로 도피하는지(현학파)를 천천히 분석할 것이다. 우리는 과현논쟁의 실제 내용을 이해하고 나서 이 문제를 해결하려 한 몇 가지 시도를 알아보고 평가할 것이다.

바꾸어 말하면 이데올로기 문제(13장), 신전통주의(주로 당대 신유가), 자유주의와 맑스주의는 그 중 가장 중요한 세 가지다. 그들이 겪은 흥망성쇠는 중국 사회의 변화를 전형적으로 보여 준다. 돌이켜 보면 저들이 보인 흥망성쇠는 이후 몇 세대의 운명에 영향을 미쳤고, 심지어 운명을 결정하기까지 했다.

10장 _ 세계관으로서의 과학

서양에서 들어온 몇몇 주요한 관념 가운데 과학은 근대 중국에서 저항을 가장 적게 받았다. 과학 관념과 현실에서의 그 응용은 곧장 서양의 부강을 결정했는데, 부강은 중국인의 한결같은 꿈이었기 때문이다. 그 밖에 자유나 민주 등의 관념에 비해 과학은 정치와 거리가 멀었고 사회 구조를 명시적으로 위협하지도 않았다. 이 또한 과학이 강력한 저항 없이 쉽게 유포된 이유이기도 하다. 하지만 과학이란 관념 배후에 함축된 거대한 이지의 역량과 정신적 함의가 일단 방출되기만 하면 그것과 중국 전통의 문화 정신 사이에 발생한 차이와 대립이 그 순간 폭발한다. 특히 과학이 하나의 세계관으로 전환되어 이데올로기로서 작동할 때, 그것은 점점 구체적 내용에서 벗어나 전통의 가치 체계를 파괴하고 이상 사회를 건설하는 도구가 되었다.

17세기 예수회 선교사가 소개한 천문학과 수학 지식을 제쳐 두면 서양 과학이 비교적 큰 규모로 중국에 수입된 것은 1870년대부터다. 당시 양무파는 군사적 자강을 위해서 어쩔 수 없이 서양의 조선술이나 조포술을 흉내 냈다. 그들은 일군의 군수회사를 차린 것 외에 전문학교와 번역소를 설치하기도 했다. 이런 기업과 기구는 기술상의 수요 때문에 군수업과 관련한 실용과학 서적들을 대량으로 들여와서 번역했다.

중국에 거주한 외국 선교사는 선교를 목적으로 중국 지식인들과 공동으로 과학 서적을 번역했다. 이것은 마찬가지로 과학 전파에 유익했다. 그 밖에도 이때 외국에서 유학한 사람들이 매우 많았다. 그들은 학업을 마치고 돌아오자 점차 선교사를 대신해서 서양 과학을 전파하는 역할을 맡았다. 그 가운데 급진적 인물은 과학 자체의 한계를 넘어 새로운 가치와 관념을 열렬하게 선동했다.

이 장에서 우리는 세 사람의 과학관을 중점적으로 다룰 것이다. 그들은 캉유웨이, 옌푸, 후스다. 무술변법의 걸출한 지도자인 캉유웨이는 외국어 능력이 전혀 없었다. 하지만 그는 간접으로 획득한 자연과학 지식을 전통의 틀 속에 성공적으로 끌어들였다. 이것은 그에게 변법 활동의 강력한 이론 근거를 마련해 주었다. 옌푸가 일찍이 장악한 자연과학 기초와 영국 경험론은 그가 훗날 중·서 문화의 같고 다름을 세심하게 비교하는 데 매우 유리한 조건을 제공했다. 이 때문에 그가 무술변법을 전후해서 맹렬하게 전통을 공격하고 과학의 정신과 가치를 찬미했을 때, 사상계에 엄청난 반향을 일으켰다. 후스는 한 걸음 더 나갔다. 그는 옌푸의 노선을 받아들여 계속해서 과학의 정신과 가치를 찬미했을 뿐 아니라 더 나가서 과학을 하나의 방법으로 삼아서 사회 생활에 존재하는 문제를 풀려고 했다. 후스 시기부터 과학은 하나의 교조로 강화됐고 사상계 전체를 다스렸다. 또한 이후 사상 변천의 방향을 결정했다.

전통 자연관의 돌파

다들 알다시피 과학이 중국에 처음 전래됐을 때, 그것은 기술과 직접 관련됐다. 양무파의 관심도 궁극적으로는 기술이 가져다주는 현실적 효과였다. 하지만 만약 이 때문에 양무파가 단지 서양의 기술에만 관심을 가졌다고 결론을 내린다면 그것은 심각한 오해다. 공친왕 혁흔(奕訢, 1832~1898)에서 이홍장까지 모두 기술 배후에는 언제나 이론적 요소가 존재함을 분명하게 알고 있었다. 하지만 당시 번역된 서적 가운데 자연과학과 군사 기술 분야의 점유 비율은 대체로 비슷했다.[1] 당시의 자연과학 지식은 지금 보면 매우 단순하고 유치하지만, 적어도 사람들의 시야가 이미 실용 기술에만 머물지 않았음을 보여 준다. 이것은 한 발짝 더 나가 이론과학을 탐구하기 위한 기초를 놓았다.

사실 선택한 길로 보자면 양무파가 따른 '기술에서 과학'이라는 방향은 큰 틀에서는 틀리지 않았다. 서양 근대 과학의 발생은 주로 두 가지 동력에 기대고 있다. 하나는 지식의 추구다. 이런 추구는 순수하게 이해 자체를 위한 것이지, 어떤 공리적 목적도 없었다. 다른 하나는 실천의 요구다. 즉 주로 경험을 지도하려는 현실적인 목적을 만족시키기 위해서였다. 그리고 이런 두 가지 동력이 확연히 대립하지는 않았다. 오히려 그들은 서로 촉발할 수 있었다. 지식 추구는 상상도 못한 실질적인 의의를 초래했고 현실의 요구는 거꾸로 순수이론 연구를 촉발했다.

근대 중국을 이야기하자면, 여러 가지 제약 때문에 과학이 전파될 때 순수이성에 관심을 둘 수 없었다. 중국이 처한 내우외환은 사람들이 공리와 실용이라는 관점으로 과학의 가치를 평가하게 했다. 그 밖에 근대 과학은 중국 문화로 보자면 외부에서 전해진 것이다. 그것은 분명 전통 내부의 요소들이 자연스럽게 내놓은 성과가 아니다. 그래서 그것이 본토 문화에 수용되려면 반드시 자신의 의의와 가치를 표현할 수 있어야 했다. 그리고 현실적 결과가 이런 의의와 가치를 표현하는 가장 직접적이고 효과적인 방식이어야 했다. 그래서 우리들이 근대 중국인이 처음 서양 과학을 접했을 때 특별히 응용과 실천 면에 치중했다는 사실을 발견하더라도 그리 놀랄 필요는 없다.

그래도 안타까운 사실은 갑오년(1894) 청일전쟁의 폭발이 양무운동의 정상적인 발전을 파괴했다는 점이다. 이홍장이 힘들게 경영한 북양해군이 양적 우세에도 불구하고 일본군에 패했을 때, 양무파의 수십 년 자강 노력이 획득한 가엾기 짝이 없는 성과에 대해 사람들은 분통을 터뜨렸다. 사람들은 양무파가 추진한 중국 전통(體)과 서양 문명(用)의 기묘한 결합이 어떠한 효과도 생산할 수 없으며, 수박 겉핥기식의 이해로는 중국의 빈약한 면모를 근본적으로 바꿀 수 없음을 의식한 듯했다. 그래서 정치, 사상 그리고 문화상에서 전면적인 변혁을 요구했다. 이때부터 고양된 정서가 냉정한 사고를 대신했고 구망(求亡)과 계몽의 함성이 모든 사상계의 주된 목소리가 되었다.

사상 해방과 사회 변혁이라는 면에서 이야기하자면 이런 변화는 확실히 커다란 추진력이 있었다. 하지만 그것은 과학 자체의 발전에는 도움이 되지 않았다. 한편으론 양무파가 추진한 기술 응용과 기술 발전은 전체와 무관한 소소한 일로 무시됐고 제도와 관념의 변혁이 주도적 지위를 차지하게 됐다. 다른 한편으론 이론과학 면에서는 진전된 연구가 없었지만 과학 정신과 과학적 방법론은 전에 없이 강조됐다. 그 결과 과학이 극단적으로 낙후된 상황에서도 과학을 극단적으로 숭배하는 매우 난감한 상황이 연출됐다. 이것은 이후 사상계에 큰 영향을 미쳤다. 당시 어느 누구도 분명한 장치를 마련해서 과학의 정상적인 발전을 보장해야 한다고 생각하지 않았다. 하지만 어떤 사상가나 사상 유파도 예외 없이 자신들의 사상이나 관점 그리고 방법이 과학적이라고 단언했다. 특히 과학에 대해 충만한 열정을 가진 사람들은 보통 전문적인 과학자가 아니라 사상가나 문인 그리고 정치 활동가였다. 과학에 대한 그들의 열정은 과학의 실효 및 그 결과에 대한 모호한 상상 위에 건립되었다. 이 때문에 그들이 과학의 이론과 방법을 구체적 사회 문제에 응용하려고 열중할 때, 자주 어색했고 억지를 부리기도 했다. 심지어 왜곡하기까지 했다.

양무파에 의한 기술 실천을 정치 변혁으로 전환한 핵심 인물이 캉유웨이다. 그는 상당히 이른 시기부터 과학의 결론을 사회·정치 문제에 응용한 대표 인물이기도 하다. 캉유웨이의 관심은 시종 정치에 있었다. 서양 모델을 통해서 어떻게 사회·정치·경제의 변혁을 실현할 수 있을까 하는 데 관심이 온통 집중됐다. 그래서 과학기술을 대할 때 그는 줄곧 매우 모순된 입장을 취했다. 그는 중국에 있는 서양의 과학기술 서적은 그렇게 실질적이지 못하고 정치에 관한 서적이야말로 중요하다고 생각했다. 다른 한편 그는 서양 과학에 대해 엄청난 열정을 품고 있었다. 그는 늘 전통 틀 속의 내용을 자연과학 지식에 끌어들여서 변법 활동의 근거로 삼으려고 했다. 또한 탄쓰퉁과 마찬가지로 일련의 자연과학 지식을 포괄한 각종 사실을 하나의 체계로 주조하는 데 커다란 관심을 보였다.

캉유웨이는 외국어를 전혀 몰랐기 때문에 주로 번역된 서양 서적을 통해서 서학을 이해했다. 그는 일찍이 학생들에게 "만약 제조국(製

造局)*에서 나온 모든 책을 구매할 수 있다면 훨씬 뛰어날 것"[2]이라고 훈계했다. 그 자신도 서양 서적에 힘입어 자연과학 지식을 이해하고 수용했다. 그리고 많은 철리를 확인하고 깨달았다. "현미경은 사물을 수천 배로 확대하기 때문에 이는 바퀴처럼 보이고 개미는 코끼리처럼 보인다. 그래서 크고 작음이 결국 하나인 도리를 깨달았다. 전기가 전선을 타고 1초에 수만 수천 리 달리는 것을 보고 늦고 빠름이 하나인 도리를 터득했다."[3] 캉유웨이가 섭렵한 분야는 매우 광범위하다. 그는 수학·천문·지리·생물·화학 분야에 모두 초보적 이해를 갖추고 있었다. 하지만 그의 사상에 가장 큰 영향을 미친 학문은 아마 천문학과 생물학이라고 해야 할 것이다. 이 두 가지에 힘입어 그는 무궁한 세계를 체험하고 관찰하면서 자신의 시야를 극한으로 확대했다. 아울러 모든 세계는 끊임없는 변화 과정에 있기 때문에 변혁은 인류 사회의 최고 법칙임을 확신했다.

캉유웨이는 학생들에게 제시한 서학 책 목록에 『천문 이야기』(談天)를 실었다. 망원경을 가지고 직접 관찰한 것 외에 그의 천문학 지식은 주로 이 책에서 획득했다고 보아도 좋을 것이다. 이 책은 영국의 천문학자 존 허셜(John F. W. Herschel, 1792~1871)이 지은 『천문학 강요』(Outlines of Astronomy)의 중역본이다. 여기서 꽤 체계적으로 코페르니쿠스의 지동설이나 칸트의 성운설 및 기타 천문학 지식을 소개했다. 놀라운 점은 고집불통의 캉유웨이가 이런 자연과학 지식을 받아들일 때는 조금도 주저하지 않았다는 사실이다.

---

* 상하이에 있던 강남기계제조국을 말한다. 군사 장비의 생산 이외에 번역관이 설치되어 군사·지리·경제·정치·역사 등 다방면의 서양 서적을 번역했다.

독일의 칸트, 프랑스의 라플라스(Pierre S. M. de Laplace, 1749~1827)가 발견한 성운설에서 이렇게 말한다. "각 천체가 탄생하기 전에 가스가 우주에 떠다녔고, 그 분자가 서로 끌어당겨 무리를 이루는데 그것을 성운이라고 한다. 실제는 가스의 커다란 덩어리이다."[4]

기운이 집적되어 대기가 형성되고, 마찰이 오래되면 열과 중력이 발생하고, 빛과 전기가 생기고, 원래 성질이 변화하여 완성된다. 여기서 태양이 발생하고, 태양이 땅을 발생하고, 땅이 만물을 발생시킨다.[5]

조금도 망설이지 않았고, 어떠한 고려의 여지도 없었다. 이것과 어긋나는 것은 모두 잘못이다. "이(理)는 기에 선재한다는 주자의 학설은 틀렸다."[6] "하늘과 땅이 서로 짝한다는 옛말은 완전 엉터리다." "옛날 교주는 옛날에 생활했기 때문에 현미경이 없었다. 천문을 이야기할 때 잘못이 없을 수 없었다." 근세의 저명한 지식인이든 고대의 교주든 과학에 대해서 이야기하자면 그들의 한계는 곧 폭로될 수밖에 없다. 그래서 과학이 발전한 시대에는 성현들이 묘사한 세계를 철저하게 교정해야 한다. '이'는 이제 다시는 세계의 주재자가 될 수 없다. 기가 오히려 우주 만물을 구성하는 기초다. 원기는 그 자신 내재한 역량에 의거해서 서로 마찰하고 흡수한다. 점차 각종 성체(星體)를 생성한다. 이런 성체는 오램과 새로움이 있는가 하면 생성과 소멸도 있다. 지구는 다시는 우주의 중심이 아니다. 거꾸로 그것은 단지 태양 주위를 맴도는 행성일 뿐이다. 이 행성 위에 인간과 만물이 발생한다. 인간도 단지 만물 가운데 하나일 뿐이다. 그래서 우주의 광활함이나 무궁함과 비교하면 인간은 너무도 유한하고 미미한 존재다.

이것이 과학이 묘사한 세계다. 이런 세계가 보기에 너무 단순하고 거칠어 보이지만 그것은 분명 전통 자연관의 한계를 부수었다. 아울러 이런 자연관은 신선한 정보를 많이 늘렸다. 형식상 캉유웨이의 이런 자연관은 전통적인 유가의 유기체적 우주론을 계승했다. 그는 자연 현상과 사회 현상은 분할할 수 없는 하나이고 모종의 우주 실재(력)는 이런 모든 현상을 연결하고 통일한다고 믿었다. 하지만 캉유웨이가 진화 관념을 이런 우주론에 부여했기 때문에 자연이나 사회 그리고 정신 현상은 모두 상대적인 의의만 획득할 뿐이었다. 바꿔 말하면 모든 현상은 특정한 시간 안에서는 완전하지 못하다. 이것은 그의 변법 활동에 이론 근거를 제공하면서도 유가가 우주에 부여한 도덕적 의의를 손상시키지 않았다. 그래서 캉유웨이는 『대동서』에서 여전히 우주진화론의 궁극 목적이자 도덕의 완성태인 유토피아 사회를 계속해서 구축할 수 있었다. 그렇지만 캉유웨이의 이런 노력은 어쩔 수 없이 성인의 역할을 훼손하는 결과로 나타났다. 성인은 다시는 우주의 발전 과정에 참여할 수 없었고 기껏해야 캉유웨이처럼 낙관적인 관찰자일 뿐이었다. 이것은 당연히 우주 진화의 자연적 의미를 강화했다. 그래서 사람들이 세계에서 도덕 이상이 갖는 역할을 믿지 않을 때 캉유웨이의 우주진화론은 곧바로 순수한 자연주의 신앙 체계로 바뀐다.[7] 1923년 후스가 제시한 10개 항의 유명한 '과학인생관'은 전형적인 예다. 그것은 캉유웨이의 우주처럼 시간과 공간의 무한함이나 우주나 만물의 자연 운행을 긍정했고 조물주로서 신의 존재를 부정했다. 그러나 캉유웨이는 인(仁)과 전기, 신, 에테르, 지기(知氣) 등을 단순하게 등치시킴으로써 불인지심(不忍之心)에 보편적인 우주론의 의의를 성공적으로 부여할 수 있었다. 이에 반해 후스는 힘들게 자연주의적 우주에서 미감, 이미지, 도덕적 책임을 획득하려 했다.

후스의 이런 비논리적 연역에서 알 수 있듯, 그는 캉유웨이의 우주진화론이 파기된 후에도 역사 진보(자연주의)와 정신 가치(인생관)의 관계를 다른 개념을 사용해서 표현해야 함을 분명하게 의식하지 못했다. 캉유웨이의 우주진화론은 천문학 이외에 다시 생물학의 지지를 받았다. 만약 천문학이 캉유웨이에게 광활한 우주를 보여 주어 그의 시야를 넓혔다고 한다면 생물진화론은 한 걸음 나가 사회의 변화와 발전은 거부할 수 없는 역사의 물결이고 변법을 통해서만 급변하는 시대에 적응할 수 있다고 믿게 했다. 본래 공양삼세설(公羊三世說)을 따른다면 역사는 거란세-승평세-태평세의 순서로 발전한다. 하지만 이것은 단지 하나의 헛된 이상일 뿐이다. 사람들에게 역사가 결국 이런 순서에 따라 발전할 것임을 믿게 할 만한 아무런 현실적 근거도 없다.

캉유웨이는 이런 이야기가 분명한 설득력을 갖게 하려고 여러 가지 상세한 내용으로 그것을 채웠다. 기독교의 박애, 부처의 자비, 루소의 천부인권 및 서양 각국에서 행해지는 정치와 경제 제도 등등 흡수할 수 있는 것은 모두 흡수했다. 다른 한편 진화론을 빌려서 이론적 증명을 시도했다. 현존하는 자료로 보면 캉유웨이가 도대체 어떤 저작을 통해 다윈의 생물진화론을 이해했는지 확인할 길이 없다. 하지만 그가 "인간은 원숭이에서 변화됐다", "바다에서 나타난 생물 가운데 조개가 가장 먼저다", "이끼가 생물의 시초다"[8]라는 말을 여러 차례 학생들에게 한 걸로 보아 1890년 초에 생물진화론에 대해서 이해하고 있었음을 알 수 있다. 이것이 아마도 그의 사회진화론을 촉발했을 것이다.

인간 사회의 진화에도 일정한 단계가 있다. 종족 제도에서 시작해 부락을 이루고, 부락에서 국가를 구성한다. 국가에서 대통세계*를 구성하고, 개인에서 출발해 점차 추장을 옹립한다. 추장에서 군신 관계로 발전하고, 군신 관계에서 점진적으로 입헌제가 된다. 입헌군주제에서 공화제로 발전한다. 대개 거란세에서 승평세로 진화하고, 승평세에서 태평세로 진화한다. 진화에도 단계가 있고 혁신도 그것의 말미암는 바가 있다. 만국에서 그것을 확인해 보면 하나 빠짐없이 동일한 과정을 거친다.[9]

하지만 당시 생물진화론의 소개가 그다지 체계적이지 않았기 때문에 캉유웨이의 이해도 여전히 유치했다. 더구나 사회적 다윈주의는 기본적으로는 아직 시야 밖에 있었다. 이 점을 주의해야 한다. "변할 수 있어야 살아남고, 변하지 못하면 사라진다. 완전히 변하면 강해지고 변화가 적으면 또한 소멸한다"는 구호가 사람들을 진동시킬 수 있었던 까닭은 그가 제공한 이론 때문이 아니라 그것이 전체 시국의 위급함을 반영했기 때문이다.

그 밖에 캉유웨이가 기하학에 매우 관심을 가졌다는 사실을 기억해야 한다. 캉유웨이는 초기 저작인 『실리공법전서』(實理公法全書)에서 기하학 방법으로 자신의 사회·정치 이상을 증명하려 했다. 그는 가장 기본적인 의리 법칙을 실리라고 불렀다. 이것은 대략 기하학의 정의 혹은 공리에 해당한다. 그는 다시 이런 정의와 공리에서 일련의 공식을 도출했다. 그는 실리에 부합하는 것을 공법이라고 불렀고, 실리에 부합하지 않는 것은 비례(比例)로 삼았다. 캉유웨이의 최초 동기가 논리를 빌려서 그의 정치적 주장을 강화하려는 것이든 아니면 중국 사상

---

* 대통(大統)세계. 국가 간 경계가 무너진 일종의 세계국가.

에 부족한 형식화 훈련을 시도한 것이든 관계없이, 그는 이런 태도 때문에 이후 출현한 대담한 방법론의 선구자가 되었다.

우리는 시작하면서 과학에 대한 캉유웨이의 태도에 대단히 큰 모순이 있다고 지적했다. 그는 과학에 대해 엄청난 열정을 가지고 있었다. 앞선 분석에서도 과학이 그의 사상을 상당히 해방시켰음을 보여주었다. 하지만 다른 한편 캉유웨이는 과학 서적이 그렇게까지 쓸모 있다고는 생각하지 않았다. 왜냐하면 현실 문제를 언급하는 순간 곧바로 그의 주된 관심은 정치 변혁에 쏠렸기 때문이다. 캉유웨이에게서 과학이 어떤 찬사를 받았는지 막론하고 그것은 단지 정치 활동의 주석일 뿐이었다. 이 점에서 그는 옌푸나 후스 등과 분명히 달랐다. 두 사람은 과학 자체가 사회를 바꾸는 가장 중요한 도구라고 믿었다. 과학을 대하는 태도와 관련해서 캉유웨이부터 옌푸, 후스에 이르는 과정은 정치 변혁에서 사회 변혁, 사상 변혁의 전환을 정확하게 체현했다. 캉유웨이가 구미 여행 후에 다시 과학기술이 부강의 근본이자 산업과 구국의 길임을 깨닫고 낙담해서 "내가 비록 조금이나마 열정과 지식을 갖추고 있지만 과학이나 산업에 대해서 일정한 성취를 이루지 못하면 구국의 활동도 쓸모없는 일이 되고 말 것"이라고 했을 때 신(新)사조를 고취하려는 자들는 일찌감치 그를 수구 분자로 몰아서 거들떠보지도 않았다.

과학이 사회를 변혁하다

캉유웨이에게서 우리는 이후 과학을 추종하는 어느 방면에 대한 모종의 실마리를 찾을 수 있음을 볼 수 있다. 그는 단지 천문학의 지식을 이용해서 하나의 새로운 우주를 묘사하거나 진화론을 이용해서 사회 변혁의 필요성을 설명했을 뿐 아니라 과학적 방법론의 의의에 주의하기까지 했다. 하지만 이런 모든 것들은 전통의 틀 안에서 진행된 것이기 때문에 캉유웨이는 결코 과학의 의의와 가치를 충분히 발굴하지 못했다. 옌푸에게 와서는 상황이 달랐다. 옌푸는 스스로 자신은 유가 전통 바깥에 있다고 느꼈다. 그에게 과학은 전통 비판의 공구만이 아니라 사회를 변혁하는 중요한 역량이었다. 바로 옌푸를 시작으로 지식계는 과학과 과학적 방법이 갖는 사회적 공능을 중시했다.

옌푸는 캉유웨이와 비교하면 완전히 다른 유형의 인물이었다. 캉유웨이는 주로 전통 면에서 두각을 나타낸 급진적 정치가였지만 옌푸는 기본적으로 엄격한 서구식 훈련을 받은 한 명의 학자였다. 캉유웨이는 시종 모든 면에서 과거와 연결을 유지했다. 그는 언제나 전통이라는 틀 내에서 문제를 사고했다. 옌푸는 훨씬 더 높은 층위에서 전통 가치를 재평가하기 위해서 의도적으로 유가 전통 바깥에 서 있었다. 캉유웨이의 서학 이해는 간접적이다. 그래서 모호한 이야기가 많은 데 비해 옌푸의 서학 지식은 서양 고전과 사회를 직접 연구한 기반 위에 서 있다. 그래서 일관되고 지속적이다. 캉유웨이는 이상의 층위에서 늘 동·서양의 공통점을 찾으려 했지만, 옌푸는 단지 그들 사이의 차이를 찾는 데 관심을 두었다. 심지어 기질 면에서도 두 사람은 전혀 달랐다. 캉유웨이가 급진적이고 용감하고 상상력이 뛰어났다면 옌푸는 엄격하고 보수적이며 실질을 추구했다. 캉유웨이가 정치상의 풍파와 다투는 데 열중했다면 옌푸는 조용한 서재로 물러나 교육·계몽에 힘썼다. 이 때문에 캉유웨이가 혁명가의 모범이 되었을 때, 옌푸는 이후 몇 세대 청년들의 정신적 스승이 되었다.

또한 옌푸가 기질적으로 보수적이고 근엄했기 때문에 1895년 그가 용감하게 일어나서 전통을 공격하고 아울러 중국 멸망의 위기를 소리 높여 외칠 때, 사람들에게 상황은 매우 급박해 보였다. 그가 톈진에서 발행된 『직보』(直報) 지면에 「세계의 급변에 대하여」(論世變之亟), 「부강을 밝힘」(原强), 「한유 비판」(辟韓), 「구망결론」(救亡決論) 등 연속해서 발표한 몇 편의 논문들은 마치 번개처럼 사람들의 마음을 내리쳤다. 사실 당시 사람들이 중·서 사이의 심한 빈부 격차를 몰랐던 것도 아니고 그들 가운데 중국 멸망의 위기를 외친 사람이 없었던 것도 아니다. 심지어 서방이 강하고 중국이 약한 근본 이유를 분석한 사람도 있었다. 하지만 대부분 표면적 현상을 묘사하는 데 치중했다. 옌푸는 오히려 그것에 과학적 근거를 제시했다. 이것이야말로 수많은 사람들의 환상을 철저하게 깨부수었다.

옌푸가 중국의 위기를 설명한 과학적 근거는 바로 진화론이었다. 진화론은 앞서 1870년대에 중국에 유입됐다. 캉유웨이는 일찌감치 그것을 제도 개혁의 전위로 삼았다. 하지만 전체적으로 보자면 이전에 소개된 내용이 완전하지 않았기 때문에 진화론은 사상계에서 광범위한 관심을 끌지 못했다. 하지만 옌푸에 이르러 상황은 급격한 변화를 맞게 된다. 진화론의 기본 원리가 일단 중국 사회의 구체적 상황과 연계되자 그것의 혁명성은 갑자기 폭발했다. 이른바 '물경천택, 적자생존'(物競天擇, 適者生存)의 구호가 20세기 초 젊은이들의 주의를 끌었을 뿐 아니라 오랜 동안 전통에 빠져 있던 인문 지식인들을 격동시켰다. 심지어 가장 보수적인 관료들까지도 진화론의 도전과 자극을 받았다. 옌푸는 그 특유의 우아하고 분명한 필치로 이렇게 쓰고 있다.

다윈은 영국의 생물학자이다. …… 수십 년 연구 끝에 『종의 기원』을 저술했다. 그 책이 출판되자 유럽과 미국 두 대륙의 거의 모든 가정에서 그 책을 소장했다. 유럽의 학술과 정치·교육[政敎]는 일시에 크게 변했다. …… 그 책에서 두 편의 글이 매우 유명한데 서양의 신학자[新學家]들은 모두 그것을 이야기할 수 있었고, 세상의 이치를 말하는 사람도 그것으로 구실을 삼았다. 두 편 가운데 하나는 「생존 경쟁」[物競]인데 '자연 선택'[天擇]이라고도 한다. 생존 경쟁은 생물이 서로 경쟁을 통해서 스스로 생존하는 것이고, 자연 선택은 적합한 생물종이 살아남는 것이다. 인류나 생물은 세상에서 활발하게 함께 생존하며 세계의 도움을 받는다. 하지만 상호 접촉을 통해서 관계를 구성하는데 인류나 생물 각각 생존 경쟁을 통해서 스스로 보존한다. 처음에는 생물종과 생물종이 다투고, 집단과 집단이 다투고, 약자는 늘 강자의 먹잇감이 되고, 우둔한 자는 지혜로운 자에게 부림을 당한다. 스스로 보존하여 종족을 유지하려면 반드시 강인하여 앞서고, 민첩하고 교묘하여 그때의 자연적 조건이나 지리적 특징 그리고 사회 조건에 가장 적합한 자이어야 한다. …… 동식물도 이와 같고, 인류도 마찬가지다. 인류는 진정 동물의 부류일 뿐이다.[10]

얼른 보기에 옌푸는 차분하고 객관적으로 과학 지식을 소개하고, 이런 지식은 어떻게 확정되었고 서양 사회에 거대한 영향을 미쳤음을 소개하는 듯하다. 하지만 계속해서 읽어 내려가면 일단 이런 지식의 구체적 원리를 언급할 때, 옌푸의 언어가 급변하여 과학 언어로 표현해야 할 다윈의 생물진화론은 부지불식간에 사회진화론으로 전환하고 있음을 발견할 수 있다. 사실 옌푸가 생물학의 다윈주의와 사회다윈주의를 구별하지 못한 것은 아니다. 그는 스펜서가 진화론을 통해서 사회 윤리를 선전한 사실을 이야기하면서 사실상 자각적으로 다윈주의와 스펜서를 구별했다. 하지만 생물진화론을 소개하면서 옌푸는 여전히 사회진화론의 언어를 사용했다. 이런 분명한 오독은 그가 한시도 놓지 않고 가슴에 품고 있는 문제 때문이다. 그는 당시 중국이 처한 상황과 이런 상황을 초래한 원인에 모든 주의력을 집중했다. 그래서 다윈이 생물학에서 이룩한 구체적 공헌은 그에게는 별로 중요하지 않았다. 중요한 점은 어떻게 이런 원리를 사회에 응용하고 아울러 중국의 현실을 해석할 것인가였다. 이것이 아마도 그가 다윈의 『종의 기원』이 아니라 헉슬리(Thomas Henry Huxley, 1825~1895)의 『진화와 윤리』〔Evolution and Ethics: 옌푸의 번역판은 『천연론』이라는 제목으로 출간되었다〕번역에 착수한 주된 원인일 것이다.

『진화와 윤리』의 번역은 옌푸에게 엄청난 명성을 안겨 주었다. 이 저작은 간결하고 체계적으로 다윈주의의 일반 원리를 소개했다. 그리고 서양의 진화론 역사 전체를 매우 포괄적으로 개괄하고 있다. 『진화와 윤리』는 중국 지식계에서 거대한 반향을 일으켰고 이 저작에 힘입어 진화 관념은 비로소 사람들 뇌리 깊이 침투할 수 있었다. 진화론은 모든 사회 문제를 해석할 수 있는 보편적 세계관이 되었다. 그래서 각종 사상 유파는 공통으로 진화론을 신봉했다.

옌푸 입장에서 진화론은 중국 현실을 해석하는 공구일 뿐 아니라 전통을 비판하는 근거이기도 했다. 진화론 자체는 보편적이기 때문에 반드시 모든 사회에서 효과를 내야 한다. 중국이 이처럼 나약해진 까닭은 수많은 폐단이 진화와 발전을 저해했기 때문일 것이다. 바로 이런 인식에 기초해서 옌푸는 비판의 창끝을 정치와 도덕, 학술, 습속 그리고 가치 관념 등 거의 모든 방면에 겨냥했다. 제도상에서는 팔고문을 통한 과거 제도처럼 "인재의 지혜를 가두고, 마음의 능력을 파괴하고, 산업에 종사하지 않는 이를 늘렸고",[11] 예속상에서 보면 "그것은 인민의 능력을 손상시키고 가만히 앉아서 나약하게 만드는 것은 법제나 학문 같은 큰 일에서 의식주 같은 작은 일에 이르기까지 거의 헤아릴 수 없을 정도다".[12] 예를 들어 아편을 피우는 일이나 여자들의 전족 등이다. 사상이나 학술 면에서는 사장학(詞章學)이나 한학, 송학을 막론하고 모두 아무런 쓸모가 없다.[13] 심지어 가치 관념에서도 성인들이 고취한 절문[節文; 예절 규범], 간이(簡易), 겸손도 사람들의 능력 발휘를 제약했다. "그것 때문에 인민의 지력은 저열해지고, 인민의 능력은 쇠퇴한다."[14] 요컨대 교화와 학술에 관련된 것 가운데 거의 하나도 빠짐없이 인민의 진보를 가로막았다. "4000년 문물과 9만 리 중원 땅이 지금 이런 상황에 이른 것은 교화와 학술의 잘못이다."[15]

하지만 옌푸는 견고한 민족주의자였다. 그의 전통 비판은 중국 민족의 장래에 대한 자신의 믿음을 완전히 파괴할 수 없었다. 이것은 진화론에 대한 그의 모순된 태도에서 바로 알아볼 수 있다. 그는 헉슬리가 사회 진보와 우주의 진화를 완전히 대립시키는 데 반대했다. 오히려 스펜서의 보편진화론에 찬동해서 천연은 어떤 사물도 도피할 수 없는 객관 규율이라고 생각했다. 이 점은 그로 하여금 중국이 낙후된 원인을 해석하고 중국인이 중국의 위급한 현실을 똑바로 보도록 일깨울 수 있게 했다.

다른 한편 그는 순수하게 자연에 맡겨야 한다는 스펜서의 사회진화론에 동의하지 않았다. 단순하게 자연 도태에만 의지한다면 약소 민족은 부강해질 수 없기 때문이다. 오히려 그는 헉슬리의 '자연과 다투어 승리한다'는 생각에 기울었다. 그는 인간의 정신 문화 자체가 충분히 진화 과정을 촉진하거나 견인할 수 있고, 심지어 어떤 경우는 진화의 방향까지 바꿀 수 있다고 생각했다. 스펜서가 아니라 바로 헉슬리가 그에게 희망을 선물했다. 옌푸는 중국이 아직 완전히 치유 불가능한 지경은 아니라고 생각했다. 그래서 기존 문화 가운데 낙후된 것을 없애고 다시 서양 정신 문화의 우수함이나 장점을 힘써 배우고 받아들여서 관념이나 실제를 충분히 변혁한다면 중국이 부강해지리라 믿었다.

그렇다면 도대체 어떻게 서양 정신 문화의 우수함과 장점을 받아들일 것인가 하는 문제에서 옌푸는 캉유웨이와 다른 길을 선택했다. 캉유웨이가 서양 문화 가운데서 잘 정비된 법률 제도를 발견한 데 반해 옌푸는 서양의 보편적 정신 가치와 발달된 지력에 주목했다. "그래서 기계 제도의 정비는 뉴턴에서 그 근본을 구할 수 있고, 증기선이나 증기 기관의 신기는 와트에서 원류를 찾을 수 있다. 전기의 이로움은 마이클 패러데이의 역할이다. 인간 수명의 연장은 윌리엄 하비의 업적이다. 지난 200년간 학술은 대단히 발전했지만 베이컨의 역할이 최고라고 할 수밖에 없다."[16] 옌푸도 이런 백성의 지력 개발 배후에 개인권의 보호나 참여와 경쟁의 정신 같은 훨씬 광범위한 정신·관념 상의 기초가 있음을 의식하지 못한 것은 아니다. 하지만 옌푸가 보기에 지력 수준이 낮은 민족에게 수준 높은 정치나 정신 생활을 요구하는 것은 근본적으로 불가능하다. 그들은 그런 것들을 추구할 수 없다. 그래서 옌푸는 초기 급진적인 시기를 잠깐 보내고 곧바로 냉정을 되찾고 온건한 '민지(民智) 개발' 사업에 착수했다. 그것은 서양 고전의 번역과 소개였다. 이런 작업으로 그는 결국 중국 근대 사상사에서 자신의 지위를 확보했다.

옌푸가 나중에 종사한 이런 위대한 사업에서 우리는 특별히 두 가지를 주의할 필요가 있다. 이 둘은 이후 사상 발전의 방향에 직접 영향을 미쳤다.

첫째, 그는 가장 먼저 서양 근대의 사회학·정치학·경제학·논리학 등의 전문 분야를 체계적으로 수입·소개했다. 그래서 과거 서학에 대한 오해를 청산했고 과학에 대한 기존 지식계의 단편적 이해를 확장시켰다. 옌푸가 번역한 8대 명저 가운데『진화와 윤리』(천연론)를 제외하고는 사회학 분야에서『사회학 연구』(群學肄言), 『정치학사』(社會通詮), 정치학에 속하는『자유론』(群己權界論), 『법의 정신』(法意), 경제학에서『국부론』(原富), 논리학에서『논리학 체계』, 『논리학 서설』이 있다.* 중국의 전통 학술은 하나의 커다란 덩어리로 세부 분과가 부족했고, 게다가 대부분 인문 영역에 편중됐기 때문에 서양의 자연과학이 유입되고 나서 둘은 서로 결합할 방법이 없어서 일반적으로 대립하는 위치에 서게 되었다. 서학도 자연과학의 대명사가 된 듯했다. 기껏해야 그 속에 지리나 풍속, 제도 같은 부류를 첨가했을 뿐이다.

이런 태도의 가장 나쁜 결과는 일련의 보수적 인물들이 중학을 정신 문명의 대표로 하고 서학을 물질 문명의 대표로 삼아서 둘을 어색하게 조화시키려 했다는 점이다. 중체서용 같은 것이다. 옌푸가 각고의 노력으로 사회학·정치학·경제학을 포괄하는 사회과학 전반의 저

---

*각 도서의 원저자와 원서명, 출간 연도를 밝히면 다음과 같다.『사회학 연구』: Hubert Spencer, *The Study of Sociology*, 1873.『정치학사』: Edward Jenks, *A History of Politics*, 1900.『자유론』: John S. Mill, *On Liberty*, 1859.『법의 정신』: Montesquieu, *L'Esprit des Lois*, 1748.『국부론』: Adam Smith, *The Wealth of Nations*, 1776.『논리학 체계』: John S. Mill, *System of Logic*, 1843.『논리학 서설』: William S. Jevons, *Primer of Logic*, 1876.

작을 번역한 이후 사람들 눈앞에는 완전히 새로운 지식 영역이 펼쳐졌다. 이런 영역 내에서 사회 문제는 마찬가지로 과학적 방법으로 인식하고 해결할 수 있다. 이것은 '중체서용'의 천박한 주장을 몰아냈을 뿐 아니라 경(經)·사(史)·자(子)·집(集), 의리(義理)·고거(考據)·사장(詞章) 등의 전통적인 학과 분류도 존재 가치를 상실하게 했다. 이 때문에 오래지 않아 서양 과학 분류를 따른 현대 교육이 점차 보급됐다.

둘째, 옌푸는 일종의 과학적 방법론을 소개하고 제창했다. 이 방법론은 주로 경험론을 기초로 하는 귀납법이었다. 그래서 그는 5·4신문화운동 시기 방법론자들의 선구가 되었다. 『세계의 급변에 대하여』(論世變之亟)에서 옌푸는 서양 문화는 두 가지 명맥이 있다고 말한 적이 있다. 하나는 학술에서 '거짓을 물리치고 진리를 따른다'는 입장이고, 또 하나는 법률과 정치에서 '개인을 제어해서 사회를 위한다'였다. 이 가운데 '거짓을 물리치고 진리를 따른다'는 여러 학문 분과에서 공유한 방법을 가리킨다. 옌푸가 접촉한 서학은 대부분 영국의 경험론 전통에 한정됐기 때문에 그는 경험론과 귀납법을 특히 숭배했다. 그는 이 둘을 합쳐서 '실측내주(實測內籀)의 학'*이라고 불렀다. 이른바 실측은 모든 지식은 사물을 관찰한 실제 경험에서 출발해야 함을 가리키고, 내주는 이런 실제 경험에서 획득한 보편적 결론의 논리 과정을 가리킨다.

다른 측면에서 옌푸는 진리를 추구하는 과정을 고증·관통·실험으로 나누었다. 여기서 고증은 실측과 유사하고 관통은 내주와 가깝다. 실험은 오히려 귀납(내주)을 통해서 획득한 보편적 결론을 통해서

---

* '주'는 '유추'의 의미로, 여기서는 구체적 사실로부터 특정한 결론을 도출해 냄을 말한다.

검증하는 것이다. 옌푸는 또한 연역(외주)의 작용을 전혀 의식하지 못했다. 그는 단지 연역의 전제는 여전히 귀납을 통해야 한다고 생각했다. 귀납의 기초 위에서야 다음 단계의 논리를 진행할 수 있다고 생각한 것이다. 이 때문에 귀납법은 동·식물을 연구하는 경험에 바탕한 학과에만 유효할 뿐 아니라 기하학, 미분학 같은 대단히 이론적인 학과도 예외가 아니라고 생각했다. 따라서 옌푸의 입장에서는 하나의 방법으로서 귀납법은 지고한 지위를 가지며, 어떤 학문도 귀납법을 기초로 해야만 하나의 과학이 될 수 있었다.

이런 이해에 근거해서 중국 전통을 다시 살핀 옌푸는 다음과 같은 사실을 발견했다. 곳곳에 터무니없이 날조되고 자기 마음대로 행동하는 악습이 존재하고 사람들은 아예 사실을 살피려 하지 않고 엄밀한 귀납적 연구를 진행하려 하지 않고 교조나 선입견에서 출발해서, 혹은 옛 가르침을 지키고, 혹은 마음에만 의지해서 결과적으로 실없는 공허한 이야기만 성행한다는 것. 이런 상황은 구체적 노력이 경시되고 학술을 손상시키고 거기다가 국가까지 위험에 빠뜨린다. 바로 이 때문에 옌푸는 특별히 논리학을 중시했다. 그는 논리학 서적을 두 권 번역해서 이것을 통해 중학의 부족한 점을 보완하려 했다. 이후 사상계에 번진 '방법열'은 그가 번역한 두 권의 책과 무관하지 않다.

옌푸를 통해서 귀납법은 광범위하게 유행했고, 거의 유일하게 인정된 과학적 방법론이 되었다. 과학과 그 정신은 사람들이 말끝마다 꺼내는 '구두선'이 되었다. 아울러 다양한 사람들에 의해 응용되고 고취되어 옌푸 자신도 이렇게 원망의 말을 하고 있다. "내가 말하는 과학은 그 구별이 대단히 엄밀하다. 만약 합당하지 않으면 절대 엉터리로 항목에 추가할 수 없다. 오늘날 망령된 자들에게는 과학이 아닌 게 거의 없어 보인다. 요즘 중국에서 신·구 명사가 쓸 만한 게 거의 없는 까닭은 아는 것도 없이 배우지도 않은 무리가 학술 용어를 어지럽히기 때문이다."[17]

그렇지만 옌푸의 과학적 방법론 이해는 대단히 편파적이라고 말할 수 있다. 그의 귀납법 숭배가 얼마나 효과적으로 전통의 병폐를 지적했는지를 막론하고 이런 방법을 모든 과학 영역으로 확대한다거나 그것이 정확한 결론을 도출하는 유일한 길이라고 인식하는 것은 분명 실제 과학 발전과 부합하지 않는다. 귀납법이 경험과학 범위 안에서 확실히 커다란 지도 작용과 규범 작용을 한다는 것은 의심할 여지가 없다. 하지만 어떤 이론과학을 다룰 때, 귀납법이 여전히 그 같은 효용이 있는가는 정말 생각해 볼 문제다. 예를 들어 논리학이나 수학 같은 경우, 일반적으로 완전히 추상적인 영역에서 운용하는 것으로 인식된다. 그것들의 명제는 모두 중언식(重言式)으로 구성된다. 그래서 그것의 참·거짓과 실제 경험은 근본적으로 무관하다.

J. S. 밀처럼 모든 지식을 엄격하게 귀납의 기초 위에 세우려는 작업은 일찍이 현대 논리학자들의 맹렬한 비판을 받았다. 수학과 논리학 분야를 접어 두더라도 다른 과학 이론의 구체적 발전이 경험에서 귀납적 실험 과정을 엄격하게 준수하는지도 자못 의심해 볼 만하다. 현대의 과학 철학은 이미 과학적 발견에서 가설과 이론의 중요성을 지적하고 있다. 사람들은 관찰보다 이론이나 가설이 앞서지, 그 반대는 아니라고 생각한다. 귀납이 아니라 연역이 과학 발전의 본질을 구성한다고 생각하는 쪽이다.

귀납주의같이 '과학혁명' 시기에 성행한 상식적 과학관은 지금은 철 지난 것으로 거의 완전히 폐기됐다. 옌푸의 주된 시야는 주로 영국 경험론 전통 내에 한정됐다. 그래서 그의 과학적 방법론 이해는 귀납주의의 한계를 넘어서기 힘들었다. 그 밖에 방법론의 역할을 지나치게 강조한 나머지 어떤 때는 이론 자체의 연구에 영향을 미치기도 했다. 옌푸가 청년들에게 끼친 영향을 생각해 보면 5·4신문화운동 시기에 툭 하면 방법론을 외친 허위적 학풍에 대해서는 아마 그 자신도 책임을 면할 수 없을 것이다.

방법 만능 : 유(唯)과학주의의 대두

옌푸 같은 사람의 소개와 선전 때문에 과학의 영향은 신속하게 확대될 수 있었다. 1920년대 들어서 대체로 과학 관념이 사상계를 주도했다. 서양의 과학과 문화를 선전하는 많은 간행물이 쏟아져 나왔다. 이전처럼 과학의 구체적 효용에 계속해서 주목했고, 아울러 과학 정신과 방법도 전에 없이 강조했다. 변법유신 기간에는 옌푸같이 과학 정신과 과학적 방법론의 의의를 인식한 사람은 매우 드물었다. 게다가 옌푸 자신이 중국의 존망과 부강에 대해 극도로 관심을 가졌기 때문에 그가 서양 문명에 찬동하든 중국 전통 문명을 비판하든 결국 구체적인 현실 정치 문제를 수행했다.

신해혁명 이후 전통 정치 구조의 붕괴가 초래한 사상 혼란은 거꾸로 문화 계몽과 문화 비판을 훨씬 급박하게 했다. 사람들은 혁명 이후 정국이 혁명 전보다 특별히 더 나아지지 않았다는 사실을 발견했다. 어떤 경우는 더 악화됐다고 말할 수도 있었다. 외국의 침략 위험도 과거 상상한 것만큼 심각하지 않았고, 그래서 중국이 당장 직면한 것은 반제국주의나 혁명이 아니었다. 중요한 것은 광범위하고 본질적인 문화 계몽이었다. 또한 반드시 새로운 학술 이론과 정신을 수입해서 중국인이 기존에 가지고 있던 사상과 가치관을 고쳐야 한다고 생각한 것이다. 이렇게 해야 보다 발전한 구체적인 정치나 경제 활동이 진정한 근대적 의미에서 진행될 수 있었다. 바로 이런 배경 아래서 서양 사람들의 관념을 엄청나게 바꾸어 놓았던 과학 정신과 그 방법은 자연스레 새로운 시대의 지식인들에게 열렬한 찬미 대상이 되었다.

과학 정신과 과학적 방법론을 열광적으로 숭배한 젊은이들 가운데 가장 전형적인 인물은 후스일 것이다. 그가 백화문운동이나 문학혁명을 발동해서 5·4신문화운동을 적극적으로 지도했기 때문이 아니다. 그가 실용주의라는 현대 철학의 한 유파를 체계적으로 소개해 경험론자의 대표가 되어서만도 아니다. 그 까닭은 다른 사람이 과학적 방법론을 내용 없이 단순히 찬미하는 수준에 그친 것과 달리 그는 수많은 영역에서 분명하게 이를 응용했고 이것에 의거해서 '과학인생관'의 모델을 제시했기 때문이다. 후자는 지식과 가치라는 보다 광범위한 문제에 관련되는데 이후 12장에서 그것을 다룰 것이다. 여기서는 후스가 진행한 '과학방법'을 집중해서 살펴볼 것이다. 왜냐하면 과학적 방법론에 대한 이해는 후스가 보였던 과학 본질에 대한 파악이나 전통 문명에 대한 평가에 직접 영향을 미치기 때문이다.

후스는 1921년 청대 학자들의 학술 연구 방법을 논술하는 글을 발표하여 과학적 방법론은 가설과 실험이라는 두 가지 중요한 부분으로 구성된다고 말했다.

근래 과학자와 철학자들은 조금씩 가설과 증명이 과학방법에 빠질 수 없는 구성 부분임을 깨닫고 있다. 과학방법은 단지 귀납법이 아니라 연역과 귀납을 함께 사용하고, 귀납법을 사용했다가 연역법을 사용하고 다시 귀납법을 사용한다. 어떤 경우는 개별 사물에서 전체를 관통하는 법칙에 이르고, 어떤 경우는 전체적 가설에서 개별 사실에 이른다. 이런 것들 모두 빠뜨릴 수 없음을 점차 분명히 깨달았다.[18]

그래서 후스는 베이컨과 밀에 빠진 옌푸와 달랐다. 그는 베이컨이건 밀이건 그들이 설계한 방법은 사용할 수 없다고 생각했다. 왜냐하면 그들은 단지 귀납법에만 주목했고 연역법을 경시했기 때문이다. 사실 연역법과 귀납법은 둘 다 마찬가지로 중요하다. 귀납법을 통해서 우리는 철저한 경험에서 보편적인 법칙이나 가설을 획득한다. 그러나 보편의 법칙이나 가설을 좀더 나가 증명하려고 한다면 반드시 연역법을 통해서 그것들이 함축하는 의미와 결과를 제시하고 아울러 통제 가능한 실험을 통해서 그것들을 검증해야 한다.

후스는 가설은 결코 근거 없이 마음대로 연상하는 게 아니고 실험도 단순히 기존 재료에 근거한 수동적 관찰이 아니라고 생각했다. 가설의 제기는 반드시 개인의 지식이나 학문 배경 및 의식적인 사유 활동에 의거한다. 우리들은 지식을 배경으로 해야 비로소 질문을 가질 수 있다. 의식적 사유 활동은 가설의 범위를 의심스런 문제로 한정하고 멋대로 생각이 뻗치지 않게 한다. 마찬가지로 실험도 실험 진행자의 치밀한 계획에 의지한다. 이런 계획은 가설에 의지해서 새로운 증거를 창조할 수 있지만 일상생활의 문제 같은 경우 결코 이런 의식의 계획을 필요로 하지 않는다. 단지 상식적 신념에 의지하기만 하면 충분하다. 이런 점에서 말하자면 후스는 대체로 근대적 실험과학의 방법론을 장악했다.

하지만 과학적 방법론에 대한 후스의 이런 관심은 과학 이론 자체를 위해서가 아니다. 반대로 그가 열중한 것은 이런 방법론이 사상이나 학술에 대해 보편적으로 행사하는 지도적 역할이다. 그는 특수한 주장의 응용은 한계가 있지만 방법의 작용은 무궁하다고 믿었다. 그래서 그가 가설과 실험을 '십자진언'(十字眞言)으로 개괄한 것은 전혀 이상하지 않다. '대담한 가설, 엄밀한 검증'은 후스가 5·4신문화운동 기간 제출한 가장 유명한 구호였고 또한 그의 모든 학술 활동의 주도적 사상이었다.

사상 면에서 보면 이런 십자진언은 존 듀이(John Dewey, 1859~1952)의 '문제 해결 5단계설'에 대한 응축이자 개괄이다. 듀이에 따르면 사고의 진행 순서는 크게 다섯 단계로 나눌 수 있다. 첫번째, 문제 제기. 두번째, 문제 소재의 규명. 세번째, 문제 해결의 여러 가지 방법의 가정. 네번째, 각 가정이 함의한 결과를 도출해서 어느 것이 이 문제를 해결할 수 있는지 실행. 다섯번째, 이런 해결이 신용할 만함을 증명하거나 이런 해결의 오류는 신용할 수 없음을 검증.[19] 그 가운데 첫번째부터 세번째까지가 기본적으로 가설을 구성하는 과정인데, 대략 후스의 '가설'에 해당한다. 네번째에서 다섯번째 단계는 가설을 도출하고 증명하는 과정으로 '증명'에 해당한다. 하지만 후스는 실험주의 자체가 과학적 방법론의 철학적 응용이라고 생각했기 때문에 그의 '대담한 가설, 엄밀한 검증'이 도대체 구체적인 '과학방법'에서 연원했는지 아니면 듀이식의 실험주의에서 연원했는지는 중요하지 않다고 말한다. 우리들은 단지 후스에게서 실험주의와 과학적 방법론은 동의어가 아니라 매우 가까운 두 가지 개념임을 기억한다면 충분하다.

그러나 후스가 실험주의를 단지 방법으로만 대우한 것은 분명 적절치 못했다. 사실 실험주의는 듀이에게 이르렀을 때 이미 진리론·실재론·방법론·윤리관·종교관을 포괄한 종합적 체계로 완성됐다. 후스 본인도 이 점을 몰랐던 것은 결코 아니다. 그는 실험주의를 소개하는 장문의 글에서 심도 깊게 윌리엄 제임스(William James, 1842~1910; 종교 체험의 실재성을 인정한 미국의 프래그머티스트)의 종교관과 존 듀이의 교육론을 논의했다. 그가 여전히 실험주의를 단지 방법으로 취급한 까닭은 방법에 대한 그의 집착과 관련된 듯하다. 자신의 학술 연구 경력을 이야기하면서 후스는 이런 이야기를 한 적이 있다. "내가 요 몇 년 사이 발표한 글들은 단지 여러 방면에서 실험주의를 응용한 것일 뿐이다. 나의 유일한 목적은 새로운 사상 방법론을 제창하는 것이다. 즉 사실을 중시하고 증명에 복종하는 사상 방법론의 제창인 셈이다. 고문학 전복, 백화문 제창, 철학사 연구, 『수호지』나 『홍루몽』 고증, '러'(了) 자나 '먼'(們) 자의 역사 연구 등은 모두 단지 이 목적이었다."[20] 여기서 그의 일관된 사상을 읽을 수 있다. 상당 부분은 5·4신문화운동 시기 전체 사상계가 보여 준 방법에 대한 보편적 관심의 정도를 반영했다.

　　이상한 일은 '러' 자 혹은 '먼' 자의 역사는 번쇄하기만 하지, 특별한 가치가 없어 보이지만 그것이 보편적 방법의 개별 예증이 될 때에는 광범한 사상사적 의의를 가진다. 이런 구체적이고 세부적인 문제를 빌려서 후스는 그가 고취한 '과학방법'을 실천했고 아울러 학술계와 사상계에서 엄청난 반향을 일으켰다. 이런 전문 분야에서 철학사 연구나 『홍루몽』 고증 등 후스의 작업은 모두 하나의 전형이 되었고 한 시대를 계몽했다. 더 중요한 점은 전체 고대사 영역에서 후스는 회의와 비판 정신에 관심을 가졌다. 후스 자신도 나중에 일어난 고사변파(古史辨派)의 정신적 영수였다. 고사변파의 대표 중 한 명인 구제강(顧頡剛)

은 감격해서 이런 말을 한 적이 있다. "만약 후스 선생이나 첸쉬안퉁 선생이 자료 고증이나 편집에 대한 나의 흥미를 촉발하지 않았다면, 또 나의 대담한 가설을 장려하지 않았다면 나의 고대사 연구가 이렇게 빠르지는 않았을 것이다."[21]

고사변파의 성과는 대단했다. 그들은 단기간에 중국 고대의 수많은 중요 문제를 발굴해서 그것을 고증하거나 진위를 판별했다. 하지만 그들이 수행한 연구 방법론이 정말 여러 방면에서 과학적 방법론이라 불릴 수 있는지는 여전히 의문이다. 후스는 서양의 과학적 방법론을 소개하는 글에서 헉슬리의 회의주의를 이야기하면서 미신이나 전설을 분명한 증거를 가지고 판단하려는 태도는 분명 과학적이기는 하지만 소극적이고 파괴적인 방면이고 결코 과학적 방법론의 완성은 아니라고 평가했다. 그는 C. S. 퍼스(Charles Sanders Peirce, 1839~1914)의 실험주의만이 과학적 방법론의 적극적인 함의까지 드러낼 수 있다고 생각했다. 그래서 이후 '주의'는 실험을 표준으로 삼았다. "하나의 관념은 그 관념이 인간의 행위에서 일으키는 효과에 의해 완성된다. 그것을 인정할 경우 어떤 효과가 있을까? 그것을 인정하지 않을 경우 또 어떤 효과가 있을까? 이렇게 할 때야 우리들은 이 관념의 완전한 의의를 장악한다."[22]

만약 후스 자신이 인정한 이런 방법으로 고사변파의 작업을 평가한다면 어떤 결론을 얻을 수 있을까? 자연 고사변파의 회의나 비판 정신은 헉슬리의 회의주의 표준을 완벽하게 만족시킨다. 회의주의는 어떤 전통이나 미신도 의심하기 때문에 사람들을 교조나 전통에서 해방시킬 수 있다. 하지만 그것의 적극적이고 창조적인 공헌은 도대체 어디에 있는가? 만약 우리들이 실험주의에 근거해서 우(吾)·워(我)·니

(你)·루(汝)·러(了)·먼(們)을 판별하는 것이 인간의 삶과 행위에 도대체 어떤 효과를 일으킬 수 있는지 묻는다면 후스는 어떻게 답해야 할까? 한 글자나 한 마디 말에 대한 고증이 '과학방법'의 정신과 작용을 체현할 수 있다고 하면 그들은 왜 자신들의 정력을 삶과 행위에 훨씬 밀접한 사회·정치·경제 등 현실 문제에 쏟아 부어 이런 문제를 과학적으로 해결하려 하지 않았을까? 후스가 알맹이 없이 '주의'만 이야기하는 데 반대하고 그것보다 문제를 연구하길 주장했는데 그렇다면 그는 왜 인력거꾼의 생계나 대총통의 권한 같은 구체적 문제를 해결하려 하지 않고 거꾸로 고적 더미에서 무슨 번안이니 변위니 고증이니 하는 것에 파고들었을까? 후스 자신의 작업도 실험주의의 요구를 충족시킬 수 없었던 마당에 고사변파가 과학적 방법론의 적극적 의의를 실현했을 거라고는 상상조차 할 수 없다.

어찌됐든 후스의 과학적 방법론 이해는 너무 단순하고 천박하다. 그는 실용주의와 근대 과학의 발전에서 단지 회의 정신과 실험의 태도를 발견했을 뿐이다. 이것은 전통 반대와 확실성 추구라는 그의 요구에 부합했다. 하지만 그는 결코 서양 과학 발전의 내재 기제를 완전하게 이해하지는 못했다. 그는 문제와 규범이 이론 자체의 발전 과정에서 갖는 주도적 작용을 그다지 이해하지 못했다. 하지만 그의 머릿속에서 귀납주의는 시종 주요한 지위를 차지하고 있었다. 이른바 관찰-가설-관찰이라는 방식은 단지 귀납법에 대한 보다 정치한 표현일 뿐이다. 그가 동·서양 학술 연구의 같고 다름을 비교하려 했을 때 이 표현은 더욱 분명하게 드러났다. 그는 이렇게 말한다. "학술 연구 방법은 사실 동·서양이 본래 일치한다. 쌍방이 기본적으로 동일한 까닭은 피차 인류의 상식에서 출발했기 때문이다."[23] 단지 이 말 한마디로도 과학적 방법론에 대한 그의 이해가 여전히 귀납주의 단계를 넘어서지 못했음을 알 수 있다.

바로 이 때문에 청대 건가(乾嘉)학자의 학술 방법이 과학적 방법론이라는 후스의 이야기에도 놀라지 않을 수 있다. 후스는 이 점이 자신의 발견이기 때문에 스스로 자랑스러워했다. "현대의 과학방법이 중국 고대 고거학이나 고증학과 방법상에서 상통하는 지점이 있음을 아는 사람은 매우 드물다. 내가 이런 말을 제일 먼저 한 사람이다."[24] 건가학자에 대해서 말하자면 그들은 확실히 분석 기술을 발전시켰다. 이런 분석 기술은 고대 전적을 교감하거나 정리하는 데 사용됐다. 그들은 동시에 회의 정신을 배양했다. 실증되지 않는 것은 원칙상 모두 수용하지 않았다. 하지만 서양의 과학적 방법론과 비교하면 그들이 응용한 방법은 적어도 두 가지 점에서 본질적으로 구분된다.

첫째, 박학(樸學)의 방법은 기본적으로 귀납법에 속한다. 서양의 과학적 방법론은 오히려 이론과 사실 두 측면을 함께 강조했다. 둘째, 박학의 제재는 전통 경전이고 서양 과학의 재료는 외부 자연계다. 조지프 레벤슨(Joseph Levenson)은 박학의 방법에 대해서 "청초 사상가들의 이런 경험주의 태도는 유심주의적 과학 표준과 서로 화해했다. 과학 자체가 아니었고 결코 과학을 낳을 수 없었다"[25]고 말했다. 후스가 이 둘이 회의 정신과 귀납법을 수단으로 한다고 해서 상통한다고 섣불리 판단할 수는 없다. 후스가 건가학자가 가설 능력을 가졌다고 떠벌릴 때 더욱 억지스러웠다. 상식상의 가설과 과학상의 가설은 엄청나게 다르다. 전자는 어떤 이론상의 준비도 필요 없이 단지 각고의 노력만 한다면 충분하다. 후자는 기존의 과학 이론을 기초로 해서 건립돼야 하고 엄밀하고 정확한 도구나 실험 등의 검증을 통해서야 체계적인 이론을 형성할 수 있다.

당연히 후스도 건가학자들이 엉뚱한 방향에 정력을 쏟았고 비록 방법은 과학적이었지만 재료는 오히려 문자였기 때문에 재료가 방법을 구속하고 말았다고 지적했다. 게다가 그는 젊은이들에게 이렇게 방향 전환을 충고했다.

자연과학적 지식과 방법을 배우는 데 노력해야 한다. 그 길이 살 길이다. 이 너덜거리는 종잇장 속에 난 길은 죽음의 길이다. 300년 동안 가장 뛰어난 학자들이 낡은 종이 무더기 속에서 자신의 총명함과 재주를 깡그리 소모했지만 뭐 별달리 좋은 성과가 있었던 것은 아니다. 길을 바꿔서 가야 한다. 실험실에서 좋은 성과를 얻고 나서 여러분이 여력이 있으면 그것을 가지고서 우리의 국고(國故)를 정리해야 한다.[26]

그러나 이런 충고가 큰 작용을 일으킨 것은 아니었다. 실험실의 연구보다는 후스가 이해하고 소개한, 그리고 철저히 실천한 이런 과학적 방법론이 오히려 더 유행했다. 나중에 과현논쟁에서 쌍방의 과학적 방법론에 대한 인식과 이해는 기본적으로 후스의 이야기를 벗어나지 못했다. 훨씬 심각한 사실은 5·4신문화운동 시기 내내 형성된 방법에 대한 숭배이다. 거의 모든 사상 유파가 빠짐없이 과학적 방법론을 표준으로 삼았다. 방법이 내용 자체의 연구를 대신한 듯했다. 그 결과 각고의 치밀한 연구 작업이 알맹이 없는 일반적 문제에 의해 대체됐다. 과학 자체도 울려 퍼지는 구호 속에 사라지고 말았다.

지금 변법유신부터 5·4신문화운동에 이르는 역사를 다시 회고해보자. 대략 30년 사이에 과학은 도대체 어떤 대우를 받았을까? 첫째,

과학은 전통 가치나 관념을 파괴하는 도구가 되었다. 캉유웨이나 옌푸, 또는 후스를 막론하고 이런 새로운 지식을 가지고 딱딱하게 굳어 버린 기존의 교조와 대적했다. 그들의 출발점은 달랐지만 최종 결과는 마찬가지였다. 모두 진화, 변혁, 회의 그리고 실증의 정신으로 과거의 정지, 경화, 공허한 관념을 대체했다.

둘째, 과학은 미래 사회의 청사진이 되었다. 캉유웨이의 대동세계에서도, 옌푸의 영국식 민주정에서도, 당연히 후스의 자유주의 사회에서도 과학은 흐트러짐 없이 극히 중요한 역할을 담당했다. 이런 역할은 사회의 번영과 부강을 결정했을 뿐 아니라 그들의 정신적 풍모와 가치 지향에도 관련됐다.

셋째, 명성이 높아짐에 따라 과학이 받은 관심의 측면도 내용에서 방법으로 점차 기울어졌다. 캉유웨이는 여전히 천문학의 우주에 대해 경의를 표시했고, 옌푸는 오히려 사회 변혁에 대한 과학의 의의에 마음을 온통 쏟았다. 그의 과학 이해는 사회 개조에 대해서 특히 관심을 가졌다. 후스에 와서 과학은 하나의 방법이 되었고 이 방법은 사회 생활의 모든 문제를 해결할 수 있었다.

넷째, 사람들은 과학 정신과 과학적 방법론을 극단적으로 숭배했지만 보편화한 과학 관념의 지배 아래서 과학 발전에 필요한 체계화[27]는 거의 무시했다. 그 결과 과학은 일종의 구호로 탈바꿈하여 전혀 상이한 관점의 수많은 사상 유파들이 함께 신봉하고 고취하는 것이 되었다. 그래서 과학주의는 광범위하게 유행했고 아울러 모든 사상계를 조종했다.

11장 _ 정치와 도덕의 계몽

5·4신문화운동 기간 동안 사람들은 서양에서 유래한 두 가지 관념을 마구잡이로 떠벌렸다. 하나는 과학(사이언스 선생)이고 다른 하나는 민주(데모크라시 선생)다. 하지만 과학과 비교해서 민주 관념의 전파는 좀 더 복잡하다. 우리들이 앞서 이야기한 것처럼 과학의 실제 응용은 곧장 서양을 물질적으로 부강하게 했다. 이것은 줄곧 중국의 부강을 기도한 사람들에게는 의심할 바 없이 하나의 복음이었다. 심지어 문화 보수주의자까지도 과학의 실제적 효과 앞에서 가만 있지 않고 그것을 유가 전통 안으로 끌어들이려 했다. 과학 정신과 과학적 방법론이 비록 전통을 심하게 가격했지만 이런 충격은 주로 학술과 사상 영역에서나 힘을 발휘했고 전체 사회에 대해서는 뜻밖에 커다란 동요를 일으키지 못했다. 민주는 이와 달랐다. 민주는 사회를 관리하는 제도일 뿐 아니라 동시에 생활 방식이기도 하다. 이 때문에 민주가 보편적 사회 이상으로 유포됐을 때 그것이 사람들의 관념과 행동에 초래한 변화는 과학과 비교할 수 없을 정도였다. 이른바 자유·평등·이성 등 일련의 관념과 구윤리·구도덕·구정치를 서로 견준다면 그야말로 물과 불처럼

전혀 용납할 수 없었다. 둘을 조화시키려는 어떠한 시도도 엉뚱한 발상에 지나지 않았다. 권리 의식이 처음 발견되고 나서야 사람들은 수천 년 전제 정치가 얼마나 불합리하고 봉건 예교가 얼마나 잔혹한가를 깨달았다. 이런 참신한 이상과 관념 아래서 구도덕과 구정치의 근거는 철저하게 동요하기 시작했다.

그러나 전통적 정치와 도덕이 받은 충격이 크면 클수록 자유나 민주 등의 관념의 전파에 대한 저항도 강했다. 도덕·정치 계몽 작업도 점점 어려워 보였다. 아마도 이 때문에 도덕과 정치 계몽은 과학을 선전하는 것보다 훨씬 더 많은 격정과 역량을 쏟아야 했다. 이 장에서 토론하려는 량치차오·천두슈·루쉰 그리고 옌푸·후스를 비교해 보면 양자 사이에 미세하지만 많은 차이가 있음을 발견할 수 있을 것이다. 옌푸와 후스 두 사람은 주로 실증주의 노선과 영미식 자유주의 이상을 견지했다. 그래서 그들도 정치와 도덕의 변혁을 이야기했지만, 주로 인민의 지력을 개발하는 '개민지'(開民智) 사업에 정성을 쏟았다.

량치차오, 천두슈, 루쉰은 유럽 대륙의 낭만주의를 주로 수용했다. 루소, 쇼펜하우어 그리고 니체가 그들이 숭배하는 영웅이었다. 그들은 민지(民智)의 계몽, 과학 수준의 제고는 모두 훌륭한 정치와 사회 환경 내에서야 가능하다고 믿었다. 그래서 '신민덕'(新民德)이야말로 그들 관심의 중심이었다. 옌푸와 후스는 기질적으로 고요하고, 평화롭고, 보수적이었기 때문에 격렬한 혁명보다 점진적 개혁이 훨씬 효과적이라고 믿었다. 량치차오, 천두슈, 루쉰은 열정적이고 과감했고, 또한 급진적이었다. 그들은 철저한 혁명을 실행하지 않는다면 중국 사회에는 어떤 변화도 발생하지 않을 것이라고 생각했다.

옌푸와 후스는 공허한 '주의'에 흥미가 없었다. 그들의 관심은 구체적 문제라고 말하는 편이 옳다. 량치차오, 천두슈, 루쉰은 주의와 이상을 벗어나면 지엽적인 문제에 구속되어 전체의 방향을 상실하고 말 것이라고 생각했다. 바로 이 때문에 옌푸와 후스 두 사람이 조용한 서재에서 그들의 안정되고 원만한 개민지 사업에 종사할 때, 량치차오·천두슈·루쉰 세 사람은 주의와 이상을 위해서 어쩔 수 없이 숨 가쁘게 돌아다녔고, 또한 그렇게 해서 계몽과 혁명의 대가를 지불했다.

신민설 : 민족주의 경도

량치차오는 처음에는 개혁가로 이름을 날렸다. 하지만 나중에는 선전가와 사상가로 유명했다. 1898년 이전 량치차오는 단지 캉유웨이의 뛰어난 조수였다. 그의 모든 활동은 캉유웨이라는 커다란 그림자에 쌓여 있었다. 그는 변법유신 실패 이후 일본에 망명해 있는 동안 서양의 각종 사회·정치 사상을 광범위하게 접촉했다. 이 기초 위에서 비로소 캉유웨이에게서 조금씩 벗어날 수 있었다. 아울러 단기간(1898~1903)에 상당히 독립적인 지위를 획득했다.

　이 시기는 량치차오의 일생 중에 가장 급진적인 사상을 보인 때다. 동시에 사회적 영향력도 가장 컸던 때이기도 하다. 정치적으로 그는 점점 혁명파의 입장으로 기울었다. 배만(排滿)과 혁명 그리고 공화를 주장했고 캉유웨이의 개량주의 노선을 등졌다. 그가 일본에서 주편한 『청의보』(淸議報), 『신민총보』(新民叢報)는 서양 근대 부르주아지 계급의 사회·정치·철학·문화 방면의 지식을 대량으로 소개했기 때문에 새로운 세대 지식인들의 광범위한 환영을 받았다. 량치차오 자신도 각종 학안, 전기 등을 지어서 유창하고 감정이 충만한 필력으로 그가 막 획득한 서학 지식을 소개했다. 단지 1901년 말부터 1903년 초까지, 이 1년이 조금 더 되는 시간에 량치차오는 「홉스 학안」, 「스피노자 학안」, 「진화론의 창시자 다윈의 학설과 전기」 등 10여 편의 논문을 발표했다. 거기다가 「근세 제일 여걸 롤랑 부인전」, 「이탈리아 건국 삼걸전」 등 수많은 명인 전기를 썼다. 이런 문장과 전기는 옌푸의 번역 작품 같은 전문성이나 엄밀함을 갖추지는 못했지만 폭넓은 내용과 통속적인 표현으로 청년 지식인을 훨씬 잘 빨아들였다. 귀모뤄는 감격해서 이렇게 말한다. "그의 신흥 기예의 언론 앞에서 대부분의 구사상, 구풍습은 광풍 속의 낙엽처럼 자신의 모습을 잃고 말았다. 20년 전의 청년, 즉 당시 부르주아지의 자제들은 찬성하든 반대하든 량치차오의 사상과 문장의 세례를 입지 않은 이가 한 명도 없었다."[1]

표면적으로 보면 량치차오에 대한 이런 뒤죽박죽된 소개는 무질서해 보인다. 과거에서 현재, 철학에서 과학, 정치에서 경제, 사상가에서 혁명가까지 모두 포함됐다. 하지만 자세하게 분석하면 곧바로 이런 모든 것들이 량치차오 자신이 설정한 두 가지 목표에 조금도 벗어나지 않는다는 사실을 발견할 수 있다. 그 목표는 바로 정치와 사상 두 방면에서 혁명을 발동하는 것이다. 크롬웰, 카보우르, 가리발디, 마치니 등 혁명가에 대한 숭배는 자신이 바라는 정치 혁명의 실마리로 간주할 수 있다. 수많은 사상가의 학설이나 이론의 소개는 그가 보다 수월하게 정치 혁명에서 사상 혁명으로 전환하도록 했다. 『신민총보』 발간사에서 량치차오는 다음과 같이 말한다.

중국을 유신하려면 반드시 먼저 중국 인민을 유신해야 한다. 중국이 진흥하지 못하는 까닭은 공덕이 결핍되고 지혜가 개명하지 않아서

다. 그래서 본보에서는 이런 병을 전문으로 치료할 작정이다. 중국과 서양의 도덕을 수용해서 도덕 교육의 방침으로 삼고, 정치학 이론을 망라해서 지혜 교육의 모델로 삼고자 한다.

량치차오는 변법 활동의 실패로 단순한 정치 혁명의 한계를 실감했다. 국민 도덕이 결핍하고 지혜가 모자란 상황에서 정치 혁명은 사상누각에 불과했다. 한줄기 가벼운 바람에도 어이없이 무너지고 만다. 그래서 그는 격렬한 정치 활동이 아니라 정치나 도덕상에서 민중을 광범위하게 교육하고 계몽하는 것이 눈앞에 당면한 중요한 임무라고 믿었다. 량치차오의 이런 변화는 그를 이후 훨씬 규모가 큰 계몽운동의 선구가 되게 했다. 1902년 쓴 『신민설』(新民說)에서 량치차오는 철저하게 이런 사상을 관철했다. 이 책에서 '신민'〔인민을 새롭게 함〕을 중국의 가장 시급한 문제로 간주했다. 아울러 폭넓게 서양의 근대 이후 사회·정치 이론을 참고했다. 그는 전통 정치나 전통 도덕의 비교나 대조를 통해서 신민의 길과 내용 그리고 방법을 논증했다. 이 책은 사상계에서 커다란 반향을 불러일으켰다. 결국 20세기 초 계몽운동의 기본 교과서가 되었다.

량치차오는 『신민설』의 근본 취지를 밝혔다.

국가는 인민이 모여서 성립된다. 국가에 국민이 있는 것은 몸에 사지, 오장, 절맥, 혈액이 있는 것과 같다. 사지가 끊어지고, 오장이 고장 나고, 절맥이 상하고, 혈액이 이미 응고되고서도 몸이 건재할 수 있는 경우는 없다. 국민이 어리석고 나약하고 단합되지 않고 혼란하면서 국가가 성립되는 경우도 없다.[2]

언뜻 보기에 량치차오는 국민의 중요성을 곳곳에서 강조하고 국민이 국가의 근본이라고 말한다. 하지만 자세히 살펴보면 그는 국민이 아니라 국가를 지향하고 있음을 알 수 있다. 그래서 국민의 지식 수준이나 능력의 정도가 국가의 존망과 직접 관련된다. 당시 사람들은 대부분 국가의 존망을 걱정하고 염려했다. 량치차오는 신민이 왜 당시 중국에서 가장 급선무인가를 분석하면서 이 점을 분명하게 밝혔다. 근본적으로 신민이 내정과 외교의 곤경을 구출할 수 있기 때문이었다.

수천 년 된 인습 때문에 중국인은 모든 희망을 훌륭한 정치 지도자에게 맡겨 버렸다. 그리고는 국가에 대한 개인의 의무나 책임을 방기했다. 그 결과 서로 원망하기만 하고 국가는 오합지졸이 되었다. 고도로 발달한 서양의 민족주의를 맞닥뜨리자 미처 손쓸 겨를도 없었다. 서양 국가들은 중국 국내 정세를 틈타서 벌떼처럼 달려들어서 그들의 민족제국주의를 중국에 이식했다. 량치차오는 이 두 가지 점이 이미 중국의 독립과 존망을 심각하게 위협하고 있고 중국을 구하는 길은 신민, 한 길밖에 없다고 믿었다. 민중이 개인의 권리와 의무에 대해 자각하고 민족주의에 대해 각성해야 중국이 독립과 부강을 실현할 수 있을 거라고 생각했다. 이 때문에 량치차오에게 신민은 하나의 수단이자 방법에 불과했다. 가장 핵심적인 사안은 여전히 전체 민족국가의 장래와 운명이라는 문제였다. 량치차오의 모든 활동은 기본적으로 이런 최고 목표를 벗어난 적이 없었다. 이 점은 그의 스승과는 다르다. 캉유웨이는 중국이 "변하지 않으면 멸망할 것"이라고 외쳤지만 그의 대동세계는 민족국가에 어떤 지위도 부여하지 않았다. 그는 그것을 대신해서 의회제를 기초로 하는 세계정부를 제시했다. 그 안의 모든 사람들은 공통의 신앙과 습관으로 연합할 수 있다. 량치차오가 나중에 국가는 개인애의 본위이며 박애의 궁극적 지점이고 국가를 벗어난 세계주의나 국가에 도달하지 못한 부민〔部民; 부족 구성원〕은 모두 야만에 귀속한다고 지적했을 때 그는 사실상 캉유웨이의 견해를 간접 비판했다.

우리가 량치차오 사상에서 민족주의와 국가주의가 중심적인 지위를 점하고 있음을 깨닫기만 해도, 그가 전제 정치 아래서 인민들이 보인 놀랄 정도로 박약한 국가 사상에 괴로워한 반면 신도덕·신사상에 대해서는 열광하며, 심지어 이후 신속하게 사상을 바꾼 것도 이해할 수 있다. 량치차오는『신민설』에서 한 부분을 할애하여 국가 사상을 논의했다. 부민은 무리를 지어서 거주하고 스스로 풍속을 형성한다. 국민은 국가 사상을 가지고 스스로 정치를 구성한다. 그의 이해에 따르면 국가가 성립한 까닭은 사실 국가간 대립 때문이다.

적자생존의 법칙에 근거하기 때문에 국가간 충돌은 피할 수 없다. 국가의 작용은 본래 국민의 이익을 보호하는 데 있다. 그래서 진정한 국가 사상은 자기 민족의 입장에 서 있고 아울러 자기 민족의 집단 이익을 위해서 복무하는 사상이자 의식이다. 이 기준이야말로 국민을 부민과 구별하는 근본적 기준이다. 하지만 량치차오가 보기에 수천 년 동안 중국인들은 국가 사상이 없었고 여전히 야만적인 부민 단계에 머물고 있었다.

오호 슬프도다. 중국인에게는 국가 사상이 없다. 일반 사람들은 오직 자신과 집안의 영화만을 생각하고 상류층은 어렵고 공허한 이야기로써 실용을 해친다. 어리석은 자는 다른 민족을 호랑이로 여기고 자신을 바보로 여긴다. 배운 자들은 요(堯)나 척(跖)을 주인으로 삼고 자신을 주구(走狗)로 여긴다.[3]

자기밖에 모르는 경우, 쓸데없이 공허한 이야기만 늘어놓는 경우, 상대는 호랑이라 여기고 자신은 바보라 여기는 경우, 순순히 노예가 되는 경우, 바로 이것이 량치차오의 결론이다! 중국인의 이런 저열한 근성에 직면해서 량치차오는 도저히 마음의 평정을 유지할 수가 없었다.

슬프다. 나 혼자서 어찌하겠는가. 8국 연합군이 베이징에 침입했을 때, 집집마다 순민기*는 높이 내걸렸고 관아마다 덕정 양산**을 설치한 것을 보지 못했는가! 오호 통재라. 내 말이 이 지경에 이르렀는데도 흘길 눈초리도 없고, 쭈뼛 세울 머리칼도 없었다. 나는 오직 놀랍고 분노할 뿐이었다. 충성, 충성 하고 이야기는 많이 하지만 권세에 대한 충성이고 이익을 향한 충성일 뿐이다.[4]

이런 점을 살펴보면 량치차오는 서양의 각종 사회·정치 학설을 광범위하게 소개하는 동시에 용감하게 도덕 혁명의 큰 깃발을 치켜들었다. "오호라. 도덕 혁명론을 모든 사람이 손가락질할 것을 나도 알고 있다. 다만 나의 모자란 재주일 뿐이다. 일세 세태를 쫓는 자들과 부딪히고 싸우는 것은 내가 두려워하거나 사양하는 바가 아니다." 이 때문에 전통 도덕과 완전히 대립되는 일련의 신선한 개념들이 그의 붓끝에서 뛰놀기 시작했다. 민주·자유·평등·독립·진취·모험·이기·애인, 심지어는 파괴·상무(尙武) 등 모두 거론할 수가 없을 정도였다. 이런

---

* 순민기(順民旗). 연합군에게 순응하겠다는 의미의 깃발.
** 덕정(德政) 양산. '덕정' 은 '독일군(德軍)이 통치한다' 는 의미다. 독일군이 주둔하는 곳에서는 그들을 환영한다는 의미에 덕(德) 자를 사용한 상징물을 설치했다.

개념은 젊은이들을 자극하고 흡입했을 뿐 아니라 동시에 전통 옹호자들까지 진동시켰다. 변법유신 이후에도 근본적인 동요 없이 살아남았던 유일한 전통 영역이 구도덕·구윤리였기 때문이다. 그것들은 봉건 예교가 존재할 수 있었던 최후의 피난처였고 또한 전제 제도가 합법성을 획득할 수 있었던 사회·문화의 기초이기도 했다. 그것들이 일단 붕괴하기만 하면 공교니 전통이니, 전제 제도 같은 것들은 근거를 상실하고 말 것이다. 이것은 또한 캉유웨이가 량치차오가 선전한 자유주의를 심하게 비판하고 서신 왕래 과정에서 량치차오를 신랄하게 비판한 이유기도 하다. 하지만 량치차오는 캉유웨이의 이런 비판을 쉽게 수용하지 않았다. 적어도 1903년까지 그는 도덕 혁명의 선전을 결코 멈추지 않았다.

량치차오는 자신이 고취한 신도덕 가운데 두 가지 점을 특히 중시했다. 하나는 공덕(公德)이고 또 하나는 자유다. 그는 공덕이야말로 중국인의 이기심을 적절하게 해결할 수 있고 자유는 중국인의 노예 근성을 극복하는 데 도움이 된다고 생각했다. 이른바 공덕은 사덕(私德)과 상대된다. 사람들이 각각 자신만을 위하는 경우 사덕이라고 하고, 사람들이 서로 그 집단을 위할 경우 공덕이라고 말한다. 량치차오는 중국의 도덕 발달이 비록 빨랐지만 사덕에 너무 치중하여 공덕이 결핍됐고, 그 결과 개인의 능력과 가치만을 기르는 자들을 한 무리 양성했다고 생각했다. 이런 사람들은 단지 권리를 향유하기만 하지 의무를 다하지 않는다. 상대적으로 국사를 자신의 일처럼 여기는 사람은 거의 없다. 그래서 정치는 진보하지 않고, 문화는 날로 침체한다. 량치차오는 중국의 구윤리를 서양의 신윤리와 비교함으로써 다음과 같은 사실을 발견했다.

구윤리의 분류는 군신·부자·형제·부부·붕우이다. 신윤리의 분류는 가족 윤리, 사회 윤리, 국가 윤리다. 구윤리가 중시하는 점은 한 사람이 한 사람에 대한 일이다. 신윤리가 중시하는 점은 한 개인이 집단에 대한 일이다.[5]

서양의 신윤리는 중국의 구윤리와 완전히 상반되는 기초 위에 서 있다. 량치차오는 서양 사회의 발달과 진보는 집단과 공익을 중시하는 신윤리에 기초하기 때문이고 그것은 동시에 중국 신민운동이 무엇보다도 서양을 학습해야 하는 관건이기도 하다고 믿었다. "공덕이 있음을 알면 신도덕이 출현하고, 그리고 신민이 출현한다."[6]

량치차오가 이처럼 집단 이익의 중요성을 강조했고 공덕과 집단이익을 동일시했을 뿐 아니라 자유에 대해 '국가자유', '단체자유'라는 축약어를 만들었다는 사실은 주의할 필요가 있다. 자유를 중국에 적용할 수 있는가 하는 문제에 대답하면서 량치차오는 과감하게 말한다. "자유는 세상의 공리이자 인간의 중요한 도구다. 적용하지 못할 이유가 없다."[7] 그는 아울러 자유를 노예의 상대어로서 강조했다. 하지만 중국 전통에서 자유가 있는가 하는 문제에 미쳐서는 중국은 자고로 단체자유는 박약했지만 개인자유는 매우 강했다고 생각했다. 그는 예를 들어서 말한다. "중국인은 무슨 일을 하든 마음 내키는 대로 한다." 이것이 개인자유의 표현이다. 량치차오가 논증하고자 한 자유가 유한한 것이고 개인자유는 허구라는 점에서 이야기하자면 이런 견해는 효과적이다. 하지만 개인을 단체와 대립시키고 아울러 자유는 곧 단체의 자유라고 인식했다는 점에서 이것은 단체에 대한 개인의 의무와 책임을 심하게 강조한 꼴이다.

사실 자유주의에서 정말 중요한 것은 소극적으로 법률이나 제도의 구속을 준수하는 것이 아니라 법률과 제도가 인정하는 범위 내에서 어떻게 개인의 권리를 쟁취할 것인가였다. 특별히 중국인에 한정할 경우, 노예성이 심각하게 그들의 개성 발휘를 제한한다면 계몽가들이 고취해야 할 자유는 복종과 제약을 중시하는 측면이 아니라 개인의 권리와 존엄을 강조하는 것이어야 한다. 량치차오가 전자에 편중한 까닭은 아마도 국가·민족의 장래에 대한 그의 걱정이 개인 해방에 대한 관심을 훨씬 능가했기 때문일 것이다. 사실 량치차오만 그런 게 아니라 장타이옌이나 옌푸 같은 동시대 인물들 대다수가 그랬다. 그들은 열렬하게 자유와 해방을 고취했다. 하지만 현실이라는 환경이 그들을 억누르자마자 관심을 민족 독립과 부강에 두었다. 그래서 도덕 혁명이 갖는 독립적인 해방의 의의를 의식했지만 실제를 이야기하면 자주 현실 정치와 분리할 길이 없었고 사상 계몽도 정치색이 농후했다.

마찬가지로 이 점을 통해서 량치차오 개인의 사상 전환을 해석할 수 있다. 다들 알다시피 량치차오는 '끊임없는 변화'로 유명했다. 그 자신도 거리낌 없이 "오늘 량치차오가 어제의 량치차오를 비난한다"고 말한다. 우리들은 같은 『신민설』에서 「사덕을 논함」(論私德)과 「공덕을 논함」(論公德)의 어조가 확연히 다르다는 사실을 알 수 있다. 두 글을 쓴 시기는 1년 정도밖에 차이 나지 않는다. 「공덕을 논함」에서 량치차오는 '도덕 혁명'의 구호를 외쳤고 아울러 전국적으로 욕먹을 것을 각오하고 세태만 쫓는 자들과 싸우겠다고 선언했다.

하지만 「사덕을 논함」에서 그는 갑작스레 태도를 바꾸었다. "그전에 중국의 구도덕은 이후 사람들을 포괄할 수 없을 것이라고 생각해서 새로운 도덕을 발명해서 그것을 보충하길 갈망했다"는 말은 이상일 뿐, 결코 오늘날 현실화될 수 없다. 이런 이유로 신도덕으로 국민성을 개조하는 것은 너무도 어렵다. 그래서 지금 당장 사회를 유지할 수 있는 것은 여전히 "조상들이 물려준 고유한 구도덕일 뿐이다".[8] 량치차오가 결국 어쩔 수 없이 유럽의 신도덕을 인정했지만 이것은 단지 핑계에 불과했다. 사상 면에서 그는 일찌감치 캉유웨이의 개량주의 노선으로 되돌아갔다. 량치차오의 이런 변화를 사람들은 보통 그의 유동적인 성향이나 개인의 품격으로 해석했다. 하지만 이런 두 가지 평가는 모두 량치차오가 부단한 변화 가운데서 일관되게 지킨 입장을 무시하고 있다.

대다수 사람들과 마찬가지로 량치차오의 사상에서도 중·서, 고·금, 신·구의 모순이 가득 차 있다. 그렇지만 국가주의가 그의 사상에서 특별히 중요한 지위를 차지하고 있다는 점이 달랐다. 그의 모든 활동은 공통된 목표를 지향했다. 즉 근대적 의미에서 독립된 민족국가를 건설하는 것이었다. 그래서 다른 모든 이론과 학설은 이 목적에 종사했다. 그의 서학 소개도 이러했고, 공덕이나 자유 등 신윤리에 대한 강조도 마찬가지였다. 이 때문에 루소의 민권론이나 다윈의 진화론이 얼마나 가치 있는지는 중요하지 않았다. 량치차오는 그런 것들이 중국의 현실을 해석하거나 설명하는 데 도움이 되지 않았다면 아마도 아예 방기했을 것이다. 같은 논리로 만약 전통의 어떤 요소가 근대화된 국가를 건설하는 데 도움이 된다면 량치차오는 결코 방기하지 않았을 것이다.

왕궈웨이가 정확히 평가했듯이 학문에 대한 량치차오의 관심은 학문 자체의 가치에 의존한 게 아니라 정치적인 목적에 있었다. 량치차오의 관심이 학문 자체에 내재된 가치가 아니었기 때문에 외부 환경이 변화하면 그의 입장도 그것을 따라 곧바로 동요할 수밖에 없었다.

구체적으로 도덕 혁명을 보자면, 처음에 그는 집단 정신과 개인 해방을 추동하는 민주·자유·평등 같은 신윤리를 발견했다. 그는 서구의 문명과 그들의 강성은 이런 기초에서 가능했다고 믿었다. 하지만 이런 관념이 중국에 소개됐을 때, 일부 사람들은 의도적으로 남용하거나 오용했기 때문에 저런 관념에 대한 량치차오의 믿음은 동요하기 시작했다. 게다가 보수 세력의 반대가 더해지자 량치차오는 재빠르게 원래 자신의 입장으로 물러났다.

사실 이런 점은 전혀 이상하지 않다. 량치차오가 전통에 푹 빠진 지는 아주 오래됐다. 그는 옌푸 같은 인물과 마찬가지로 젊은 시절 받은 전통의 영향을 철저하게 떨쳐 버리기란 거의 불가능했다. 량치차오 같이 구도덕·구윤리·구정치를 맹렬하게 비판하고 아울러 열정적으로 서방의 학술과 문화를 소개하는 것은 더 이상 특별히 대단한 일이 아니었다. 만약 량치차오가 정말 철저하게 전통과 단절했다면 그는 량치차오가 아니다. 전면적인 전통 반대는 분명 천두슈 같은 젊은이들의 몫이었다.

요절한 개인주의

량치차오와 비교하면 천두슈는 완전히 상반된 길을 걸었다. 량치차오는 처음엔 개혁을 부르짖으며 변법 활동에 참여했다. 그래서 그는 저명한 혁명가가 되었다. 하지만 나중에는 혁명가의 신분으로 학술과 사상 영역에 투신했고 결국 사상가이자 학자로 탈바꿈했다. 천두슈는 처음에는 사상계를 이끈 명망 있고 급진적인 대학 교수였을 뿐이다. 그런데 나중에는 역사 속에서 점차 정치로 빠져 들었고 결국 중국공산당 창설자가 되었다. 이런 차이는 두 사람의 개인 성향에 커다란 영향을 미쳤다. 량치차오는 늘 혁명가 특유의 시각으로 사상과 학술을 다루었다. 그의 판단이나 선택, 심지어 근본적 입장의 변화는 쉽게 실제 정치의 영향을 받았다. 천두슈는 실제 정치 문제에 대해서도 여전히 학자의 어리석음이나 사상가의 고집을 떨쳐 버리지 못했다. 만약 그의 사상에 변화가 발생했다면 그것은 이론이나 실제에 대한 심사숙고한 결과였다.

하지만 재미있는 점은 량치차오는 주로 사상 영역에서 영향력을 발휘했다. 계몽 사상을 선전하거나 외래 학술을 소개하는 데서 그 영향력이 드러났다. 정치가이자 혁명가로서 량치차오는 캉유웨이의 거대한 이름 앞에 거의 가려졌다. 천두슈의 이름도 그의 혁명 활동에 근거한 것이 아니라 20세기 초 위대한 사상 계몽운동 가운데서 흔들림 없는 지위를 확보했다. 바로 이 운동이 전통이 끝까지 지키려고 한 최후의 보루(봉건 예교)를 부수었다. 천두슈는 구체적인 정치 지도자로서 활동할 때 실제 투쟁 경험의 결핍 때문에 자주 잘못을 저질렀고 마침내 혁명이라는 거대한 물줄기에서 배제됐다.

사실 량치차오와 천두슈가 크게 영향력을 발휘한 사상 영역에서는 그들 사이에 중요한 공통점을 많이 발견할 수 있다. 전제 제도를 통렬히 비난했고, 진부한 학설을 맹렬히 공격했고, 자유·민주·평등 관념을 열렬히 칭송했고, 힘과 파괴를 진심으로 찬미했다. 심지어 천두슈를 대표로 하는 5·4신문화운동 시기에 가장 주요한 성취인 양대 혁명, 즉 문학 혁명과 도덕 혁명의 단초를 량치차오의 사상에서도 발견할 수 있다. 도덕 혁명은 논의할 필요도 없다. 문학 혁명을 보자. 일찍이 무술변법 전후에 량치차오와 황쭌셴(黃遵憲, 1848~1905) 등은 함께 언문일치 문제(백화문운동의 선구이다)를 제기했고 이어서 시계(詩界) 혁명과 소설계(小說界) 혁명을 발기해서 전통 문예에 대해 내용에서 형식까지 전면 개조를 요구했다. 량치차오는 특히 소설과 사회 발전의 관계를 논하는 글을 지었다. 소설은 도덕·종교·정치·습속 등과 직접 관련된다고 생각했다. 이 때문에 인민을 새롭게 하려면 반드시 먼저 소설을 새롭게 해야 한다고 본 것이다. 이것과 천두슈가 나중에 강조한 "지금 정치를 혁신하고자 하면 어쩔 수 없이 정치계와 정신계를 운용하고 있는 강고한 문학을 혁신해야 한다"[9]는 이야기는 거의 동일한 맥락이라고 말할 수 있다.

량치차오의 사상은 분명 천두슈에게 커다란 영감을 주었다. 그렇지만 이 점은 별로 중요하지 않다. 중요한 점은 이렇게 유사한 점이 많은데도 천두슈는 왜 천두슈인가이다. 답은 아마도 여러 가지일 테다. 만약 천두슈가 량치차오에 비해 훨씬 급진적이고 철저했다고 말한다면 틀렸다고 할 수는 없지만 많이 부족하다. 실제 량치차오의 어떤 글들은 이미 매우 급진적이었다. 그의 이야기를 들어보자.

그렇다면 국가 위기를 해결하고 사회 발전을 견인할 방법은 어떠해야 하나? 답 : 반드시 수천 년 동안 폭력을 행사하고 혼돈을 가중한 정치 체제를 가려내고, 분쇄하여 가루로 만들어야 한다. 그리고 호랑이 같고, 이리 같고, 누리 같고, 누리 새끼 같고, 물여우 같고, 구더기 같은 관리들이 의지하는 임금 곁의 간신 무리배를 몰아내야 한다. 그런 뒤에야 말끔하게 사회 발전의 길로 올라설 수 있다. 부패하고 낡아 빠진 수천 년 된 학설을 반드시 치우고 물리쳐서 수백만의 호랑이, 이리, 누리 그리고 수백만 좀벌레 같고, 앵무새 같고, 해파리 같고, 개돼지 같은 지식인들이 백성의 적을 후원하는 일이 없게 해야 한다. 그러고 나서야 이목을 일신하여 진보를 실행할 수 있다.[10]

이런 격렬한 언사는 5·4신문화운동 시기에도 별로 없었다. 그렇다면 천두슈에게서 량치차오와 공통되면서도 독특한 작용은 도대체 어디에 있을까? 이것은 반드시 두 사람 각자의 독특한 역사적 배경에서 찾아야 한다.

량치차오의 『신민설』은 1902~1903년 사이에 쓰였고 천두슈의 『청년』지는 1915년 창간됐다. 이 10년이 넘는 세월 동안 세상이 바뀌었다. 봉건 제도 전체를 상징한 황제는 축출됐고 새로 건립된 제도가 얼마나 형편없는지를 막론하고 명목상으로는 입헌공화를 실현했다. 이 때문에 중국 역사는 확연히 둘로 나뉜다. 량치차오와 천두슈의 활약 시기는 정확하게 각각 둘의 극점에 위치했다. 량치차오는 제제(帝制)의 마지막 단계에 있었고, 천두슈는 공화제의 출발선에 있었다. 량치차오의 경우 신해 이전의 현실 정치가 얼마나 열악했는지를 막론하고 제제에 대한 믿음을 포기하지는 않았다. 사상이 가장 급진적이었던 시기에도 청 정부는 국가에 필수적이고 전통 도덕이나 학술, 풍속도 멸시할 수 없다고 믿었다. 현실 정치가 엄청나게 실망스러웠지만 그는 여전히 희망을 이상적 국가주의에 기꺼이 내맡겼다. 이런 민족국가에서 통치자(조정)는 합법적으로 성립한 것이고, 그것의 도덕이나 윤리 규범도 전통과 현대의 결합이다.

천두슈로 보자면 입헌공화제가 이미 확립된 마당에 황제제와 관련된 것은 남김없이 철저하게 파기해야 했다. 만약 현실 정치가 극단적으로 열악하다면 그것은 단지 전통이라는 독소를 철저하게 청산하지 않았기 때문이다. 그래서 눈앞의 임무는 낡고 진부한 것을 씻어 내고 더불어 헌법이 보장하는 개인의 권리를 쟁취함으로써 진정한 민주와 공화를 실현하는 것이었다. 량치차오가 생각한 어떤 문제도 대부분 민족과 국가와 관련된다. 천두슈도 국가 문제를 사고했지만 그는 우선 개인의 지위와 권리가 무엇인지 관심을 가졌다. 여기서는 단지 천두슈가 맑스주의자가 되기 전의 사상을 다룬다.

량치차오에게서 도덕 계몽은 단지 정치 계몽을 위한 기초일 뿐이다.[11] 천두슈에게서 정치 계몽은 최종적으로 도덕 계몽에 낙착한다. 바로 이런 관점의 차이 때문에 둘은 형식상 유사한 주장을 펼치지만 실제는 다른 의미를 가졌다. 똑같이 전제 제도를 비난했지만 량치차오는 그것이 국가를 쇠퇴하게 한다고 생각했고, 천두슈는 그것이 개인의 자유를 박탈한다고 생각했다. 동일하게 자유를 찬미했지만 량치차오가 가리킨 것은 단체의 자유와 단체에 대한 개인의 의무였고, 천두슈가 가리킨 것은 개인 권리의 진정한 발휘와 실현이었다.

보기에 시대가 확연히 다르다. 만약 량치차오의 시대가 국가주의가 주도한 시대라고 한다면 천두슈의 시대는 정확히 근대적 의미의 개인주의가 눈을 뜬 시대라고 할 수 있다. 이런 시대에는 개인은 결코 국가를 위해 존재하지 않는다. 반대로 국가는 단지 개인의 권익이 침해당하지 않도록 보호하는 도구일 뿐이다. 천두슈는 이 시대의 분위기에 깊이 젖었고 아울러 그 자신이 이런 시대를 만드는 데 참여했다. 그의 사상과 행동 모두 이 점에서 출발해야 합리적인 해석에 도달할 수 있다. 안타까운 점은 갖가지 현실 조건의 제약 때문에 이 시대는 역사 속에서 한 번 피었다가 금세 사라지고 말았다. 천두슈는 유명한 「청년에게 삼가 고함」에서 손을 치켜들고 청년들에게 자각과 분투를 촉구했다.

자각이란 무엇인가? 신선하고 활발한 가치와 책임을 자각하고 자신을 결코 비하하지 않음이다. 분투는 무엇인가? 지혜와 능력을 떨쳐서 썩어 빠진 것들을 쓸어버리고 그것들을 마치 원수 보듯 하고 홍수나 맹수 보듯 하여 가까이 하거나 독소에 오염되지 않음이다.[12]

자각은 실제 청년이 자신의 권리와 책임 그리고 가치를 인식하는 것이다. 분투는 개인의 권리, 책임 그리고 가치 등의 실현에 방해되는 진부한 것들을 깨끗하게 청소하는 것을 가리킨다. 천두슈는 서양 근대 문명이 우리를 위해서 이런 새로운 가치의 모델을 제공했다고 믿었다. 그리고 중국의 수천 년 된 구윤리와 구도덕도 일찍이 우리를 위해서 비판의 채찍을 준비했다고 믿었다. 그래서 자각과 분투를 결합하면 한마디로 요약할 수 있다. 새로운 가치를 건설하고 모든 구가치를 파괴하는 것이다. 천두슈는 청년들에게 바로 이것을 요구했다. 또한 이것은 천두슈 자신에게 제시한 목적이기도 하다. 천두슈는 목표를 위해 일생의 대부분을 소비했다.

우리들은 천두슈의 초기 저작 가운데서 이런 서구에서 도래한 가치에 대한 언급과 찬미를 자주 만날 수 있다.

한 사람도 빠짐없이 각각 주권이 있다. 다른 사람을 노예로 삼을 권리는 어디에도 없고 노예로 자처할 의무도 없다. …… 인권평등론이 일어난 이후 노예 투쟁은 피가 끓어 참을 수 없을 지경이다.

모든 윤리·도덕·정치·법률은 사회의 지향이자 국가가 추구하는 점이다. 개인의 자유와 권리 그리고 행복을 옹호할 뿐이다. 사상이나 언론 자유는 개성의 발전을 도모한다. 법률 앞에 인간은 모두 평등하다.

개인의 자유와 권리는 헌장에 실려 있고 국법은 그것을 탈취할 수 없다. 인권이 이것이다. 인권은 사람이라면 노예 할 것 없이 모두 누린다. 조금도 차별이 없다. 이것은 순수한 개인주의 정신이다.

생존 경쟁은 피할 수 없고 매 순간 존재한다. 이런 마당에 물러나서 숨을 곳은 존재하지 않는다. 온갖 어려움을 극복하고 전진하는 것이야말로 인간의 삶이 져야 할 직분이다.[13]

루소의 인권설, 니체의 권력의지, 베르그송의 창조적 진화론 등은 천두슈가 이런 가치를 증명하는 데 동원한 근거이다. 천두슈가 프랑스를 특별히 사랑한 까닭도 프랑스가 자신이 열렬히 숭배한 이런 인권설·진화론·사회주의를 제공했기 때문이다. 그는 인류가 인류일 수 있는 이유를 바로 프랑스가 선물했다고 생각했다. 프랑스대혁명 중에 선포한 『인권선언』이 최초로 인류의 독립과 자유·평등의 인권을 제시했기 때문이다. 그는 심지어 다윈의 생물진화론이 라마르크(Jean de Lamarck, 1744~1829)의 학설*에 기원한다고 말했는데 다소 억지스럽다. 천두슈가 이렇게 한 유일한 목적은 평등·박애·자유를 천부적인 것으로 여기고 그것을 풍속으로 삼은 프랑스인에 대한 사람들의 존경을 강화하기 위해서였다.

천두슈도 정치적 불평등이 사회적 불평등이 되고 마는 근대 문명의 결점을 인정했다. 하지만 근대 문명 자체의 생명력이 이런 결점을 극복할 것이라고 믿었다. 생시몽, 라살 등의 사회주의는 이미 저러한

---

* 라마르크는 생물에게는 환경에 대한 적응력이 있어, 자주 사용하는 기관은 발달하고 쓰지 않는 기관은 퇴화한다는 용불용설을 제창했다.

문제를 해결하는 길을 명시했다고 생각했다. 서방 국가의 문명과 강성을 보면서 천두슈는 자유·평등·독립 같은 새로운 가치에 대한 믿음을 잃지 않았다. 이런 가치들로 중국을 보면 또 어떤 모습일까? 천두슈는 다음과 같은 사실을 발견했다.

> 썩은 공기가 사회에 가득 차 있다. 어딜 가든 냄새가 진동하여 피할 길이 없다. 신선하고 생기 있는 뭔가를 구해서 질식 직전의 우리를 위로하려 하지만 역부족이다. 중국의 상황을 보자면, 군벌들의 난정, 재정 파탄, 산업의 몰락, 사회의 부패, 인격의 타락, 관리의 탐욕, 유민과 도적의 발호, 자연 재해와 역병의 유행 등으로 신음하고 있다. 이런 것들이 중국의 처지다. 모두 중국과 중국 민족 멸망의 근원이 될 만하다.[14]

이런 부패, 낙후, 혼란, 공황 같은 너무도 불쌍한 장면은 서방 사회가 보인 진보, 활력, 질서, 부강과 선명한 대조를 이룬다. 이에 대해 천두슈는 극단적인 혐오를 드러냈다. 그는 돌려 물었다. 정신이나 물질, 양 측면에서 모두 이런 정도로 퇴보하고 타락했기 때문에 누군가 정벌하지 않더라도 무슨 낯으로, 무슨 권리로 세계에 생존하겠는가? 천두슈는 바로 이런 의분 때문에 저런 상반된 특징으로 사회의 윤곽을 단순화했다. 치열한 싸움도 마다하지 않는 자와 유순하게 착한 척만 하는 자, 법치와 실리를 말하는 자와 감정을 앞세우고 공허하게 꾸미기만 하는 자, 개인 본위와 가족 본위같이 동·서 문명을 완전히 대립하는 양 극단에 위치시켰다. 그는 정치나 학술, 또는 도덕이나 문장을 막론하고 서양의 방법과 중국의 방법은 전혀 다르기 때문에 어설픈 조화나 타협이 불가능하다고 말한다. 이 둘 사이에서는 단지 선택만 있을 뿐이다. 결코 변함없이 전통을 지키든지 과감한 혁신으로 전통을 남김없이 버리든지. 천두슈의 논증은 이와 같이 단순하고 절묘했다. 그는 어떤 선택의 여지도 남기지 않았다. 변법유신 이후 대다수 사람들이 개혁을 하나의 전제로 인정했다. 변화의 폭만이 논쟁거리였다. 천두슈의 추론에 따르면 모든 전통을 남김없이 쓸어버리는 길밖에 없었다. 천두슈도 정확히 이렇게 했다.

과감히 혁신을 하려면 반드시 서양의 방법을 채용해야 한다. 뭐 국수니 국정이니 하는 귀신 같은 말을 들먹일 필요가 없다.[15]

전통을 극단적으로 혐오한 천두슈가 문화의 단절을 안타까워했을 턱이 없다. 그는 전통 속의 좋은 점들은 다른 사회에도 존재한다고 믿었다. 그래서 이런 것들이 전통과 함께 소멸할 거라고 마음 졸일 필요가 없고 정말 사라진 것은 이미 현대 사회에 적합하지 않은 진부한 것이라고 생각했다.

전통은 매우 모호한 개념이다. 그것은 매우 광범위한 내용을 포함한다. 우리는 도대체 어디서 시작해야 그것을 철저하게 부술 수 있을까? 이런 문제에서 천두슈는 량치차오와 거의 같은 길을 걸었다. 결국 정치 비판에서 윤리 비판으로 발전했다. 천두슈는 훨씬 철저하게 비판했다. 량치차오가 국가주의에 근거했다면 천두슈는 개인주의에서 출발했다. 량치차오는 사람들에게 민족이나 국가에 대한 책임과 의무를 똑바로 보라고 요구했다. 천두슈는 사람들에게 국가는 인민의 공통된 재산이고 정치는 사람들 각자가 담당하는 일임을 강조했다. 그리고 관료적이고 전제적인 일인(一人) 정치는 세계 조류에 부합하지 않는다는 사실을 일깨웠다(정치 각성).

량치차오가 서방이 발명한 새로운 도덕을 빌려다가 전통 도덕의 부족한 점을 보충하려고 했다면 천두슈는 비판의 창끝을 유가의 강상 윤리에 겨누었다. 그는 강상윤리는 존비귀천의 신분 제도를 옹호하기 때문에 철저하게 파괴하지 않으면 정치상의 각성은 영원히 실현될 수 없다고 생각했다(윤리의 각오). 하지만 천두슈가 엄청난 확신으로 "윤리의 각오는 우리 최후 각오 가운데 최후의 각오다"고 선언했을 때 캉유웨이 같은 보수주의자들은 오히려 시의에 맞지 않게 공교(孔敎)를 극력 주장하고 국수 보존을 외쳐 댔다. 이 때문에 천두슈의 전통 혐오는 더욱 심해졌다. 그는 저들 보수주의자와 그들이 주장하는 공교와 국수에 자신의 분노를 한꺼번에 쏟아 냈다.

나는 우리 사회에서 공자를 섬기는 자들에게 바란다. 맹목적으로 다른 사람이 하는 말을 따라 부화뇌동하지 말고 제발 귀를 닦아 내고 머리를 써서 공자의 도가 과연 무엇인지, 현대 생활은 과연 어떤 것인지 자세히 살피길 당부한다. 아울러 그것을 양심에 호소하여 시비나 선악의 진화 혹은 퇴화에 대해 명백한 판단을 내려야 한다. 주저하지도, 타협하지도 말라. 주저와 타협은 진리를 발견하는 데 가장 큰 장애다. 국수론자에는 세 가지 유형이 있다. 그 첫째가 유럽 오랑캐의 학문은 중국 성인의 도에 못 미친다고 여기는 자들이다. 이런 자들은 혼미함이 너무 심해서 알아듣게 이해시킬 수도 없다.[16]

「『신청년』 죄안 답변서」에서 천두슈는 이렇게 적고 있다.

그들이 『신청년』을 비난하는 까닭은 다음과 같은 몇 가지에 지나지 않는다. 바로 공교를 파괴하고, 예법을 파괴하고, 국수를 파괴하고, 정절을 파괴하고, 구윤리(충·효·절)를 파괴하고, 구예술(중국극)을 파괴하고, 구종교(귀신)를 파괴하고, 구문학을 파괴하고, 구정치(특권인물)를 파괴한 죄목이다. 이 죄목은 본지 동인이 당연히 인정하는 바다. 하지만 근본을 따져 보면 본지 동인은 본래 무죄다. 단지 데모크라시와 사이언스 두 선생을 옹호했기 때문에 이런 천하를 뒤덮을 대죄를 범했다. 데모크라시 선생을 옹호하기 위해서 어쩔 수 없이 공교·예법·정절·구윤리·구정치에 반대했고, 사이언스 선생을 옹호하기 위해 어쩔 수 없이 구예술·구종교에 반대했다. 데모크라시 선생을 옹호하고 사이언스 선생을 옹호하기 위해 어쩔 수 없이 국수에 반대하고 구문학에 반대했다.[17]

이 유명한 말도 천두슈 개인 활동에 대한 총결이라고 볼 수 있다. 그의 열정, 명료, 용기가 없었다면 5·4신문화운동의 속도나 규모가 그렇게까지 빠르거나 광범위하지는 않았을 것이다. 그의 사상이 깊은지 어쩐지는 놓아두더라도 저런 기세와 태도는 사상계에 한줄기 신선한 기운을 공급하기에 충분했다. 사실 사람들이 익히 알듯 천두슈의 사상이 대단히 심오한 것은 아니다. 정말 심오한 사상이 짧은 시간 내에 선전과 폭발적 효과를 야기하기란 쉽지 않다. 동·서 문명에 대한 거의 무단적 평가는 정치한 연구를 통해서가 아니라 주로 개인의 직관에 기인했다. 그의 사명감은 성급함과 학술 연구 방식의 작업을 용인하지 않았다. 그가 종사한 사업에서는 건강한 직각과 통찰력으로도 이미 충분했다. 역사에서 사람들은 각각 반드시 자신의 숱한 배역을 연기해야 한다. 천두슈는 정치가와 사상가 사이에서 자신의 역할을 찾아냈다. 중국의 운명에 대한 보다 깊고 정치한 사고는 어쩔 수 없이 다른 사람들이 완성하도록 그 임무를 남겨야 했다.

계몽의 초월 : 국민성에서 보편인성까지

중국 운명을 보다 깊고 정치하게 사고한 사람 가운데 가장 중요한 인물은 다름 아니라 루쉰이다. 량치차오와 달리 루쉰은 정치가도 아니고, 천두슈처럼 추상적 이론에 관심을 가진 것도 아니었다. 그렇다고 해서 루쉰이 현실 정치나 심오한 철리에 대해서 무관심했다고 단정할 수는 없다. 그는 자신의 입장에서 이런 것들을 다른 형식으로 표현했다. 그 형식이란 바로 문학이다.

　문학은 이론 저작과는 다르다. 문학은 논증이나 추론을 필요로 하지 않는다. 언어의 형상화를 통해서 광범위한 계몽과 교육적 의미를 획득하기만 하면 된다. 량치차오는 일찍부터 소설의 혁신이 민중의 혁신에 대해 갖는 중요한 의미에 주목했다. 그는 소설이 감정과 이야기의 감염력으로 도덕이나 종교, 습속, 심지어 민중의 성격에까지 결정적인 영향을 끼칠 수 있다고 믿었다. 이런 견해는 후스나 천두슈 같은 5·4신문화운동 지도자들에 의해 더욱 강화됐다. 후스는 솔선해서 문학 혁명의 큰 깃발을 높이 치켜들었고 문학의 형식을 철저히 혁신해야 한다고 주장했다.

　후스는 팔불주의(八不主義)를 제시했다. "전고(典故)를 사용하지 않고 진부한 표현을 사용하지 않는다. 대구에 얽매이지 않고 속자나 속어를 꺼리지 않는다. 문법 구조를 강조하지 않고 병 없이 앓는 소리를 하지 않는다. 고인을 모방하지 않고 언어 표현에 반드시 내가 있어야 한다." 천두슈는 좀더 나가서 혁신의 지점을 형식에서 내용 자체로 옮겨 갔다. 그는 문학 혁명의 3대 강령을 제출했다. "갈고 닦고 아첨하는 귀족 문학을 타도하고, 평이하고 서정적인 국민 문학을 건설하자. 진부하고 장황하게 늘어 놓기만 하는 고전 문학을 타도하고, 신선하고 진실한 사실(寫實) 문학을 건설하자. 쓸데없이 비비 꼬기만 하는 난삽한 산림 문학을 타도하고, 명료하고 통속적인 사회 문학을 건설하자." 천두슈와 후스 등의 적극적인 고취 때문에 문학 혁명은 백화문운동에 짝 맞춰 단번에 당시 거세게 일고 있던 5·4신문화운동의 중요한 구성 부분이 되었다.

하지만 천두슈와 후스 두 사람의 중요성은 여기에 있지 않다. 천두슈는 문학상에서는 별로 내세울 만한 공헌이 없었다. 후스의 백화시(白話詩)도 백화문운동의 기풍을 격발한 선구라는 점 외에는 딱히 취할 만한 게 없다. 문학 혁명을 진정 심화한 인물은 루쉰이다. 5·4신문화운동 초기 루쉰의 영향은 별로 크지 않았다. 그는 후스나 천두슈와 비교할 수 없었고 심지어 동생 저우쮀런(周作人)의 영향력에도 미치지 못했다. 반향을 불러일으킨 『광인일기』도 내용 면에서는 당시 격렬했던 반전통운동과 맞물렸을 뿐이다. "이 역사책에는 연대가 없었다. 단지 비뚤비뚤 '인의도덕'이라는 이 몇 글자만 쓰여 있을 뿐이다. 나는 잠도 자지 않고 가만히 들여다 보았다. 그제야 글자 사이에 '식인'이라는 두 글자가 가득 차 있음을 발견했다."[18] 루쉰의 유명한 이런 말도 천두슈나 우위(吳虞, 1874~1939), 우즈후이(吳稚暉) 등 반전통 투사의 저작에서 유사한 내용을 발견할 수 있다.

만약 단지 반전통이라는 측면에서만 보면 루쉰과 다른 5·4신문화운동 시기 작가들을 분명하게 구별할 수 없다. 5·4신문화운동 기간 루쉰이 남달리 비범할 수 있었던 이유는 풍부한 경험과 예민한 영혼 때문이었다. 입센주의가 유행할 때 신지식으로 무장한 이들은 개인주의를 신봉했다. 젊은 여성들은 노라를 모방해서 전통적 결혼이나 전통적 가정의 속박에서 탈출해서 '나는 내 것'이라고 선언하기 시작했다. 하지만 루쉰은 물었다. "노라가 집을 나간 후 어떠한가?" 루쉰은 소설 『죽음을 슬퍼하며』(傷逝)를 노라 식 여자인 쯔쥔(子君)의 죽음으로 끝을 맺었다. 계몽가나 혁명가들이 미래에 대해 넘치는 믿음을 드러내고 있을 때 루쉰은 말한다. "거리를 한 바퀴 돌아보니 온통 흰 깃발만 눈에 들어온다. 외양은 비록 그러했지만 그 안의 뼈대는 옛날 그대로다. 여전히 낡은 향신 몇몇이 조직한 군 정부다."[19]

젊은 작가들이 전통 도덕과 전통 윤리에 반항하고자 개인의 감정을 쏟아 내거나 자기 사랑과 자기 찬미로 문학 창작을 행할 때 루쉰은 자신의 작업은 단지 민중을 일깨우고 사회를 개조하는 것이라고 소리 높였다. "내가 병든 사회를 사는 불행한 사람들에게서 이것저것 다양하게 재료를 취한 까닭은 그들의 질병과 고통을 폭로하여 치료에 관심을 갖게 하는 데 있다."[20] 저 격정의 시대에 극히 일부만이 광기, 낭만, 주관에서 탈출할 수 있었다. 루쉰은 하나의 예외였다. 그는 보기 드물게 냉정했고 신중했다. 그는 불 같은 열정을 영혼 가장 깊은 곳에 묻었다. 그래서 그의 작품은 특별히 냉정하고 깊다. 사람들이 흐르는 감정에서 루쉰의 작품으로 눈을 돌렸을 때 침울, 분노, 억압을 느낄 것이다. 그리곤 어쩔 수 없이 환상에서 빠져나와 참혹한 현실과 인생을 마주한다.

하지만 이런 것들 모두 계몽운동에서 루쉰의 독특한 작용과 그 작품의 영원성을 설명하는 데 부족하다. 그것들은 기껏 루쉰이 다른 사람보다 더 기지가 있었고, 투명했으며, 전통 비판에 맹렬하고 철저했음을 드러낼 뿐이다. 결코 루쉰과 다른 사람들의 본질적 차이를 보여주지 못한다. 루쉰이 다른 계몽운동가와 진정으로 구별되는 지점은 국민성 발굴과 인성 탐색이다. 국민성 발굴이 있었기 때문에 그의 작품은 전통 비판의 도구가 될 뿐 아니라, 모든 중국인들이 각각 자신을 인식하는 거울일 수 있었다. 인성의 탐색은 그의 작품에 일종의 형이상학적 기초를 제공했다. 이 때문에 루쉰은 국민성 탐구에 진정한 깊이를 갖게 됐다. 이 두 가지의 유기적 통일은 루쉰의 국민성 비판에 날카로움을 더했고 더구나 보편적 인성의 허약함을 폭로했다. 이런 시각에서 출발해야만 우리는 왜 루쉰의 작품이 조금도 흔들림 없이 지속적으로 영향을 미칠 수 있는지 이해할 수 있다.

쉬서우창(許壽裳, 1883~1948)의 기억에 따르면 일본에서 유학할 때 루쉰은 다음 셋의 상호 관련에 대해서 비상한 관심을 가졌다. 첫째, 이상적 인성은 도대체 어떤 것인가? 둘째, 중국 민족이 가장 결핍하고 있는 점은 과연 무엇인가? 셋째, 중국 민족의 병은 어디에 있는가?[21]

이 세 가지 문제는 그의 일생을 괴롭힌 주제가 되었다. 루쉰은 첫 번째 문제에 대해 정면에서 체계적으로 기술한 적이 없다. 이것은 아마도 그의 영혼 깊은 곳에 존재하는 모순과 고통에서 기인했을 것이다. 안드레예프(Leonid Andreyev, 1871~1919) 등의 영향으로 루쉰은 인생의 황량함, 고독, 비애, 차가움을 철저하게 감각했다. 니체는 루쉰에게 용기와 힘을 선물했고, 이후 루쉰은 강함과 용맹, 초인을 찬미하게 됐다. 이런 절망과 희망, 황량과 비장 사이에서 루쉰은 고통스럽게 배회했다. 만년에 입장을 바꾸기 전 루쉰은 답안이 될 만한 이상적 인성을 찾지 못했다. 이것은 나머지 두 가지 문제에 대한 그의 태도에 영향을 미쳤다.

한편, 중국 사회의 부패와 낙후 그리고 국민 정신의 마비는 인생에 대한 그의 황량함과 비장감을 심화했다. 아울러 그에게 절망과 비관의 정서를 보탰다. 니체가 용렬한 대중에게 퍼부은 비난은 루쉰으로 하여금 절망과 비관에서 벗어나 분노에 찬 질책과 무정한 풍자로 돌아서게 했다. 결과적으로 루쉰은 이상적 사회 모델을 제시하지 못했다. 하지만 부패한 사회를 철저하게 부수었다. 그의 날선 언어는 허위, 사기, 냉혹함, 이기심, 비양심 그리고 노예 근성 같은 국민의 저열성을 거의 모두 끄집어냈다. 많은 정인군자(正人君子)들은 루쉰이 창작한 예술 형상 앞에서 심한 불안감을 느꼈다. 하지만 루쉰에게서 개인 도덕의 타락과 국민의 허약함은 마땅히 분리해서 논의해야 한다.

만약 아Q에게서 우리가 발견한 것이 이기심, 노예성 그리고 비양심 등 중국 민족을 대표할 만한 모습이라면 〔마을 세력가인〕 ʼ자오(趙) 나으리ʼ 나 〔일본 유학을 다녀온〕 ʼ가짜 양놈ʼ〔假洋鬼子〕 같은 상층 인물에게서나 발견되는 허위와 냉혹함은 전통 경전 교육을 받은 사람의 개인 도덕이 타락한 결과다. 루쉰의 작품에서 이런 두 부류는 확실히 다른 대접을 받는다. 루쉰은 후자에 대해서 보통 맹렬히 공격하지만 전자에 대해선 늘 깊은 동정을 보낸다. 그래서 루쉰의 입장에서 봉건 옹호자들에 대한 공격과 비판을 반전통으로 간주할 수 있다면 국민성 발굴은 정치 계몽이나 도덕 계몽이라는 말로 표현하기가 매우 힘들 것이다. 아Q가 간직하고 있는 저런 약점은 이미 실제 정치와 도덕 교조의 속박이 초래한 결과만은 아니다. 그것의 실재는 하나의 민족이 오랜 발전 과정 중에 점진적으로 인성 내면의 소극적인 점들을 축적한 결과

다. 그래서 그것에 대한 계몽은 근본적으로 인성의 계몽이다. 이것이
바로 루쉰이 다른 계몽가들에 비해 뛰어난 점이다.

다른 한편, 가장 절망적일 때라도 루쉰의 잠재의식 속에는 늘 한
가닥 희망이 존재한다. 벌거벗고 삭막한 삶에서, 냉혹한 사회에서 그
는 줄곧 모종의 의미를 찾고 있다. 이것이 그를 서구 모더니스트의 절
대적 허무주의와 구분 짓게 한다. 아울러 중국 전통의 강건한 진취 정
신을 갖게 한다. 『광인일기』를 짓기 전에 루쉰은 절망이 극에 달했다.
그는 이렇게 적고 있다.

> 가령 말이야, 창문도 없고 부술 수도 없는 쇠로 된 방이 있다고 하세.
> 방안에는 깊은 잠에 빠진 사람이 여럿 있어. 오래지 않아 그들은 질식
> 해 죽겠지. 하지만 잠 속에서 죽을 것이기에 죽음의 비애를 전혀 느끼
> 지 못할 것이네. 지금 자네가 큰소리를 쳐서 다소 의식이 있는 사람을
> 깨운다면, 구제될 가망 없는 이 불행한 몇 사람에게 임종의 고통을 안
> 겨 주는 것이네. 그래도 자네는 그들에게 미안하지 않겠는가?[22]

몇 명을 깨워서 임종의 고통을 느끼게 하느니 아무런 의식 없이
죽게 하는 게 더 낫다는 말은 극히 퇴폐적으로 들린다. 하지만 이런 상
황 아래서 루쉰은 잊지 않고 한 점 희망을 제시한다. "하지만 희망을
말하는 것도 말살할 수는 없다. 희망은 장래에 존재하는 것이기에." 산
문시집인 『야초』에서 루쉰은 악몽 같은 세계를 묘사했다. 끊긴 묘비에
깃든 어두운 혼령, 화탕지옥에서 허우적대는 혼귀, 인생의 여정에서
고독한 과객, 광막하고 황량한 들판에서 벌거벗은 남녀, 밤하늘을 떠
도는 악조, 비의 정령, 썩은 시체 등등. 하지만 마지막에 그는 저 고독

한 과객이 계속해서 길을 갈 수 있도록 배려했다. 말을 타고 창으로 무
장한 전사는 자신의 투창을 들어 올렸다.

> 그가 아무것도 없는 진영에 발을 들여 놓자, 만나는 사람마다 모두 격
> 식대로 인사를 한다. 그 인사가 적의 무기라는 것, 사람을 죽이고 피
> 를 보지 않는 무기라는 것, 많은 전사들이 그 때문에 멸망했다는 것,
> 포탄과 마찬가지로 용사의 힘을 위축시키는 무기라는 것을 그는 알
> 고 있다.
> 저들의 머리 위에 갖가지 깃발이 꽂혀 있고, 갖가지 아름다운 칭호가
> 수놓여 있다. 자선가, 학자, 문사, 장로, 청년, 아신, 군자……. 머리
> 아래에는 갖가지 웃옷이 있는데 온갖 아름다운 무늬가 수놓여 있다.
> 학문, 도덕, 국수, 공론, 정의, 동방문명…….
> 그러나 그는 투창을 치켜든다.[23]

리쩌허우(李澤厚)는 루쉰을 평가하면서 "계몽의 제창, 계몽의 초
월"[24]이라고 제목을 달았는데 루쉰 사상의 정수를 장악했다고 할 수
있다. 바로 현실에 대한 극도의 실감, 민족 고난에 대한 깊은 동정 때
문에 루쉰은 비수와 투창을 들고 용감하게 계몽가의 대열에 끼었다.
전통 사회에 대한 맹렬한 공격, 국민의 저열함에 대한 야멸찬 비판, 신
해혁명 실패 경험에 대한 평가, 심지어 나중에는 희생한 좌익 청년작
가에 대한 기념도 반드시 계몽이라는 의미에서 이해해야 한다. 하지만
다른 방면에서 루쉰은 젊어서부터 고통스럽게 인류 생존의 의미에 대
해서 사고했다. 무엇이 이상적인 인성인가? 이것이 시종일관 그의 절
실한 고민거리였다. 실제 그는 이미 영혼의 저 깊은 곳에서 인류 정신

이 보편적으로 직면한 곤경을 감각했다.

어떤 논자가 일찍부터 지적했듯이 아Q는 단지 중국 국민의 형상만은 아니다. 불합리한 현실에서 사람들은 어쩔 수 없이 '정신승리법'이라는 자조와 환영 속에서 심리적 평정을 찾을 수밖에 없었다.[25] 이런 의미에서 말하자면 루쉰은 이미 계몽을 초월했다. 계몽을 초월했기 때문에 루쉰의 계몽 제창은 매우 심오할 수 있었다. 동시에 계몽을 제창하기 때문에 또한 루쉰의 계몽 초월은 현대의 허무주의에 빠지지 않고 현실적 기초를 가질 수 있었다. 루쉰이 있었기 때문에 20세기의 위대한 계몽운동은 비로소 깊이를 가졌다. 안타까운 사실은 이런 점을 사람들이 좀처럼 의식하지 못했다는 사실이다. 우리가 시선을 5·4신문화운동 이후 사상계의 여러 논쟁으로 돌릴 때라야 비로소 발견할 수 있다. 인성에 대한 탐색은 루쉰의 계발을 받지 않은 듯하지만 거꾸로 훨씬 더 신속하게 정치적 관심이라는 큰 흐름 속으로 빨려 들었다.

12장_ 신념 체계의 분열

앞의 두 장에서 우리는 20세기 초에 유행한 과학적 세계관(10장)과 정치·도덕 계몽운동(11장)을 간략하게 분석했다. 그 가운데 캉유웨이, 옌푸, 후스, 량치차오, 천두슈, 루쉰을 대표로 선택한 주된 원인은 그들 사상의 가장 두드러진 점을 주로 고려했기 때문이다. 그들의 다른 측면이 중요하지 않다고 말하려는 것은 아니다. 사실 저들 입장에서 이 둘을 엄격하게 구분하기란 매우 어렵다. 과학적 가치를 찬미하는 사람은 보통 새로운 도덕이나 새로운 정치의 옹호자이기도 하다. 그리고 자유와 민주를 부르짖는 사람은 과학의 가치에 대해서도 마찬가지로 존경을 표한다. 전통 재평가와 서학 제창이라는 공통된 목표 아래서 개인 성향이나 사상 근저의 여러 가지 차이는 사소했다.

천두슈가 잡지 『신청년』(처음엔 『청년』이었다) 창간호에서 제기한 "과학과 인권을 모두 중시하자"는 구호는 새로운 지식인들의 이런 연합 정신이나 체험과 꼭 맞아떨어진다. 그 밖에 새로운 지식인이 연합하고 공감할 수 있었던 두번째 원인이 있다. 이미 이루어진 서학의 소개가 체계적이지 못했기 때문에 사람들이 수용한 것은 보통 자신의 부분적 이해에 한정될 뿐이었다. 서학 내부의 분화는 여전히 많은 사람들 눈 밖에 있었다. 그래서 상호 비판이 곤란했다. 이런 상황 아래서 자신의 최종 목표와 충돌하지만 않으면 다른 사람의 의견을 용인하고 수용하는 쪽이 까닭 없이 거절하는 쪽보다는 훨씬 더 나았다.

하지만 이것도 결국은 일시적 현상일 뿐이었다. 인식이 심화됨에 따라 서학 내부의 각종 유파가 보인 차이와 대립은 점점 분명해졌다. 만약 상당히 가까운 관점을 가진 유파에 대해서는 흡수나 융합을 기대할 수 있지만 전혀 다른 주장을 하는 유파와 만날 때는 반드시 선택의 문제에 직면한다. 특히 20세기 중국에서 여러 서학 유파들이 잇따라 유입된 까닭은 그것들이 특별히 사람들의 지적 관심을 만족시켰기 때문이 아니다. 중국 사회의 현실이 해석과 설명 그리고 지도를 급박하게 필요로 했기 때문이다. 이런 이른바 신학(新學)이 공동의 적(전통)을 만났을 때 그들은 자연스럽게 통일된 전선을 구성할 수 있었고 여러 방면에서 공격을 감행했다. 그러나 중심이 건설적인 방면으로 전이하자 그들 내부의 분열은 매우 분명해졌다.

후스가 1919년 하반기에 제기한 '문제와 주의' 논쟁은 사상과 신념상에서 일어난 신지식인 분열의 신호로 볼 수 있다. 바로 몇 개월 전 5·4신문화운동의 열기 속에서 신지식인들은 긴밀한 연대를 결성했다. 후스가 실용주의에 근거해서 주의는 적게 이야기하고 문제를 보다 많이 연구해야 한다고 했을 때 그는 리다자오(李大釗, 1889~1927)와 란궁우(藍公武, 1887~1957)의 반대에 부닥쳤다. 이때 리다자오는 맑스주의 연구에 열중하고 있었고 란궁우는 량치차오가 지도하던 진보당의 주요한 성원이었다. 두 사람은 모두 구체적 문제의 연구도 분명 중요하지만 보편적인 주의를 연구하는 일이 더 긴박하다고 생각했다. 왜냐하

면 주의의 연구는 구체적인 문제의 표준이나 도구를 판단하거나 해결
한다고 생각했기 때문이다. 한 차례 논쟁의 결과가 어땠는지는 여기서
논의하지 않아도 될 것 같다. 하지만 그것은 중요한 정보를 제공한다.
중국의 새로운 지식인 집단은 분열하고 있었다는 사실이다.

　　문제를 훨씬 복잡하게 한 것은 전통에 대한 5·4신문화운동의 철
저한 반대가 중학과 서학을 완전히 상반된 양극단에 위치시켰다는 점
이다. 현재 인식의 심화에 따라 사람들은 적어도 형이상학의 영역에서
서방 근대 철학자들의 깨달음과 중국 고대 성인이 결코 다르지 않음을
발견했다. 서방 전적에서 얻을 수 있는 지혜는 중국 고대 경전에서도
찾을 수 있음을 알게 됐다. 이 사실은 여태껏 흔들림 없이 전통을 옹호
한 사람에게는 정신적 안정감을 주었을 뿐 아니라 5·4신문화운동 속
에서 보인 극단적 태도를 반성할 수 있게 한 근거이기도 했다. 때마침
유럽에서 1차 세계대전이 발생했다. 전쟁의 잔혹함과 전후 유럽의 비
참함은 저들이 가진 서방 문명에 대한 회의를 더욱 강화했다. 이 때문
에 일부는 과거의 이상에서 퇴각하기 시작했고 일부는 적극적으로 서
방 사상에서 전통과 서로 만날 수 있는 내용을 찾는 데 노력했다. 이것
은 본래 분열 중이던 사상계에 더욱 혼란을 가중했다. 중국 것이냐 서
방 것이냐, 옛것이냐 지금 것이냐, 새것이나 오래된 것이냐. 당연히 서
학 내부의 것도 있었다. 모두 무대로 몰려나왔다. 서로 다투면서 자신
에게 맞는 배역을 연기했다.

　　이런 배경에서 사상계에서는 '과현논쟁'이 폭발했다. 이 논쟁은
1923년 2월 14일 장쥔마이(張君勱)가 칭화대에서 행한 강연에서 시작
되었다. 이 강연에서 장쥔마이는 과학이 아무리 발전해도 인생관 문제
를 해석할 수는 없다고 단언했다. 이런 독단적인 주장은 가까운 친구

인 지질학자 딩원장(丁文江, 1887~1936)의 반대를 불렀다. 딩원장은 상반된 길을 통해서 마찬가지로 독단적인 결론을 이끌어 냈다. 어떤 진정한 지식도 과학적인 방법을 통해서야 획득할 수 있다. 그래서 과학은 인생관 내의 일체 문제를 해결할 수 있는 완전한 능력을 가지고 있다. 두 사람의 논쟁은 빠르게 사상계에 반향을 일으켰다. 이후 20여 명의 영향력 있는 인물들이 논쟁에 참여했다. 이 논쟁은 중·서 문화 접촉 이래 가장 크고 의미 있는 논쟁이 되었다.

논쟁의 주제로 보면 이 논쟁은 별로 복잡하지 않다. 주된 토론거리는 과학은 정말 인생관 문제를 해결할 수 있을까 하는 것이다. 확대하더라도 단지 과학의 사회적 효용이나 동·서 문명의 평가 그리고 과학과 철학의 관계 등 몇 가지 문제였을 뿐이다. 하지만 이 논쟁이 엄청난 의미를 가지게 된 까닭은 이 논쟁의 참가자가 모두 외래 가치의 신봉자였기 때문이다. 각자 주장을 논증하기 위해서 과학파는 영미 실증주의에서 근거를 찾았고 현학파는 유럽 대륙의 낭만주의에서 정신적 양식을 발견했다. 이것은 앞서 존재한 동·서문화논쟁과는 확연히 달랐다.

동·서문화논쟁에서는 전통 옹호자들이 한편이 되고 외래 문화 신봉자가 또 한편이었다. 바로 이 때문에 우리들은 과현논쟁을 단지 또 한 차례의 동·서문화논쟁으로 간단하게 처리할 수 없다. 마땅히 세계 문화 사조 발전을 배경으로 해서 고찰해야 한다. 바꿔 말하면 과현논쟁의 주제는 더 이상 동과 서로 덮어 버릴 수 있는 게 아니라 인류가 공통으로 직면한 보편적 의미의 문제였다. 사실 이런 문제는 서방에서도 근대 이래 다시 토론하고 중시했다. 중국 사상계가 이 문제를 토론할 수 있었다는 사실은 비록 시기적으로 너무 늦었지만 대체로 근대의 문화 발전에 맥락이 닿아 있었다. 이것은 서방 문화에 대한 보다 발전된 인식과 이해의 길을 열었다.

그렇지만 우리들이 구체적으로 과현논쟁의 내용을 고찰할 때 곧 이런 종류의 평가가 결코 낙관적이지 않음을 발견할 것이다. 전혀 알맹이 없이 독단적이기만 한 언어를 뚫고서 보면 우리들은 과학파와 현학파의 논증 모두 이처럼 천박하다는 사실을 목도할 것이다. 그리고 나아가 그들은 늘 사실 문제와 가치 문제를 혼동하고 아울러 도대체 뭐가 과학인가 하는 상식적인 문제에 매달리고 있음을 볼 것이다. 실제 20세기 초 서구 지식의 소개가 매우 제한적이었을 때 한 명의 고독한 선구자는 이 문제 때문에 매우 곤혹스러워했다. 만약 우리들이 이 철학자가 보인 믿을 수 있는 것과 사랑할 수 있는 것, 그리고 지식과 가치, 실증주의와 낭만주의 사이에서 어려운 선택을 고찰한다면 알게 될 것이다. 그의 사상을 조금만 일찍 주목했다면 이후 과현논쟁의 수많은 문제는 처음부터 피할 수 있었음을.

이 고독한 철학자는 바로 1927년 호수에 몸을 던져 자살한 왕궈웨이(王國維)다.

선지자의 곤혹 : 왕궈웨이의 '죽음'

왕궈웨이는 현대적 의미의 철학자는 아니다. 철학은 그의 직업이 아니었다. 칸트와 쇼펜하우어에 푹 빠져 있을 때조차 그는 단지 애호가였을 뿐이다. 그에게는 전문적인 철학 저작이 없다. 철학과 관련된 몇 편 문장도 기껏해야 소개하는 수준이었다. 심지어 서방 철학에 대해서도 체계적인 이해와 연구가 없었다. 칸트나 쇼펜하우어 그리고 니체 외에 그가 접촉한 철학자는 로크, 흄 등 몇 명 되지 않는다. 이런 점들로 보자면 그는 훗날의 젊은 후스나 장둥쑨(張東蓀, 1886~1973) 등과 아예 비교할 수도 없다. 저들이 장악한 서방 철학의 지식은 왕궈웨이를 훨씬 능가한다. 하지만 기존 지식을 획득하는 것은 전혀 그의 목적이 아니었다. 왕궈웨이는 자신의 문장에서 자신 있게 말한 적이 있다. 그의 능력과 학문에 의지해 철학사를 연구하거나 성공을 예약할 수도 있었지만 그 자신은 결코 이렇게 하는 것을 좋아하지 않았다. 왜냐하면 그가 철학에 빠진 까닭은 일찍부터 줄곧 경험한 곤혹스런 인생 문제를 해결하기 위해서였기 때문이다. "본래 몸도 약했고, 게다가 천성적으로 번민이 많았다. 인생의 문제는 매일같이 내 앞을 오갔다. 이 때문에 처음 철학을 하려고 마음먹었다."[1] 타고난 번민과 인생에 대한 극도의 관심이 그를 촉발하여 철학 연구에 종사하게 했다.

이 점은 왕궈웨이에게 극히 중요하다. 그가 나중에 철학을 평가하거나 취사 선택한 것은 기본적으로 이것을 표준으로 했다. 그에게 칸트와 쇼펜하우어가 위대한 까닭도 그들이 서방 철학사에서 숭고한 지위에 있기 때문이 아니라 그들의 철학이 지식에 대한 그의 갈구를 만족시키고 그의 고통스런 의심을 해소시켰기 때문이다. 그는 문제를 갖고 철학을 연구했기 때문에 서방 철학자 가운데서 풀리지 않는 점을 발견할 수 있었다. 그가 네번째로 칸트를 공부할 때 "막히는 곳은 대체로 그 학설에서 가질 만한 점이 아님"[2]을 알았다. 그는 쇼펜하우어의 예리한 관찰과 날카로운 논리를 찬탄한 동시에 인생 철학의 모순을 감각할 수 있었고 아울러 절대적 의심을 일으켰다. 그 원인은 여기에 있다. 이 점은 철학에서 문제를 획득한 사람들과 완전히 달랐다. 저런 사람들이 할 수 있는 일은 단지 기존의 철학을 장악하거나 그것을 실제에 응용하는 것에 불과했다.

　왕궈웨이는 철학에 대한 이런 공리적 태도를 특히 혐오했다. 그는 철학은 미술과 마찬가지로 우주와 인생의 근본 문제에 대해 답하고자 하고 그것들이 당장은 쓸모가 없더라도 가장 신성하고 가장 존귀하다고 생각했다.

　철학과 미술은 진리를 지향한다. 진리는 시공을 초월하는 진리이지 한때만 통용되는 진리가 아니다. 이 진리를 발명한 사람(철학자)이나 기호로써 그것을 표상하는 것(미술)은 시공을 초월하는 공적이지, 한때의 공적이 아니다. 시공을 초월한 진리이기 때문에 단지 한 시기 한 국가의 이익하고만 부합하지는 않는다. 어느 때는 서로 수용되지 않는다. 이것이 신성함이 존재하는 바다.[3]

　왕궈웨이가 보기에 인간과 금수의 근본적인 구별은 인간은 순수한 지식과 미묘한 감정을 가진다는 사실에 있다. 철학은 지식 면에서 고도로 인간을 만족시킨다. 미술은 감정 면에서 인간을 채운다. 짧은 시기 내에 철학과 미술의 가치를 체현할 수는 없겠지만 그것들은 시간과 공간을 초월한 진리를 제공하기 때문에 인류의 지식과 감정은 영구히 가치를 잃지 않는다. 정치와 실업 같은 것은 사람들을 한때의 이익으로 만족시키지만 그들이 다루는 것은 단지 인간이나 동물에게 공통된 생활의 욕구다. 그래서 근본적으로 오래 지속할 수 없고 철학이나 미술 같은 영구 가치와 비교할 수도 없다.

　하지만 왕궈웨이가 중국 철학사로 시선을 돌렸을 때, 그는 철학자들은 하나 빠짐없이 정치가가 되고자 했음을 발견했다. 공자·묵자·

맹자·순자를 막론하고 주돈이·정명도·정이천·장재·주희·육구연·왕양명 같은 이도 마찬가지였다. 심지어 시인들도 다르지 않았다. 이런 사실에 왕궈웨이는 매우 슬퍼했다. 그 결과 불행히도 중국에서는 근본적으로 순수한 철학이 개진되지 않았다. 가장 완비된 것은 단지 도덕 철학과 정치 철학뿐이었다. 미학이나 논리학, 지식론 같은 순수 철학 같은 경우는 말할 것도 없다. 미술에서도 위와 마찬가지였다. 시가·희곡·소설 등도 모두 사람을 훈육하고 사회를 계몽하려 하고 순수한 미술은 조금도 중시하지 않았다. 왕궈웨이는 전통에 대한 경의에서 벗어나 그것에 대한 비판을 억누를 수 없었다. 그는 단지 고인은 철학이나 미술에 대해 별로 관심이 없었고 그것의 가치에 대해서는 아예 자각하지도 못했다고 함축해서 말했다. 그는 다음과 같은 말로 후인들을 경계했다. "만약 철학이나 미술의 신성함을 잊고 그것을 도덕이나 정치의 수단 정도로 여긴다면 그 저작은 아무런 가치가 없을 것이다. 앞으로 철학자나 미술가들이 자신의 타고난 직분을 망각하지 않고 독립된 위치를 지킨다면 다행이다." 여기서 그가 포폄한 의도는 매우 분명하다.

왕궈웨이가 고인에 대해서 여전히 매우 관용적이었다고 말할 수 있다 쳐도 당시 사람들에 대해서는 대단히 비판적이었다. 옌푸가 진화론과 영국 공리주의를 소개하고 사상계에서 커다란 반향을 일으켰을 때 왕궈웨이는 오히려 그를 비판했다. "옌푸의 관심은 순수한 철학이 아니라 철학의 각 분과에 있다. 경제학, 사회학 등의 학문을 가장 좋아했다. 그래서 옌푸의 학풍은 철학이 아니라 차라리 과학이다. 이것이 중국 사상계를 감동시키지 못한 까닭이다."[4] 옌푸는 늘 이와 같았다. 다른 것은 말할 필요도 없었다. "근 3~4년 사이에 프랑스 18세기 자연주의가 일본을 통해 중국에 들어와서 솟구치는 파도처럼 단번에 시대를 압도했다. 하지만 이런 학설에 부화뇌동하는 자들은 지식에서 출발한 게 아니라 감정에서 출발했다. 저들은 자연주의의 근본 사상에 대해서는 정말로 무지몽매했고 단지 지엽적인 몇 마디 말을 가져다가 정치적인 목적을 추구했다. 학술 면에서 보자면 그것은 무가치하다고 말하는 것도 가능하다."[5]

왕궈웨이는 특히 캉유웨이의 『공자개제고』와 탄쓰퉁의 『인학』을 들먹이면서 저런 책들은 "학술적으로는 어떤 고유한 흥취도 없고 학술을 정치상의 수단으로 여겼을 뿐"[6]이라고 생각했다. 이론적으로 이야기하자면 캉유웨이는 범신론의 냄새가 강하고 탄쓰퉁의 형이상학은 극히 유치하다. 그들이 사람들의 주의를 끈 이유는 주로 저 저작 속에서 드러난 정치적 견해에 기대고 있다. 그 결과 일단 정치 실험이 실패한 후 학술도 함께 재앙을 맞았다. 왕궈웨이는 학자들 특유의 단순함으로 이야기했다. "그렇다면 저들은 정치를 말할 때는 정치만 말해야 하는데 굳이 철학과 문학의 신성함을 능멸했다. 이것은 도대체 이해할 수 없다."[7]

학술의 독립성을 강조한 점에서 왕궈웨이는 분명 독특한 점이 있다. 바로 그가 의식한 대로 학술이 일단 정치의 도구가 되면 그것의 내재 가치를 완전히 상실하고 만다. 모종의 현실 이익을 위해서 사람들은 왜곡하고 해체하고 심지어 증거를 위조하는 일도 마다하지 않았다. 아울러 학술과 유사한 신분으로 사기를 일삼았다. 단지 학술 연구라는 처음 먹은 마음을 저버렸을 뿐 아니라 학술 행위의 존엄성까지도 상실했다. 왕궈웨이는 아마도 가장 먼저 이런 문제를 지적한 사람일 것이다. 근대 중국 사상사에서 학술과 정치의 혼동이야말로 바로 그것의 전형적인 특징이다. 서학은 중국에 전래되자마자 실제 사회와 정치를 개조하는 도구로 간주됐다. 학술의 독립성에 대한 왕궈웨이의 강조는 확실히 '학술 연구'의 실질을 효과적으로 폭로했다. 이것은 당시나 이후에도 매우 유익했다.

이런 소극적인 비판 이외에 학술의 독립성에 대한 왕궈웨이의 긍정은 적어도 두 가지 점에서 적극적이고 독창적인 의미를 가진다.

우선 그는 작게나마 철학과 미술에 지위를 부여하려고 애썼다. 학문 자체가 목적이기 때문에 어떤 학술 연구도 그것의 독립된 가치를 지닌다. 우리는 어떤 학문이 현실의 요구를 만족할 수 없다고 해서 그것의 장구한 가치를 부정할 수 없다. 철학과 미술은 아마도 현실 정치를 돕지는 못할 것이다. 하지만 그들은 우주와 인생의 진면목을 내보임으로써 각 시대 사람들의 보편적 요구를 충분히 만족시킬 수 있다. 당시 사람들이 실용과학의 가치에 대해 보인 관심을 볼 때 확실히 이런 왕궈웨이의 생각은 순진하다. 이후 극단적인 과학주의의 성행을 고려한다면 이 점은 깊이 생각해 볼 문제다.

두번째, 왕궈웨이는 사상계를 오랫동안 풍미한 신·구 논쟁이나 중·서 논쟁을 철저하게 부정했다. 이전과 비교해서 이런 주장은 놀랄 만한 이야기다. 하지만 왕궈웨이는 여기서 결코 사람들을 놀라게 하지 않는다. 그에게는 그 나름의 이론 근거가 있다. 인식 능력은 사람들이 다들 가지고 있고 우주와 인생 문제를 사람들이 풀지 못하고 있는 마당에 어떤 이론이라도 이런 문제를 푸는 데 도움만 된다면, 고인의 손에서 나왔든 오늘날 사람의 손에서 나왔든, 아니면 국내에서 생산됐든 국외에서 생산됐든 지식에 대한 요구를 만족하고 의심을 풀 수 있다면 굳이 그것이 어디 출신인가를 따져야 하는가? 하물며 학술 논쟁에서는 진위를 따지면 그만이다. 국가와 인종 그리고 종교 등과 하등 상관이 없다. 일단 국가, 인종, 종교에서 출발해 학술 문제를 생각하면 학술은 목적이 아니라 곧바로 수단이 되고 만다.

여기서 왕궈웨이의 이런 주장이 성립할 수 있는지 어떤지를 잠시 미뤄 두고 단지 그것의 효과에 대해서만 이야기한다면 그것은 이미 대단한 의미를 가진다. 만약 학문에 정말 신·구, 중·서의 구별이 없다면 서학이 중국에 상륙한 이래 발생한 크고 작은 논쟁은 한꺼번에 의미를 잃게 된다. 만약 일찌감치 이 점을 의식해서 누가 더 잘났는가를 따지지 않고 적극적으로 흡수하고 융합했다면 중국의 학문은 아마도 벌써 정상 궤도에 올랐을 것이다. 이것을 평가 기준으로 삼는다면 '과현논쟁'이나 동·서문화논쟁의 숱한 내용도 아무런 쓸모가 없을 것이다.

하지만 신·구, 중·서를 부정하는 왕궈웨이의 이런 주장이 정말 사람들에게 보편적으로 수용될 수 있었을까? 여전히 의심스럽다. 그가 출발한 근거에서 보자면 이런 주장은 확실히 유효하다. 왜냐하면 지식이 추구하는 어떤 것도 사물의 진실된 현상 및 그것이 왜 그런가 하는 원인을 벗어나지 않기 때문이다. 만약 이 점을 지식 판단의 유일한 기준으로 삼는다면 새것이든 옛것이든, 아니면 중국 것이든 서양 것이든 어떤 차별도 없다. 그렇지만 목적과 효과가 지식 전체를 완전히 포괄할 수는 없다. 이것 이외에도 방법, 이론 체계 등 많은 내용이 있다. 입장을 달리해서 보면 신·구, 중·서 사이에는 하늘과 땅만큼 차이가 있을 수도 있다. 방법 면만을 보더라도 고대 과학의 직관이나 예측은 근대 과학의 관찰이나 실험과 확연히 다르다. 또 청대 건가학파의 경험적 분석과 서방 과학의 이론 구조는 마찬가지로 현격한 차이를 보인다. 이런 상황 아래서 엄격하게 제한을 가하지 않고서 단순하게 신·구, 중·서의 차별을 부정하기만 한다면 각종 지식의 경계와 동·서 방의 분명한 차이를 쉽게 모호하게 해버리고 만다. 왕궈웨이가 동·서 방의 학술에 결코 어떤 근본적인 차이도 없다고 강조할 때 그도 혼란과 모호라는 혐의를 피하기 어려웠을 것이다.

이외에 왕궈웨이가 학술의 독립성을 강조한 것도 극단적이라는 평가를 면하기 어렵다. 진정 학술은 정치의 규제를 받을 수 없다. 하지만 학술이 정말 정치와 무관한지는 의심스럽다. 사실 학술 연구의 입장과 그 효과는 다른 일이다. 이 둘은 섞일 수 없다. 정치 목적을 위해서 학술을 개조하는 일은 비판받아 마땅하지만 학술 연구를 통해서 사회 발전과 정치 진보에 도움을 줄 수 있다면 마찬가지로 사람들의 존경을 받을 만하다. 특히 왕궈웨이가 사회나 정치와 원근을 고려하지 않고 지식의 가치를 평가할 때 편파적인 면들은 더욱 분명하게 드러났다. 그는 이렇게 말한다. "과학은 생활의 요구 위에 건립되기 때문에 이용후생을 목적으로 하고, 철학과 미술은 지식과 정감의 요구에서 출발하기 때문에 세계관과 새로운 인생관을 제공한다. 이용후생은 단지 인간의 일시적 욕구를 만족시키고 물질적 이익만을 공급하지만 새로운 세계관이나 새로운 인생관은 인간의 영원한 요구를 만족시키고 일종의 정신적 이익을 준다." 왕궈웨이가 이런 말을 했을 때 철학과 미술을 치켜세우고 과학을 폄하하는 모습이 분명히 드러난다.

그는 과학이 정말 사람들의 공리하고만 관련되는지, 정말 사람들의 지식 추구를 전혀 만족시킬 수 없는지 탐구할 생각이 없었다. 결과적으로 그의 주장은 얼른 보기에 이른바 '물질 문명과 정신 문명'이라는 저급한 이분법과 별 차이가 없었다. 당시 사회 전체가 서방의 과학 성과와 선진적인 사회 제도에 매달리고 있는 상황에서, 왕궈웨이는 사

람들에게 이해되지 못했고 정신적으로 거대한 시달림을 감내해야만
했다. 왕궈웨이는 일찍이 학술을 빌려서 정치를 이야기한 유신파를 거
부했다. 우리가 그의 이런 거부감을 생각한다면 왕궈웨이는 그가 생활
한 시대를 받아들일 수도 이해할 수도 없었음을 알 수 있다. 이 때문에
그는 결국 절망 속에 자살이라는 길을 갈 수밖에 없었다. 그가 시대를
버렸다기보다는 시대가 그를 버렸다고 말해야 옳다.

사실 왕궈웨이가 보인 학술 연구의 변화에서도 학술은 현실 사회
와 정치에서 완전히 독립적일 수 없음을 볼 수 있다. 18세 이전에 왕궈
웨이가 주로 공부한 것은 전통 사학이다. 하지만 갑오년 청일전쟁 이
후 변법유신의 뜨거운 분위기가 그를 자극했다. 그래서 22세가 되던
해 상하이로 갔다. 그리고 신학(新學)을 광범위하게 접촉하고 공부했
다. 그는 인생의 참 의미와 자기 한 몸 해탈에 대한 깊은 관심이 있었
기 때문에 사람들이 몰린 이과(理科)가 아니라 철학을 선택하게 됐다.
그에게는 철학에 종사하는 것도 사람들의 해탈과 안위를 돕는 길이었
다. 나중에 쓴 문장에서 왕궈웨이는 재삼 철학이 각종 교육의 기초임
을 강조했다. 그는 아울러 장지동(張之洞, 1837~1909)이 학교 장정(章程)
에서 철학 과목을 폐지한 것을 비판했다.[8] 왕궈웨이는 쇼펜하우어의
사상을 소개하면서 그가 개인의 해탈만 이야기하고 세계의 해탈을 질
문하지 않은 것을 비판했다. 이런 것들은 모두 자기 구제와 타인 구제
라는 마음 씀씀이를 체현한 것이다. 그는 몇 년의 연구를 거치고 철학
에서 문학으로 옮겨 갔다. 그가 철학에서 발견한 곤경과 개인의 성취
가 원인이기도 했지만 다른 이유도 있었다. 그는 이렇게 말한다. "우리
중국 문학에서 가장 발전하지 못한 것은 희곡이다. …… 서양의 유명
한 극과 비교하면 수준 차이는 헤아릴 수도 없을 정도다. 내가 재주 없

음을 무릅쓰고 희곡에 유독 뜻을 둔 이유가 바로 여기에 있다."[9]

동·서 문화의 충돌은 그에게는 여전히 근심거리였다. 그것이 그의 학술 동기와 방향을 결정했다. 왕궈웨이가 나중에 그렇게도 아낀 철학과 문학을 포기하고 사학 연구를 시작한 것은 현실 정치와 관련된다. 신해혁명이라는 거대한 변화는 그의 이상을 부숴 버렸고 그가 중·서 사이에서 애써 유지하려던 균형을 깨뜨렸다. 그가 신해혁명 후의 열악한 정국과 서학의 전파를 연계시키려고 했을 때 서학에 대한 그의 신념은 동요하기 시작했다. 이때 전통은 다시 그의 사모의 정을 들추었다. 그는 이후 자신의 인생을 고대사를 고증하는 데 바쳤다. 근대라는 극렬한 변화와 혼동 속에서 순수한 학술 정신의 보존은 완전히 불가능하다고 말할 수는 없었지만 사실은 너무도 어려운 요구였다.

한 발 물러나 이야기해 보면 근대 사회에서 만약 어떤 사람이 정말 순수하게 학술에 파묻혀 세상일에 무관심했다면 그가 진정 정신의 자유를 획득하고 인생의 참모습에 깊이 다가설 수 있었을까? 이것은 여전히 문제다. 전통 학술은 변하지 않으면 결코 가망이 없다고 낙인 찍혔고, 서학은 여러 갈래 찢겨 복잡한 상태에 있었다. 이런 상호 모순되고 충돌하는 학설 가운데서 하나의 귀의처를 정해 어떠한 공리 목적의 간섭도 받지 않는다는 것은 엄청나게 힘든 임무였다. 구체적으로 왕궈웨이에게서 보자면 그가 가장 근심한 순수 철학 영역이 훨씬 심각한 곤경에 직면했음을 발견할 수 있다.

철학에 지친 지 며칠 됐다. 철학상의 학설은 대부분 사랑할 수 있는 것은 믿을 수 없고, 믿을 수 있는 것은 사랑할 수 없다. 나는 진리를 알지만 또한 오류를 사랑한다. 위대한 형이상학, 고매한 윤리학, 순수한 미학, 내가 몹시 사랑하는 것들이다. 하지만 믿을 수 있는 것을 추구한다면 차라리 지식론에서는 실증론, 윤리학에서는 쾌락론, 미학에서는 경험론 쪽이다. 믿을 수 있음을 알지만 사랑할 수 없고, 사랑할 수 있음을 알지만 믿을 수 없다. 이것이 최근 2~3년 내에 나의 가장 큰 번뇌다.[10]

우리는 기억하고 있다. 왕궈웨이는 일찍이 철학의 최고 목적은 진리 추구이고 진리는 영원토록 변화하지 않는 것이라고 선언했다. 쇼펜하우어의 철학을 소개하는 글에서 그는 칸트와 쇼펜하우어를 서방 철학 발전의 최고봉으로 간주했고 차츰 그들 철학의 위대함이나 엄정함 그리고 순수함에 경도됐다. 마치 저 두 철학자는 이미 인생이 직면한 모든 문제를 해결한 듯했다. 그래서 그의 문장에서 "칸트와 쇼펜하우어에 이르면 …… 움직일 수 없는 정론이 된다"는 구절을 여러 차례 만날 수 있다. 하지만 현재 그는 오히려 진리는 이미 실증론, 경험론 그리고 쾌락론으로 전향했음을 발견한다. 그가 그토록 사랑한 것은 원래 오류에 불과했다. 감정상 그는 이 점을 도저히 받아들일 수 없었다. 하지만 이성은 그가 어쩔 수 없이 사실에 직면하도록 했다. 이 때문에 곤란한 문제가 발생했다. 그것은 그가 결국 어떻게 해야 학술과 공리를 완전히 분리할 수 있을까 하는 문제였다. 그래서 윤리학의 쾌락론과 미학의 경험론에 근거하면 행복과 미감의 원천은 인간의 감각적 욕망의 만족에 있다.

그러나 왕궈웨이가 줄곧 반대하고 경시한 것은 이런 생활상의 욕구다. 그가 견지한 철학과 미술은 단지 지식과 감정에 대한 인간의 갈구를 만족시키기 위해서였다. 이것은 조화가 불가능한, 완전히 대립되는 두 입장이다. 둘 중 하나를 폐기하지 않는 이상 다른 한쪽을 수용할 수 없다. 왕궈웨이가 이성적으로 뒤의 것을 믿을 만하다고 인정했다면 그는 앞의 것을 철저하게 배척해야 한다. 이런 잔인한 논리 앞에서 왕궈웨이는 자신의 고통을 갖고서 문학과 역사학 영역으로 퇴각했다. 그는 희곡사 연구와 갑골문 고증에 종사했다. 하지만 문제는 결코 이런 식으로 해결되지 않는다. '과현논쟁'의 불길이 일어났을 때 사랑할 수 있는 것과 믿을 수 있는 것, 지식과 가치, 학술과 정치 사이의 모순은 더 한층 사람들의 관심을 끌었다. 이번에는 두 진영으로 분열했고 다시는 왕궈웨이 혼자 고통을 부담하길 요구하지 않았다.

선구자로서 왕궈웨이는 자신의 예민한 영혼을 통해서 이미 현대 문화의 곤경을 정확히 체험했다. 그의 순수 철학에 대한 편애, 과학의 범위에 대한 제한은 훗날 현학파를 연 전주곡이라고 할 수 있다. 낭만주의에서 실증주의를 향한 신념 체계의 전향은 과학주의의 성행을 예시했다. 하지만 학술의 독립성에 대한 왕궈웨이의 강조는 뒷사람들의 그 어떤 주의도 끌지 못했다. 과학파나 현학파를 막론하고 사회 개조와 인생 이해에 다들 바빴다. 이 때문에 왕궈웨이에게서 우리가 보는 것은 단지 화두를 들고 있는 겸손한 학자일 뿐이지만 눈을 '과현논쟁'으로 돌려 보면 수많은 젊고 열정적인 청년들의 선생을 볼 수 있을 것이다.

과현논쟁 : 이데올로기의 배경

우리가 시작하면서 지적한 대로 '과현논쟁'은 장쥔마이가 칭화대학에서 행한 연설을 딩원장이 비판하면서 시작됐다. 장쥔마이는 그 강연에서 과학이 얼마나 발전하든지 간에 인생 문제를 해결할 수 없다고 선언했다. 딩원장은 완전히 상반된 관점을 내놓았다. 어떤 문제든지 지식의 범위 내에서는 모두 과학에 의해서 해결된다고 생각했다. 표면적으로 보자면 두 사람의 관점은 첨예하게 대립하고 있지만 이런 상반된 주장 배후에는 공통의 이상이 있었다. 바로 젊은 세대에게 일종의 신앙을 제공하는 것이다. 장쥔마이는 자신의 목적이 청년들을 설득해서 교과서에 의해 잘못 인도되거나 과학 가치와 인과율의 작용에 대해 과도하게 추수하는 일이 없도록 하고 인생의 참된 의미와 특별함에 다시 주목하게 하는 거라고 여러 차례 강조했다.

딩원장은 자신의 반론은 결코 친구 장쥔마이를 설복하려는 게 아니라 청년들을 일깨워서 현학가의 길을 가지 않게 하는 거라고 설명했다. 청년들은 저들 두 사람의 관심과 설복, 지도 그리고 권고의 공통 대상이었다. 이 때문에 과현논쟁은 순수한 학술 영역을 벗어나 광범위한 사회적 의의를 획득했다. 사실 논쟁의 쌍방이 지향한 곳은 이처럼 멀었고 논쟁 자체도 모르는 사이에 변화하기 시작했다. 과학이 인생관 문제를 해결할 수 있는지는 이미 핵심이 아니었다. 우리들은 어떤 인생관으로 사회를 지도하는 이상으로 삼아야 하는지였다. 전자는 사실 문제이고 후자는 가치 범주에 속한다.

불행하게도 논쟁의 실제 참가자들은 이 점을 명확하게 의식하지 못했고, 두 문제를 명확히 구분하지 못한 상황에서 논쟁에 뛰어들었다. 결과적으로 이 논쟁은 시작하자마자 희극적인 효과를 발휘했다. 현학파들이 고려한 점은 두번째 문제였다. 하지만 표현한 것은 오히려 첫번째 형식이었다. 과학파는 이것을 전혀 고려하지 않았다. 경우에 따라서는 두번째 문제를 위해 준비한 답안을 첫번째 문제의 해답으로 꺼내 놓았다. 그 결과 논쟁의 어느 쪽을 막론하고 그들이 상대를 공격하거나 비판할 때는 늘 이유나 근거가 있어 보이지만 일단 정면으로 논의를 전개하면 그들의 빈약하고 천박한 논거는 곧바로 폭로됐다. 반대로 진정 첫번째 문제에 관심을 가지고 학술 면에서 논증을 제시하려는 사람은 논쟁에서 거꾸로 머리 한 번 써 보지도 못하고 늘 자신의 주제를 잃어 버렸다.

과학 만능론에 대한 거부

장쥔마이가 칭화대 강연에서 인생관 문제를 중요하게 제시한 까닭은 당시 유행한 과학 만능론을 제압하기 위해서였다.

> 20~30년 이래 중국 학계의 중심 사상은 과학 만능이라고 할 만하다. 과학에 이야기가 미치면 엄청난 기세로 오직 옳다고 이야기할 뿐, 감히 다른 말을 할 수 없었다. …… 이런 분위기에서 나는 과학의 능력에도 일정한 한계가 있다는 학설을 청년 동학에게 일러 준다. 귀에 거슬리는 말이겠지만 어찌 괴이하다고 하겠는가![11]

변법유신 이후 신지식 계층의 열렬한 선전으로 과학 정신과 과학적 방법론은 전에 없이 존중을 받았다. 과학 정신과 '과학방법'에 의지할 때만 일상생활에서 만나는 모든 문제를 풀 수 있을 것 같았다. 과학은 분명 새로운 교조로 신속하게 강화되고 있었다. 이런 상황 아래서 장쥔마이는 사람들을 일깨워 과학 및 그 방법의 한계에 주의를 기울이도록 했다. 확실히 명료한 논의였다.

이론 면에서 이야기하자면 장쥔마이는 두 방면에서 강력한 지지를 획득했다. 먼저 보수주의로 전향한 량치차오와 또 다른 전통주의자 량수밍이었다. 두번째는 유럽 대륙의 생철학자인 베르그송, 오이켄, 드리에슈 등이다. 앞서 몇 년 전 량치차오는 유럽을 여행했다. 그는 이후 자신의 저명한 여행기에서 과학의 파산을 선고했다. 그는 과학의 발전은 공업 혁명에서 나왔고 외면적 생활의 엄청난 변화를 초래했지만 곧장 사람들의 내면 생활의 평정을 파괴했다고 생각했다. 심지어 인류의 정신도 유물론적 기계결정론의 지배를 받을 것이고 결국 "어쩔 수 없이 인류의 자유의지는 부정됐다. 의지가 이미 자유로울 수 없는데 무슨 선악의 책임이 있겠는가". 게다가 과학 원리는 늘 상대적 진리다. 결코 그것이 파괴한 저 영원한 진리를 대체할 수 없었다. 그래서 "새로운 권위를 수립할 수 없었고, 기존 권위를 회복할 수도 없었다. 그래서 사람들은 나침반을 잃고 바다 위에 떠 있는 선박처럼 의심과 답답함 그리고 공포 속에 빠져 버렸다". 그래서 쾌락주의와 강권주의는 점점 세력을 얻었고 군벌, 재벌, 심지어 전쟁도 이 때문에 발생했다. 량치차오는 절망 속에서 이렇게 말했다.

당시 과학 만능을 노래하는 사람들은 과학이 이룩한 황금세계가 곧 출현하길 갈망했다. 요즘 노력이 성공한 듯하다. 100년의 물질 진보는 앞선 3000년 동안 획득한 것보다 오히려 몇 배가 된 듯하다. 우리 인류는 행복을 획득하지 못했을 뿐 아니라 도리어 수많은 재난을 초래했다. 마치 사막에서 길을 잃은 여행자가 저 멀리 커다란 검은 그림자를 보고선 죽기 살기로 그것을 향해 가면서 그것에 의지해서 여행을 할 수 있을 거라고 생각한다. 하지만 그것에 어느 정도 가까이 가보면 그림자는 보이지 않는다. 이 때문에 한없이 처량한 신세가 된다.

그림자는 무엇인가. 바로 '과학 선생'이다. 유럽 사람은 과학 만능이라는 한바탕 꿈을 꾸었지만 이제는 과학의 파산을 말하기 시작했다.[12]

량수밍은 한 걸음 더 나가서 『동·서 문화 및 그 철학』에서 먼저 인류 문명 발전의 세 가지 기본 방향을 확정했다. 서방의 미래를 향한 분투, 중국의 조화와 절충, 인도의 관조와 반성이다. 아울러 서방 문명의 건전과 활력을 찬양했다. 하지만 그는 미래의 세계 문명은 중국 문명의 부흥일 거라고 믿었다. 이 때문에 그는 당장의 중국 임무는 결코 서방을 반대하는 것이 아니라 서방 문명 가운데 과학이나 민주주의 같은 우수한 것들을 전반적으로 받아들이는 데 있다고 보았다. 그리고 중국 전통의 지혜와 윤리를 보강해서 그것의 태도를 근본적으로 개선해서 다시는 과거처럼 실리만 추수하는 폐단에 빠지지 않도록 해야 한다고 생각했다.

량치차오와 량수밍은 이렇게 정신 가치를 긍정했고 동방 문명을 찬양했다. 이것은 곧바로 장쥔마이를 자극했다. 장쥔마이가 강연 중에 보인 내면 생활과 외면 생활에 대한 구분, 과학 지식에 대한 회의, 정신 문명의 우월성에 대한 암시 그리고 과학이 초래한 강권과 전쟁에 대해 고발은 대부분 저 두 사람의 저작에서 단서를 찾을 수 있다.

그 밖에 장쥔마이는 유럽의 생철학자인 베르그송, 오이켄 등 반(反)이성주의의 영향을 크게 받았다. 사실 자유 의지와 직각의 중시는 저런 사상가들에게서 직접 연원했다. 베르그송 등은 19세기 후반부터 성행한 비이성주의 사조를 이끌었다. 그들은 근대 이래 이성주의와 자연과학 그리고 기술 진보가 조성한 기계주의에 대해 맹렬하게 공격했다. 그들은 추상화되고 굳어진 개념이 비록 자연을 정복하는 데 유용하지만 전체 실재계의 본질을 인식하는 데는 아무런 도움이 되지 않는 다고 생각했다.

특히 우리의 내면 체험은 이런 개념을 가지고는 표현할 길이 없 다. 이 때문에 이성을 통한 지식은 늘 표면적이고 상대적이다. 또한 부 분적이고 정태적이기까지 하다. 직각을 통해서야 우리들은 실재계에 관련한 완전한 지식을 획득할 수 있다. 베르그송 등은 과학이 이미 우 리가 생명 가치나 정신의 특질을 파악하는 것을 심각하게 제한했다고 믿었다. 이 때문에 반드시 이런 이성의 족쇄를 부수고 진정으로 생명 의 창조성과 능동성을 보여야 하고 그렇게 해서 개인의 생명을 해방하 고 우주의 창조 능력을 실현해야 한다고 믿었다. 저들의 이런 관점은 과학 만능론에 대한 장쥔마이의 회의를 더욱 견고하게 했다.

하지만 기자 출신인 장쥔마이는 이미 량치차오의 엄밀함[13]이나 량 수밍의 체계를 결핍한 데다가 그의 서방 선생들의 생활 문화도 결핍했 다. 이 때문에 그가 자신이 받아들인 사상을 한데 융합해서 표현하려 했을 때 어쩔 수 없이 거칠고 독단적이었다. 칭화대 강연에서 장쥔마 이는 "과학은 객관적이고 인생관은 주관적이다", "과학은 논리에 지배 되고 인생관은 직각에서 출발한다", "과학은 분석에서 시작하고 인생 관은 오히려 종합한다", "과학은 대상의 공통된 현상에서 출발하고 인 생관은 인격의 단일성에서 출발한다"[14]는 등 단지 몇 가지 특징을 나 열함으로써 과학과 인생관을 절대적으로 대립하는 양 극단에 두었다. 그가 대립되는 범주의 함의를 적절하게 규정하지 못했다고 말하는 게 아니다. 문제는 그의 극단적인 입장은 과학의 진보가 인류 사회를 발 전시키고 인간의 생활 관념에 엄청난 영향을 끼칠 것임을 아예 무시했 다는 점이다. 이러하기에 대립적인 범주로 과학과 인생관을 구분하는 것은 사실상 결코 타당하지 않았다. 왜냐하면 객관, 논리, 분석, 인과성 등으로 과학을 규정할 경우 과학의 영역은 대단히 좁아지고 과학이라는 말은 단지 물리나 화학 그리고 수학 같은 정확성을 추구하는 분과 학문에만 적용될 것이다. 심리학과 사회과학 같은 인류의 정신 현상을 다루는 학과는 배제되고 만다. 장쥔마이도 정확히 이렇게 생각했다. 그는 나중에 생물학과 심리학이 과학임을 의심했다. 이 때문에 그는 억지 부리는 것 같은, 매우 불리한 상황에 처하게 됐다. 반대로 그는 인생관의 범위를 매우 포괄적으로 규정했다. 개인과 사회, 개인과 국가, 개인과 재산 등 아(我)와 비아(非我)의 모든 관계가 인생관과 관련된 내용이고 결과적으로 모든 사회 현상과 정신 현상에 대한 객관적 분석의 시도는 모두 아무런 의미 없는 작업이라고 간주했다.

장쥔마이는 다음과 같이 외쳤다. "공자나 맹자부터 송·원·명의 이학가에 이르기까지 내면의 마음 수양에 열중했다. 그것은 정신 문명으로 열매를 맺었다. 300년 이래 유럽은 인간의 힘으로 자연을 지배하려는 데 집중했기 때문에 물질 문명으로 결실을 맺었다."[15] 아울러 그는 암시적으로 정신 문명은 가장 고상하고 공경할 만한 것이고 물질 문명은 낮은 수준의 것으로 모방할 가치가 없다고 말했다. 그는 사실 몰래 주제를 바꿨다. 또한 이미 "과학은 인생관 문제를 해결할 수 없다"에서 "과학적 인생관은 형이상학적 인생관보다 못하다"는 문제를 논증하는 쪽으로 옮겨 갔다. 이런 전환의 결과 장쥔마이의 논의는 국수론 수준으로 떨어졌기 때문에 과학파의 비판과 공격에 대응할 수 없었다. 만약 자신의 논의 주제를 "과학은 인생관을 해결할 수 있는가"라는 문제로 제한했다면 그가 받은 공격은 훨씬 적었을 것이다. 하지만 그렇게 했다면 청년들에게 일종의 새로운 인생관을 제공하려는 자신의 목적은 만족시킬 수 없었을 것이다.

장쥔마이의 이런 독단적인 주장은 지질학자 딩원장의 반대를 불러일으켰다. 과연 딩원장은 시작하자마자 정신 문명과 물질 문명의 천박한 구분과 동방 문명이 서방 문명보다 우수하다는 황당한 논조를 붙잡고 늘어졌다. 딩원장은 다음과 같이 논증했다. 물질 문명은 단지 과학의 결과이지, 결코 과학의 원인이 아니고 과학의 재료가 비록 물질이지만 과학의 목적은 개인의 주관적 편견을 없애고 진리를 찾는 데있다. 과학은 단지 물질 문명과 동일시할 수 없고, 그뿐 아니라 그것은 심지어 교육과 교양의 가장 뛰어난 도구다. 그것은 사람들이 기존의 편견을 제거하고 진리를 추구하는 능력과 진리를 사랑하는 마음을 갖게 할 수도 있다. 딩원장은 장쥔마이가 물질 문명과 정신 문명이라는 매우 엉성한 개념으로 동방 문화와 서방 문화를 구분한 것에 대해 질문했다.

송대에 내면 공부를 이야기한 이학가는 한 사람에 그치지 않는다. 가장 분명한 이들은 육상산 일파다. 당시 학자들은 여전히 독서를 주장했기 때문에 완전히 공허하지는 않았다. 하지만 우리가 보기에 남송의 사대부들은 아무런 능력도 없고 상식도 없이 사람들을 놀라게 했다. 그 결과 백년 동안 야만적인 몽고인의 통치를 받게 했다. 강남에서 수백만 명이 몽고인에게 살육됐다. 한족의 문화가 거의 끊어질 뻔했다. 명나라 때 육상산의 적통은 왕왕명과 진백사였다. 명말이 되어육왕학파는 천하를 풍미했다. 그들은 남송 사대부에 비해 훨씬 퇴보했다. 독서는 사물에 빠져 뜻을 잃어 버리고 사물을 다룰 때는 기풍과 격조를 상실했다. 사대부들은 옛것도 모르고 지금의 것도 몰랐다.

"이쁘고 나약하기만 하지, 아무런 쓸모가 없었다." 무슨 사건이 일어나면 바보처럼 아무런 방법이 없었다. 산시(陝西)의 두 유적(流賊)이 뜻밖에 만주인의 앞잡이가 되었다. 장헌충이 쓰촨에서 죽인 사람은 1차 세계대전에서 죽은 사람의 곱절이 넘는다. 만주인이 강남 지역에서 한 짓은 말할 것도 없다. 곰곰이 생각해 보라. 이런 정신 문명이 도대체 무슨 가치가 있는지? 무슨 낯으로 과학을 공격하는가.[16]

딩원장이 민족 침략과 사회 동란의 원인을 이학가의 무능으로 돌린 것은 공정하지 않지만 이 점으로 장쥔마이를 반박한 것은 오히려 적절했다. 왜냐하면 장쥔마이의 과학 비판은 정확히 공리의 각도에서 출발했기 때문이다. 만약 이른바 정신 문명이 사회 혼란에 대해서 과학 정도로, 아니면 과학 이상으로 무력하다는 사실을 증명할 수만 있으면 그것의 우월성은 과연 어디서 찾아야 할까? 전체적으로 보면 알맹이도 없는 추론보다는 사실을 통한 반박이 훨씬 설득력이 있다. 아마 딩원장의 이런 예리한 비판 때문에 이후 논쟁에 참가한 현학가 중에 동방 문명을 정신 문명으로 보고 서방 문명을 물질 문명으로 간주하고서 동방 문명이 서방 문명보다 낫다는 케케묵은 논조를 반복하는 사람은 거의 없었다.

딩원장은 장쥔마이의 "과학은 인생관을 해결할 수 없다"는 주장에 대한 비판을 잊지 않았다. 장쥔마이는 일찍이 "인생관은 전혀 통일적이지 않다"는 주장을 내놓았다. 딩원장은 바로 이 점을 반박했다. 인생관이 현재 통일되지 않은 것과 영원히 통일될 수 없는 것은 별개의 문제다. 실제적인 논거를 가지고 인생관은 결코 통일할 수 없음을 증명하지 않는다면 인류는 책임을 지고 그것의 통일을 추구해야 한다.

딩원장은 과학적 방법론이 인생관의 통일을 실현할 것이라고 생각했다. 그는 과학적 방법론에 대한 지나친 숭배 때문에 극단으로 치달았다. 즉 어떤 문제도 지식의 범위 안에서는 과학적 방법론으로 해결할 수 있다고 생각했다. 그렇다면 도대체 뭐가 과학적 방법론일까? 이 문제에서 딩원장은 상식적인 경험론으로 되돌아온다.

> 우리가 말하는 과학방법은 세계상의 사실을 분류해서 그것들의 질서를 추구하는 것 이상이 아니다. 분류와 질서가 분명해지면 우리는 다시 아주 간단한 한마디 말로 이 수많은 사실을 개괄하는데 이것을 과학의 공리(公理)라고 부른다.[17]

이런 과학적 방법론은 여전히 귀납법의 초기 단계에 머물러 있다. 그것은 우리의 모든 지식은 감각경험에서 발원하고 사상이나 관념, 심지어 감정 등도 감각경험의 확장이나 연장에 불과하다고 믿는다. 이 때문에 우리의 감각 기관과 외물이 접촉해서 지속적으로 경험을 형성할 때 귀납을 통해서 모종의 질서와 원칙을 추출하는 것이 바로 과학의 규율이다. 딩원장은 솔직하게 그의 이런 방법은 마흐(Ernst Mach, 1838~1916)의 실증주의와 피어슨(Karl Pearson, 1857~1936)의 현상주의에서 나왔다고 인정했다. 그는 이런 관점을 '존의론(存疑論)적 유심론'이라고 말했다. 하지만 다른 모든 경험론자와 마찬가지로 딩원장의 '존의론적 유심론'에도 치명적인 약점이 있다. 첫째, 그는 이성이나 직각 같은 인류의 기타 인식 능력의 작용을 홀시했다. 둘째, 그는 이론이나 가설 혹은 연역이 과학 지식의 형성 과정에서 발휘하는 역할을 인식하지 못했다. 이 점은 이후 과학 철학에 의해 증명됐을 뿐 아니라 당시나 그 이전에도 앙리 푸앵카레(Henri Poincaré, 1854~1912) 등 수많은 과학자들이 그것을 중시했다. 장쥔마이는 딩원장을 반박할 때 비록 첫 번째 문제를 알고서 감각경험은 결코 지식의 유일한 원천이 아님을 지적했지만, 그 자신이 과학적 방법론 문제에서 마찬가지로 귀납주의에 빠졌기 때문에 딩원장이 운용한 과학 지식론의 결정적인 실수를 찾아 낼 도리가 없었다.

과학 가치의 웅변

딩원장과 장쥔마이가 처음 관심을 가진 점은 어떤 인생관을 선택해야 하는가의 문제였다. 하지만 그들의 논쟁이 '과학은 인생관을 해결할 수 있는가' 하는 문제로 낙착하고 각각 한쪽을 고집할 때, 당연히 인생관이나 과학 문제에 관심을 갖고 있던 수많은 사람들을 자극했다. 그래서 공개적인 논쟁 이후 오래지 않아 당시 중국 사상계의 수많은 지도자들이 논쟁에 참여했다.

　장쥔마이는 소수의 지지자를 얻었다. 일찍부터 '과학 파산'을 선고한 신전통주의자 량치차오는 표면상 중간자의 입장을 택했다. 하지만 내용에서는 예전대로 현학파를 동정했다. 그는 "인생 문제는 대부분 과학방법을 통해서 해결해야 한다. 하지만 일부분, 혹은 가장 중요한 부분은 과학을 벗어난다"[18]고 주장했다. 그는 비록 저러한 장쥔마이의 극단적 입장을 동의할 수는 없었지만 여전히 형이상학을 위해서 한 자리를 남겨 두었다. 그의 입장에서 과학의 침략을 받지 않은 영역은 정감이었다. "인생은 이성적 면과 관련된다. 절대적으로 과학방법을 통해서 문제를 해결해야 한다. 감정과 관련된 문제는 절대적으로 초과학적이다."[19]

린짜이핑(林宰平, 1878~1961)과 판서우캉(范壽康, 1896~1983)은 장쥔마이의 또 다른 동조자였다. 두 사람은 장쥔마이의 과학 공격에 동의하지 않았지만 과학을 만능으로 받드는 것도 찬성하지 않았다. 린짜이핑은 과학적 방법론이 비록 물질에 대한 인류의 요구에 도움이 되지만 결코 그것이 인류를 어떤 방식으로 통제할 수는 없다고 생각했다. 인간은 결국 양지와 의식 그리고 사상을 가진 존재라고 생각한 것이다. 린짜이핑은 과학적 방법론을 사용한다고 해서 모두 과학은 아님을 날카롭게 지적했다. 만약 과학적 방법론을 무한히 확장해서 그것을 형식 논리와 등치시킨다면 그것이 아무것도 아닌 게 되고 일체 모든 존재가 과학이 될 것이다. 후스의 『홍루몽』 강의도 과학이 되는 우스운 상황이 출현할 것이다.[20]

판서우캉은 다른 각도에서 이 문제를 분석했다. 그는 과학을 설명 과학과 규범 과학, 둘로 나누고 설명 과학은 필연 법칙을 연구하고 규범 과학은 당연 법칙을 연구한다고 보았다. 인생관의 주된 관심은 이상적이고 당연한 법칙이다. 그래서 마땅히 규범 과학의 범위에 귀속한다. 그런데 인생관 가운데 현실과 관련된 측면은 설명 과학을 통해 연구해야 한다. 이 때문에 그는 다음과 같은 결론을 내렸다. "윤리 규범, 즉 인생관의 일부분은 선천적이고 일부분은 후천적이다. 선천적 형식은 주관적 직각을 통해서 획득되지, 결코 과학은 개입할 수 없다. 후천적 내용은 응당 과학적 탐구를 통해서 확정되지, 주관으로 마음대로 규정할 수 있는 게 아니다."[21]

린짜이핑, 판서우캉 두 사람 외에 장쥔마이의 가장 유력한 지지자는 장둥쑨(張東蓀)이었다. 장둥쑨은 장쥔마이처럼 기자 출신이다. 하지만 그는 당시 서방의 각종 철학 사조에 대해 가장 탁월하게 반응한 것으로 유명하다. 그는 굉장히 너른 시야에서 일찌감치 당대 철학의 역할 변화를 의식했다. 또한 철학은 이미 신학에서 분리되어 일종의 비판 과학이 되었다고 말했다. "나는 과학이 한 자루 날 선 칼과 같다고 말한 적이 있다. 어떤 것도 이 칼날을 만나면 해체되고 만다. 가장 신비한 생명, 정신, 감정, 의지도 쪼개지지 않는 게 없다. 하지만 하나만 여전히 예외다. 모든 것을 다 쪼개는 칼 그 자체다. 바꾸어 말하면, 그것은 즉 위대한 지혜다."[22] 그래서 장둥쑨은 형이상학을 제거하려는 과학파의 시도가 '고생만 하고 아무런 성과는 없는 짓'이라고 놀려 댔다. 그리고 린짜이핑과 마찬가지로 딩원장의 과학적 방법론은 지나치게 진부하고 광범위하다고 비판했다. 장둥쑨은 특히 과학이 과학일수 있는 까닭은 방법의 일치가 아니라 목적의 일치에 있다고 지적했다. 이것은 장쥔마이가 과학파에게 퍼부은 그 어떤 반박보다 효과적이었다.

장쥔마이와 달리 딩원장은 훨씬 많은 지지자를 확보했다. 장쥔마이의 칭화대 강연은 우즈후이, 후스 그리고 천두슈 같은 정치가나 사상가 외에도 일부 과학자들의 분노를 샀다. 미국 코넬대학에서 유학했고, 중국 근대 과학사의 첫 페이지를 장식한 런훙쥐안(任鴻雋, 1886~1961), 왕싱궁(王星拱, 1887~1949), 탕웨(唐鉞, 1891~1987) 같은 이들도 분기하여 과학을 위해 싸웠고 '과학인생관'을 보위했다. 수학자 런훙쥐안은 우선 과학과 인생관의 구분에서 토론을 시작했다. 그는 인생관은 외물과 내심의 조화를 추구하는데 과학이 진보할수록 외물과 내심이 조화할 가능성은 더욱 커진다고 생각했다. 그래서 인생관도 과학에 의해 더욱 발전할 것이라고 생각했다. 그는 예를 들어 설명한다. 수많은 과학자가 그토록 인격이나 도덕에서 뛰어난 까닭은 주로 과학을 연구하는 과정에서 체득한 진지함과 고집 때문이다. 그래서 그들의 인생관은 그들의 과학 연구에 있다. 이를 통해서 런훙쥐안은 "인생관적 과학은 불가능하지만 과학적 인생관은 가능하다"[23]고 결론 내렸다.

화학자 왕싱궁은 다른 시각을 채택했다. 그는 판서우캉이 제시한 설명 과학과 규범 과학의 정의를 받아들였지만 과학을 인과성과 통일성이라는 두 원리로 단순화했다. 그래서 그는 이렇게 결론 내렸다. "과학은 인과와 통일이라는 두 원리에 의지해서 구성된다. 인생 문제는 그것이 생명 관념이든지 아니면 생활 태도든지 이 두 원리의 철조망을 벗어날 수 없다. 그래서 과학은 인생 문제를 해결할 수 있다."[24] 왕싱궁의 이런 절묘한 논증은 당시 어떤 이의도 일으키지 않았다. 심지어 그는 용감하게 '과학인생관'을 정의했다. "과학적 태도에 의지해서 사상을 정리하고 의견을 구성하여 힘써 실천하는 것을 '과학인생관'이라고 할 수 있다."[25]

저명한 심리학자인 탕웨는 과학파의 또 다른 대장이 되었다. 그는 많은 논쟁적인 글로 인간과 미(美)에 대해 분석하기 시작했다. 탕웨는 어떤 현상도 원인을 가지며 인과율을 따르기 때문에 인생관도 예외는 아니라고 믿었다. 인생관은 세계 만물과 인류에 대한 한 개인의 태도인데 이런 태도는 개인의 신경 구조나 경험, 지식 등에 따라 변화하기 때문에 신경 구조가 바로 인생관의 원인이다.[26] 현학가는 감정 현상을 분석할 수 없다고 말하지 않았는가? 그렇다면 과학자가 기어코 사랑과 미를 분석하려고 했을 때 결과는 어떠했을까? 탕웨는 "내 생각에 사랑과 미는 분석과 이해를 거친 후에도 사람들이 점점 더 그들의 사랑스러움을 느끼게 할 것"[27]이라고 주장했다.

우리는 여기서 과현논쟁이 어디까지 도달했는지 알 수 있다. 사상계 지도자들이 대거 이 논쟁에 참가했기 때문에 장쥔마이와 딩원장은 각각 자신의 동맹군을 찾았다. 현학파의 입장에서 말하자면 대다수가 처음부터 장쥔마이의 경직된 입장에서 후퇴했다. 그들은 점점 더 과학의 사회적 역할을 무시하지 못했고 그래서 인생관은 근본적으로 과학의 영향을 벗어날 수 없음을 의식했다. 그들은 다시는 정신 문명과 물질 문명이라는 간단한 구분에 얽매이지 않았다. 당연히 동방 문명이 우월하다는 신화도 다시는 믿지 않았다. 하지만 그들은 어찌 됐든 간에 최후의 신성한 지반을 포기할 생각은 없었다. 량치차오는 '정감'이라고 말했고, 장쥔마이는 '내심 생활'이라고 불렀다. 판서우캉은 '선천 형식'이라고 말했고 장둥쑨은 '위대한 지혜'라고 불렀다. 그 명칭이 무엇이든 간에 이런 철학자들은 줄곧 과학은 그것에 접근할 수 없다고 믿었다. 인류의 정신 생활을 위해서 평정한 영역을 지켜야 한다는 좋은 바람에서 현학가들은 과학의 맹렬한 충격 아래서 결국 최후의 보루로 퇴각했다. 그것은 정감과 가치 영역이다. 이것은 아마 인류가 지금까지 발견한 것 가운데 과학에 의해 통치되지 않는 유일한 영역일 것이다.

과학파의 입장에서 말하면 상황은 완전히 반대다. 딩원장 이후 논쟁에 참가한 과학자들은 점점 급진적으로 과학주의를 앞으로 밀고 갔다. 런훙쥐안이 과학은 인생관 건립을 도울 수 있다고만 인정했다면, 왕싱궁은 과학이 그것의 인과성과 제일성이라는 두 가지 불가침의 기준으로 인생의 모든 문제를 해결할 수 있다고 믿었다. 딩원장에게서 종교와 예술은 독립된 영역이라고 한다면, 탕웨에 이르러 사랑과 미감도 과학으로 분석할 수 있게 변한다. 이런 과학자들이 자신의 전공 영역에서 벗어나 인문 세계나 정신 세계로 돌입했고 자연 현상에 대한 자신들의 방법을 사용해서 마찬가지로 인류의 정감과 가치를 다루었다. 그들은 자신이 이런 만능의 방법을 장악했기 때문에 우쭐했다. 하지만 그들은 스스로 논증이 심한 견강부회임을 의식하지 못했다. 논쟁이 시작하자마자 탕웨는 사실 문제와 가치 문제를 분리해야 한다고 주장했다. 그렇지만 그가 미감과 사랑에 대한 과학적 분석에 뛰어들었을 때 그는 현학가들의 관심이 사실이 아니라 정확히 그가 말하는 가치라는 점을 고려하지 않았다. 이 때문에 그가 인간의 가치관념을 신경 구조 등 생리적 요소로 환원하고자 했을 때 그는 자신이 일찍이 의식한 함정으로 떨어지고 말았다. 1920년대에 사람들은 과학파의 이런 단순한 실수를 눈여겨보지 않았다. 이것은 과학주의가 당시 얼마나 유행했는지를 반증한다.

하지만 이후 우즈후이나 후스 그리고 천두슈가 논쟁에 참여하지 않았다면 과학파와 현학파 사이의 큰 세력 편차도 발생하지 않았을 것이다. 과현논쟁은 신지식 계층이 신념상 분열하고 있음을 보여 주었지만 도대체 어떤 인생관을 선택할 것인가 하는 문제에서 쌍방은 여전히 학술적 태도를 견지했다. 이후 토론에서 쌍방은 사실과 가치 사이에서 모종의 공통 인식을 획득했을 확률이 높다. 현학파는 기본적으로 이미 정감과 가치 영역으로 퇴각했기 때문에 다시는 무단으로 과학이 사회에서 갖는 극히 광범위한 역할을 부인하지 않았다. 과학파 중에서도 어떤 사람은 가치 문제는 과학이 토론할 수 없음을 의식하기 시작했다. 그래서 둘의 분리를 주장했다. 만약 논쟁의 쌍방이 정말 이런 입장을 채용했다면 이 논쟁의 사상사적 의미는 대폭 줄어들 것이다. 후스, 천두슈 등의 논쟁 참여 때문에 과학주의는 신속하게 전파됐고 이후 수십 년간 진행된 사상계의 큰 물줄기에 직접 영향을 주었다.

교조성의 종결

후스에 따르면 지금까지 논쟁은 여전히 급소를 찌르지 못했다. 딩원장의 힐문(詰問), 탕웨 등의 응답, 6개월의 시간, 25만 자의 엄청난 문장으로 겨우 요지 하나 만들었고 단지 사람들에게 이런 대단한 문제가 존재함을 알렸을 뿐이다. 정말 이야기할 만한 것은 우즈후이의 「새로운 신앙으로서 우주관과 인생관」이라는 글밖에 없다. 후스는 과학파든 현학파든 모두 구체적인 과학적 인생관의 전제를 제기하지도 않고 공허하게 과학은 정말 인생관 문제를 해결할 수 있는지 없는지를 이야기했다고 생각했다. 이 때문에 그들의 논쟁은 근본적으로 어떤 결과도 가질 수 없었다(후스는 아울러 논쟁에 참여한 과학파의 견고하지 못한 입장에서 그 원인을 찾았다). 우즈후이는 용감하게 과학을 기초로 하는 새로운 신앙을 이야기했다. 그래서 후스는 후방에서 선봉으로 나선 이 노영웅에게 재삼 경의를 표했다.[28]

그렇다면 우즈후이의 '과학인생관'의 구체적 내용은 무엇인가? 「새로운 신앙으로서 우주관과 인생관」에 따르면 이것은 순수한 기계이자 순수한 물질 세계다. 우주는 물질 원소로 구성됐고 물리력이 교환하고 서로 추동함으로써 변화를 낳는다. 이런 변화는 정해진 방식을 따라서 진행된다. 이런 운동의 변화 과정에서 인류는 탄생했다. 인간은 양손과 양발을, 그리고 3근 2냥[약 1875g]의 뇌수를 가진 동물에 지나지 않는다. 신이 존재하지 않듯 영혼은 존재하지 않는다. 정감, 사상, 의지 등도 물리력의 상응에 지나지 않는다. 이른바 애정은 완전히 생리 작용이고 조금도 미묘함이란 없다.[29]

놀랄 만한 사실은 듀이의 실용주의 신도로서 일관되게 사상 자유

를 외치고 전통적인 유물, 유심 논쟁에 반대한 후스가 이때 돌변해서
아무런 비판도 없이 우즈후이의 기계유물주의 자연관을 신봉했다는
점이다. 그는 한 걸음 더 나가 우즈후이의 이른바 새로운 신앙을 자연
주의 인생관으로 개조했다.

첫째, 천문학과 물리학 지식에 근거하면 인간은 공간의 무한한 크기
를 안다. 둘째, 지질학과 고생물학 지식에 근거하면 인간은 시간의 무
한한 길이를 안다. 셋째, 일체 과학에 근거하면 인간은 우주와 그것에
존재하는 만물의 운행과 변천은 자연적인 것이지, 초자연적 주재자
나 조물주가 필요 없음을 안다.[30]

우리가 생략한 것 가운데 후스는 동일한 격식에 근거해서 몇 가지
열거한다. 생존 경쟁, 생물학 입장에서 인간과 동물은 결코 종(種)·유
(類)의 차이가 없음, 생물 및 인류 사회의 끊임없는 발전 등이 그가 말
한 과학적 인생관의 내용이다. 하지만 누군가 일찍이 지적했듯이 후스
가 제시한 것은 과학의 상식에 지나지 않는다. 이른바 '공간의 무한한
크기'나 '시간의 무한한 길이'는 어떤 현학가도 부인한 적이 없다. 후
스는 이런 조목을 과학적 인생관의 기본 내용으로 삼았는데 이것은 사
람들에게 그가 근본적으로 인생관의 의미가 어디에 있는지 이해하지
못했다는 인상을 주었다. 그가 정말 현학가가 말하는 인생관의 함의를
대면했을 때, 그는 가치 있는 설명을 하지 않았다.

공간의 크기는 단지 우주에 대한 인간의 미감을 확대하고, 시간의
길이는 조상의 창업의 어려움을 특히 잘 깨닫게 할 뿐이고, 인과율이
꼭 인간의 자유를 속박하지는 않고, 생존 경쟁도 아마 인류의 동정심

을 증가시킬 것이라고 말했을 때[31] 그는 논리적으로 타당하지 않은 추론을 펼치고 있었다. 생존 경쟁이 어떤 때는 살해와 약탈을 초래하는 것처럼 공간의 크기는 인간의 공포심을 확대할 수도 있다. 이 때문에 후스가 제기한 십계(十誡)의 자연주의와 결정론에서 미감시의(美感詩意)와 도덕적 책임을 근본적으로 추론할 수 없다. 합리적으로 보이는 후스의 주장도 단지 마음대로 추론한 것에 불과했다.

늘 명석하고 온화한 후스가 왜 이런 엉뚱한 결론을 내렸을까? 보기에는 린위성(林毓生)의 말처럼 이유를 전통에서 찾을 수 있다.[32] 후스는 전통에 침윤한 지 오래됐다. 문화 심리의 결정체로서 후스도 여전히 중국 고대의 일원론적 세계관의 영향에서 벗어나지 못했다. 이 때문에 그는 다른 사람들과 마찬가지로 늘 모든 개체나 요소를 가장 높은 단계의 실재나 질서에 통일시키려는 생각을 갖게 됐다. 5·4신문화운동 시기 신속하게 진행된 전통적인 전제 정치 구조와 문화 구조의 붕괴로 종래의 신앙 체계는 철저하게 동요했다.

중국은 사상과 문화를 극히 중시하는 국가다. 우리는 5·4신문화운동 이후 사상계가 보인 인생관에 대한 유별난 관심에서 새로운 신앙의 건립에 대한 조급함을 발견할 수 있다. 후스가 실용주의에서 배운 것이 단지 과학적 방법론이었다고 한다면 그의 입장에서 이런 방법 및 직접적인 결과를 신앙의 원천으로 치켜올리는 것도 논리적으로 정당했다. 더구나 서방 문명에서 과학과 과학적 방법론이 엄청난 수준의 물질 역량과 정신 변혁을 가져왔다면 더욱 그렇다. 이런 각도에서 보면 후스가 과학을 만세토록 종족을 보존하기 위해 힘쓰는 최고 종교로 변환한 것도 전혀 이상하지 않다.

그렇지만 종교는 결국 과학이 아니다. 신앙은 이성을 대신할 수 없다. 과학 지식의 불확정성 때문에 과학이 종교의 역할을 감당할 수 없다는 말이 아니다. 다만 과학을 종교로 변환시키려는 후스의 활동 자체가 과학적이지 않다는 것이다. 우리가 이미 지적했듯이 후스는 인생관을 자연과학의 일반 원리에서 '과학적'으로 추론해 낼 수 없었다. 그가 구체적인 '과학인생관'을 제공하려고 했을 때 그는 사실 현학파의 문제를 회피했다. 또한 그가 과학은 인생관을 해결할 수 있다고 인정했다면 당연히 원인을 제시했어야 했다. 이것에 대해 후스는 어떤 능력도 없었다.

이런 상황에서 이미 맑스주의자가 된 천두슈가 등장했다. 천두슈는 시작하자마자 비판의 창끝을 과학파에게 겨누었다. 그는 과학파도 사실은 결코 과학이 어떻게 인생관을 지배할 수 있는지 명료하게 해석하지 못했다고 보았다. 그래서 현학파와 비교하면 오십보 백보 꼴에 불과하다고 생각했다. 천두슈는 처음부터 상대방의 근거지를 공격할 수 있는 무기가 있었지만 과학파는 평소 그것을 믿지 않아서 사용하려 들지 않았다고 지적했다. 이 무기가 바로 유물사관이다. 천두슈가 보기에 단순히 과학적 인생관이 얼마나 아름다운지를 이야기하는 것은 아무런 의미가 없었다. "우리는 반드시 과학이 모든 인생관을 지배할 수 있다고 증명해야 한다. 현학가들이 주장하는 직각이나 자유의지 등도 예외일 수는 없다. 만약 우리가 유물사관을 가져다가 현학파의 초(超)과학적 인생관을 과학적으로 설명한다면 이것이야말로 진정 과학의 권위를 세울 것이고 아울러 현학파에 대해 최종 승리를 거둘 것이다."

그래서 천두슈는 비판의 창끝을 다시 현학파에 겨눈다. 장쥔마이가 '자아'와 '비아'를 사용해서 열거한 아홉 개의 대립 범주는 실제로는 그가 치켜세운 저런 주관적 직각이거나 자유의지에서 발원한 것이 아니라 객관적으로 불변하는 물질 규율에 의해 증명될 수 있다. 이른 바 가족주의는 농업 경제를 기반으로 한 종법 사회의 산물이다. 이른 바 수구와 유신은 경제 변동이 초래한 계급 이익의 충돌에 지나지 않는다. 심지어 종교나 사상의 변천도 완전히 시대와 사회 세력의 지배에 의지한다. 현학가가 흥미진진하게 이야기한 직각이나 양심은 사회 환경의 산물에 불과하다.

선천적 형식, 양심, 직각, 자유의지, 이런 것들은 하나도 빠짐없이 환경이 다른 각 시대 각 민족의 사회 분위기가 주조한 것이다. 어떤 사람이 인도 바라문 집안에서 생활한다면 자연스럽게 살인을 바라지 않을 것이다. 그가 만약 아프리카의 추장 집안에서 태어났다면 자연 많은 살인으로써 자신의 영예를 삼을 것이다. 한 여자가 중국 벌족 집안에 태어났다면 자연 정절을 자신의 의무로 여길 것이고 그가 만약 이탈리아에 태어났다면 많은 연애를 자신의 자랑으로 삼을 것이다.[33]

이 때문에 천두슈는 다음과 같이 결론을 내렸다.

우리는 단지 객관적 물질 원인만이 사회를 바꿀 수 있다고 믿는다. 역사를 해석할 수 있고 인생관을 지배할 수 있는 것은 '유물사관'이다. 우리가 지금 딩원장 선생과 후스 선생에게 묻고 싶은 점은 "유물사관을 완전한 진리로 믿느냐? 아니면 유물론 이외에 장쥔마이 같은 사람이 주장하는 유심론도 과학을 초월해서 존재할 수 있느냐?"이다.[34]

논쟁 초기에 후스는 천두슈에게 말했다. "유물사관은 기껏해야 대부분의 문제를 해석할 수 있을 뿐이다." 천두슈가 후스가 말하는 자연주의 인생관의 인과론을 역사 영역에까지 확장하여 물질적 원인으로 역사를 해석하고 돌이켜 후스가 유물사관을 완전한 진리로 믿는지 질문했을 때 후스는 분명 머뭇거렸다. 자유주의 이상은 그가 사회 역사 영역에서 경제결정론을 완전히 수용할 수 없게 했다. 하지만 후스가 천두슈의 "마음은 곧 물질의 표현"이라는 주장을 견지하면서 자기 변호를 대신하고 사상과 지식의 독립된 지위를 획득하려고 싸울 때[35] 그는 그야말로 말을 얼버무렸다. 어쩐지 천두슈가 놀라서 말했다. "'마음의' 원인이라는 말이 어떻게 후스의 입에서 나온단 말인가! 물질일원론을 벗어나면 과학은 곧바로 죽음에 직면할 것이다. 후스가 자못 과학을 숭배한다지만 어떻게 마음과 물질을 평등하게 대우할 수 있단 말인가!"[36]

확실히 후스의 과학적 인생관과 천두슈의 유물사관 사이의 거리는 한 발짝에 불과하다. 후스는 일체 현상이 모두 인과율의 지배를 받는다고 본 게 아닐까? 후스는 인생관은 가장 낮은 단계의 통일을 가진다고 생각하지 않았을까? 후스는 결정론을 빌려서 인생관은 과학적으로 해석할 수 있다고 강조한 것은 아닐까? 이런 것들을 유물사관은 모두 만족시킨다! 역시 덩중샤(鄧中夏, 1894~1933)가 훨씬 단순 명료하다.

과학방법파는 대부분 과학을 배웠다. 그들의 태도는 첫째 회의이고, 둘째는 실증이다. 그들의 주장은 자연과학의 우주관, 기계론적 인생관, 진화론적 역사관, 사회화한 도덕관이다. …… 유물사관파도 과학에 근거하고 과학방법을 사용하기 때문에 위의 과학파와 근본적으로는 다르지 않다. 다른 점은 그들은 물질이 변동(솔직히는 경제 변동)하면 인류의 사상도 따라서 변동한다고 믿는다는 사실이다. 이것이 그들이 과학파보다 지식을 더욱 철저히 할 수 있는 까닭이다. …… 정리하자면 동방문화파는 가짜 새것이자 비과학이며 과학방법파와 유물사관파는 진짜 새것이고 과학이다. 현재 중국 사상계의 형세는 뒤의 두 파가 연합 전선을 결성하고 일치단결해서 하나의 적을 향해 전진하고 돌격한다.[37]

이것이 바로 역사의 논리다. 현학파는 이 논쟁을 거치면서 기운을 크게 상실했다. 과학파라고 해서 논쟁 이후 실력이 특별히 증대한 것으로 보이지는 않는다. 왜냐하면 그들의 주장은 대부분 맑스주의라는 새로운 학설에 의해 포섭되고 극복됐기 때문이다. 이 신종 학설은 중국 사상계의 논쟁에 개입하자마자 엄청난 위력을 발휘했다. 이 때문에 이데올로기와 과학을 한 몸에 장착한 유물사관이라는 새로운 신앙은 자연주의를 기초로 하는 진화론적 인생관을 대체하고 청년 세대가 자발적으로 사회를 개조하는 행동 지침이 되었다. 이것은 '과현논쟁'의 가장 중요한 결과이기도 하다.

이제 이 장의 내용을 거칠게라도 정리할 수 있다. '과현논쟁'은 1923년 발생했다. 일반적 견해에 비추어 보면 이것은 5·4신문화운동 (1915~1923)의 마지막 1년이다. 만약 5·4신문화운동의 전기는 분명 비판에 집중했고 후기는 건설을 일정으로 제시했다. 하지만 어떠하든 간에 이 운동은 모두 주요하게 신념 체계의 전환이며 이데올로기의 신진 대사이다. 만약 우리가 왕궈웨이에게서 본토 문화의 존망에 대한 우려와 근대 문화 충돌에 대한 곤혹으로 집약된 영혼을 느꼈다면 '과현논쟁'에 와서 우리는 이데올로기의 건설을 고려하는 사상계의 지도자들을 만난다. 그들은 사회 여론을 지도하는 것과 지식 청년에게 모델을 제시하는 역할을 가볍게 보지 않았다.

논쟁을 시작할 때는 양 당사자가 문제를 엉뚱하게 순수 학술 영역으로 끌고 갔지만 후스와 천두슈 등의 개입으로 이 논쟁은 그것의 본래 문제로 되돌아간 듯했다. 이 때문에 5·4신문화운동 시기 새로운 지식계를 검열한 대토론 속에서 정말 현학가를 대표한 사람은 철학자 판서우캉이나 장둥쑨도 아니고 불학가 린짜이핑도 아닌 정치가이자 사상가인 량치차오와 장쥔마이였다. 과학파를 진정 대표한 인물도 지질학자인 딩원장이나 화학자인 왕싱궁도 아니고 수학자인 런훙쥔안이나 심리학자인 탕웨도 아닌 정치가이자 사상가인 우즈후이와 후스였다. 전문 지식 영역에서 판서우캉과 탕웨 등의 논술은 정확했지만 논쟁 자체로 보자면 별로 중요하지 않았다. 이 점은 이상하게 들릴지도 모른다. 판서우캉이 인생관을 해석하면서 그것을 규범 과학의 범위로 한정시켰을 때, 탕웨가 일체의 심리 현상은 모두 원인이 있다고 논증했을 때 그들은 그야말로 주제를 놓치고 말았다.

사실 논쟁의 내용을 한마디로 간단히 정리할 수 있다. "과학을 이데올로기로 간주해야 하는가? 아니면 형이상학을 이데올로기로 간주해야 하는가?" 이것이다. 하지만 이것은 사실상 이미 논쟁의 여지가 없는 문제다. 왜냐하면 우리가 10장에서 보았듯이 과학은 실효성과 방법론을 통해서 5·4신문화운동 이전에 이미 지식계와 사상계를 정복했다. 현학파가 처음부터 관심을 가진 것은 아무런 성과도 없는 작업이었다. 송명 이학이든 아니면 서방 근대의 비이성주의든 어디에서 시작한들 정신상의 무기를 빌려서는 과학이 일찍이 확보한 견고한 지위

를 동요시킬 수 없었다. 현학파의 과학에 대한 도전이 남긴 유일한 성
과는 아마 과학주의를 더욱 유행시킨 것일 테다. 1920년대 초 중국의
새로운 지식층에게 전통적 심성 윤리는 엄청난 권태였다. 그들은 신선
하고 따를 만하고 사회의 요구에도 부합하는 지식을 갈구했다. 과학은
당연히 가장 훌륭한 선택이었다. 그래서 지금 우리가 현학파가 경고한
가치를 어떻게 다루든 역사는 이미 스스로 선택을 했다. 그렇지 않다
면 유물사관이 어떻게 그렇게 짧은 몇 년 사이에 중국 사상계의 주류
가 될 수 있었겠는가?

13장 _ 출구는 어디인가

과현논쟁 과정에서 지식인들은 세 부류로 분명하게 나뉘었다. 현학파, 과학파 그리고 맑스주의파였다. 시국의 변화에 따라 그들의 역량에는 전환과 부침이 있었지만 이 세 파는 기본적으로 이후 20년 동안 사상계의 주요 세력을 포괄한다. 근대 중국에서 사상은 정치의 영향을 너무 크게 받았다. 만약 우리가 혼란한 사회 환경과 정치 배경을 무시하면 사상계에서 발생한 셀 수 없이 많은 크고 작은 논쟁을 거의 이해할 수 없었다. 각 유파의 흥망성쇠는 말할 것도 없다. 5·4신문화운동 중에 질시와 조소의 대상이었던 현학파도 민족주의의 고양과 국민당 정부의 제창 때문에 1930년대에는 기사회생하는 듯했다.

중국본위문화파의 선언(1935)이 현학파의 이상을 거칠게 표현했다고 한다면 현대 신유가는 그것을 훨씬 더 세련되게 표현했다. 5·4신문화운동 가운데 좌충우돌한 과학파는 좌우 양 세력의 협공을 받아서 1930년대 영향력은 급속하게 떨어졌다. 이 파의 지도자로서 줄곧 이성의 화신으로 간주된 후스까지도 서방화 문제를 토론하는 과정에서 어쩔 수 없이 저들 본위문화파와 절충주의자들의 도전을 받아야 했다.

과학파는 강력한 정치 세력의 지지가 없이 1940년대에는 학교와 서재에서만 그들의 신봉자를 찾아야 했다. 가장 놀라운 일은 맑스주의일 것이다. 과현논쟁에서 이 파는 이제 막 두각을 나타냈을 뿐이었다. 하지만 10여 년 세월이 흘러 1930년대가 되었을 때 그들은 일약 중국 사상계의 주류가 되었고 종국에는 이 국가를 통치했다. 맑스주의의 눈부신 광채 앞에서 보수적 본위문화파든 온건한 서화론자든 모두 빛을 잃을 수밖에 없었다. 맑스주의자의 영혼인 변증법적 유물론은 투철한 공산주의자의 신봉 외에도 수많은 청년 지식인과 정치 세력의 이해와 동정을 획득했다.

보수주의 : 인생 영역으로 퇴각

1934년, 과현논쟁 이후 11년이 지났다. 현학파의 대장이었던 장쥔마이는 다시 자신의 깃발을 들었다. 「인생관 논쟁의 회고」라는 제목을 단 이 문장에서 장쥔마이는 계속해서 과학은 인생관을 해결할 수 없다는 자신의 견해를 변호했다. 그가 제시한 논거 가운데 새롭게 첨부한 것은 없었다. 과학 능력의 유한성, 지식의 비결정성 등 재탕에 불과했다. 하지만 그의 재등장은 중요한 정보를 제공한다. 전통주의 세력이 조용히 일어나고 있다는 사실이다. 만약 다시 국민당의 문화 정책과 연관한다면 이 점은 더욱 분명하게 드러난다. 또한 이 해에 장제스(蔣介石)는 이른바 '신생활운동'을 발동했다. 그는 민족주의의 역량을 빌려서 이데올로기의 건설을 강화하고 날로 강대하게 성장하는 맑스주의에 대항하려 했다.

　　앞서 몇 년 사이 '5·30' 사건*이나 '9·18' 사변** 같은 경우도 제국주의에 대한 사람들의 증오를 강화했다. 이 때문에 장제스는 시선을 과거로 돌렸다. 유가 전통 속에 깊이 숨어 있던 지혜를 다시 긍정했을 때 그는 분명 사람들에게 부분적으로 호응을 얻었다. 5·4신문화운동 과정에서 저명한 보수주의자였던 량수밍은 이제 막 회복되어 정부 측에서 주관하기 시작한 공자 탄신 기념회[1]에 초청되어 공자의 학설에 대해 강연했다. 수많은 신전통주의자의 노력을 모두 국민당의 문화 정책과 관련시킬 경우 다소 공정하지 않을 수 있다. 슝스리나 량수밍 등이 위급한 상황에서 앞장서서 유가의 정신을 보위한 까닭은 민족 문화의 핏줄을 보존하기 위해서였다. 이에 반해 국민당이 전통 윤리와 도덕을 제창한 까닭은 단지 그들의 통치를 강화하기 위해서였다. 하지만 어떻든 1930~1940년대 신전통주의 세력의 확장은 국민당 정부의 제창과 완전히 분리할 수 없다.

1935년 1월 10일 왕신밍(王新命), 싸멍우(薩孟武, 1897~1984) 등 교수 10명이 연명으로 발표한 「중국본위의 문화 건설 선언」(이하 「선언」)은 전형적인 예다. 이 선언이 정말 국민당의 의도에 따라 작성됐는지 여부는 말하지 않겠지만(그들 모두 국민당 당원이었다) 결과를 가지고 말하면 그것은 분명 몇 개월 전에 시작한 '신생활운동'에 대한 효과적인 반응이었다. 이 선언은 나오자마자 주요 신문에 실렸기 때문에 전국적으로 신속하게 반향을 일으켰다. 아울러 지식계와 문화계의 광범위한 토론을 이끌었다. 이 토론의 규모는 심지어 '과현논쟁'을 훨씬 넘어섰

---

* '5·30' 사건. 1925년 5월 30일 상하이 조계에서 노동자 시위대에 경찰이 발포하여 13명이 사망했다. 이후 상인, 학생, 노동자가 결합하여 전국적 규모의 운동으로 확대됐다.

** '9·18' 사변(만주사변). 1931년 9월 18일 일본 관동군이 만주 펑톈(奉天)역 부근인 류탸오후(柳條湖)를 지나는 만철선을 폭파하고, 이것이 중국 측의 소행이라 하여 무력 행동을 개시했다.

다. 중국본위문화파의 상황은 과현논쟁의 현학파와 비교해서 월등히 유리했다. 후스 등이 호된 비판을 퍼부었지만, 저들은 많은 사람들의 공감을 샀다. 반대로 그들의 상대인 극단적인 전반서화파는 맹렬한 비판을 받았다. 보기에 확실히 시대가 달랐다. 1930년대는 분명 민족주의의 고조기였다. 5·4신문화운동 시기의 자유주의와 개인주의는 일찌감치 지난 일이 되어 버렸다.

내용을 가지고 이야기하자면 「선언」은 현학파가 과현논쟁 과정에서 견지한 입장보다는 활력이 있었다. 과현논쟁에서 투철한 현학가들은 중국과 서방을 대립하는 양 극단으로 취급한 경향이 있었다. 「선언」에서는 물질 문명과 정신 문명이라는 피상적인 구분은 보이지 않는다. 그 대신에 이렇게 말한다.

자아에 대한 인식이 있어야 하고 또 세계를 바라보는 눈이 있어야 한다. 자기만 지키거나 외부를 거부하지 않는 도량이 있어야 하고 맹목적으로 모방하지 않는 결심이 있어야 한다. 우리의 문화 건설은 수구여도 안 되고 맹종이어도 안 된다. 중국본위에 근거해서 비판적 태도를 취하고 과학방법을 이용해서 과거를 살피고 현재를 장악하여 미래를 창조해야 한다.[2]

듣기에는 꽤 그럴싸하다. 「선언」은 이미 비판적 태도를 취하고서 과학적 방법론을 사용하고, 정확히 자신의 전통을 인식하고서 다른 사람의 것도 열심히 흡수한다. 만약 「선언」이 숨기고 있는 맑스주의 배척의 의도를 접어 둔다면 이런 태도와 입장은 문화 건설에 관심이 있는 사람이라면 그 누구도 흠잡을 수 없을 것이다. 그 밖에 이런 주장은 극히 유리한 특징이 있는데 바로 쉽게 자신을 두둔할 수 있다는 점이다. 어떤 방면에서 비판을 하더라도 그들은 넉넉하게 응대할 수 있다. 그래서 후스가 중국본위문화 건설은 중체서용의 최신 버전이고 오늘날 반동적 공기 속에서 가장 유행하는 표현이라고 날카롭게 지적했을 때[3] 10명의 교수는 오히려 자신들은 전통의 찌꺼기를 없애는 데 반대하지 않고 서방의 정화를 수용하는 것도 반대하지 않는다고 변호했다.

이것이 「선언」의 대단한 점이자 치명적 약점이다. 그것은 비록 자신을 변호했지만 실질적 내용을 결핍했다. 이 때문에 거기서 '단순하게 고대 중국의 제도와 사상을 찬미하는 것은 무용하고 고대 중국의 제도와 사상을 저주만 하는 것도 마찬가지로 무용하다. 반드시 과거의 모든 것을 검토해서 마땅히 보존할 것은 보존하고 없앨 것은 없애야 한다"고 했을 때 그것은 실제 아무것도 말하지 않았다. 동일하게 거기서 "구미 문화의 흡수는 필요할 뿐 아니라 반드시 해야 하지만 마땅히 흡수해야 할 것을 흡수해야지, 모두 받아들이겠다는 태도는 결코 안 된다. 찌꺼기까지 흡수되기 때문"[4]이라고 주장할 때 또한 마찬가지로 아무것도 말하지 않았다. 여기서 한 말은 모두 동어반복에 불과하다. 좀 심하게 말하면 쓸데없는 말이다. 그것은 전형적으로 10명 교수의 용속한 절충 심리를 반영했다. 후스는 그것의 실질을 지적했지만 급소를 찌르지는 못했다. 그는 본래 실험주의 입장에서 교수들에게 철저하게 내용을 제시할 것(증거를 꺼내 놓으라고)을 요구해야 했는데 오히려 「선언」의 올가미에 걸려들고 말았다. 그래서 그가 '문화 발전의 타성론'을 제기했을 때 그 자신도 자신의 학설을 스스로 합리화할 수 없었고 자신의 입장을 수정하라는 압박을 당했다.

사실 당시 많은 사람들이 「선언」이 아무런 알맹이가 없음을 의식했고 열 사람의 이야기는 "지금 이곳의 필요"라는 말 외에는 아무것도 아님을 인식했다. 심지어 이 말도 「선언」에서는 정확한 내용을 제시하지 않았다. 이런 비난에 대처하기 위해서 10명의 교수는 다시 '답변'을 내놓았다. "지금 이곳의 필요"를 "인민의 생활을 충실히 하고 국민의 경제를 발전시키고 민족의 생존을 쟁취한다"[5]고 해석했다. 그렇지만 '총 답변'이 막 발표됐을 때 10명의 교수는 장시뤄(張熙若, ?~1973)의 강력한 도전에 부딪혔다.

문장을 본 사람은 여전히 만족스럽지 않다. 왜냐하면 생활, 생계, 생존만이 문화일 뿐이라면 중국본위문화의 범위가 정말 이렇게 좁은가? 「선언」에서 소리 높여 외친 문화 건설은 원래 그저 이런 거였나? 만약 그렇다면 어찌 조심스럽게 이야기하지 않고 단어를 남용하고, 작은 주제를 과대 포장한 게 아니겠는가?[6]

확실히 10명의 교수에게는 뼈아픈 지적이었다. 만약 "지금 이곳의 필요"가 정말 "인민의 생활을 충실히 하고 국민의 경제를 발전시키고 민족의 생존을 쟁취하는" 몇 가지라면 '중국본위문화'라는 감투를 씌울 필요가 없다. 왜냐하면 서방 문화가 우리 조상이 물려준 유산보다 이런 요구를 훨씬 잘 만족시킬 수 있어 보이기 때문이다. 만약 본위문화 건설이 단지 중국의 문화가 민족 특징을 갖게 한다는 의미라면 이런 민족주의도 공허함을 피하기 어렵다.

10명의 교수는 여기서 분명 막다른 골목에 몰렸다. 그들이 표현하고 싶은 것과 실제 표현한 것 사이에 심각한 괴리가 있었다. 그들은 단지 사람들을 일깨워서 소련 모델이나 맑스주의 이론을 무분별하게 신봉하지 않도록 하려 했다. 이것이 그들의 목적이었다. 하지만 표현은 도리어 보수주의의 말투를 띠고 있었다. 그 결과 이런 보주수의는 단지 은유의 특징만 획득했을 뿐, 실제 함의는 결핍했다. 이런 방법은 일시적으로 많은 사람들을 끌 수는 있지만 그것의 실제 의도가 밝혀졌을 때 기껏해야 특이한 현상으로서 잠깐 동안 모종의 사상사적 의미만을 획득할 뿐이다.

1930년대에 정말 현학파의 기치를 물려받아서 신전통주의를 대표한 이들은 현대 신유가다. 표면적으로 보면 현대 신유가의 이상은 중국본위문화파와 전혀 다른 점이 없다. 그것도 민족 문화의 정수를 보존하고 그 생명을 연속하고자 한다. 마찬가지로 서방 문화의 우수한 점을 흡수하여 자기 민족의 활력을 증대하는 것에도 찬성한다. 중·서 문화 관계에서도 중국 본위의 입장에 서야 함을 강조한다. 그렇지만 현대 신유가는 적어도 두 가지 점에서 본위문화파와 근본적으로 다르다.

첫째, 신유가는 '본위'에 대해서 대체로 적절한 해석을 내놓았다. 그것은 전통적 윤리 도덕의 규범 및 내재적 정신 기초를 지적했다. 그래서 현대 신유가가 중국본위를 이야기할 때 그들은 확실하게 가리키는 게 있었다. 본위문화파처럼 모호한 말을 일삼지 않았다. 둘째, 현대 신유가는 전통을 변호할 때 보통은 추상적인 수준에서 보편적인 규범을 가지고 전통에 본래부터 존재하는 합리성을 논증했다. 본위문화파는 단지 전통의 연속을 위해서 전통을 좋은 것이라고 간주했다. 마지막으로 또 하나가 있는데 그것은 아마도 그렇게 중요하지 않은 구별일 것이다. 그것은 현대 신유가 가운데 어떤 이들은 전통의 합리성을 보호하고 논증하는 일을 자신의 직분으로 삼았을 뿐 아니라 전통의 요구에 비춰 그것을 직접 실천했다. 여기서 지적하고 싶은 인물은 량수밍이다. 본위문화파의 열정은 그들의 입에서만 머물렀다.

슝스리는 어떤 글에서 본위문화파를 비판한 적이 있다.

새로운 철학의 생산과 중국본위문화의 건설은 반드시 고유 사상이나 서양 사상 등 갖가지 면에 대해서 고르게 깊은 연구가 있어야 한다. 이렇게 하면 기대하지 않았는데도 서로 보고 배우고 장단점을 서로 알며 반드시 새로 탄생한 물건이 있을 것이다. 그렇지 않으면 영원히 천박하고 영원히 혼란할 것이다. 여러 말 할 필요도 없다. 새로운 철학이 출현하지도 않았는데 중국본위문화 건설을 말하는 사람은 마치 알을 보고 닭을 구하는 것과 같으니 너무 서두르는 게 아니겠는가!⁷⁾

이 이야기는 대체로 신유가의 공통된 입장이다. 1930년대 펑유란(馮友蘭)과 허린(賀麟)의 작업은 슝스리와 마찬가지로 이 방향이었다. 바꿔 말하면 그들은 모두 모종의 외래 사상을 빌려 유가 윤리를 다시 해석했다. 그래서 더욱 완비된 철학 기초를 놓았다. 아마 량수밍은 예외일 것이다. 다른 몇 명과 비교해 보면 량수밍은 이론보다 행동을 훨씬 중요하게 보았다.

중·서 문화에 대한 량수밍의 태도에 관해서는 앞 장에서 이미 언급했기 때문에 다시 사족을 달지 않겠다. 여기서는 단지 다음과 같은 점을 특별히 지적하고 싶다. 정신 생활에서 량수밍은 왕양밍에게 깊은 영향을 받았다. 왕양밍의 심학(心學)은 근대 이후 거의 전통 사상의 핵심으로 대표됐다. 량치차오, 탄쓰퉁이 그를 숭배했고, 마오쩌둥(毛澤東)과 장제스가 그를 존경했다. 신유가 가운데 펑유란을 제외하고 그를 존경하지 않은 이가 없었다. 왕양명은 정신의 능동성을 발휘했고 직관적 도덕 통찰을 긍정했으며 인식과 행동의 통일을 강조했다. 이것은 현대 신유가에게 영감의 원천이 되었다. 량수밍은 다른 사람과 달리 이론과 행동의 통일을 특히 중시했다. 그래서 그가 유가 전통에서 중요한 도덕 행위 방식(이는 서방 문화에서 갖추지 못한 것이다)을 발견했을 때 그는 곧바로 사회를 개조할 거대한 계획을 실행했다. 그것은 향촌 사회건설(村治)운동이었다. 량수밍의 목적은 전통적 가치 관념을 주축으로 하는 교육을 통해서 농촌을 개조하는 것이었다. 그래서 사람들이 인생을 향상시키겠다는 정신을 내고 아울러 그들의 기개와 의지를 격발하며 활력과 생기를 끌어내고자 했다. 말할 필요도 없이 이런 방안은 근대 사회에서 매우 엉뚱하고 부적절했다. 하지만 또한 이것 때문에 그는 '중국의 마지막 유자' 라는 칭호를 얻었다.

량수밍과 달리 슝스리에게는 급히 사회를 개조하겠다는 열정은 없었다. 그는 새로운 철학 건설에 더 관심을 갖고 있었다. 새로운 철학을 통해서만 우주와 인생의 진면목을 통찰할 수 있고, 그러고 나서야 사회 개조를 이야기할 수 있다고 믿었다. 이 때문에 량수밍보다는 슝스리가 더 적절하게 현대 신유가를 대표할 수 있었다. 량수밍이 아니라 슝스리에게서 시작해서 현대 신유가들은 유학의 역할을 사회 영역에서 인생 영역으로 전환했다. 이런 전환은 현대 신유가로 보자면 대단히 중요하다. 또한 그들과 현학파를 구분하는 중요한 기준이기도 했다. 과거 유학은 하나의 통치 도구로서 줄곧 이데올로기라는 짐을 지고 다녔다. 하지만 근대 사회에서 이런 역할은 그것의 근거를 상실했다.

유학은 다시는 인간의 행동을 규범화하는, 절대 의심할 수 없는 교조가 될 수 없었다. 그것이 근대 사회에서 계속 생존하고자 한다면 반드시 역할을 전환해야 했다. 인생의 영역으로 퇴각하고 아울러 선택의 예시로 주어진 가치 체계 수준에서 존재했다. 현학파는 비록 인생 영역에서 유가의 의미를 인식했지만 그것을 일종의 이데올로기로 전환했다. 그 결과 자신을 극단적으로 불리한 곳에 위치시켰다. 그런데 현대 신유가는 이런 전환을 지혜롭게 실현했다. 이 때문에 그들의 체계는 각 방면의 비판에 대해 효과적으로 대항할 수 있었고 상대적으로 오래 지속할 수 있었다. 나중에 펑유란과 허린같이 공리 목적이 꽤 강한 사람도 변함없이 인생을 이끌고 정신 경계를 고양하는 것으로 유가 사상의 현대 작용을 해석했다. 아마도 여기서 볼 수 있는 결과일 것이다.

슝스리의 대표작은 『신유식론』이다. 이 책에서 그는 유교와 불교를 융합하고 그것을 『대역』(주역)에 귀속시켰다. 본심을 본체로 간주하고 체용불이(體用不二)를 핵심으로 삼아서 우주론과 인생관을 하나로 융합한 철학 체계를 제시했다. 여기서 내용을 자세하게 기술하지는 않겠다. 한 가지 주의해야 할 것은 과학에 대한 슝스리의 평가이다. 슝스리의 이론에 따르면 인간의 지력은 성지(性智)와 양지(量智) 둘로 나눌 수 있다. 전자는 본체를 깨닫는 근본적인 길이고 후자는 과학 연구의 주요한 방법이다. 둘의 구분은 마침 중학과 서학의 이동(異同)을 구분할 수 있다.

중학은 심지〔心地; 마음자리〕의 발휘를 가장 큰 일로 삼고(선종의 언어를 빌렸는데 심지는 성지性智다) 서학은 대개 〔외부세계에 대한 이성적 인식인〕 양지(量智)의 발전이다. 만약 두 쪽이 서로 이해해서 〔본성에 대한 앎인〕 성

지를 함양하고 천하의 큰 근본을 수립한다면 양지는 모두 이지(理智)
의 특별한 능력을 성취할 것이다.[8]

다른 책에서 슝스리는 계속해서 말한다.

과학이 자신의 영역 내에서 이룬 성취는 단지 자연의 능력을 탈취한
것이기 때문에 내가 굳이 흠잡을 바가 아니다. 하지만 인류가 만약 과
학만 이야기하고 자신을 성찰하는 학문을 폐기하면 그것의 폐단은
이루 다 말할 수 없다. 자신을 성찰하는 학문이 폐지되면 머지않아 만
물의 가장 발달된 단계인 인류의 내면 생활은 본래 허령하여 끝이 없
고, 활동할수록 더욱 내놓는 것을 지금 전혀 깨닫지 못하게 된다. 그
가운데 간직한 것은 단지 그물로 붙잡은 지식의 축적일 뿐, 자신이 본
래 가진 허령한 주인을 잃어버리고 만다.[9]

내부 생활과 외부 생활의 이런 구분과 성지와 양지에 대한 구분은
'과현논쟁'에서 보인 현학파의 주장을 떠오르게 한다. 근본 정신에서
둘은 전혀 다르지 않다. 역사는 원점으로 되돌아왔다. 다른 점이 있다
면 슝스리 배후에는 철학 체계가 있다는 것뿐이다.

하지만 슝스리 철학의 사회적 영향력은 극히 작았고 대학의 울타
리를 벗어나서 슝스리를 아는 사람은 별로 없었다. 정말 유학을 성공
적으로 철학화하고 체계화했으며 게다가 사회에 일정한 영향을 미친
인물은 아마도 펑유란과 허린 두 사람을 들어야 할 것이다. 둘은 출신
도 다르고 사상 경향도 달랐다. 한 사람은 미국의 신실재론을 배웠고
한 사람은 헤겔 철학에 매진했다. 또 한 사람은 정주이학을 좋아했고,

한 사람은 육왕심학을 좋아했다. 하지만 중·서를 혼합하고 유가 전통에 기초해서 새로운 유형의 체계를 창조했다는 점에서 둘은 많이 닮았다. 그들은 량수밍과 슝스리처럼 결코 턱없이 과학을 배척하지 않았다. 하지만 그들도 과학을 철학 상위에 두는 것에 반대했다. 그들은 이용후생 방면에서 과학의 작용을 무시할 수 없음에 동의했다. 하지만 그들은 과학이 인생 문제를 해결할 수 있다고는 생각하지 않았다.

펑유란은 과현논쟁의 경험을 흡수해서 철학과 과학의 성질 구분을 시도했다. 그래서 이성주의의 기초 위에서 인생의 이상 경계에 대한 본체론의 새로운 논증을 제공했다. 그는 이렇게 주장한다. "철학과 과학은 성질이 완전히 다른 학문이다. 과학의 목적은 진리 추구이고 철학의 목적은 사람의 추구다. 과학은 자연을 상대한다. 그것은 경험에 대한 적극적인 해석을 통해서 실제에 관한 인간의 지식을 확대한다. 철학은 오히려 인생을 마주한다. 그것은 경험에 대한 형식적 해석을 통해서 인간의 정신 경계를 끌어올린다."[10] 허린은 또 다른 방법을 통해서 결론을 내렸다. "유가 사상도 인생을 안내하고 정신 생활을 고양하며 도덕 가치를 발양하는 특수한 표준이 있기 때문에 과학화를 필요로 하지 않는다."[11]

펑유란은 자신의 체계를 신리학(新理學)이라고 했다. 허린의 사상은 신심학(新心學)으로 불린다. 펑유란은 신리학에서 논리적 분석과 신실재론의 기본 이론을 빌려서 정주이학이 거의 완전한 형식을 갖추게 했다. 허린은 신심학에서 절대정신과 양지 그리고 의지를 하나로 결합하는 편리한 길을 발견했다. 펑유란이 보편과 특수의 구분을 빌려 문화유형설과 경제결정론을 제기하고 맑스주의에 의지했을 때 허린은 삼민주의에서 지행합일의 가장 완미한 표현을 찾았다. 중일전쟁 시기

두 사람의 철학은 당시 중국인 스스로 창조한 몇 안 되는 철학 체계에
속했다. 그리고 펑유란의 신리학은 사상계에 상당한 반향을 불러일으
켰다. 하지만 맑스주의가 통치 지위를 확립함에 따라 펑유란과 허린
두 사람의 체계도 다른 몇 가지 체계와 마찬가지로 요절하고 말았다.
죽다 다시 살아난 듯한 신전통주의도 동일한 운명이었다. 사람들이 공
감과 이해의 시선으로 그들을 회고했을 때는 이미 수십 년 이후의 일
이었다.

자유주의 : 낀 존재의 발버둥

현학파와 비교해서 과학파의 이후 20년간 운명은 훨씬 드라마틱하다.
과현논쟁에서 갑절로 조소를 받았던 현학파는 적어도 현대 신유가에
게서 자신들 관점의 보다 정치한 표현을 찾을 수 있었다. 이에 반해 과
학파는 연대의 공동 기초를 잃어 버렸기 때문에 다시는 이전의 생기와
활력을 회복할 수 없었다. 그것의 영향력은 1930년대부터 급격하게
하강하기 시작해서 1940년대가 되어서는 거의 자취를 감추었다. 신전
통주의자는 이미 과거 딱딱했던 입장에서 뒤로 물러났다. 그들은 조건
적인 서방화를 인정하기 시작했다. 본위문화파나 현대 신유가를 막론
하고 모두 과학과 민주를 자신의 관점이나 체계로 수용했다. 맑스주의
자들은 한 걸음 더 나가 유물사관이 바로 과학이고 과학적인 유물사관
은 모든 사회 현상과 인생 현상을 해석할 수 있다고 주장했다. 그리고
과학파가 다시 나와서 이러쿵저러쿵 토론하는 것을 원하지 않았다. 이
런 좌우협공 아래서 과학파는 이미 적수를 잃고 말았다. 그들의 기본
주장은 다른 사람들에 의해 초월됐다. 그래서 그들은 점차 존재 의의

를 .상실했다. 과학파가 쇠락한 까닭이 단지 이것 때문만은 아니다. 강력한 정치 세력의 지지를 결핍한 것도 중요한 원인이었다.

일반적으로 과학파의 대표는 문화 문제에서는 확고한 서화파였고 사회·정치 문제에서는 모두 자유주의자였다.[12] 그들은 과학·자유·민주는 근대 사회가 공유하는 가치라고 생각했다. 그래서 그들은 중국이 이런 가치를 충분히 수용하고 나서야 근대로 진입할 수 있다고 굳게 믿었다. 그들은 전통의 병폐에 대해서 매우 비판적이었기 때문에 대부분 철저한 반전통주의자였다. 이성을 숭배했고 독립적인 비판 능력과 정신을 찬양했다. 아울러 권위에 반대했고 어떤 세력 집단에 빌붙는 데 열중하지 않았다. 사회를 개조하는 문제에서 그들은 격렬한 혁명에 찬성하지 않고 점진적인 개혁을 주장했다. 한 걸음 한 걸음 진보할 때야 영미식의 자유·민주 사회의 이상을 실현할 수 있다고 믿었다. 과학파 가운데 후스가 전형적으로 이런 주장을 펼쳤다.

신사조의 정신은 일종의 비판적 태도다. 신사조의 수단은 문제의 연구와 학술 이론의 수입이다. 신사조의 장래 추세는 개인의 사견으로 보면 응당 인생과 사회의 절실한 문제를 연구하는 데 집중해야 하고, 응당 문제를 연구하는 과정에서 학술 이론을 소개하는 작업을 해야 한다.
구문화에 대한 신사조의 태도는 소극적인 면에서는 맹종을 반대하고 타협을 반대한다. 적극적인 면에서는 과학적 방법을 사용해서 정리 작업을 한다. 신사조의 유일한 목적은 무엇인가. 문명의 재창조다. 문명은 대충해서 창조되는 게 아니다. 조금씩 만들어야 한다. 진화는 하룻밤 사이에 얼른 되는 게 아니다. 조금씩 진화한다.[13]

후스가 1919년에 한 말이다. 후스의 이 말은 자신의 사회·문화에 대한 일관된 주장을 드러냈고 또 대체로 5·4신문화운동 시기 과학파의 공통된 입장을 대표했다. 우리는 후스 특유의 명석하고 담담한 언어 배후에서 당시 신지식인의 자신과 열정 그리고 희망을 분명하게 감각할 수 있다. 하지만 형세에 대한 후스의 평가는 정확하지 않다. 그는 당시 자유로운 시대 분위기가 갖는 의의를 과도하게 치켜올렸다. 민족주의에 대한 후스의 일관된 무관심 때문에 이후 그는 현실에 적응할 수가 없었다.

사실 5·4신문화운동 시기 이전 일정한 시기가 자유주의자의 황금 시대가 될 수 있었던 까닭은 무엇보다도 청조 봉건 제도의 와해와 전통 이데올로기의 붕괴, 그리고 군벌 혼전이 조성한 권력과 사상의 진공이다. 바꿔 말하면 중국 전통에서 자유주의가 생존하기에 알맞은 토양은 없었다. 그것이 한 번이라도 흥성할 수 있었던 까닭은 단지 시대의 격변과 외래 사상의 충격 때문이었다. 옌푸나 량치차오, 둘 다 자유 민주와 국가 부강, 민족 독립을 한꺼번에 이야기했다는 점에서부터 이런 자유주의가 단지 하나의 도구에 지나지 않았음을 볼 수 있다. 그래서 모종의 강력한 정권이 수립되자 그들은 민족주의를 명패로 내걸고 인민을 통치했다. 이에 따라 자유주의의 운명도 다하고 말았다. 과학파가 1920년대 말에 직면한 것이 바로 이런 현실이었다.

국공 양당의 분열 이후 수립된 난징정부는 1928년부터 '정치훈도'를 실시했다. 명의상으로는 인민을 훈련시켜서 스스로 정치 권리를 행사하도록 하는 것이지만 실제는 국민당 일당 독재와 전제를 변호하기 위해서였다. 이런 정치상의 조치 외에 국민당은 이데올로기 방면에서도 통치를 강화했다. 쑨중산(孫中山, 1866~1925)의 삼민주의는 의심할 수 없는 교조로 승격됐고 전통적 도덕 윤리 규범을 다시 한번 숭상했다. 차이위안페이에 의해 폐기된 정부 차원의 공자 제사도 다시 회복됐다. 장제스 본인도 직접 난창(南昌)으로 달려가 사람들이 위생에 주의하도록 하고 근검절약이나 소박함 등 전통 미덕을 교육했다. 정권을 탈취한 뒤에 국민당 자신이 내포한 보수성은 짧은 몇 년 사이에 남김 없이 드러났다. 1930년대 날로 증가한 민족 위기 때문에 이런 보수성도 몇 푼의 '합리'를 획득할 수 있었다.

이런 상황에서 자유주의를 일관되게 신봉한 과학파 성원까지도 중국 사회에서 전제(專制)는 반드시 필요하다고 믿기 시작했다. 일찍이 자유·박애·평등은 인간의 양심에서 일어난다고 선포한 무정부주의자, 중국 문명은 30년 동안 화장실에 갖다 버려야 한다고 한 반전통주의자, 순수기계·순수물질의 인생관을 신앙한 이른바 '영웅', 공산당이 국민당에 가입함으로써 중국이 새로운 생명을 얻어야 한다고 줄곧 주장한 정치가. 바로 우즈후이는 1927년 이후 급변하여 앞장서서 공산당 처벌을 요구하고 적극적으로 장제스의 정치 활동에 호응했다. 중국에서 가장 서양화된 인물로 불린 지질학자이자 과학이 모든 인생 문제를 해결할 수 있다고 믿었던 과학파의 대표 선수로서, 그리고 후스의 개량주의의 충실한 동지였던 딩원장도 1934년 이후 과거의 저런 이성, 비판 그리고 자유의 입장에서 퇴각하기 시작했다. 그는 장팅푸(蔣廷黻, 1895~1965), 첸두안성(錢端升, 1900~1990) 등과 함께 민주정치의 요구를 포기하고 이상적 전제와 독재를 실시해야 한다고 주장했다. 과학파의 주요한 지도자 중에서 아마 후스 한 사람 정도만 시대 상황과 부합하지 않는 사회 이상을 계속해서 견지했다. 또한 바로 이 때문에 후스야말로 중국 현대사에서 자유주의의 가장 중요한 대변인이 되었다.

5·4신문화운동 시기 후스가 한마디만 하면 세상은 즉각 요동쳤다. 하지만 1930년대 후스는 더 이상 그럴 수 없었다. 사람들은 그의 비판 정신을 숭배했지만 그가 말하는 국가 경영의 방법은 들어주지 않았다. 그는 여전히 보수주의에 대해 반대했고 전제와 독재에 대해 공격했다. 이 때문에 국민당은 후스에게 경고하고 훈시했다. 그리고 후스가 줄곧 견지한 점진적 개량의 주장과 민족주의에 대한 무관심은 공산당 이론가들의 비판과 공격을 불러일으켰다. 이런 양대 정치 세력 사이에서 후스는 자신이 대단히 불리한 위치에 있음을 발견했다. 그의 말과 글은 다시는 이전처럼 사람들의 마음을 두드릴 수 없었다. 그의 주장은 갈수록 많은 사람들의 비판과 도전에 직면했다.

1929년 국민당의 이데올로기 강화를 겨냥해서 후스는 이렇게 적고 있다.

신문화운동의 대사업은 바로 사상의 해방이다. 우리가 당시 공맹(孔孟)을 비판하고, 정주를 탄핵하고, 예교를 반대하고, 상제를 부인한 까닭은 일존의 권위를 타도하고 중국의 사상을 해방하며 회의의 태도와 비판의 정신을 제창하기 위해서였을 뿐이다. 하지만 공산당과 국민당이 합심한 결과 절대 전제의 국면을 조성했고 사상과 언론이 완전히 자유를 상실했다. 상제를 부인할 수는 있어도 쑨중산을 비판할 수는 없다. 예배는 안 할 수 있어도 총리의 유촉을 읽지 않을 수 없고 기념 행사를 치르지 않을 수는 없다.[14]

그는 경고했다. "사상의 통일은 단지 사상의 경직화일 뿐이지, 사상 변화의 추구가 아님을 전혀 모르고 있다. 전진하는 사상계가 완전히 사라지는 날은 바로 국민당이 완전히 생명을 다하는 때일 것이다."[15] 하지만 후스는 이 때문에 국민당 교육부의 경고를 받았다.

1934년 후스는 국민당이 공자께 제사를 지내고 유교를 숭배하는 것에 대해 쓰라린 마음으로 이렇게 적었다. "아무런 믿음도 주지 못하고 가련하기만 한 혁명이여! 당신들은 혁명을 원했고 지금 혁명은 20년 전에 없던 대진보를 이루어 냈소. 당신들은 그것을 오히려 모르는구려. 이 20년의 진보는 공자의 선물이 아니라 모두 힘써 혁명한 결과이고 모두가 신세계의 신문명을 받아들인 결과요."[16] 그는 전통 문화를 "은으로 만든 창칼처럼 아무런 쓸모도 없다"고 맹렬하게 비판했다. 하지만 그는 이 때문에 국민당 당원에게서 모욕과 공격을 받았다.

1935년 후스는 중국본위문화파의 「선언」을 겨냥해 다음과 같이 말한다. "10명 교수는 말끝마다 '중국본위'를 들먹인다. 그들은 '수구가 아니'라고 선언하지만 사실 여전히 그들의 보수적 심리는 문제가 있다. 그들의 선언 또한 요즘 반동적 분위기의 가장 유행하는 표현이다."[17] 그는 과감하게 외쳤다. "나는 문화절충론의 불가능을 매우 분명하게 지적했다. 나는 전반서화를 주장한다."[18] 하지만 이때 후스는 절충파와 본위문화파 양 방면에서 협공을 받았다. 후스는 나중에 심지어 '전반서화'를 '충분한 세계화'로 바꾸어서 자신의 입장을 변호했다. 이것은 과현논쟁 때 과학파가 보인 자신감과 거만함에 비교하면 얼마나 다른가!

특히 후스를 난감하게 한 것은 아마도 그의 제국주의에 대한 태도일 것이다. 민족주의가 극히 고조된 시기에 후스는 이전에 자기가 주장한 평화주의와 국제주의 이상을 여전히 견지했다. 그는 무턱대고 미국의 문화와 제도를 찬미했다. 다시 이렇게 주장했다. 외국 투자자들은 중국에서 평화와 통일을 실현하는 데 결코 중국인들보다 뒤지지 않는다. 애국주의 구호가 범람하는 가운데 그는 사람들이 입센이 말한 '진정한 자아주의'를 신앙하고 국가를 구하기 위해서는 먼저 자신을 구해야 한다고 호소했다. 이런 것이 모두 시의에 적절하지 않아 보였고 그래선지 후스는 곳곳에서 공격을 받았다.

제롬 그리더(Jerome B. Grieder)는 중국의 자유주의를 평가하면서 일찍이 대단히 정교한 분석을 한 적이 있다. 그는 가장 훌륭하게 중국 자유주의의 실패 원인을 개괄했다.

자유주의가 중국에서 실패한 이유는 자유주의자가 자신들에게 주어진 기회를 못 잡아서 그런 것이 아니다. 그들 스스로 자신들이 필요로 하는 기회를 만들지 못했기 때문이다. 자유주의의 실패 이유는 당시 중국은 혼란 중에 있었지만 자유주의자가 요구한 것은 오히려 질서였기 때문이다. 자유주의의 실패는 자유주의자가 가정한 응당 존재해야 할 공통적 가치 기준이 중국에는 존재하지 않았기 때문이다. 자유주의는 이런 부류의 가치 표준을 생산할 수 있는 수단을 제공할 수 없었다. 그것의 실패는 중국인의 생활이 무력에 의해 조작됐기 때문이다. 자유주의의 요구는 사람은 이성에 의지해서 생활해야 한다는 것이다.[19]

혼란에 휩싸인 근대 중국의 사회 환경 아래서 질서와 이성, 공통의 가치 기준은 매우 낯선 것이었다. 이런 사회에서 자유주의는 처음부터 출구가 없었다. 옌푸, 량치차오가 그것을 국가 부강이나 민족 독립과 연결시킨 것이 전형적인 예다. 옌푸와 량치차오 두 사람에게서 진정한 자유주의가 출발할 수 없었다. 서방 자유주의에 대한 이해는 후스가 더 정확했고 신념 또한 더 굳건했다. 하지만 이 때문에 더 쉽게 난관에 봉착했고 더 쉽게 좌절했다. 5·4신문화운동 이후 10년 동안 후스는 시류에 동요하지 않고 버틸 수 있었다. 그리스도 같은 봉사 정신으로 비판적 태도와 이성의 정신을 견지했다. 어떤 권위에도 의지하지 않았고 아울러 점진적 개량의 방법에 의지할 때야만 자유민주 사회를 건설할 수 있다고 굳게 믿었다.

말을 하자니 정말 존경스러울 뿐이다. 하지만 그는 나중에 뜻밖에 자신의 이상을 포기하고 국민당으로 빠르게 기울었다. 이 사실은 정말 안타깝지 않을 수 없다. 근대 중국의 혼란 속에서 진정 한 줌의 비판 정신을 가지기란 이리도 힘들었다. 영국이나 미국의 노선을 따라서 중국의 현대화를 실현하려는 희망은 아름다운 환상에 지나지 않았다. 마오쩌둥은 권력은 총구에서 나오며 혁명과 폭력이야말로 중국이 새로 태어나기 위해서 반드시 걸어야 할 길이라고 말한 적이 있다. 이 점은 후스 같은 자유주의자는 영원히 이해할 수 없는 방법이었다.

맑스주의 : 과학적 세계관의 승리

지금까지 우리들은 영국과 미국, 유럽 대륙 같은 자본주의 사회가 중국에 끼친 영향에 한정해서 토론했다. 자유주의자는 일반적으로 영국과 미국의 정치와 문화 가운데서 민주 사회의 전범과 이상을 발견했다. 신전통주의자는 독일과 프랑스의 사상가들을 더 좋아했고 그들에게서 영감을 찾았다. 만약 이 둘의 구별이 서방 현대 문화 가운데서 과학주의와 인문주의 분야를 반영한다면 이제 우리는 시선을 다른 세계로 돌려야 한다. 이 세계가 중국에게 미칠 영향은 앞의 둘이 전혀 비교할 수 없다. 그것은 중국 역사의 발전 방향을 바꾸었고 여러 세대의 운명을 결정했다.

이 참신한 세계가 바로 10월혁명의 러시아다. 그것은 이미 곤혹 속의 중국 혁명을 위해서 현실적 모범을 보인 데다가 중국에 맑스주의라는 완전히 새로운 학설을 선물했다. 이 학설의 전파는 대단히 신속했다. 우리가 그 과정을 간단하게 회고하기만 해도 그야말로 인류사의 기적이라고 믿을 것이다. 5·4신문화운동 끝 무렵 맑스주의는 단지 소수의 귀의자를 확보했을 뿐인데 몇 년이 지나 1920년대 말이 되자 일약 중국 사상계에서 가장 중요한 역량이 되었다. 이후 크고 작은 많은 논쟁 가운데서 우리는 늘 논쟁 쌍방이 실제는 맑스주의 입장을 공통으로 가지고 있음을 발견할 수 있다. (말뿐이지만) '중국사회성질논쟁', 중국 사회사 논쟁, 공산당 내부의 투쟁은 말할 필요도 없다. 공산당이 통치 지위를 확립함에 따라 이런 학설은 더 나아가 정통의 이데올로기가 되고 최종적으로는 이후 모든 사상계를 관장했다. 맑스주의의 거대한 명성에 비하면 신전통주의와 자유주의는 희망 없는 지식인이 불러 대는 만가(挽歌)에 지나지 않았다.

이런 현상을 조성한 원인은 매우 많다. 맑스주의 자체의 매력 외에도 10월혁명의 성공이 중요한 요소였다. 러시아는 본래 봉건 세력이 매우 강고한 후진국이었다. 하지만 레닌의 지도 아래 볼셰비키는 결국 성공적으로 사회주의 국가를 건설했다. 이것은 군벌 혼전과 제국주의 침략이라는 이중고를 겪고 있던 중국 지식인과 혁명가들에게 의심할 바 없는 희망이자 의지처였다.

레닌의 제국주의 분석과 낙후된 국가에서 민족주의의 역할에 대한 긍정은 중국 지식층의 열렬한 반응을 이끌었다. 그의 당 건설 원칙은 리다자오와 천두슈와 같이 민주주의에서 맑스주의로 막 전향한 이들을 강력하게 자극했다. 그리고 쑨중산 같은 혁명가의 주의를 끌었다. 그리하여 만년에 쑨중산은 러시아를 스승 삼아야 한다는 생각을 한 번도 버리지 않았다. 리다자오는 말했다. "인도(人道)의 경종이 울렸다. 자유의 서광이 밝았다! 장래의 전 세계를 보면 반드시 적기(赤旗)의 세계일 것이다."[20] 그의 이 유명한 말은 새로운 지식층이 러시아 혁명에 대해 품고 있던 열정과 두터운 기대를 보여 주는 전형이다. 규모 면에서 보자면 이런 열정과 두터운 기대는 당파의 한계를 벗어났다. 1927년 국·공분열 이후 사상계에서 맑스주의 전파가 전혀 영향을 받지 않은 이유도 여기에 있다.

10월혁명이 중국에 미친 또 하나 중요한 영향은 공산당의 성립이다. 중국공산당의 성립은 맑스주의가 정식으로 중국에 전래된 시기와 단지 2~3년 차이밖에 나지 않는다. 이 사실 때문에 중국에서 맑스주의는 시작하자마자 혁명이나 실천과 매우 긴밀하게 관련을 맺었고 처음부터 이데올로기로서 존재했다. 이것은 중국 맑스주의의 장점이기도 했지만 그것의 부족을 초래하기도 했다. 현실적인 정치 세력의 지지 아래 쉽게 생존하고 발전한 점이 장점이라면 이론 준비를 위한 시간을 결핍했다는 사실이 부족한 점이다. 그래서 구체적인 실천 가운데 쉽게 다양한 편차가 출현했다. 하지만 어찌 됐든 기타 외래 학설과 비교해서 이런 너무도 현실적인 혁명성과 실천성이야말로 맑스주의가 중국에서 궁극적으로는 통치 지위를 획득하게 했다. 이것은 마침 다음과 같은 맑스의 유명한 말을 증명했다. "지금까지 철학자는 단지 상이한 방식으로 세계를 해석했지만 문제는 세계를 변혁하는 데 있다."[21]

맑스주의의 전파가 그렇게 빨랐던 이유는 당연히 러시아혁명의 영향 외에도 중국의 현실에서 찾을 수 있다. 앞서 1929년 뤄룽지(羅隆其)는 이렇게 분석했다. "중국에서 지금 공산주의가 빠르게 성공할 수 있었던 가장 중요한 두 가지 원인은 첫째는 경제적 빈곤이고, 둘째는 전제 정치이다. 혁명은 늘 인민이 생사의 기로에 섰을 때 폭발한다."[22] 개량주의 노선은 접어 두고서도 뤄룽지는 문제점을 제대로 간파했다. 빈곤과 독재는 인민이 혁명으로 내몰릴 수밖에 없는 원인이다. 생존이 위협받을 때 그들은 정말 어쩔 수 없이 봉기하여 자신을 해방한다. 역사상 모든 농민 혁명전쟁은 하나도 남김없이 이러했다. 다른 점은 이번에는 '인민'의 범위가 농민에 한정되지 않고 전통적 통치계급인 도시 지식인도 그것에 말려들었다는 사실이다. 이 점은 단번에 혁명의 성질과 방향을 바꿔 놓았다. 인민은 다시는 자발적으로 아니면 맹목적으로 투쟁에 나서지 않았다. 그것은 유효한 이론을 통한 지도가 필요했다. 지식인은 용감하게 이런 임무를 담당했다.

과거 몇 년 동안 개량주의, 자유주의, 무정부주의 그리고 각양각색의 사회주의 모두 마치 주마등처럼 실험됐다. 하지만 모두 중국의 현실을 바꾸기에는 역부족이었다. 이제 맑스주의는 완전한 체계를 갖춘 이론을 제공했고 막 낙후한 국가의 혁명을 성공적으로 지도했다. 그것이 중국 신지식인들에게 얼마나 흡입력이 클지는 생각해 보면 알 수 있다. 그러나 중국이라는 독특한 현실은 맑스주의가 전파되자마자 중국 특색을 갖게끔 했다. 이 점에 주의해야 한다. 현실 문제를 바라보는 각도든 아니면 이론의 편중된 취사선택이든 시종 중국의 현실과 관련을 맺었다. 어느 때는 심지어 전통 사상의 영향을 받기도 했다. 다 알다시피 중국에서 최후로 지도적 지위를 획득한 것도 이런 중국화한 맑스주의다.

최초 10년 동안 사람들이 가장 주목한 맑스주의 이론은 유물사관이었다. 아마도 이 이론이 사회 문제를 해석하면서 보인 대단한 설득력 때문일 것이다. 유물사관은 중국에 전래된 지 오래지 않아 많은 지식인들의 관심을 끌었다. 그것의 강한 광채 앞에서 일찍이 전통적 사회 질서를 흔드는 데 사용된 진화론도 빛을 잃고 빠르게 대체되는 지경에 이르렀다. 1928년 '중국사회성질논쟁'이 시작됐을 때 쌍방을 지지한 논거는 더 이상 '생존경쟁, 약육강식' 따위의 다윈주의의 언어가 아니라 상품 경제, 계급 관계 그리고 봉건 제도 등 경제학과 사회학 용어였다. 그리고 주목할 점은 이 논쟁에 참가한 모든 사람이 공산당원은 아니었다는 사실이다. 신생명파의 대표인 타오시성(陶希聖, 1899~1988)은 본래 국민당의 이론가였다. 하지만 그는 경제를 가지고 역사를 해석하는 것이 문제를 훨씬 잘 설명할 수 있다는 사실을 발견했고 『자본론』을 자신의 경전으로 신봉했다. 그가 정말 유물사관의 실질을 장악했는지 아닌지 막론하고, 중국 사상계에서 맑스주의의 거대한 영향을 단적으로 보여 준다.

유물사관의 전파라는 면에서 리다자오와 천두슈는 중대한 공헌을 했다. 두 사람은 처음엔 견고한 민주주의자였다. 10월혁명 이후 그들은 맑스주의자가 되었다. 리다자오가 1918년부터 1919년까지 발표한 「서민의 승리」, 「볼셰비즘의 승리」 그리고 「나의 맑스주의관」 등 몇 편의 글은 그의 사상 변화와 궁극적 완성을 보여 준다. 천두슈와 리다자오 사이에도 미묘한 차이가 존재한다. 리다자오는 민족주의와 도덕주의 경향이 훨씬 농후했다. 그는 자본주의의 죄악에 대해 신랄하게 비판했고 순박한 향촌 생활에 대한 환상을 가지기도 했으며 전통 미덕에 대해서도 두터운 기대를 갖고 있었다. 천두슈는 서방화 경향이 훨씬 강했다. 전통 문화의 폐단에 대한 그의 혐오는 자본주의에 대한 리다자오의 혐오에 거의 맞먹었다. 천두슈는 서방의 물질 문명에 대해 시종 호감을 갖고 있었다. 하지만 이런 차이는 그들이 유물사관을 장악하는 데 전혀 영향을 끼치지 않았다. 그들은 근본적인 지점에서 공통된 의견을 많이 가지고 있었다.

우선 천두슈와 리다자오 두 사람은 사회와 역사를 해석하는 과정에서 경제적 요소가 결정적인 작용을 한다는 사실을 긍정했다. '문제와 주의' 논쟁 가운데 리다자오는 선언했다. "경제 문제가 사회의 근본 문제이기 때문에 그것이 변화하지 않으면 모든 문제는 해결할 길이 없다. 이 문제가 일단 해결되면 정치 문제, 법률 문제, 가족 문제, 여성해방 문제 같은 것들은 모두 해결할 수 있다."[23] 천두슈는 과현논쟁 중에 "우리는 객관적 물질 원인[경제]만이 사회를 바꿀 수 있고 역사를 해석할 수 있으며 인생관을 지배할 수 있다고 믿는다. 이것이 바로 유물사관이다"[24]라고 말했다.

다음으로 그들은 유물사관에서 계급투쟁의 중요한 지위를 강조했다. 리다자오는 계급투쟁설은 한 가닥 금속선처럼 맑스의 사회주의 이론의 세 부분을 근본적인 부분에서 연결한다고 생각했다.[25] 천두슈는 소리 높여 외쳤다. "중국인은 반드시 계급전쟁의 관념을 발달시켜야 한다. 똑똑히 보라. 중국 부르주아지 정치가나 정객의 부패 그리고 대의제 정치의 기만을. 중국에서 민주 정치와 의회 정책은 구미에 비해 훨씬 비참하게 파산했다."[26] 이 때문에 실제 투쟁에서 두 사람은 사회 각 계급에 대한 분석을 매우 중시했다. 천두슈는 「중국 국민혁명과 사회 각 계급」이라는 글을 써서 이 문제를 집중 토론했다. 나중에 나온 비슷한 유의 많은 글들은 대부분 천두슈와 리다자오 두 사람의 관점을 발휘한 것이라고 볼 수 있다.

마지막으로 천두슈와 리다자오 두 사람은 유물사관을 과학의 한 분야로 끌어올리는 일을 잊지 않았다. 유물사관이 역사 발전의 규율을 발견했기 때문에 실증과학의 의의를 갖고 있다고 할 수 있다. 하지만 리다자오는 여전히 유물사관은 일종의 역사 철학임을 인정했다. 이에 반해 천두슈에게는 유물사관은 사회과학의 한 분야로 완전히 변했다. 진정 철저한 사회과학이라야 '완전한 진리'라는 칭호를 획득할 자격이 있다. 하지만 천두슈와 리다자오 두 사람이 여기서 말하는 과학은 강의실이나 학술에서 말하는 그런 학문이 아니라 현실 문제를 해결하는 보편적 방법이다. 리다자오는 이렇게 공언했다. "유물사관을 연구하는 근본 목적은 오늘날 중국의 정치와 경제 상황을 조성한 원인을 이해하고 어떻게 민족 독립운동을 해서 중국을 열강의 압박에서 구출할 것인가이다." 천두슈는 정치 상황과 경제 상황을 연구하는 것이 바로 맑스의 진정한 정신이라고 보충했다. 이 때문에 천두슈와 리다자오 두 사람의 관심은 유물사관을 현실 사회 문제를 해석하고 설명하는 데 어떻게 응용할 것인가였다. 바꿔 말하면 천두슈와 리다자오가 여기서 찾았던 것은 실증과학이 아니라 실천을 지도할 방법이자 신앙과 생활 동력이 될 만한 이데올로기였다.

하지만 두 사람은 유물사관만으로는 자신의 목적을 달성할 수 없었다. 유물사관이 비록 일종의 방법으로서 사회와 역사를 해석할 수 있지만 이런 이론 자체는 여전히 좀더 나간 설명이 필요했다. 이것을 보다 큰 틀에서 해석할 필요가 있었다. 다른 한편 실제 생활에서 맞닥뜨린 갖가지 문제도 유물사관이 완전히 포괄할 수 있는 게 아니다.

그것은 반드시 보다 활력 있고 구체적인 방법으로 처리해야 한다. 이런 상황 아래서 전면적으로 그리고 완전하게 맑스주의를 이해할 필요가 있었다. 이런 역사적 임무는 취추바이(瞿秋白, 1899~1935)[*]에게 떨어졌다.

천두슈와 리다자오 두 사람에 비해 플레하노프의 영향이 깊은 취추바이는 맑스주의의 체계성을 중시했다. 그는 플레하노프의 말을 가지고서 해석했다.

맑스주의는 보통 맑스의 경제학설이나 계급투쟁설로 생각된다. 사실 이것은 상당한 착각이다. 맑스주의는 우주와 자연 그리고 인류 사회에 대한 통일된 관점이자 통일된 방법이다. 맑스주의의 우주관과 사회관은 어떻게 통일되었나? 맑스는 현실세계의 일체 현상을 모두 현대적〔근대적〕, 혹은 호변법적〔互辯法的: 변증법적〕인 유물론 관점에서 해석한다. 이것이 맑스주의의 가장 근본이 되는 기초이자 이른바 맑스의 철학이다.[27]

중국 지식계의 눈으로 보자면 이것은 참신한 관점이다. 이 관점은 처음으로 맑스주의를 완전한 세계관으로 기술했다. 이런 세계관의 범위는 엄청나게 확대됐고 일체 사회 현상을 포함할 뿐 아니라 심지어 우주, 자연 그리고 정신 등 포함하지 못하는 게 없었다. 마찬가지로 취추바이는 처음으로 맑스주의를 세계관과 방법론의 통일로 기술했다. 이때부터 유물론과 변증법은 쪼갤 수 없는 하나가 되었다. 취추바이에서 시작해 변증법적 유물론 혹은 변증법은 점차 유물사관을 대체했고 중국에서 맑스주의 전파의 핵심이 되었다.

사상사의 의미에서 말하자면 이런 변화의 영향은 엄청났다. 우선 맑스주의의 과학성은 한층 더 발전했다. 천두슈에 따르면 유물사관은 단지 사회과학과 동일할 뿐이다. 그런데 취추바이에게 와서는 변증법적 유물론의 범위가 전체 우주까지 확장했기 때문에 그것은 자연과학의 지지를 동시에 획득했다. "우주적 유물은 확실히 극히 객관적인 이론으로 과학적 연구에서 완전히 증명할 수 있다."[28] 다음으로 중국에서 혁명은 참신한 방법론을 획득했다. 변증법은 맑스주의자의 사고와 문제 해결의 근거가 되었다. 마오쩌둥은 군사 기술에서 이런 방법을 한층 발전시켜 응용했다. 최종적으로 역사이성과 경험이성은 맑스주의에서 통일된다.

취추바이는 맑스주의를 네 부분으로 포괄한다. 변증법적 유물론, 유물사관, 경제학설 그리고 공산주의 이론이다. 이 네 가지는 나눌 수 없을 정도로 긴밀하게 연관돼 있다. 맑스·엥겔스의 본래 목적은 공산주의 실현이다. 하지만 공산주의를 실현하려면 반드시 먼저 자본주의의 비밀(경제학설)을 연구해야 한다. 왜냐하면 사회는 자연 가운데 생존하기 때문에 반드시 과학적인 종합의 방법으로 전체 자연계를 연구해야 한다. 이것이 바로 변증법적 유물론의 임무다.[29] 이런 논리적 추론을 통해서 경험이성이 지도하는 과학은 역사이성이 지도하는 공산주의와 다시는 나뉠 수 없었다. 공산주의는 과학 연구의 최종 목적이 되었고 과학 연구는 공산주의 실현을 위한 준비일 뿐이었다. 궁극적 목적에서 경험이성과 역사이성, 둘은 하나로 통일되었다. 인류의 일체 활동은 모두 이 점에서 출발할 때야 의미와 가치를 획득할 수 있다.

이것이 바로 취추바이가 우리에게 남긴 유산이다. 그가 자신의 신념을 위해 1935년 영웅적으로 헌신했지만 그의 유산이 이 때문에 소멸하는 일은 없었다. 아이쓰치(艾思奇, 1905~1966) 등 통속작가의 소개와 리다(李達, 1890~1966) 등 이론가의 선전을 거쳐서 취추바이의 유산은 최종적으로는 마오쩌둥 사상에 흘러들었다.

마오쩌둥은 중국 혁명의 결정체다. 그의 사상은 수많은 선구자들의 공헌을 포함한다. 계급투쟁설에서 우리는 희미하게나마 천두슈의 목소리를 듣고, 정풍운동 과정에서 아련하게 리다자오의 도덕주의 이상을 감지한다. 『실천론』(1936)과 『모순론』(1936)에서 취추바이 '변증법' 의 그림자를 찾을 수 있다. 물론 이것들이 모두 마오쩌둥 자신의 독창성을 가리지는 못한다. 류사오치(劉少奇, 1898~1969)의 개괄이 매우 적절하다.

> 마오쩌둥 사상은 맑스·레닌주의 이론과 중국 혁명운동을 통일한 사상이고 중국의 공산주의이자 중국의 맑스주의이다.[30]

실천성이 아마도 마오쩌둥 사상의 가장 큰 특징일 것이다. 마오쩌둥 자신도 먼저 뛰어난 실천가였다. 당연히 실천 자체가 마오쩌둥 사상의 위력을 정확히 실증했다. 1949년 10월 이후 중국의 역사는 새로운 시기로 접어들었다. 마오쩌둥 사상은 통치 지위를 확보한 이데올로기가 되었고 아울러 중국이라는 6억 인구의 국가를 철저하게 관장했다. 마오쩌둥 자신도 충만한 믿음으로 새로운 실천을 시작했다. 그것은 그 자신도 결코 익숙하지 않은 실천이었다.

1919년 중국 맑스주의 선구인 리다자오가 일찍이 예언했다. "경제 문제가 일단 해결되면 정치 문제, 법률 문제, 가족 문제, 여성해방 문제, 노동자 해방 문제, 뭐 이런 것들은 모두 해결될 수 있다."[31] 수십 년 뒤 맑스주의와 마오쩌둥 사상의 지도 아래 경제 구조는 철저하게 변화했다. 그러면 저런 문제가 정말 해결됐을까? 여기서 벤저민 슈워츠(Benjamin I. Schwartz)의 말로 본서를 끝맺는 것도 시사하는 점이 있으리라.

20세기 전반기에 지식인들이 제기한 이런 모든 문제들이 1949년 이후에 해결됐는가? 어느 부분은 의심할 바 없이 해결됐다. 적어도 우리가 처한 이 시간은 그렇다. 강력한 정치 권력이 이미 형성됐다(어떤 사람들은 지나치게 강력하다고 말할 것이다). 비록 반복되는 정치 현상이지만 법과 질서는 재건됐다. 대단히 낙후된 경제 상황임에도 비교적 공평한 분배가 이루어졌다. 민족주의의 열정은 다소나마 만족됐다. 공공의료가 향상됐고 여권이 개선됐다. 하지만 '주의'의 주장에도 불구하고 위에서 이야기한 기초적인 '문제'는 여전히 숱하게 남아 있다. 중국의 장래는 그것의 문화 전통과 어떤 관계를 맺을까? 만약 현대화라는 목적에 도달하기만 한다면 옌푸나 딩원장이 구상한 저런 기술 관료의 국가 통치를 피할 수 있을까? 관료제와 권력의 문제는 해결할 수 있을까? 문학, 예술 그리고 개인의 존재 의미는 또 어떠한가? 중국인도 다른 나라 사람들처럼 반드시 미래를 향한 길을 탐색해야 한다.[32]

후주

서론_ 해석되는 전통

1) 章太炎, 「東京留學生歡迎會演說辭」, 『章太炎政論選集』, 中華書局, 1977, 272쪽.

1장_ 정치 문화로서의 경학

1) 皮錫瑞, 『經學歷史』, 周予同 注釋本, 中華書局, 1981, 139쪽.

2) 『孟子』, 「滕文公下」.

3) 『孟子』, 「滕文公下」.

4) 『春秋繁露』, 「玉杯」; 蘇興, 『春秋繁露義證』, 中華書局, 1992, 36쪽.〔동중서, 신정근 옮
  김, 『춘추-역사해석학』, 태학사, 2006, 89쪽.〕

5) 『論語』, 「子路」.

6) 周予同, 「序言」, 皮錫瑞, 『經學歷史』, 3~4쪽.〔이홍진 옮김, 『중국경학사』, 형설출판사,
  1995, v쪽 참조.〕

7) 『春秋繁露』; 蘇興, 『春秋繁露義證』, 32쪽.〔동중서, 『춘추-역사해석학』, 83쪽.〕

8) 周予同, 『經今古文學』, 中華書局, 1955, 5~7쪽; 『周予同經學史論著選集』, 上海人民
  出版社, 1983 참조.

9) 顧炎武, 『亭林文集』 卷4, 「答李子德書」.

10) 戴震, 『戴震文集』 卷9, 「與是仲明論學書」; 中華書局, 1974, 140쪽.

11) 『漢書』 2冊, 「藝文志」, 漢語大辭典出版社, 2004, 781쪽.

12) 王弼, 『周易略例』, 「明象」; 樓宇烈 校釋, 『王弼集校釋』(下), 中華書局, 1999, 609쪽.

13) 『四庫全書總目提要』(上), 中華書局, 1992, 1쪽.〔주대박, 장동우 옮김, 『훈고학의 이해』,
  동과서, 1997.〕

14) 『漢書』2冊,「藝文志」, 781쪽; 范壽康, 『朱子及其哲學』, 中華書局, 1983, 4쪽 재인용.
〔풍우란, 박성규 옮김, 『중국철학사』(상), 까치, 1999, 638쪽 번역 참조.〕

15) 『晦庵文集』,「語孟集義序」; 皮錫瑞, 『經學歷史』, 299쪽 재인용.

16) 顧炎武, 『日知錄』卷18.

17) 江藩, 『國朝漢學師承記』卷8,「黃宗羲」; 錢鍾書 編, 『漢學師承記』, 三聯書店, 1998, 151쪽.

18) 顧炎武, 『亭林文集』卷4,「與人書二十五」.

19) 章學誠, 『文史通義 · 內篇』卷5,「史釋」; 倉修良 編注, 『文史通義新編新注』, 浙江古籍出版社, 2005, 271쪽.

20) 「書程頤論經筵 · 箚子後」; 錢穆, 「自序」, 『中國近三百年學術史』, 中華書局, 1986 재인용.

21) 『四庫全書總目提要』(上), 中華書局, 1992, 1029쪽

22) 梁啓超, 『淸代學術槪論』, 上海古籍出版社, 2000, 제9절, 28쪽.

23) 같은 책, 제9절, 28쪽.

24) 章太炎, 『檢論』卷4,「學隱」, 『章太炎全集』3卷, 480쪽.

25) 같은 책, 473쪽.

26) 余英時, 『中國思想傳統的現代詮釋』, 江蘇人民出版社, 1989, 229~234쪽 참조.

27) 魏源, 「劉禮部遺書序」, 『魏源集』(上), 中華書局, 1976, 242쪽.

28) 梁啓超, 『淸代學術槪論』, 제2절, 7쪽.

29) 章太炎, 『訄書』,「淸儒」12第; 徐復, 『訄書詳注』, 157쪽.

2장_ 유신 경학과 유토피아

1) 魏源, 『魏源集』(上), 242쪽.

2) 梁啓超, 『淸代學術槪論』, 제23절, 77~78쪽.

3) 康有爲, 『新學僞經考』, 中華書局, 1988, 2쪽.

4) 같은 책, 379쪽.

5) 錢穆, 『中國近三百年學術史』下冊, 中華書局, 1989, 701쪽.

6) 같은 책, 2쪽

7) 康有爲, 「孔子改制考序」, 『孔子改制考』, 中華書局, 1988, 637~638쪽.

8) 康有爲, 『孔子改制考』, 48쪽.

9) 『淮南子』,「修務訓」, 『新編諸子集成』7, 世界書局, 1978, 342쪽.

10) 康有爲, 『孔子改制考』, 267쪽.

11) 같은 책, 195쪽.

12) 같은 책, 285쪽.

13) 康有爲,「春秋筆削大義微言考序」.

14) 錢穆,『中國近三百年學術史』下冊, 657쪽 재인용.

15) 康有爲,『孔子改制考』, 185쪽.

16) 같은 책, 42쪽.

17) 같은 책, 191쪽.

18) 康有爲,『論語注』卷16, 中華書局, 1984, 250쪽.

19) 康有爲,『論語注』卷5, 61쪽.

20) 康有爲,「請尊孔聖爲國敎立敎部敎會以孔紀年而廢淫祀折」, 湯志鈞 編,『康有爲政論集』
    上冊, 中華書局, 1981, 282쪽.

21) 余聯源,「廣東南海縣擧人康祖詒刊有『新學僞經考』一書請飭査禁片」, 湯志均,『近代經學
    與政治』, 中華書局, 1989, 205쪽 재인용.

22) 蘇輿,『翼敎叢編』,「序」,『四庫未收書輯刊』9輯, 15冊, 北京出版社, 2000, 230쪽.

23) 康有爲,「致總統電一」,『康有爲政論集』下冊, 中華書局, 1981, 922쪽.

24) 梁啓超,『淸代學術槪論』, 제26절, 86쪽.

25) 같은 책, 제26절, 86쪽.

26) 같은 책, 제26절, 87쪽.

27) 陳獨秀,『獨秀文存』, 安徽人民出版社, 1987, 73~78쪽.

28) 錢穆,『中國近三百年學術史』下冊, 634쪽.

29) 梁啓超,『梁啓超選集』, 上海人民出版社, 1984, 884쪽.

30) 관련된 이론 분석은 陳小明,「思想史解釋: 邏輯與邏輯以外」,『社會科學戰線』, 1993
    년 제3기 참조.

31) 康有爲,『中庸注』,『孟子微·禮運注·中庸注』合本, 中華書局, 1987, 192쪽.

32) 康有爲,『論語注』, 61쪽.

33) 康有爲,『孔子改制考』, 49쪽.

34) 錢穆,『中國近三百年學術史』下冊, 658쪽 재인용.

35) 같은 책, 657~658쪽 재인용.

36) 蕭公權,『康有爲思想硏究』, 臺北聯經出版社業公司, 88쪽.

37)『易傳』,「繫辭下」, 高亨,『周易大傳今注』, 齊魯書社, 1983, 587쪽.

38)『韓非子』,「五蠹」.〔김원중 옮김,『한비자』, 홍익출판사, 2001, 116쪽 참조.〕

39)『商君書』,「開塞」,『商君書評注』, 中華書局, 1976, 113쪽.〔우재호 옮김,『상군서』, 소명
    출판사, 2005, 175쪽 참조.〕

40) 王夫之,『讀四書大全說』卷9(『孟子』,「離婁上」), 中華書局, 1975, 601쪽.

41) 康有爲,『大同書』, 上海古籍出版社, 1956, 8쪽.

42) 梁啓超,『淸代學術槪論』제24절, 81쪽.

43) 蕭公權, 『康有爲思想硏究』, 102쪽.

44) 같은 책, 385쪽.

45) 錢穆, 『中國近三百年學術史』下冊, 676쪽.

3장_ 역사, 이성 그리고 국수

1) 章太炎, 「原經」, 『國故論衡』, 上海古籍, 2003, 63~64쪽.

2) 章太炎, 『太炎文錄』卷1, 「信史上」; 『章太炎全集』4卷, 60쪽.

3) 章太炎, 『文錄』, 「信史上」; 『章太炎全集』4卷, 60쪽.

4) 章太炎, 「與柳翼謀書」, 『章太炎政論選集』下冊, 中華書局, 1977, 764~765쪽.

5) 章太炎, 『太炎別錄』, 「答鐵錚」, 『章太炎全集』4卷, 371쪽.

6) 章太炎, 『檢論』, 「訂孔上」, 『章太炎全集』3卷, 423쪽.

7) 龐俊, 「章先生學術述略」, 『章太炎生平與學術』, 三聯書店, 1988, 20쪽.

8) 章太炎, 『檢論』, 「淸儒」, 『章太炎全集』3卷, 474쪽.

9) 章學誠, 『校讎通義』, 「原道」, 上海古籍出版社, 1958, 1쪽.

10) 章學誠, 『文史通義』, 「易敎上」, 倉修良 編注, 『文史通義新編新注』, 浙江古籍出版社, 2005, 1쪽.

11) 같은 책, 77쪽.

12) 章太炎, 『國故論衡』, 「原經」, 上海古籍出版社, 2003, 60쪽.

13) 같은 책, 62쪽.

14) 章太炎, 『太炎文錄』, 「官制索隱」, 『章太炎全集』4卷, 86쪽.

15) 兪樾, 「諸子平議序」, 『諸子平議』, 臺灣商務印書館, 1978, 1~2쪽.

16) 章太炎, 「諸子學略說」.

17) 章太炎, 『訄漢微言』, 「自述學術變遷」, 虞云國 標點整理, 『訄漢三言』, 遼寧敎育出版社, 2000, 60쪽.

18) 章太炎, 『國故論衡』, 「原經」, 上海古籍, 2003, 63쪽 재인용.

19) 湯志均, 『章太炎年譜長編』, 中華書局, 1979, 3쪽 재인용.

20) 같은 책, 122쪽 재인용.

21) 顧炎武, 『亭林文集』卷6, 「與楊雪臣」.

22) 章太炎, 『答夢庵』, 『章太炎政論選集』上冊, 中華書局, 1977, 398쪽.

23) 章太炎, 『衡三老』, 『章太炎政論選集』上冊, 325쪽.

24) 章太炎, 『檢論』「訂孔上」, 『章太炎全集』3卷, 424쪽.

25) 章太炎, 『太炎別錄』「答鐵錚」, 『章太炎全集』4卷, 371쪽.

26) 章太炎, 『章太炎政論選集』上冊, 193쪽.

27) 章太炎, 『太炎文錄』, 「官制索隱」, 『章太炎全集』 4卷, 87쪽.

28) 章太炎, 「東京留學生歡迎會演說辭」, 『章太炎政論選集』 上冊, 276쪽.

29) 魯迅, 「關于太炎先生二三事」, 『章太炎生平與學術』, 三聯書店, 1988, 8쪽.

30) 梁啓超, 『淸代學術槪論』 제12절, 45~46쪽.

31) 胡適, 『戴東原的哲學』, 『胡適學術文集(中國哲學史)』, 中華書局, 1991, 1004쪽.

32) 胡適, 「中國哲學里的科學精神與方法」, 『胡適學術文集(中國哲學史)』, 571쪽.

33) 章太炎, 「致國粹學報社書」, 『章太炎政論選集』 上冊, 498쪽.

34) 章太炎, 『太炎文錄』, 「微信論下」, 『章太炎全集』 4卷, 56쪽.

35) 章太炎, 「致國粹學報社書」, 『章太炎政論選集』 上冊, 497쪽.

4장_ 포스트경학 시대를 향하여

1) 顧頡剛, 『古史辨』 第1冊, 「自序」, 上海古籍出版社, 1982, 77쪽.

2) 같은 책, 78쪽.

3) 錢玄同, 「論近人辨僞見解書」, 『古史辨』 第1冊, 24쪽.

4) 顧頡剛, 「與錢玄同先生論古史書」, 『古史辨』 第1冊, 60쪽.

5) 錢穆, 「評顧頡剛 '五德終始說下的政治和歷史'」, 『古史辨』 第5冊, 620쪽.

6) 顧頡剛, 「答劉胡兩先生書」, 『古史辨』 第1冊, 96쪽.

7) 80년대가 되어서도 양샹쿠이(楊尙奎)는 여전히 「五德終始說下的政治和歷史」에 대해
   엄정한 비판을 가했다. 「論 "古史辨派"」, 『中華學術論文集』, 中華書局, 1981을 보라.

8) 錢玄同, 「論(說文)及(壁中古丈經書)」, 『古史辨』 第1冊, 232쪽.

9) 顧頡剛, 『古史辨』 第1冊, 「自序」, 43쪽.

10) 顧頡剛, 「我是怎樣編寫 『古史辨』?」, 『古史辨』 第1冊, 9쪽.

11) 章太炎, 「今古文辨義」, 『章太炎政論選集』 上冊, 114~115쪽.

12) 王國維, 「古史新證·總論」.

13) 고사변과 현대 사학의 관계에 관해서는 周予同의 『五十年來中國的新史學』, 『周予同
    經學史論著選集』, 上海人民出版社, 1983을 참고할 수 있다.

14) 陳寅恪, 「王國維遺書序之一」; 「王靜安先生遺書序」, 『金明館叢稿二編』, 上海古籍出版
    社, 1980, 219쪽.

15) 王國華, 「王國維遺書序之三」.

16) 顧頡剛, 「我是怎樣編寫 『古史辨』?」, 『古史辨』 第1冊, 29쪽.

17) 郭沫若, 『中國古代社會硏究』, 人民出版社, 1977, 274쪽.

18) 熊十力, 『讀經示要』, 重慶南方印書館, 1945, 158쪽.

19) 본 절의 서술은 천샤오밍이 현대 신유가에 대해 기술한 전문 저작인 『유학의 현대 전

환」(儒學的現代轉折), 遼寧大學出版社, 1992를 근거로 했다. 자세한 논의는 이 책을 참고할 것.

20) 賀麟, 『五十年來的中國哲學』, 遼寧敎育出版社, 1983, 18쪽.

21) 馮友蘭, 『三松堂自序』, 三聯書店, 1984, 223쪽.

22) 馮友蘭, 『中國哲學史』 上冊, 中華書局, 1984, 485쪽.

23) 陳獨秀, 「駁康有爲致總統總理書」, 『獨秀文存』, 安徽人民出版社, 1987, 70~71쪽.

24) 陳獨秀, 「憲法與孔敎」, 『獨秀文存』, 78쪽.

25) 顧頡剛, 「我是怎樣編寫『古史辨』?」, 『古史辨』 第1冊, 19쪽 재인용.

26) 胡適, 「自述古史觀書」, 『古史辨』 第1冊, 上海古籍出版社, 1982, 22~23쪽.

27) 顧頡剛, 『古史辨』, 第1冊 「自序」, 上海古籍出版社, 1982, 81쪽.

28) 같은 책, 25쪽.

5장_ 전통 틀 속의 불학

1) 陳壽, 『三國志』, 「魏志」 '董卓傳', 1冊, 漢語大辭典出版社, 2004, 90쪽.

2) 範曄, 『後漢書』, 「董卓傳」, 3冊, 漢語大辭典出版社, 2004, 1435쪽.

3) A. K. Warder, 王世安 譯, 『印度佛敎史』(*Indian Buddhism*), 商務印書館, 1987, 35쪽.

4) 慧皎, 『高僧傳』 卷4, 「法雅傳」; 湯用彤 校註, 『高僧傳』, 中華書局, 1992, 152쪽.

5) 湯用彤, 『隋唐佛敎史』, 中華書局, 1982, 33쪽.

6) 韓愈, 「原道」, 『韓昌黎集』 上, 卷11, 商務印書館, 1936, 62쪽.

7) 韓愈, 「論佛骨表」, 같은 책, 34쪽.

8) 陳寅恪, 「論韓愈」, 『金明館叢稿初編』, 上海古籍出版社, 1980, 288쪽. 위잉스(余英時)도 한유의 사상에서 불학의 흔적이 뚜렷하고 「師說」(『韓昌黎集』 13卷)의 전체 정신도 선종에서 취한 것으로 생각했다. 余英時, 『士與中國文化』, 上海人文出版社, 1987, 479쪽 참고.

9) 范文瀾, 『中國通史』 2卷, 人民出版社, 1979, 553쪽.

10) 孫綽, 「儒道論」, 『中國佛敎思想資料選編』 1卷, 中華書局, 1981, 27쪽.

11) 宗炳, 「明佛論」, 같은 책, 235쪽.

12) 任繼愈, 『中國佛敎史』 2卷, 中國社會科學出版社, 1985, 636쪽.

13) 任繼愈, 『中國佛敎史』 3卷, 中國社會科學出版社, 1988, 73쪽 재인용.

14) 余英時, 『士與中國文化』, 476쪽.

15) 당연히 『노자』의 영향이 있는데, 馮達文, 『回歸自然』, 廣東人民出版社, 1992를 참조할 것.

16) 法藏, 『華嚴經義海百門』, 『中國佛敎思想資料選編』 2卷 3冊, 115쪽.

17) 『河南程氏遺書』卷18, 『二程集』第1冊, 中華書局, 1981, 195쪽.

18) 『河南程氏遺書』卷2, 같은 책, 43쪽.

19) 『朱子語類』卷94, 『朱子語類』6卷, 中華書局, 1986, 2371쪽.

20) 『朱子語類』卷18, 『朱子語類』2卷, 399쪽.

21) 『朱子語類』卷40, 『朱子語類』3卷, 1033쪽.

22) 정이와 주희가 선종의 심성론도 흡수하기는 했지만 심학에서처럼 그렇게 두드러지지
는 않았다.

23) 머우쭝산(牟宗三)은 송명 유학의 의의를 '도덕형이상학' 이라고 여겼다.

24) 熊十力, 『新唯識論』, 中華書局, 1985, 433쪽.

25) 『朱子語類』卷126, 『朱子語類』8卷, 中華書局, 1986, 3015쪽.

26) 成中英, 『世紀之交的選擇』, 知識出版社, 1991, 159쪽.

27) 『河南程氏遺書』卷21下, 『二程集』第1冊, 274쪽.

28) 『朱子語類』卷13, 『朱子語類』1卷, 226쪽.

29) 慧能, 郭朋 校釋, 『壇經校釋』, 中華書局, 1989, 71쪽.

30) 같은 책, 60쪽.

31) 容肇祖, 『明代思想史』(중인본) 제1 · 2장, 齊魯書社, 1992 참조.

32) 王陽明, 『傳習錄』下, 269조목, 『王陽明全集』下, 上海古籍出版社, 1992, 106쪽.

33) 王陽明, 『傳習錄』中, 135조목, 『王陽明全集』上, 上海古籍出版社, 1992, 45쪽.

34) 王陽明, 『陽明全書』卷2, 「答顧東橋書」, 『王陽明全集』中, 上海古籍出版社, 1992, 45쪽.

35) 王陽明, 『傳習錄』中, 101조, 『王陽明全集』上, 29쪽.

36) 王陽明, 『傳習錄』下, 226조, 『王陽明全集』下, 96쪽.

37) 陸九淵, 『陸九淵集』卷35, 中華書局, 1980, 444쪽.

38) 王陽明, 『傳習錄』上, 8조, 『王陽明全集』上, 6쪽.

39) 黃宗羲, 『明儒學案』卷32, 沈芝盈 點校, 『明儒學案』下, 中華書局, 1985, 715쪽.

40) 劉宗周, 「語類」, 「學言上」, 『劉子全書』1冊, 華文書局, 579쪽.

41) 錢穆, 『近三百年學術史』上冊, 商務印書館, 1937, 18쪽.

42) 梁啓超, 『淸代學術槪論』 제20절, 71쪽.

43) 梁啓超, 『中國近三百年學術史』 제4장, 29쪽.

44) 청말의 종족 의식도 명나라 회복을 기치로 내세우는 경향이었다.

45) 歐陽漸, 「與章行嚴書」, 『中國佛敎思想資料選編』3卷 4冊, 中華書局, 1990, 323쪽.

46) 梁啓超, 『淸代學術槪論』 제22절, 75쪽.

47) 王元化, 「龔自珍思想筆談」, 『文學沉思錄』, 上海文藝出版社, 1981 참고.

48) 譚嗣同, 「題江建霞東鄰巧笑圖詩」, 『譚嗣同全集』, 中華書局, 1981, 276쪽.

49) 근대에도 선을 배운 사람이 있었다. 양두(楊度)가 그렇다. 하지만 영향이 매우 미비했

을 뿐만 아니라 본인의 정치 활동도 그의 선학과는 유기적 관계가 없었다.

50) 池田大作 外, 『展望二十世紀』, 國際文化出版公社, 1985, 394쪽.

51) 梁啓超, 『淸代學術槪論』 제30절, 99쪽.

52) 池田大作 外, 『展望二十世紀』, 365쪽.

53) 응용불학이 선전한 급진적인 사회 개조와 정신 혁명, 문화 혁명 등은 현대 중국의 사
　회 생활에서 깊은 영향을 끼쳤다. 부분적으로나마 '문화대혁명'에 이르기까지 일련의
　현대 '혁명'의 사회 심리를 해석할 수 있다.

6장_『인학』과 응용불학

1) 梁啓超, 『淸代學術槪論』 제30절, 100쪽.

2) 같은 책, 100쪽.

3) 梁啓超, 「論宗敎家與哲學家長短得失」, 『梁啓超哲學思想論文選』, 北京大學出版社,
　1984, 139쪽.

4) 같은 책, 138쪽.

5) 梁啓超, 『淸代學術槪論』 제30절, 100쪽.

6) 같은 책, 100쪽.

7) 梁啓超, 「論佛敎與群治之關係」, 『梁啓超哲學思想論文選』, 146쪽.

8) 본문에서는 이 세 가지 개념을 엄격하게 구분하지는 않았다.

9) 歐陽竟無, 「佛法非宗敎非哲學」, 『中國佛敎思想資料選編』 3卷 4冊, 292쪽.

10) 梁啓超, 「論佛敎與群治之關係」, 『梁啓超哲學思想論文選』, 146쪽.

11) Peter Burger, 高師寧 譯, 『神聖的帷幕』(*The Sacred Canopy*), 上海人民出版社, 1991,
　128쪽.

12) 梁啓超, 「論宗敎家與哲學家長短得失」, 『梁啓超哲學思想論文選』, 142쪽.

13) 같은 책, 139쪽.

14) 梁啓超, 『淸代學術槪論』 제30절, 99쪽.

15) 칸트가 주체의 인식 능력을 비판한 까닭은 지식의 보편적 필연성을 증명하기 위해서
　였다. 량치차오는 불학이 지식의 원천을 낱낱이 '식'으로 귀결시키는 것에 의거했는
　데 보편적 필연성은 전혀 없었다.

16) 單世聯, 「現代新儒家與理想主義」, 『社會科學戰線』, 1994, 제5기 참조.

17) 王國維, 「評近年之學術界」, 『王國維文學美學論文集』, 北嶽文藝出版社, 1987, 107쪽.

18) 譚嗣同, 『仁學』, 「界說」, 『譚嗣同全集』, 中華書局, 1998, 291쪽.

19) 같은 책, 292쪽.

20) 같은 책, 291쪽.

21) 楊文會,「心經淺釋解題」, 郭朋, 『中國近代佛學思想史稿』, 巴蜀書局, 1989, 11쪽 재인용.

22) 역대의 농민 봉기는 모두 "빈부를 고르게 하고 귀천을 없애자"는 식의 구호를 외쳤다. 하지만 기본적으로 정서적인 표현이었지, 계통적인 사상이 아니었다.

23) 譚嗣同, 『仁學』37장, 『譚嗣同全集』, 中華書局, 1998, 348쪽.

24) 譚嗣同, 『仁學』38장, 같은 책, 351쪽.

25) 譚嗣同, 『仁學』37장, 같은 책, 348쪽.

26) 譚嗣同, 『仁學』,「自敍」, 같은 책, 289쪽.

27) 譚嗣同, 『仁學』,「界說」, 같은 책, 291쪽.

28) 譚嗣同, 『仁學』37장, 같은 책, 348쪽.

29) 譚嗣同, 『仁學』,「自敍」, 같은 책, 290쪽.

30) 譚嗣同,「格言」, 같은 책, 286쪽.

31) 熊十力, 『讀經示要』.

32) 歐陽漸,「佛法爲今日所必需」, 『中國佛教思想資料選編』, 3卷 4冊, 306쪽.

33) 惠洪, 『冷齋夜話』卷10, 『玉壺詩話』(及他一種), 中華書局, 1985, 48쪽.

34) 余英時, 『士與中國文化』, 上海人民出版社, 1987, 504쪽 재인용.

35) Georgi Valentinovich Plekhanov, 『個人在歷史的作用』(*On the Question of the Individual's Role in History*), 三聯書店, 1961 참고.

36) 譚嗣同, 『仁學』,「自敍」, 『譚嗣同全集』, 中華書局, 1998, 289~290쪽.

37) 譚嗣同,「上歐陽中鵠書」10장, 『譚嗣同全集』, 中華書局, 1981, 459쪽.

38) 梁啓超,「譚嗣同傳」, 같은 책, 547쪽.

39) 譚嗣同, 『仁學』13장, 같은 책, 309쪽.

40) 譚嗣同,「上歐陽中鵠書」, 같은 책, 466쪽.

41) 같은 책, 462쪽.

42) 法藏, 『華嚴金獅子章』, 方立天 校釋, 『華嚴金獅子章校釋』, 中華書局, 1996, 64쪽.

43) 法藏, 『華嚴經義海百門』, 『中國佛教思想資料選編』2卷 2冊, 130쪽.

44) Frederick J. Streng, 金澤 · 何其敏 譯, 『人與神』(*Understanding Religious Life*), 上海人民出版社, 1991, 2쪽.

45) 譚嗣同,「上歐陽中鵠書」10, 『譚嗣同全集』, 460쪽.

46) 譚嗣同,「贈梁卓如詩四首」, 같은 책, 244쪽.

47) 譚嗣同,「上歐陽中鵠書」, 같은 책, 459쪽.

48) 譚嗣同, 『仁學』49장, 같은 책, 371쪽.

49) 譚嗣同, 『仁學』43장, 같은 책, 357쪽.

50) 譚嗣同, 『仁學』43장, 같은 책, 357쪽.

51) 譚嗣同,「致汪康年」22장, 같은 책, 513쪽.

52) 譚嗣同, 「上歐陽中鵠書」, 같은 책, 474쪽.

53) 黃仁宇, 『赫遜河畔談中國歷史』, 三聯書店, 1991, 225쪽.

54) Gustave Janouch, 趙登榮 譯, 『卡夫卡對我說』(*Gespräche mit Kafka*), 時代文藝出版社, 1991, 150쪽.

55) 歐陽予倩, 「上歐陽瓣薑師書序」, 『譚嗣同全集』 부록, 534쪽 재인용.

7장_ 무신교의 건립

1) 章太炎, 「答鐵錚」, 『章太炎全集』 4卷, 369쪽.

2) 章太炎, 「自述生平學術次第」, 『太炎年譜』, 龍門書店, 1965, 부록 53쪽.

3) 『太炎先生自定年譜』(1904년), 龍門書店, 1965, 10쪽.

4) 章太炎, 「贈大將軍鄒君墓表」, 『章太炎政論選集』, 794쪽.

5) 章太炎, 「章太炎讀佛典雜記」, 『國粹學報』 제3호, 1905.

6) Jean Paul Sartre, 陳宣良 譯, 『存在與無』(*L'Être et le Néant*), 三聯書店, 1986, 565쪽.

7) 章太炎, 「革命道德說」, 『章太炎全集』 4卷, 287쪽.

8) 같은 책, 284쪽.

9) 毛澤東, 「湖南農民運動考察報告」 가운데서 농민회의 행동이 '매우 훌륭했다'는 논술은 이 점을 선명하게 보여 주고 있다.

10) 쑨중산의 '앎이 어렵고 행동이 쉽다'(知難行易)나 마오쩌둥의 '개조세계관', 류샤오치의 '수양'은 모두 이 문제를 해결하기 위한 것이다.

11) 章太炎, 「送印度鉢邏罕保什二君序」, 『章太炎全集』 4卷, 359쪽.

12) 章太炎, 「人無我論」, 같은 책, 429쪽.

13) Friedrich Paulsen, 廖生白 譯, 『倫理學體系』(*System der Ethik*), 中國社會科學出版社, 1988, 358쪽.

14) 양두 또한 "일체의 죄악은 아견 아닌 게 없다. 돌이켜서 스스로 질문을 해보면, 또한 하나라도 아견 아닌 게 없다. 지금 다른 사람을 구하려 하면 반드시 먼저 자신을 구해야 한다. 그 방법은 오직 무아주의밖에 없다"고 말했다. 「新佛教論答梅光羲君」, 『中國佛教思想資料選編』 3卷 4冊, 143쪽.

15) Peter Burger, 『神聖的帷幕』, 104쪽.

16) 章太炎, 「答鐵錚」, 『章太炎全集』 4卷, 370쪽.

17) 譚嗣同, 「上歐陽中鵠書」, 『譚嗣同全集』, 464쪽.

18) 법상종은 번쇄함으로 유명한데 전하는 이야기로는 법상종을 연구하는 이들은 돈이 있어야 하고, 시간이 있어야 하고, 다양한 지식이 있어야 하는데 이 중에서 하나라도 빠지면 이 학문에 들어설 수 없다고 한다.

19) 章太炎,「自述思想變遷之跡」,『章太炎選集』, 上海人民出版社, 1981, 588쪽.

20) 章太炎,「建立宗教論」,『章太炎全集』4卷, 409쪽.

21) 같은 책, 408쪽.

22) 章太炎,「無神論」,『章太炎全集』4卷, 396쪽.

23) 無性釋, 玄奘 譯,『攝大乘論釋』卷1.〔『大正新修大藏經』31冊, 382쪽.〕

24) 章太炎,「建立宗教論」,『章太炎全集』4卷, 405쪽.

25) 無性釋,『攝大乘論釋』卷1.〔『大正新修大藏經』31冊, 382쪽.〕

26) 章太炎,「建立宗教論」,『章太炎全集』4卷, 406쪽.

27) 같은 책, 407쪽.

28) 章太炎,「無神論」,『章太炎全集』4卷, 398쪽.

29) 章太炎,「建立宗教論」, 같은 책, 414쪽.

30) 같은 책, 415쪽.

31) 같은 책, 418쪽.

32) 章太炎,「俱分進化論」,『章太炎全集』4卷, 393쪽.

33) 章太炎,「五無論」, 같은 책, 434쪽.

34) 賀麟,「道德進化問題」,『哲學與哲學史論文集』, 商務印書館, 1990, 324쪽.

35) 章太炎,「四惑論」,『章太炎全集』4卷, 456쪽.

36) 章太炎,「記印度西婆耆王紀念會事」, 같은 책, 375쪽.

37) 章太炎,「俱分進化論」, 같은 책, 386쪽.

38) 章太炎,「五無論」, 같은 책, 442쪽.

39) 黎澍,『再思集』, 中國社會科學出版社, 1985, 157쪽.

40) 梁啓超,『淸代學術槪論』제24절, 81쪽.

41) 梁啓超, 같은 책, 82쪽.

42) '디스토피아'는 인류가 미래에 대한 믿음을 상실한 결과다. 서구의 대표작으로는 조
지 오웰의『1984년』, 헉슬리의『멋진 신세계』,『우리』가 있다.

43) 康有爲,『大同書』, 7쪽.

44) 黃侃,「太炎先生行事記」, 原載『神州總報』1卷 1期,『章太炎年譜長編』上冊, 295쪽
재인용.

45) 楊天石·王學莊,「章太炎與端方關係考」,『南開學報』, 1978, 第6期.

46) 章太炎,「自述思想變遷之跡」,『章太炎選集』, 590쪽.

47) 같은 책, 590쪽.

48) 章太炎,「生日自述」,『之錄續編』卷7;『章太炎年譜長篇』下冊, 883쪽 재인용.

49) 章太炎,「答車銘深書」,『制言』, 第21期, 1936년 6월 1일.

50) 章太炎,「說新文化與舊文化」,『太炎學說』;『章太炎年譜長篇』下冊, 618쪽 재인용.

51) 梁漱溟,「我的自學小事」,『憶往談舊錄』, 中國文史出版社, 1987, 23쪽.

52) 梁漱溟,「自述早期思想之再轉再變」, 같은 책, 36쪽.

53) 같은 책, 32쪽.

54) 梁漱溟,「究元決疑論」,『中國佛教思想資料選編』3卷 4冊, 594쪽.

55) 같은 책, 594쪽.

56) 같은 책, 594쪽.

57) 같은 책, 596쪽.

58) 李叔同,「七夕感懷」,「月」,「晩鐘」,「落花」등의 시를 보라.『李叔同』, 上海人民美術出
版社, 1993.

59) 李叔同,『淸凉歌集』,『李叔同』, 上海人民美術出版社, 1993, 160쪽.

60) '7·7사변' 이후 리수퉁은 샤먼(廈門)에서 편지에 "염불은 구국을 잊지 않고, 구국은
염불을 잊지 않는다"고 써서 한때 세상에 떠돌기도 했지만 이것은 한 불교도가 국가
의 구성원으로서 한 말이지, 그의 불교 신앙과는 무관하다.

8장_ 불학에서 유학으로

1) 涇源,「熊十力小傳」,『中國文化與中國哲學』第1集, 東方出版社, 1992, 349쪽.

2) 같은 책, 349쪽.

3) 熊十力,『心書』,『新唯識論』, 中華書局, 1985, 5쪽.

4) 熊十力,『新唯識論』, 348쪽.

5) 楊文會,「佛法大旨」,『中國佛教思想資料選編』3卷 4冊, 7쪽.

6) 熊十力,『新唯識論』, 358쪽.

7) 같은 책, 386쪽.

8) 玄奘,「上唐太宗皇帝表」; 같은 책, 385쪽 재인용.

9) 李石岑,「佛學與人生」,『中國佛教思想資料選編』3卷 4冊, 560쪽.

10) 湯用彤,『漢魏兩晉南北朝佛教史』, 中華書局, 1983, 192쪽.

11) 熊十力,『新唯識論』, 402쪽.

12) 같은 책, 402쪽.

13) 梁啓超,「佛陀時代及原始佛教教理綱要」,『飮冰室合集·專集』第54, 9쪽.

14) 梁啓超,「佛教心理學淺測」,『佛學研究十八篇』부록 2, 403쪽.

15) 楊度,「唯識八偈序」,『中國佛教思想資料選編』, 122쪽.

16) 李石岑,「佛學與人生」,『中國佛教思想資料選編』, 560쪽.

17) 太虛,「唯物科學與唯識宗學」,『中國佛教思想資料選編』3卷 4冊, 385~386쪽.

18) 熊十力,『新唯識論』, 286쪽.

19) 熊十力, 『明心篇』, 臺灣學生書局, 1979, 200～201쪽.

20) 「性空學探原・引論」, 『中國佛教思想資料選編』, 3卷 4冊, 546쪽.

21) 熊十力, 『新唯識論』, 640쪽.

22) 같은 책, 631쪽.

23) 같은 책, 640쪽.

24) 같은 책, 640쪽.

25) 같은 책, 377～378쪽.

26) 같은 책, 670쪽.

27) 같은 책, 263쪽.

28) 같은 책, 313쪽.

29) 같은 책, 549쪽.

30) 같은 책, 250쪽.

31) "칸트는 여전히 형이상학의 정(正)의 방식을 운용하였다. 그는 형이상학의 부(負)의
    방식을 자각적으로 발견하지 못했다." 馮友蘭, 『新知言』, 『三松堂全集』 5卷, 河南人民
    出版社, 1986, 210쪽.

32) 馮友蘭, 『三松堂全集』 6卷, 303～304쪽.

33) 펑유란이 비록 부의 방법에 대해 매력을 느꼈지만 그의 '신리학'의 주된 부분은 여전
    히 '정'(正)의 방법이었다.

34) 熊十力, 『新唯識論』, 248쪽.

35) 같은 책, 299쪽.

36) 같은 책, 417쪽.

37) 같은 책, 416쪽.

38) 熊十力, 『體用論』, 臺灣學生書局, 1980, 16～17쪽.

39) 『易傳』, 「繫辭上」, 高亨, 『周易大傳今注』, 511쪽.

40) 張載, 『正蒙』, 「太和篇」, 『張載集』, 中華書局, 1978, 8쪽.

41) 熊十力, 『體用論』, 臺灣學生書局, 1979, 2～3쪽.

42) 熊十力, 『新唯識論』, 252쪽.

43) 같은 책, 535쪽.

44) 같은 책, 568쪽.

45) 같은 책, 301～302쪽.

46) 같은 책, 376쪽.

47) 같은 책, 383쪽.

48) 같은 책, 416쪽.

49) 같은 책, 362쪽.

50) 같은 책, 391쪽.

51) 같은 책, 573쪽.

52) 같은 책, 402쪽.

53) 같은 책, 404쪽.

54) 같은 책, 272쪽.

55) 王宗昱, 「是儒家還是佛家」, 『中國文化與中國哲學』 1集, 563쪽.

56) 같은 책, 562쪽.

57) 같은 책, 562쪽.

58) 熊十力, 『新唯識論』, 45쪽.

59) 같은 책, 657쪽.

60) 杜維明, 『人性和自我修養』, 中國和平出版社, 1988, 290쪽.

61) 熊十力, 『新唯識論』, 101쪽.

62) 같은 책, 104쪽.

63) 李澤厚, 『中國現代思想史論』, 東方出版社, 1987, 268쪽 재인용.

64) 같은 책, 269쪽.

65) 熊十力, 『新唯識論』, 404쪽.

66) 같은 책, 348쪽.

67) 같은 책, 243쪽.

68) 章太炎, 「建立宗敎論」, 『章太炎全集』 4集, 415쪽.

69) 熊十力, 『新唯識論』, 273쪽.

70) 같은 책, 243쪽.

71) 郭齊用, 『熊十力與中國文化』, 香港天地圖書有限公司, 1988, 22쪽 재인용.

72) Martin Heidegger, 陳嘉映 · 王慶 譯, 『存在與時間』(*Sein und Zeit*), 三聯書店, 1986, 1쪽.

73) 梁啓超, 「治國學的兩條大路」, 『梁啓超哲學思想論文選』, 420~429쪽 참조.

74) 梁啓超, 「歐遊心影錄」, 『梁啓超選集』, 724쪽.

9장 _ 서학 : 가치의 전환

1) 方豪, 『中國天主敎史人物傳』 中, 中華書局影印本, 334쪽 참조.

2) 謝和耐, 『中國和基督敎』, 上海古籍出版社, 1991, 58쪽 재인용.

3) 같은 책, 99쪽, 164쪽 재인용.

4) 陳衛平, 『第一頁與胚胎』, 上海人民出版社, 1992, 92~93쪽 재인용.

5) 謝和耐, 『中國和基督敎』, 161쪽.

6) 陳衛平, 『第一頁與胚胎』, 276쪽.

7) 謝和耐, 『中國和基督敎』, 23쪽.

8) Paul A. Cohen, 林同奇 譯, 『在中國發現歷史: 中國中心觀在美國的興起』(*Discovering History in China*), 中華書局, 1989, 1~2쪽.

10장_ 세계관으로서의 과학

1) 郭穎頤, 『中國現代思想中的唯科學主義』, 江蘇人民出版社, 1989, 3쪽 참조.

2) 康有爲, 『桂學答問』, 中華書局, 1988, 39쪽.

3) 『康南海自編年譜』, 『戊戌變法』 叢刊本 4冊, 神州國光社, 1953, 117쪽.

4) 康有爲, 『諸天講』, 中華書局, 1990, 14쪽.

5) 康有爲, 『康子內外篇』, 中華書局, 1988, 28쪽.

6) 康有爲, 『康有爲全集』 2卷, 上海古籍出版社, 1990, 254쪽.

7) John K. Fairbank(ed.), 章建剛 譯, 『劍橋中華民國史』(*The Cambridge History of China*), 上海人民出版社, 1991, 1부, 370쪽 참고.

8) 康有爲, 『南海康先生口說』, 中山大學出版社, 1985, 9쪽.

9) 康有爲, 『論語注』, 241쪽.

10) 嚴復, 「原强修訂稿」, 『嚴復集』 1冊, 中華書局, 1986, 15~16쪽.

11) 嚴復, 「救亡決論」, 같은 책, 40~42쪽 참조.

12) 嚴復, 「原强修訂稿」, 같은 책, 28쪽.

13) 嚴復, 「救亡決論」, 같은 책, 44쪽 참조.

14) 嚴復, 「論世變之亟」, 같은 책, 2쪽.

15) 嚴復, 「救亡決論」, 같은 책, 53쪽.

16) 嚴復, 「原强修訂稿」, 같은 책, 29쪽.

17) 嚴復, 『嚴復集』 2冊, 中華書局, 1986, 282쪽.

18) 胡適, 「淸代學者的治學方法」, 『胡適哲學思想資料選』 上冊, 華東師大出版社, 1981, 184쪽.

19) 胡適, 「實驗主義」, 같은 책, 73쪽.

20) 胡適, 「我的岐路」, 같은 책, 217쪽.

21) 顧頡剛, 『古史辨』 1절, 上海古籍出版社, 1982, 80쪽.

22) 胡適, 「五十年來之世界哲學」, 『胡適哲學思想資料選』 上冊, 242쪽.

23) 胡適, 『胡適哲學思想資料選』 下冊, 華東師大出版社, 1981, 110쪽.

24) 같은 책, 109쪽.

25) 郭穎頤, 『中國現代思想中的唯科學主義』, 77쪽 재인용.

26) 胡適, 「治學的方法與材料」, 『胡適文存』, 第3集 卷2.

27) 벤 다비드(Joseph Ben David)의 정의에 따르면 이른바 '제도화'(institutionalization)
는 다음과 같이 개괄할 수 있다. (1) 사회가 어떤 행동을 그것이 유익하다고 인정하여
중요한 사회적 기능으로 수용하는 것. (2) 특정한 활동 영역 내에서 어떤 행동을 그것
의 목적과 그것의 독자성을 실현하도록 조절하는 규범이 존재하는 것. (3) 다른 활동
영역에서 특정한 행동 규범이 사회적 규범에 적용하는 것. Joseph Ben David, 沈力
譯, 『科學家在社會中的角色』(The Scientist's Role in Society), 四川人民出版社, 1988,
147쪽.

11장_정치와 도덕의 계몽

1) 李澤厚, 『中國近代思想史論』, 人民出版社, 1979, 431쪽 재인용.

2) 梁啓超, 『新民說』, 『梁啓超選集』, 上海人民出版社, 1984, 206쪽.

3) 같은 책, 220쪽.

4) 같은 책, 217쪽.

5) 같은 책, 213, 216, 223쪽.

6) 같은 책, 213, 216, 223쪽.

7) 같은 책, 213, 216, 223쪽.

8) 같은 책, 213, 216, 223쪽.

9) 陳獨秀, 『獨秀文存』, 安徽人民出版社, 1987, 98쪽.

10) 梁啓超, 『新民說』, 『梁啓超選集』, 244쪽.

11) 본 절에서 우리들은 단지 천두슈가 맑스주의자가 되기 전의 사상을 다룬다.

12) 陳獨秀, 『獨秀文存』, 3쪽.

13) 같은 책, 4, 28, 6쪽.

14) 같은 책, 4, 61쪽.

15) 같은 책, 152쪽.

16) 같은 책, 87, 546쪽.

17) 같은 책, 243쪽.

18) 魯迅, 『魯迅選集』 1권, 人民文學出版社, 1983, 12쪽.

19) 같은 책, 452쪽.

20) John K. Fairbank(ed.), 『劍橋中華民國史』, 519쪽.

21) 許壽裳, 『亡友魯迅印象記 · 辦雜誌 · 譯小說』.

22) 魯迅, 『魯迅選集』 1卷, 5쪽.

23) 같은 책, 375쪽.

24) 李澤厚,『中國現代思想史論』, 東方出版社, 1987, 111쪽.

25) 楊義,『中國現代小說史』1卷, 人民文學出版社, 1986, 165쪽.

12장_신념 체계의 분열

1) 王國維,『王國維文學美學論著集』, 北嶽文藝出版社, 1987, 242쪽.

2) 같은 책, 243쪽.

3) 같은 책, 34쪽.

4) 같은 책, 107쪽.

5) 같은 책, 107쪽.

6) 같은 책, 107~108쪽.

7) 같은 책, 107~108쪽.

8) 같은 책, 53쪽.

9) 같은 책, 53쪽.

10) 같은 책, 244쪽.

11) 張君勱,「再論人生觀與科學幷答丁在君」,『科學玄學論戰集』, 帕米爾書店, 1980, 46쪽.

12) 梁啓超,『梁啓超選集』, 上海人民出版社, 1984, 721~724쪽.

13) 량치차오는 과학에 대한 꿈이 파산했음을 선언하고 나서 주를 달아서 이야기했다. "독자는 절대 오해하지 말아야 한다. 이 때문에 과학을 하찮게 여겨서는 안 된다. 나는 결코 과학의 파산을 말한 게 아니라 과학만능을 부인했을 뿐이다."

14) 張君勱,「人生觀」,『科學玄學論戰集』, 3쪽.

15) 같은 책, 4쪽.

16) 丁文江,「玄學與科學」,『科學玄學論戰集』, 41쪽.

17) 같은 책, 17쪽.

18) 梁啓超,「人生觀與科學」,『科學玄學論戰集』, 173쪽.

19) 같은 책, 179쪽.

20) 林宰平,「讀丁在君先生的(玄學與科學)」,『科學玄學論戰集』, 179쪽.

21) 范壽康,「評所謂 '科學與玄學之論爭'」,『科學玄學論戰集』, 47쪽.

22) 張東蓀,「勞而無功」,『科學玄學論戰集』, 333쪽.

23) 任鴻雋,「人生觀的科學或科學的人生觀」,『科學玄學論戰集』.

24) 王星拱,「科學與人生觀」,『科學玄學論戰集』, 395, 408쪽.

25) 같은 책, 395, 408쪽.

26) 唐鉞,「心理現象與因果律」,『科學玄學論戰集』, 302쪽.

27) 唐鉞,「一個癡人的說夢」, 같은 책, 385쪽.

28) 胡適, 「科學人生觀」序, 『科學玄學論戰集』, 16쪽 이후 참조.

29) 吳稚暉, 「一個新信仰的宇宙觀和人生觀」, 『科學玄學論戰集』, 489쪽.

30) 胡適, 「科學人生觀」序, 『科學玄學論戰集』, 25~27쪽.

31) 같은 책, 28쪽.

32) 林毓生, 「民初 '科學主義' 的興起與含意」, 『中國傳統的創造性轉化』, 三聯書店, 1988, 252쪽 참고.

33) 陳獨秀, 「科學與人生觀」序, 『科學玄學論戰集』, 911쪽.

34) 같은 책, 911쪽.

35) 胡適, 「科學與人生觀」序附錄, 『科學玄學論戰集』, 31쪽.

36) 陳獨秀, 「科學與人生觀」序, 『科學玄學論戰集』, 41쪽.

37) 鄧中夏, 「中國現代的思想界」, 蔡尚思 主編, 『中國現代化思想史資料簡編』 2卷, 浙江人民出版社, 1982, 174~175쪽.

13장_출구는 어디인가

1) 공자 탄신 전례는 1911년 차이위안페이(蔡元培)에 의해 폐지됐다.

2) 王新明 外, 「中國本位的文化建設宣言」, 『中國本位文化討論集』, 帕米爾書店, 1980, 14쪽.

3) 胡適, 「試評所謂 '中國本位的文化建設'」, 『中國本位文化討論集』, 235~237쪽.

4) 『中國本位文化討論集』, 13쪽.

5) 王新明 外, 「我們的總答復」, 『中國本位文化討論集』, 376쪽.

6) 張熙若, 「全般西化與中國本位」, 『中國本位文化討論集』, 423쪽.

7) 熊十力, 「文化與哲學」, 『中國本位文化討論集』, 165쪽.

8) 熊十力, 『新唯識論』, 678쪽.

9) 熊十力, 『明心篇』, 學生書局, 1979, 200쪽.

10) 馮友蘭, 『新知言』, 『三松堂全集』 5卷, 河南人民出版社, 1986, 169쪽 이하 참조.

11) 賀麟, 『文化與人生』, 商務印書館, 1947년, 4쪽 참조.

12) 과학파와 자유주의를 함께 이야기하면 오해를 일으키기 쉽다. 왜냐하면 이것들은 동일한 층위의 개념이 아니기 때문이다. 하지만 중국에서 순수한 자유주의는 존재하지 않았다. 언하이쾅(殷解光) 선생의 구분에 따르면 한 사람이 다음 열거한 여섯 성질 가운데 네 가지를 갖추면 자유주의자로 분류될 수 있다. 첫째로 공자 비판, 둘째는 과학 제창, 세번째는 민주 추구, 네번째로 자유 숭배, 다섯번째는 진보적 경향, 마지막으로 백화문 사용. 이런 표준에 비추어 평가해 보면 과학파의 성원은 대부분 자유주의자의 요구를 채운다. 후스가 과학파와 자유주의자 진영에서 차지한 특별히 중요한 지위를 고려하기 때문에 우리는 이 절에서 이 두 개념의 공통성을 훨씬 강조했고 엄격한 구

분을 하지 않았다.

13) 胡適, 「新思潮的意義」, 『胡適哲學思想資料選』 上, 華東師大出版社, 1981, 133쪽.

14) 胡適, 「新文化運動與國民黨」, 『中國現代思想史資料簡編』, 浙江人民出版社, 1982, 149쪽.

15) 같은 책, 158쪽.

16) 胡適, 「寫在孔子誕辰紀念之後」, 『獨立評論』 제117호.

17) 胡適, 「試評所謂 '中國本位的文化建設'」, 『中國本位文化討論集』, 236쪽.

18) 같은 책, 236쪽.

19) Jerome B. Grieder, 魯奇 譯, 『胡適與中國的文藝復興』(*Hu Shih and the Chinese Renaissance*), 江蘇人民出版社, 1989, 368쪽.

20) 李大釗, 『李大釗文集』 上, 人民出版社, 1984, 603쪽.

21) Karl Marx, 『馬克思恩格斯選集』 1卷, 人民出版社, 1972, 19쪽.

22) 羅隆基, 『論中國的共産』, 『中國現代思想史資料簡編』 3卷, 浙江人民出版社, 1981, 351쪽.

23) 李大釗, 「再論問題與主義」, 『胡適哲學思想資料選』, 華東師大出版社, 109쪽.

24) 陳獨秀, 『科學玄學論戰集』, 11쪽.

25) 李大釗, 『李大釗文集』 上, 人民出版社, 1984, 176쪽.

26) 陳獨秀, 「社會主義批評」, 『新靑年』 9권 3호.

27) 瞿秋白, 「馬克思主義之槪念」, 『新哲學：唯物論』, 原野出版社, 1949, 202쪽 재인용.

28) 瞿秋白, 「唯物論的宇宙觀槪說」, 같은 책, 191쪽.

29) 같은 책, 205쪽.

30) 劉少奇, 『劉少奇選集』 上, 333쪽.

31) 李大釗, 「再論問題與主義」, 『胡適哲學思想資料選』, 110쪽.

32) John K. Fairbank(ed.), 『劍橋中華民國史』, 480쪽.

인명 해설

공친왕(恭親王, 1832~1898)

중국 청나라의 황족. 도광제의 여섯번째 아들로 이름은 혁흔(奕訢)이다. 함풍제 때 베이징조약을 체결, 열강과 화친을 꾀했다. 동치제 즉위 후, 동태후·서태후와 쿠데타를 단행했다. 내치·외교의 최고 권력을 장악하고, 태평천국의 난 등 내란을 진압, '동치 중흥'이라는 말을 들었다. 시에 능했다.

곽숭도(郭嵩燾, 1818~1891)

청나라 말기의 개명(開明) 관료, 외교관. 초대 주영공사를 지냈다. 정치 제도 개혁, 상공업 보호 같은 근대화 정책을 베이징에 상신했으나 받아들여지지 않았다. 『양지서옥 전집』(전55권)이 있다.

구제강(顧頡剛, 1893~1980)

중국 현대의 역사학자로 5·4신문화운동 시기 후스의 '국고정리'(國故整理)에 영향을 받아 고대사와 고대 전적의 진위를 고고학이나 서방 역사학 방법론으로 연구했다. 『변위총간』(辨僞叢刊)을 간행하고 『고사변』(古史辨)을 편집하는 등 고사변학파를 개창해, 전통 문화에 대해 회의하고 그 우상 타파에 힘썼다. 중일전쟁 기간에는 민중 계몽에 주력했고, 저서로는 『삼황고』(三皇考) 등이 있다.

궈모뤄(郭沫若, 1892~1978)

시인, 극작가 겸 사학자. 일찍부터 낭만주의 문학 단체인 창조사(創造社)를 결성해 문학운동을 시작했다. 1924년 이후 맑스주의를 수용했고, 1926년 중국공산당에 가입했

다. 1928년부터 중국 고대사와 갑골문, 금문을 연구했다. 중국 공산화 이후 정치가로
서 활동해 과학원장, 인민대표대회 상무위원회 부위원장 등의 요직에서 활동하기도
했다. 주요 저서에는 『중국 고대사회 연구』, 『여신』(女神) 등이 있다.

다이지타오(戴季陶, 1890~1949)

중국 근대의 정치 사상가. 쓰촨성 출신으로 일찍이 일본에 유학하여 동맹회에 가입하
고 쑨원의 비서가 되었으며, 5·4신문화운동 시기에는 상하이에서 『성기평론』(星期評
論)을 발행했다. 1924년에 국민당 선전부장을 지냈고, 1927년에는 국민당 정부위원과
고시원 원장을 지내면서 장제스의 책사로 활약했다.

덩중샤(鄧中夏, 1894~1933)

베이징대 중국문학과에 입학하여 5·4신문화운동에 참가한 주도급 인물로서 1920년
에 베이징 공산주의 소조에 가입한 후 상하이대 창설에 참여하여 교무장을 역임했다.
1928~1930년 사이에는 코민테른에서 활약했고, 귀국 후에 상하이에서 활동하다가
피살되었다.

딩원장(丁文江, 1887~1936)

중국의 지질학자. 국민당 난징 정부 시대 지질학의 최고 지도자였다. 지리학 방면에서
『서하객 유기급부도』, 『서하객 연보』 등을 편찬하였고, 획기적인 중국 지도인 『중화민
국 신지도』, 『중국분성지도』 등을 편집하였다.

란궁우(藍公武, 1887~1957)

철학자이자 정치가로 젊은 날 일본과 독일에 유학하여 서양 철학을 공부했다. 칸트의
『순수이성비판』을 번역했다.

랴오핑(廖平, 1852~1932)

'청말 금문경학자'이자 사상가로서 『춘추곡량전』이나 『춘추공양전』에 대한 연구가 뛰
어났고, 예제(禮制)를 기준으로 금문학과 고문학을 나누었다. 캉유웨이도 그의 영향을
받았다.

량수밍(梁漱溟, 1893~1988)

중국의 사상가. 베이징의 순톈 중학을 졸업하고 1910년 혁명운동에 참가하였다. 1917
년 베이징대 인도 철학 전공 교수가 되었으며, 1919년부터 신청년파와 대립했다. 불교

에 심취했다가 현실 참여를 위해서 유교로 전향한 인물로 인도나 중국 같은 동양 문화의 독자적 가치를 강조했다. 슝스리와 더불어 현대 신유가의 대표로 꼽힌다.

량치차오(梁啓超, 1873~1929)

중국 근대를 대표하는 계몽 사상가. 『대동서』(大同書)로 유명한 캉유웨이의 제자로, 그와 함께 무술년 변법유신에 참여했고, 개혁이 실패하자 일본으로 망명했다. 번역과 신문·잡지의 발행, 정치 학교의 개설 등 혁신운동을 했으며 변법운동에 힘쓰기도 했다. 계몽 잡지를 발간해 신사상을 소개하고 애국주의를 고취해 중국 개화에 공헌했다.

루쉰(魯迅, 1881~1936)

『광인일기』, 『아큐정전』(阿Q正傳) 등을 쓴 문학가 겸 사상가. 『아큐정전』을 발표한 이후 그의 주장을 따르는 형태로 문학계의 통일전선(統一戰線)이 형성되었다. 그의 문학과 사상에는 모든 허위를 거부하는 정신과 언어의 공전(空轉)이 없는, 어디까지나 현실에 뿌리박은 강인한 사고가 뚜렷이 부각되어 있다.

류샤오치(劉少奇, 1898~1969)

중국의 정치가. 중국공산당 중앙위원회 부주석, 중앙정치국 상무위원 등을 지내고 제2기 전국인민대표대회에서 마오쩌둥에 이어 국가주석이 되었다. 그러나 문화대혁명 과정에서 '반(反)마오쩌둥 실권파의 수령'으로 격렬한 비판을 받고 제9기 전국인민대표대회에서는 모든 공직이 박탈되었다가 덩샤오핑의 집권으로 복권되었다.

리다(李達, 1890~1966)

중국의 사회과학자이자 맑스주의자. 1921년 중국공산당 결성에 참가하였으나 이후 공산당을 이탈하여 『중국 산업혁명 개관』, 『중국 관세제도론』 등을 저술하고, 계몽 활동에 주력하였다.

리다자오(李大釗, 1889~1927)

중국의 사상가이자 중국공산당의 공동 설립자. 베이징대 내에 맑스주의연구회를 창설, 5·4신문화운동의 지도자가 되었고, 중국공산당 창당에 참여하였다. 이후에는 국민당에 입당, 그 개편과 국공합작을 추진하였다. 1926년 3·18사건 등 국민운동을 지도하다가, 1927년 4월 장쭤린(張作霖)의 러시아 대사관 수색사건 때 체포되어 총살당했다. 『리다자오선집』(李大釗選集)과 많은 논문이 있다.

리수퉁(李叔同, 1880~1942)

중국 근대의 고승. 톈진의 문벌 집안에서 태어나, 어릴 적부터 중국 문화에 대해 깊이 연구했고, 일본으로 건너가 유화를 공부했다. 음악·시가·전각·서법·회화·공연에 조예가 깊었다. 1918년 40대의 나이로 출가하여 남산율종 연구에 힘썼다.

머우쭝싼(牟宗三, 1909~1995)

중국의 현대 철학자로 현대 신유가 제2세대로 불린다. 슝스리의 베이징대 제자로 주로 홍콩과 타이완에서 활동했다.

슝스리(熊十力, 1884~1968)

중국 근대 철학자로 현대 신유가의 대표 인물이다. 1920년부터 2년간 난징 지나내학원에서 당시 불학의 대가 어우양징우(어우양젠)에게 대승불교 철학의 핵심인 유식학을 배우고, 1922년부터는 베이징대에서 철학을 가르쳤다. 이후 유학으로 회귀하여 『주역』 철학을 중심으로 새로운 유학 체계를 수립했다. 그의 대표작 『신유식론』(新唯識論)은 불교 인식론의 기반 위에 유교의 본체론을 올려놓았다.

쑹핑쯔(宋平子, 1862~1910)

본명은 쑹슈(宋恕)다. 청말 유신파 지식인으로 양런산의 제자였고, 탄쓰퉁·장타이옌 등과 교류했다.

아이쓰치(艾思奇, 1905~1966)

중국의 맑스주의 철학 계몽가. 1930년대 유물론 철학의 해설자로 알려졌다. 잡지 『독서생활』(讀書生活)의 편집자이며 신계몽운동의 주창자로 활약했다. 공산당 정권 수립 후에는 정무원 문화교육위원, 과학원 철학사회과학부 위원 등을 역임하였다.

양런산(楊仁山, 1837~1911)

청말 불교 부흥을 주도한 인물로 난징(南京)에 '금릉각경처'를 설립하여 불서를 판각하고 출판하는 데 생애를 바쳤다. 탄쓰퉁과 어우양징우가 그의 제자다. '런산'은 그의 자(字)이고 본명은 원후이(文會)다.

어우양젠(歐陽漸, 1871~1943)

저명한 불교 연구가로 불교연구기관인 지나내학원을 설립했다. 자(字)가 징우(竟無)라서 흔히 어우양징우로 불린다. 슝스리 등이 그에게 유식학을 배웠다.

옌푸(嚴復, 1851~1921)

중국 근대의 저명한 번역가이자 계몽 사상가. 양무운동의 일환으로 세워진 푸저우 선정학당(福州船定學堂)에서 공부하고 영국에 유학하였다. 청일전쟁 이후 유럽의 사회진화론을 소개하여 변법자강운동을 비롯해 청말 개혁운동에 많은 영향을 미쳤다. 중화민국 초기에는 위안스카이의 제제운동(帝制運動)을 지지하였다.

왕궈웨이(王國維, 1877~1927)

중국의 근대 사상가이자 학술가. 일본에 유학한 이후 유럽 철학을 연구하여 중국에 소개했고, 이후 문학·사학·고고학·음운학 방면에 뛰어난 업적을 남겼다. 1923년에는 폐위된 청조 마지막 황제 푸이(溥儀)의 문학 시종관을 맡았다. 1927년 베이징의 이화원 곤명호에 투신해 자살했다.

우위(吳虞, 1874~1939)

중국 근대의 사상가. 1906년 일본에 유학하여 메이지유신 후 일본의 부강을 경험했다. "유교가 사람 잡는다"라는 말로써 중국 쇠퇴의 원인을 유교라 지목하고, 또한 가족 제도의 속박에서 탈출할 것을 주장하는 등 5·4신문화운동에 일익을 담당했다. "맨손으로 공자를 때려잡은 쓰촨의 노영웅"이라 불렸다.

우즈후이(吳稚暉, 1865~1953)

중국의 사상가·국민당원. 본명은 징헝(敬恒). 1902년 청나라를 타도하기 위한 혁명 단체 광복회에 참가하였다. 또 1907년 파리에서 잡지 『신세기』를 발간하여, 크로포트킨 등의 무정부주의를 중국에 소개했다. 국민당 정부와 함께 타이완으로 건너가 그곳에서 죽었다.

유월(兪樾, 1821~1907)

청말 저명한 학자로 항저우에 있던 고증학 교육기관인 고경정사(詁經精舍)에서 30년간 학생을 가르쳤다. 금문경학과 고문경학을 함께 가르쳤고, 제자학 연구를 중시했다. 『군경평의』와 『제자평의』가 대표작이다.

장둥쑨(張東蓀, 1886~1973)

중국의 철학자·평론가. 잡지 『대중화』(大中華)를 펴냈고, 베이징대 등의 교수를 역임하였다. 플라톤, 칸트, 베르그송 등 서구 철학 소개에 힘썼다. 1931년 국가사회당을 결성하고 항일전쟁 후 그 혁신파로서 중국사회민주당을 주도하였다.

장쥔마이(張君勱, 1887~1968)

중국의 근대 정치가이자 사상가. 본명은 자선(嘉森). '과현논쟁'에서 현학귀(玄學鬼)라 불렸다. 그의 철학은 서방의 베르그송과 오이켄 그리고 중국의 송명 이학의 영향을 받았다. 일본·독일·영국에서 유학한 후 여러 대학의 교수 등을 역임하였고, 베르그송 철학의 소개자이며 헌법학자로도 알려졌다. 중일전쟁 중 국가사회주의파의 영수로서 국민참정회 참정원이 되었으며, 반공 활동으로 장제스 정권에 협력하였다.

장지동(張之洞, 1837~1909)

청말 대관료로 양무운동의 대표자. 경사 실학(經史實學)을 제창하고, 경한(京漢) 철도 부설과 한양(漢陽) 제철·평향(萍鄕) 탄광을 창설하는 데 관여하였으며, 유교 전통을 살리면서 근대화 정책을 추진하였다. 저서에 『권학편』이 있다.

장타이옌(章太炎, 1868~1936)

제자 루쉰이 '학술이 있는 혁명가'라고 평가했듯 중국의 전통 학술을 장악하고서도 혁명가로 살았다. 말년엔 정치 일선에서 물러나 국학 연구에 몰두했다. 국학대사라고도 불린다.

진위에린(金岳霖, 1896~1984)

중국 현대 철학자이자 논리학자이다. 서방의 현대 논리학을 중국에 본격적으로 소개한 최초의 인물이다.

쩌우룽(鄒容, 1885~1905)

청말 혁명가로 '소보안'(蘇報案) 사건으로 체포되어 상하이 감옥에서 출옥을 얼마 앞두고 옥사했다.

천두슈(陳獨秀, 1879~1942)

중국의 사상가, 혁명가, 정치가. 베이징대 문과대 학장으로 1917년 후스와 함께 백화문(白話文)을 제창하는 한편, 유교 사상을 비판하는 글을 발표하였다. 1921년 중국공산당 1차 전국대회를 개최하고 중앙서기에 피선되었다. 코민테른의 지시를 따라 국민당과 합작했으나 1927년 국공합작이 깨지자 총서기직에서 축출되었다.

천인커(陳寅恪, 1890~1969)

저명한 고대사 연구가. 몽골어·티베트어 등 언어학에 기반하여 중국 고대사를 밝혔다.

천톈화(陳天華, 1875~1905)

청나라 말기의 혁명가·사상가. 계몽서를 써서 혁명운동 고취에 이바지하였고, 후난계의 혁명 단체인 화흥회에 가담하여 창사의거(長沙義擧)를 일으키려 하였으나 실패, 일본으로 망명하였다.

첸무(錢穆, 1895~1990)

중국 현대의 저명한 역사학자. 사상사나 학술사 방면에 많은 업적을 남겼다. 1930년대 베이징대와 칭화대 등 여러 곳에서 근무했고, 1949년 이후 홍콩과 타이완에서 활동하면서 '신아서원'과 '중국문화서원'을 설립하여 연구하고 가르쳤다.

첸쉬안퉁(錢玄同, 1887~1939)

중국 현대의 유명한 문자학 연구가로 장타이옌에게서 문자학을 배웠다.『신청년』지에 관여하여 루쉰 등과 함께 5·4신문화운동을 이끌었다.

추이스(崔適, 1852~1924)

중국 근대 경학가로 유월에게 배웠고, 교감학과 훈고학을 집중적으로 공부했다. 나중에 캉유웨이의『신학위경고』를 읽고 금문경학에 전념했다. 신해혁명 이후 베이징대에서 학생들을 가르치기도 했다.

취추바이(瞿秋白, 1899~1935)

중국의 공산당 지도자. 소련에서 유학하였고 중국공산당 총서기 등의 요직을 맡았다. 주요 러시아 작가들의 많은 작품을 중국어로 번역하였으며, 문자(文字) 개혁을 주장하고 '중국 라틴화(化) 자모(字母)'를 완성하였다.

캉유웨이(康有爲, 1858~1927)

중국 청나라 말기 및 중화민국 초의 학자이자 정치가. 고향에 만목초당이라는 사숙을 열고 량치차오 등을 교육하였다. 베이징·상하이에 면학회(勉學會)를 조직하는 등의 활동을 시작하여 '변법자강책'(變法自强策)으로 개혁을 지도하다가 광서제의 호응을 얻어 무술변법을 시행했으나 서태후 등 수구파의 반격으로 실각하여 해외로 망명하기도 했다. 대표 저작은『대동서』,『신학위경고』,『공자개제고』 등이다.

타오시성(陶希聖, 1899~1988)

타이완의 사회경제사 학자·평론가·정치가. 1920년대에는 베이징대에서, 1930년대에

는 칭화대 교수를 지냈고 잡지 『식화』(食貨)를 창간하였다. 장제스의 비서로 있었고 국
민당 기관지 『중앙일보』 주필 겸 국민당 선전부 차장 등 당의 요직을 지냈다.

타이쉬(太虛, 1889~1947)
근대 중국의 불교부흥운동 지도자. 정치 · 교육 면에서 두루 활약하였다. 중일전쟁이
일어난 뒤에는 항일운동에 전념하였으며, 전후에도 불교의 부흥 · 혁신을 위해 힘썼다.
많은 저작 활동도 했는데, 그가 죽은 뒤에 『타이쉬대사전서』(太虛大師全書, 64권)와 『타
이쉬대사연보』가 간행되었다.

탄쓰퉁(譚嗣同, 1866~1898)
무술변법에 참여한 혁명적 지식인이다. 청일전쟁 뒤 신학에 공명하여 탕차이창(唐才
常) 등과 함께 남학사(南學社)를 열고 『상보』(湘報)를 발행하였다. 이후 변법자강운동에
서는 후난성의 중심 인물이었다. 캉유웨이보다도 한층 진보적인 변법론을 전개, 혁명
주의에 접근했다. 그의 『인학』(仁學)은 거침없는 언설과 상상으로 세상 사람들을 놀라
게 했다. 서태후의 쿠데타로 개혁이 실패한 뒤 체포되어 참수됐다.

탕융퉁(湯用彤, 1893~1964)
중국의 불교사학자이자 철학자. 베이징대 부총장을 역임하며 불교 사학 연구에 큰 공
헌을 하였다. 저서로는 『한위양진남북조불교사』 등이 유명하다.

탕웨(唐鉞, 1891~1987)
미국 유학파 출신의 현대 심리학자. 피히테의 『인간의 운명』을 번역하였고 저서로 『서
방 심리학사 대강』과 『탕웨문집』이 있다.

탕차이창(唐才常, 1867~1900)
청말 유신변법파 지식인. 탄쓰퉁의 고향 친구로 변법운동에 참가하여 시무학당, 남학
회를 설립하고 변법 사상 보급에 힘썼다. 상하이에서 국회를 열고, 우한(武漢)에서 거
병(擧兵)하였으나 진압되고 처형되었다.

판서우캉(范壽康, 1896~1983)
중국의 저명한 철학자이자 교육자이다. 서양 철학과 중국 철학을 함께 강의했다.

펑유란(馮友蘭, 1894~1990)

중국 현대 철학자이자 철학사가. 미국 컬럼비아대에서 존 듀이 등의 지도로 박사학위를 받았고, 칭화대와 베이징대 등에서 가르쳤다. 1930년대에 『중국철학사』(전2권)를 출판하여 세계적 명성을 얻었다. 정주이학과 서방의 신실재론(New Realism)을 결합한 '신리학'(新理學) 체계를 수립하여 현대 신유가의 반열에 들었다.

허린(賀麟, 1902~1992)

중국의 현대 철학가이자 헤겔 철학 연구자이다. 1940년대 '신심학'(新心學) 체계를 건립하여 현대 신유가의 반열에 올랐다. 저서로 『근대 유심론 간석』, 『문화와 인생』 등이 있다.

황런위(黃仁宇, 1918~2000)

주로 미국에서 활동한 중국 출신의 역사학자. 32세에 미국 미시간대에 입학했고, 동대 학원에서 석사와 박사 학위를 받았다. 주로 미국에서 연구 활동을 해왔으며, 거시사(Macro History)라고 하는 독특한 사관(史觀)을 바탕으로 중국 역사를 새롭게 해석하는 작업을 해왔다. 저서로는 『자본주의 역사와 중국의 21세기』, 『1587 아무 일도 없던 해』, 『거시중국사』 등이 있다.

황쭌셴(黃遵憲, 1848~1905)

청나라 말의 외교관 겸 작가. 당시 러시아의 남하 정책에 대한 대책으로는 한·중·일 3국이 협력하여 미국과 연합 세력을 구축하는 것이 최선책이라 주장했다. 문학 면에서는 개화파 문학을 이끌었는데, 문학의 진화와 의식의 근대화 등에 바탕한 자유신시를 주창했다. 저서로 『사의조선책략』과 시집 『인경려시초』를 남겼다.

후스(胡適, 1891~1962)

중국의 현대 철학자. 존 듀이의 제자로서 베이징대 교수로 있으면서 프래그머티즘 교육 이론 보급에 힘썼고, 5·4신문화운동을 이끌었다. 베이징대 학장, 주미 대사 등을 역임하며 중국의 정치·외교·문교 정책 시행에도 중요한 역할을 하였다. 저서에 『중국 철학사 대강』 등이 있다.

찾아보기

심학(心學) 25, 58, 144, 172~175, 179,
184~185, 197, 200
싸멍우(薩孟武) 432
『쑤바오』 사건 224
쑨중산(孫中山) 451
쑹핑쯔(宋平子) 224

【ㅇ】

아(我) 231, 237, 411
　~의 제거 231
　~의 해체 230
아견(我見) 244
아뢰야식(阿賴耶識) 198, 235, 240, 275
아뢰야 연기설 215
아이쓰치(艾思奇) 458
아집(我執) 184, 214, 230
아Q 386
아편전쟁 22
『악』(樂) 38, 48, 57, 108!109, 246
안드레예프, 레오니드(Andreyev, Leonid)
385
안원(顔元) 63
『야초』(野草) 254, 387
양두(楊度) 267
양런산(楊仁山) 185, 203
양명좌파 179
양명학(陽明學) 59, 181, 193
양무운동 305, 331
양무파 324, 328, 330~331
양지(良智) 145, 172, 178, 274, 189, 266
양지양능(良知良能) 172, 177
어록체(語錄體) 60
어우양젠(歐陽漸) 183, 195, 214, 259, 263
언문일치 373
언어-역사사학 48, 51

언어학 50~51, 103, 107, 110, 112
언의지변(言意之辯) 52
에테르(ether; 以學) 200, 202, 238, 335
『역』(易) 38, 48, 57, 82, 93, 95~96, 108~
109, 149, 161, 164, 251, 280~282, 284
역사 23, 107, 137
　~-언어학 50
　~의식 24
　~철학 79, 82, 90, 113, 125, 151, 455
『역전』(易傳) 168
연기론(緣起論) 278
연역법(演繹法) 347~348, 351
열반(涅槃) 217, 261, 270
염세(厭世) 사상 193
『예』(禮) 38, 42, 48, 57, 93, 108~109, 180
예교(禮敎) 101
『예기』(禮記) 42, 97
옌푸(嚴復) 27, 29, 143, 323~324, 326,
329, 339~341, 345, 348, 358, 360, 397
오경박사(五經博士) 39, 44
오륜(五倫) 206
오무론(五無論) 26, 243, 245, 247, 249
　무세계(無世界) 244, 247
　무아(無我) 232~233, 238, 242, 244
　무인류(無人類) 244, 247
　무정부(無政府) 243~244
　무중생(無衆生) 244
5·4신문화운동 17, 27~28, 31, 101, 130,
135, 140, 142, 147~149, 152~153, 184,
252~253, 305~308, 324, 346, 349~353,
357, 359, 372, 374, 381~384, 391~392,
423, 427~428, 430, 444, 446, 449
오온개공(五蘊皆空) 231
오이켄, 루돌프 크리스토프(Eucken, Rudolf
Christoph) 408~409
옹정제(雍正帝) 313, 318, 320